深圳统计年鉴

SHENZHEN STATISTICAL YEARBOOK

2023

总第 33 期

深 圳 市 统 计 局
Shenzhen Municipality Bureau of Statistics
编
国家统计局深圳调查队
Survey Office of the National Bureau of Statistics in Shenzhen

中国统计出版社
China Statistics Press

图书在版编目（CIP）数据

深圳统计年鉴. 2023 = Shenzhen Statistical Yearbook 2023 : 汉英对照 / 深圳市统计局, 国家统计局深圳调查队编. -- 北京 : 中国统计出版社, 2023.12
ISBN 978-7-5230-0315-2

Ⅰ. ①深… Ⅱ. ①深… ②国… Ⅲ. ①统计资料－深圳－2023－年鉴－汉、英 Ⅳ. ①C832.653-54

中国国家版本馆 CIP 数据核字(2023)第 207882 号

深圳统计年鉴 2023

作　　者/ 深圳市统计局　国家统计局深圳调查队
责任编辑/ 钟钰
装帧设计/ 深圳市鸿赞安福印刷有限公司
出版发行/ 中国统计出版社有限公司
地　　址/ 北京市丰台区西三环南路甲 6 号
邮政编码/ 100073
电　　话/ 邮购（010）63376909　书店（010）68783171
网　　址/ http://www.zgtjcbs.com
印　　刷/ 深圳市鸿赞安福印刷有限公司
经　　销/ 新华书店
开　　本/ 890mm×1240mm　1/16
字　　数/ 745 千字
印　　张/ 25
版　　别/ 2023 年 12 月第 1 版
版　　次/ 2023 年 12 月第 1 次印刷
定　　价/ 320.00 元　Price:320.00yuan(RMB)

如有印装差错，由本社发行部调换。

《深圳统计年鉴2023》

编委会和编辑工作人员

Shenzhen Statistical Yearbook 2023

编辑说明

1. 为方便国外读者查阅，本年鉴在目录、统计表及指标解释等内容上按中英文对照编辑。

2. 本年鉴全面系统地介绍了深圳市国民经济和社会发展情况，主要指标着重反映了2022年深圳市经济和社会各方面所取得的成就，也收录了深圳建市以来历年统计数据。统计资料内容分为19个部分，即：（1）综合；（2）国民经济核算；（3）人口和劳动力；（4）工业和能源；（5）建筑业；（6）运输和邮电；（7）农业；（8）固定资产投资；（9）房地产开发；（10）商业和物价；（11）财政收支；（12）金融保险业；（13）对外经济贸易和旅游，（14）劳动工资；（15）科学技术；（16）文化和教育；（17）卫生、社会保障和社会福利业；（18）城市建设和环境保护；（19）人民生活。为了便于读者正确使用资料，还附上了主要统计指标解释。

3. 根据最新掌握到的统计资料以及国家新的统计制度之规定，本期年鉴对过去发表的一些重要统计资料重新予以核实，对部分历史数据进行了修订。因此，读者在使用历史资料时，凡与本年鉴有出入的，均以本年鉴为准。

4. 本年鉴中的部分数据由于单位取舍不同产生的计算误差均未作机械调整。

5. 为便于读者使用，本年鉴特编制了主要指标的定基指数、环比指数和年平均增长速度。

6. 本年鉴使用的符号说明："..."表示该项统计指标数据不足本表最小单位数；"空白"表示数据为零或无该项数据；"#"表示其中项。

7. 2017年起，人口、社会劳动者人数、职工工资、"企业一套表"调查单位、地区生产总值及分行业增加值、新兴产业增加值、农业、工业、建筑业、固定资产投资、社会消费零售总额、发电量、能源等包含深汕特别合作区计入数，增速按同口径计算。

8. 限于我们的水平，本年鉴仍存在不足乃至错漏，希望读者不吝批评指正，帮助我们改进编辑工作，以期更好地为广大读者服务。

EDITOR'S NOTE

Ⅰ. The contents, pictures and lists of this book are translated into Chinese and English in order for the foreigners.

Ⅱ.*Shenzhen Statistical Yearbook 2023* contains comprehensive statistics of Shenzhen's social and economic development in 2022 and selected data of some important years and of the period after the establishment of the city. This book is composed of 19 parts. They include: 1. General Survey; 2.National Economic Accounting; 3.Population and Labor Force; 4.Industry and Energy; 5.Construction; 6.Transport, Postal and Telecommunication services; 7.Agriculture; 8.Investment in Fixed Assets; 9.Real Estate; 10.Commerce and Price; 11.Fiscal Revenue and Expenditure; 12.Finance and Insurance; 13.Foreign Trade and Tourism; 14.Labor Force and Wage; 15. Science and Technology; 16.Culture and Education; 17.Public Health, Social Security and Social Welfare; 18.Urban Constructions and Environmental Protection; 19.People's Livelihood. Interpretation of major statistical indicators attached is a useful tool for readers of this book.

Ⅲ.We adjust some important historical data based on the nearest data and state new statistical system. So in any case the data of this book shall be deemed as the authoritative ones.

Ⅳ.Statistical discrepancies in this book due to rounding are not adjusted.

Ⅴ.This book specially edit the fixed-base index, chain base index and average annual growth rate in order for the convinces by reader's usage.

Ⅵ.Notations used in the yearbook:
" ..." indicates that the figure is not large enough to be measured with the smallest unit in the table,and" blank space" indicates data are zero, or are not available," #" indicates major item in a category.

Ⅶ.Since 2017, the population,the number of employed persons, the wages of employees, the " enterprise set of table" survey units, the gross domestic product (GDP) and the added value of sub- industries, the added value of strategic emerging industries, statistics of agriculture, industry, construction, investment in fixed assets, the total retail sales, electricity, energy consumption have included Shenzhen-Shanwei Special Cooperation Zone. The growth rate is calculated according to the same caliber.

Ⅷ.There are a lot of shortages and faults in the yearbook because of our limited level. For a better editing, we welcome all candid comments and criticism from our readers.

目　　录
CONTENTS

二、国民经济核算
NATIONAL ECONOMIC ACCOUNTING

三、人口和劳动力
POPULATION AND LABOR FORCE

四、工业和能源
INDUSTRY AND ENERGY

六、运输和邮电
TRANSPORT,POSTAL AND TELECOMMUNICATION SER VICES

七、农业
AGRICULTURE

八、固定资产投资
INVESTMENT IN FIXED ASSETS

十六、文化和教育
CULTURE AND EDUCATION

十七、卫生、社会保障和社会福利业
PUBLIC HEALTH,SOCIAL SECURITY AND SOCIAL WELFARE

01 第一部分

综合

GENERAL SURVEY

CHAPTER

1-1 行政区划（2022年）
ADMINISTRATIVE DIVISION（2022）

单位：个 (unit)

地 区	Region	街道办事处 Urban Subdistrict Office	居民委员会 Neighbourhood Committees
全 市	**Total**	**74**	**787**
福田区	Futian	10	92
罗湖区	Luohu	10	112
盐田区	Yantian	4	23
南山区	Nanshan	8	107
宝安区	Baoan	10	140
龙岗区	Longgang	11	119
龙华区	Longhua	6	110
坪山区	Pingshan	6	23
光明区	Guangming	6	31
大鹏新区	Dapeng	3	25
深汕特别合作区	ShenshanSpecial Cooperation Zone	4（镇）	5

1-2 分区调查土地面积、人口及人口密度（2022年）
SURVEY LAND AREA，POPULATION AND DENSITY OF POPULATION IN DISTRICTS（2022）

地 区	Region	调查土地面积(平方公里)(2018年) Survey Land Area (sq.km)（2018）	年末常住人口(万人) Year-end Permanent Population (10 000 persons)	常住户籍人口 Permanent Registered Population	常住非户籍人口 Permanent Non-registered Population	人口密度(人/平方公里) Density Of Population (person/sq.km)
全 市	**Total**	1997. 47	**1766.18**	**583.47**	**1182.71**	8806
福田区	Futian	78. 66	151.47	76.86	74.61	19256
罗湖区	Luohu	78. 75	101.80	52.75	49.05	12927
盐田区	Yantian	74. 99	21.15	9.65	11.50	2820
南山区	Nanshan	187. 53	181.00	92.81	88.19	9652
宝安区	Baoan	396. 61	454.53	105.04	349.49	11460
龙岗区	Longgang	388. 22	407.36	129.12	278.24	10493
龙华区	Longhua	175. 58	249.00	70.93	178.07	14182
坪山区	Pingshan	166. 31	60.87	15.95	44.92	3660
光明区	Guangming	155. 44	115.09	20.23	94.86	7404
大鹏新区	Dapeng	295. 38	16.63	5.04	11.59	563
深汕特别合作区	ShenshanSpecial Cooperation Zone		7.28	5.08	2.20	

注： 1. 按照国家目前的人口统计制度以及市政府《深圳市人口统计监测办法》，自2006年起，深圳常住户籍人口指拥有深圳红印户口，在深圳居住半年以上的人口。

Notes：Since 2006, according to the country's current demographic system and Shenzhen demographic monitoring methods promulgated by Shenzhen Municipal government, the data of permanent registered population refers to people who have registered and lived in Shenzhen over half a year.

2. 按照相关规定，从2016年开始，原常住人口中的户籍人口、非户籍人口名称分别改为常住户籍人口和常住非户籍人口。

Since 2016，according to relevant regulations，the figure of registered population and non-registered population has changed to the figure of permanent registered population and permanent non-registered population.

3. 全市人口密度不含深汕特别合作区。

Total density of population does not include Shenzhen-Shanwei Special Cooperation Zone.

1-3 各时期国民经济和社会发展统计指标总量及年均增长速度

ANNUAL AVERAGE GROWTH RATE OF MAIN NATIONAL ECONOMIC AND SOCIAL DEVELOPMENT INDICATORS OF EACH PERIOD

年份 Year		年末常住人口（万人）Year-end Permanent Population (10 000 persons)	常住户籍人口 Permanent Registered Population	常住非户籍人口 Permanent Non- registered Population	年末就业人员合计（万人）Number of Employed Persons (10 000 persons)	#在岗职工 Fully Employed Staff and Workers
1979		31.41	31.26	0.15	13.95	4.02
1980		33.29	32.09	1.20	14.89	4.86
“六五”时期	**"Sixth Five-year" Period**					
1981		36.69	33.39	3.30	15.36	5.31
1982		44.95	35.45	9.50	18.49	8.28
1983		59.52	40.52	19.00	22.37	12.57
1984		74.13	43.52	30.61	27.26	18.33
1985		88.15	47.86	40.29	32.61	22.66
年均增长速度(%)	**Annual Average Growth Rate(%)**	**21.5**	**8.3**	**101.9**	**17**	**36.1**
“七五”时期	**"Seventh Five-year" Period**					
1986		93.56	51.45	42.11	36.04	25.88
1987		105.44	55.6	49.84	44.3	32.29
1988		120.14	60.14	60.00	54.53	41.74
1989		141.60	64.82	76.78	93.65	48.24
1990		167.78	68.65	99.13	109.22	55.41
年均增长速度(%)	**Annual Average Growth Rate(%)**	**13.7**	**7.5**	**19.7**	**27.3**	**19.6**
“八五”时期	**"Eighth Five-year" Period**					
1991		226.76	73.22	153.54	149.32	64.89
1992		268.02	80.22	187.80	175.97	71.1
1993		335.97	87.69	248.28	220.81	78.11
1994		412.71	93.97	318.74	273	82.29
1995		449.15	99.16	349.99	298.51	88.75
年均增长速度(%)	**Annual Average Growth Rate(%)**	**21.8**	**7.6**	**28.7**	**22.3**	**9.9**
“九五”时期	**"Ninth Five-year" Period**					
1996		482.89	103.38	379.51	322.12	89.13
1997		527.75	109.46	418.29	353.53	91.18
1998		580.33	114.6	465.73	390.33	91.93
1999		632.56	119.85	512.71	426.89	92.52
2000		701.24	124.92	576.32	474.97	93.36
年均增长速度(%)	**Annual Average Growth Rate(%)**	**9.3**	**4.7**	**10.5**	**9.7**	**1.3**
“十五”时期	**"Tenth Five-year" Period**					
2001		724.57	132.04	592.53	491.3	94.88
2002		746.62	139.45	607.17	509.74	101.76
2003		778.27	150.93	627.34	535.89	108.2
2004		800.80	165.13	635.67	562.17	135.88
2005		827.75	181.93	645.82	576.26	165.38
年均增长速度(%)	**Annual Average Growth Rate(%)**	**3.4**	**7.8**	**2.3**	**3.9**	**10.4**
“十一五”时期	**"Eleventh Five-year" Period**					
2006		871.10	196.83	674.27	609.76	184.25
2007		912.37	212.38	699.99	647.11	193.04
2008		954.28	228.07	726.21	682.35	198.35
2009		995.01	241.45	753.56	723.61	220.16
2010		1037.20	251.03	786.17	781.45	251.09
年均增长速度(%)	**Annual Average Growth Rate(%)**	**4.6**	**6.7**	**4.0**	**6.3**	**8.7**
“十二五”时期	**"Twelfth Five-year" Period**					
2011		1122.94	267.90	855.04	825.41	261.43
2012		1195.85	287.62	908.23	902.02	277.90
2013		1257.17	310.47	946.70	953.33	445.84
2014		1317.86	332.21	985.65	1009.60	448.93
2015		1408.05	354.99	1053.06	1083.35	447.41
年均增长速度(%)	**Annual Average Growth Rate(%)**	**6.3**	**7.2**	**6.0**	**6.8**	**12.2**
“十三五”时期	**"Thirteenth Five-year"Period**					
2016		1495.35	384.52	1110.83	1141.42	442.55
2017		1587.31	434.72	1152.59	1207.79	447.32
2018		1666.12	454.70	1211.42	1214.49	466.91
2019		1710.40	494.78	1215.62	1230.29	475.04
2020		1763.38	514.10	1249.28	1239.61	488.66
年均增长速度(%)	**Annual Average Growth Rate(%)**	**4.5**	**7.3**	**3.5**	**2.7**	**1.8**
“十四五”时期	**"Thirteenth Five-year"Period**					
2021		1768.16	556.39	1211.77	1245.42	499.17
2022		1766.18	583.47	1182.71	1193.41	497.33
以1979年为基期年平均增长速度(%)	**Annual Average Growth Rate from 1979(%)**	**9.8**	**7.0**	**23.2**	**10.9**	**11.9**

注： 固定资产投资额及房地产投资额2018年及以后为增长速度（%）。

Note：The data of Investment in Fixed Assets and in Real Estate Development is growth rate from 2018（%）.

年 份	Year	地区生产总值(万元) Gross Domestic Product (10 000 yuan)	第一产业 Primary Industry	第二产业 Secondary Industry	第三产业 Tertiary Industry	人均地区生产总值(元) Gross Domestic Product Per Capita (yuan)	固定资产投资额(万元) Investment in Fixed Assets (10 000 yuan)	#房地产开发投资 Investment in Real Estate Development
1979		19638	7273	4017	8348	606	5938	
1980		27012	7803	7036	12173	835	13801	
"六五" 时期	**"Sixth Five-year" Period**							
1981		49576	13343	16019	20214	1417	29684	
1982		82573	18960	31439	32174	2023	73750	
1983		131212	22614	55848	52750	2512	108320	
1984		234161	25932	106606	101623	3504	194572	
1985		390222	26111	163586	200525	4809	333235	
年均增长速度(%)	**Average Annual Growth Rate(%)**	**50.3**	**13.8**	**86.9**	**49.2**	**25.1**	**89.0**	
"七五"时期	**"Seventh Five-year" Period**							
1986		416451	32907	163185	220359	4584	248551	
1987		559015	46519	220463	292033	5349	285193	
1988		869807	57005	359230	453572	6477	436191	
1989		1156565	68615	505361	582589	6710	499919	
1990		1716665	70220	769319	877126	8724	623380	112000
年均增长速度(%)	**Average Annual Growth Rate(%)**	**22.4**	**8.7**	**33.1**	**16.2**	**7.6**	**13.3**	
"八五"时期	**"Eighth Five-year" Period**							
1991		2366630	80836	1126084	1159710	11997	912324	255600
1992		3173194	105914	1522432	1544848	12827	1782322	714900
1993		4531445	108615	2420214	2002616	15005	2477875	1027700
1994		6346711	134152	3357972	2854587	16954	2819413	1304600
1995		8427933	124122	4223744	4080067	19558	2758243	1030368
年均增长速度(%)	**Average Annual Growth Rate(%)**	**30.9**	**-0.6**	**33.4**	**29.6**	**6.7**	**34.6**	**55.9**
"九五"时期	**"Ninth Five-year" Period**							
1996		10505121	148796	5081045	5275280	22542	3275270	1248251
1997		13023008	147660	6209018	6666330	25772	3930657	1366545
1998		15449472	151764	7508019	7789689	27885	4803901	1674854
1999		18246876	150445	9154443	8941988	30088	5695878	2152541
2000		22192015	155656	11087644	10948715	33276	6771205	2609694
年均增长速度(%)	**Average Annual Growth Rate(%)**	**16.5**	**2.9**	**17.2**	**15.8**	**6.7**	**19.7**	**20.4**
"十五"时期	**"Tenth Five-year" Period**							
2001		25229474	160413	12583983	12485078	35390	6863749	3156364
2002		30172384	166587	14980113	15025684	41018	7881459	3884445
2003		36401435	142048	18562162	17697225	47743	9491016	4126636
2004		43502928	123264	22643124	20736540	55099	10925571	4342432
2005		50357678	97385	27096861	23163432	61844	11823245	4236865
年均增长速度(%)	**Average Annual Growth Rate(%)**	**16.4**	**-9.0**	**19.2**	**13.6**	**11.9**	**11.8**	**10.2**
"十一五"时期	**"Eleventh Five-year" Period**							
2006		59206612	68851	31449697	27688064	69702	12736693	4620940
2007		69252268	77374	35135153	34039741	77660	13450037	4610422
2008		79414328	77952	39702375	39634001	85088	14676043	4404897
2009		85144707	63527	40003477	45077703	87360	17091514	4374590
2010		100690553	61069	47279430	53350054	99095	19447008	4584693
年均增长速度(%)	**Annual Average Growth Rate(%)**	**13.5**	**-17.2**	**13.4**	**13.7**	**8.6**	**10.5**	**1.6**
"十二五"时期	**"Twelfth Five-year" Period**							
2011		119228085	62231	56019374	63146480	110389	20609180	5147362
2012		134962675	61302	60453948	74447425	116407	23144319	7368421
2013		152342436	63504	66647456	85631476	124208	24901970	8769002
2014		167953507	57579	72321670	95574258	130448	27174226	10694855
2015		184368359	72084	76874089	107422186	135271	32983076	13310333
年均增长速度(%)	**Average Annual Growth Rate(%)**	**9.8**	**-7.3**	**8.8**	**10.6**	**3.5**	**11.1**	**23.8**
"十三五"时期	**"Thirteenth Five-year"Period**							
2016		206857358	82840	83240899	123533619	142494	40781638	17565209
2017		232802719	195721	93375209	139231789	150739	51473152	21358565
2018		252660771	226072	99958664	152476035	155320	20.6	23.6
2019		269923266	255772	104019993	165647501	159883	18.8	15.9
2020		277590153	255873	103806547	173527733	159820	8.2	16.4
年均增长速度(%)	Annual Average Growth Rate(%)	**7.1**	**6.6**	**6.5**	**7.5**	**2.1**		
"十四五"时期	**"Thirteenth Five-year"Period**							
2021		308201048	237469	116077958	191885622	174542	3.7	-15.4
2022		324807103	247602	123136334	201423166	183801	8.4	13.3
以1979年为基期年平均增长速度(%)	**Annual Average Growth Rate from 1979(%)**	**20.3**	**-0.6**	**25.3**	**19.8**	**9.6**		

注：固定资产投资额及房地产投资额2018年及以后为增长速度（%）。

Note: The data of Investment in Fixed Assets and in Real Estate Development is growth rate from 2018(%).

1-3 续表2 CONTINUED

年 份 Year		地方一般公共预算收入(万元) Local Financial Revenue (10 000 yuan)	地方一般公共预算支出(万元) Local Financial Expenditure (10 000 yuan)	农林牧渔业总产值(万元) Gross Output Value of Agriculture, Forestry,Animal Husbandry and Fishery (10 000 yuan)	规模以上工业总产值(万元) Gross Output Value of Industry Above Designated Size(10 000 yuan)	社会消费品零售总额(万元) Retail Sales of Consumer Goods (10 000 yuan)
1979		1721	2971	13106	6061	11259
1980		3043	4003	16938	8444	19615
"六五"时期	**"Sixth Five-year" Period**					
1981		8787	8411	24181	24282	34229
1982		9163	8815	26929	36212	54185
1983		15605	15025	29083	72041	123794
1984		29435	27954	40416	166803	201107
1985		62894	58651	45821	241213	265642
年均增长速度(%)	**Annual Average Growth Rate(%)**	**83.3**	**71.1**	**9.1**	**99.4**	**68.4**
"七五"时期	**"Seventh Five-year" Period**					
1986		74160	68073	49552	330454	273712
1987		87521	69688	73772	547722	324364
1988		146521	110992	99404	993775	502430
1989		228668	173007	108015	1440533	545741
1990		217037	198073	119205	2104696	667580
年均增长速度(%)	**Annual Average Growth Rate(%)**	**28.1**	**27.6**	**14.9**	**46.3**	**20.2**
"八五"时期	**"Eighth Five-year" Period**					
1991		273291	243012	143063	3077749	828341
1992		429599	420035	185297	4198920	1939506
1993		672507	593327	192880	6550051	2760596
1994		743992	746181	224776	9939113	3778706
1995		880174	934041	232653	11106974	4634355
年均增长速度(%)	**Annual Average Growth Rate(%)**	**32.3**	**36.4**	**-0.4**	**33.9**	**32.7**
"九五"时期	**"Ninth Five-year" Period**					
1996		1317490	1380376	273246	12992240	5293512
1997		1420557	1394181	270889	15175861	5906244
1998		1643884	1767714	298174	20519485	6539123
1999		1842085	2108978	299662	23006355	7361785
2000		2219184	2250441	311359	29502786	8537247
年均增长速度(%)	**Annual Average Growth Rate(%)**	**20.3**	**19.2**	**6**	**20.8**	**13**
"十五"时期	**"Tenth Five-year" Period**					
2001		2624944	2537019	327111	36141861	9727119
2002		2659287	3077761	340757	43180816	11087719
2003		2908370	3489526	337406	63514355	13023364
2004		3214680	3775720	299939	80205911	15080237
2005		4123785	5991560	217369	98675451	17546748
年均增长速度(%)	**Annual Average Growth Rate(%)**	**13.2**	**21.6**		**24.7**	**15.5**
"十一五"时期	**"Eleventh Five-year" Period**					
2006		5008827	5714231	180017	119286001	20513548
2007		6580555	7279677	171380	139580064	23460986
2008		8003603	8898555	187859	158601076	27984708
2009		8808168	10008394	154760	154162429	31634781
2010		11068166	12660668	150467	185268200	36360972
年均增长速度(%)	**Annual Average Growth Rate(%)**	**21.8**	**16.1**		**12**	**15.7**
"十二五"时期	**"Twelfth Five-year" Period**					
2011		13395728	15905599	152533	204307516	42451855
2012		14820800	15690071	148572	213637447	49188894
2013		17312618	16908280	139479	230952085	55390633
2014		20827326	21661841	129156	247775911	61457836
2015		27268543	35216708	159515	255424444	64231050
年均增长速度(%)	**Annual Average Growth Rate(%)**	**19.8**	**22.7**		**7.4**	**12**
"十三五"时期	**"Thirteenth Five-year"Period**					
2016		31364923	42110429	190940	272922943	70021463
2017		33321303	45938003	388609	321191539	77895215
2018		35384414	42825598	424606	354390190	85195000
2019		37733831	45527336	481641	373261578	91444581
2020		38574618	41784235	488467	384607880	86648297
年均增长速度(%)	**Annual Average Growth Rate(%)**	**7.9**	**3.5**		**5.7**	**6.2**
"十四五"时期	**"Thirteenth Five-year"Period**					
2021		42576972	45702233	462885	424539555	94981156
2022		40124390	49973834	482643	462594337	97082807
以1979年为基期年平均增长速度(%)	**Annual Average Growth Rate from 1979(%)**	**26.5**	**25.4**		**27.7**	**22.0**

1-3 续表3 CONTINUED

年 份	Year	全社会货运量(万吨) Freight Traffic Volume (10 000 tons)	全社会客运量(万人) Passenger Traffic (10 000 person)	港口货物吞吐量(万吨) Cargo Handled at Seaport (10 000 tons)	邮电业务总量(万元) Revenue from Postal and Telecommunic-ations Services (10 000 yuan)	进出口总额(万美元) Total Imports and Exports (USD10 000)	出口总额 Exports	进口总额 Imports
1979				10	138	1676	930	746
1980				30	190	1751	1124	627
"六五" 时期	**"Sixth Five-year" Period**							
1981				70	340	2807	1745	1062
1982				91	520	2534	1597	937
1983				141	567	78642	6230	72412
1984				210	923	107247	26539	80708
1985				327	1761	130632	56340	74292
年均增长速度(%)	**Annual Average Growth Rate(%)**			**36.1**	**56.1**	**136.9**	**118.8**	**159.9**
"七五" 时期	**"Seventh Five-year" Period**							
1986		1521	3973	302	2633	184696	72552	112144
1987		1627	4268	485	4880	255784	141354	114430
1988		1704	5858	734	14826	344277	184949	159328
1989		1383	6349	956	21293	375259	217428	157831
1990		1349	8833	1292	55356	1570136	815165	754971
年均增长速度(%)	**Annual Average Growth Rate(%)**			**31.6**	**78.9**	**33.2**	**39.7**	**27.2**
"八五"时期	**"Eighth Five-year" Period**							
1991		1486	6400	1563	84927	1947635	986240	961395
1992		1801	8135	1956	114492	2357562	1200019	1157543
1993		2050	10218	2541	174045	2820392	1421776	1398616
1994		2604	8531	3002	259432	3498281	1830921	1667360
1995		3542	8261	3080	368945	3876960	2052736	1824224
年均增长速度(%)	**Annual Average Growth Rate(%)**	**21.3**	**-1.3**	**19.0**	**46.1**	**19.8**	**20.3**	**19.3**
"九五" 时期	**"Ninth Five-year" Period**							
1996		3647	8281	3021	462261	3905342	2120781	1784561
1997		3853	8515	3357	610111	4500921	2561844	1939077
1998		4050	8484	3444	764658	4527417	2639611	1887806
1999		4274	8754	4663	982686	5042750	2820811	2221939
2000		4697	9346	5697	1336000	6393982	3456333	2937649
年均增长速度(%)	**Annual Average Growth Rate(%)**	**5.8**	**2.5**	**13.1**	**29.4**	**10.5**	**11.0**	**10.0**
"十五"时期	**"Tenth Five-year" Period**							
2001		5147	9869	6643	1419000	6861055	3747955	3113100
2002		5683	10632	8767	1644200	8723148	4655704	4067444
2003		6478	10471	11220	1980300	11739941	6296201	5443733
2004		7168	12019	13537	2660100	14728302	7784632	6943670
2005		8249	12602	15351	3208000	18281689	10151829	8129860
年均增长速度(%)	**Annual Average Growth Rate(%)**	**15.9**	**6.2**	**21.9**	**26.3**	**23.4**	**24.0**	**22.6**
"十一五" 时期	**"Eleventh Five-year" Period**							
2006		11429	13965	17598	3795000	23738573	13609556	10129017
2007		13678	15056	19994	5135400	28753345	16849299	11904046
2008		19570	154283	21125	6117500	29995499	17971995	12023504
2009		22367	146316	19365	6765200	27016306	16197825	10818481
2010		26174	156203	22098	2937000	34674930	20418355	14256575
年均增长速度(%)	**Annual Average Growth Rate(%)**			**7.6**	**20.5**	**13.5**	**14.8**	**10.8**
"十二五"时期	**"Twelfth Five-year" Period**							
2011		28901	168447	22325	3562600	41409312	24551760	16857552
2012		28678	184982	22807	5635800	46683020	27136163	19546857
2013		27512	12059	23398	6229900	53747437	30570191	23177246
2014		29382	15103	22324	7619900	48774049	28436157	20337892
2015		32475	16511	21706	10403200	44245863	26403895	17841968
年均增长速度(%)	**Annual Average Growth Rate(%)**			**-0.4**		**5.0**	**5.3**	**4.5**
"十三五" 时期	**"Thirteenth Five-year"Period**							
2016		31163	16979	21410	17150200	39843893	23754674	16089218
2017		32269	18160	24136	16455500	41414596	24435790	16978806
2018		32764	19864	25127	27824427	45372921	24604111	20768810
2019		43529	21284	25785	40390310	43147567	24212399	18935168
2020		41483	13750	26506	44702800	44080709	24531052	19549657
年均增长速度(%)	**Annual Average Growth Rate(%)**			**4.1**		**-0.1**	**-1.4**	**1.8**
"十四五" 时期	**"Thirteenth Five-year"Period**							
2021		43960	13373	27838	12473086	54857734	29821230	25036505
2022		40893	10439	27243	13132051	54982386	32791826	22190560
以1979年为基期年平均增长速度(%)	**Annual Average Growth Rate from 1979(%)**			**20.2**		**24.3**	**24.6**	**23.8**

年 份 Year		国内金融机构人民币存款(亿元) RMB deposits of domestic financial institutions (100 million yuan)	国内金融机构人民币贷款(亿元) RMB loans of domestic financial institutions (100 million yuan)	医院数(个) Hospital (unit)	医院病床(张) Hospital Beds (unit)	卫生技术人员(人) Medical Technical Personnel (person)	#执业医师(人) Licensed Doctors (person)
1979		1.01	0.75	25	597	988	364
1980		2.03	1.34	24	643	1088	438
"六五"时期	**"Sixth Five-year" Period**						
1981		4.87	2.39	24	790	1270	518
1982		6.37	6.30	26	717	1609	708
1983		11.26	11.95	30	1023	2343	1073
1984		34.98	45.10	29	1634	3064	1484
1985		30.26	53.70	31	1885	3857	1862
年均增长速度(%)	**Annual Average Growth Rate(%)**	**71.7**	**109.1**	**5.3**	**24.0**	**28.8**	**33.6**
"七五"时期	**"Seventh Five-year" Period**						
1986		55.11	73.09	32	2028	4657	2217
1987		80.85	106.52	34	2225	5117	2408
1988		131.74	153.62	35	2496	5715	2754
1989		137.63	178.98	35	2838	6451	3103
1990		194.69	238.62	38	3108	6996	3426
年均增长速度(%)	**Annual Average Growth Rate(%)**	**45.1**	**34.8**	**4.2**	**10.5**	**12.6**	**13.0**
"八五"时期	**"Eighth Five-year" Period**						
1991		300.92	279.75	41	3498	7618	3737
1992		550.46	370.71	45	4466	8571	4247
1993		657.35	501.59	45	5168	9888	4798
1994		933.37	642.14	48	6040	11034	5347
1995		1202.93	786.34	63	6640	12449	6050
年均增长速度(%)	**Annual Average Growth Rate(%)**	**43.9**	**26.9**	**10.6**	**16.4**	**12.2**	**12.0**
"九五"时期	**"Ninth Five-year" Period**						
1996		1533.46	965.20	65	7105	14652	7266
1997		1822.70	1202.58	72	7813	14932	7400
1998		2238.37	1550.37	72	8353	14975	7191
1999		2558.99	1848.16	71	8720	15143	7062
2000		3169.00	2292.18	72	9616	15720	7418
年均增长速度(%)	**Annual Average Growth Rate(%)**	**21.4**	**23.9**	**2.7**	**7.7**	**4.8**	**4.2**
"十五"时期	**"Tenth Five-year" Period**						
2001		4092.57	2860.75	75	10542	17135	8097
2002		4952.73	3514.28	77	11808	18615	7853
2003		6079.48	4525.05	85	12607	21234	8909
2004		7100.75	5242.77	87	14186	22895	9846
2005		8478.16	6168.04	97	15577	25681	10961
年均增长速度(%)	**Annual Average Growth Rate(%)**	**21.8**	**21.9**	**6.1**	**10.1**	**10.3**	**8.1**
"十一五"时期	**"Eleventh Five-year" Period**						
2006		9540.42	6755.32	99	16193	43266	16238
2007		11495.79	7965.45	101	16766	46877	17450
2008		13011.24	9058.46	100	18435	50608	18807
2009		16938.19	11646.34	101	19872	53778	19963
2010		20210.75	13708.16	107	21166	54081	20122
年均增长速度(%)	**Annual Average Growth Rate(%)**	**19.0**	**17.3**	**2.0**	**6.3**	**16.1**	**12.9**
"十二五"时期	**"Twelfth Five-year" Period**						
2011		22782.39	15714.96	110	22322	58059	21517
2012		25910.24	17305.47	115	26124	61961	22831
2013		29830.99	19803.58	117	27079	65782	24221
2014		44589.29	22805.39	122	28853	69936	25728
2015		51806.18	27129.99	123	31425	74884	27834
年均增长速度(%)	**Annual Average Growth Rate(%)**			**2.8**	**8.2**	**6.7**	**6.7**
"十三五"时期	**"Thirteenth Five-year"Period**						
2016		57793.30	34034.29	134	38124	78826	29300
2017		62760.40	39940.61	135	39899	85282	31838
2018		66890.51	47024.58	139	43569	93660	34747
2019		77671.71	54602.36	144	47366	102788	38519
2020		95096.94	63091.82	144	57642	106261	40757
年均增长速度(%)	**Annual Average Growth Rate(%)**	**12.9**	**18.4**	**3.2**	**12.9**	**7.2**	**7.9**
"十四五"时期	**"Thirteenth Five-year"Period**						
2021		105322.09	72218.17	145	58795	113284	43728
2022		116577.32	78704.75	151	60643	118273	45260
以1979年为基期年平均增长速度(%)	**Annual Average Growth Rate from 1979(%)**			**4.3**	**11.3**	**11.8**	**11.9**

注：2015年起，人民银行调整了金融机构存贷款统计口径，2014年数据相应调整。
Note:From 2015,the statistical range of RMB deposits(loans) of domestic financial institutions have been adjusted,the data of 2014 have been adjusted by the same caliber.

年 份 Year	在校学生数(人) Students Enrollment (person)			城镇单位在岗职工工资总额(万元) Total Wage Bill of Fully Employed Staff and Workers in Urban Units (10 000 yuan)	在岗职工年平均工资(元) Average Wage (yuan)	居民人均可支配收入(元) Per Capita Disposable Income of Residents (yuan/person)
	普通高等学校 Institutions of Higher Education	普通中学 Regular Secondary Schools	小 学 Primary Schools			
1979		13686	47022	2952	769	
1980		12296	49168	4366	979	
“六五”时期 "Sixth Five-year" Period						
1981		13088	51560	5930	1132	
1982		17080	54538	10000	1366	
1983	216	20982	56319	16142	1545	
1984	1236	27636	62021	35306	2179	
1985	3206	35334	70277	51912	2418	1915
年均增长速度(%) Annual Average Growth Rate(%)		**23.5**	**7.4**	**64.1**	**19.8**	
“七五”时期 "Seventh Five-year" Period						
1986	3478	40208	77884	59773	2452	1817
1987	4330	44910	84601	80013	2677	2091
1988	4710	43267	96474	134218	3388	2569
1989	4419	45056	104041	179042	3858	3657
1990	3964	46473	111711	227392	4304	4127
年均增长速度(%) Annual Average Growth Rate(%)	**4.3**	**5.6**	**9.7**	**34.4**	**12.2**	**16.6**
“八五”时期 "Eighth Five-year" Period						
1991	3779	50625	118460	307950	5016	4564
1992	3653	55857	127978	403790	5931	5783
1993	3680	60337	139272	619647	8145	7737
1994	4227	66073	147186	852332	10572	10503
1995	5291	71540	157210	1076083	12276	12771
年均增长速度(%) Annual Average Growth Rate(%)	**5.9**	**9.0**	**7.1**	**36.5**	**23.3**	**25.3**
“九五”时期 "Ninth Five-year" Period						
1996	6493	76949	170983	1284558	14507	16296
1997	7601	82155	190192	1479515	16531	18579
1998	8497	86009	215652	1674771	18381	19214
1999	10568	91260	256060	1890338	20714	19520
2000	14123	106996	313852	2113366	23039	20906
年均增长速度(%) Annual Average Growth Rate(%)	**21.7**	**8.4**	**14.8**	**14.6**	**13.2**	**10.4**
“十五”时期 "Tenth Five-year" Period						
2001	18743	126190	363657	2441713	25941	22760
2002	26778	150654	415097	2832799	28218	24941
2003	32106	179628	469684	3259896	30611	25936
2004	41251	211224	526419	4192834	31928	27596
2005	45314	240508	566278	5167453	32476	21494
年均增长速度(%) Annual Average Growth Rate(%)	**26.3**	**17.6**	**12.5**	**18.1**	**7.4**	**7.5**
“十一五”时期 "Eleventh Five-year" Period						
2006	51220	256630	564891	6296568	35107	22567
2007	58910	279180	575160	7335805	38798	24301
2008	64675	298939	585852	8674142	43454	26729
2009	66952	316024	589481	10029764	46723	29245
2010	67324	334752	618459	12338778	50456	32381
年均增长速度(%) Annual Average Growth Rate(%)	**8.2**	**6.8**	**1.8**	**19.0**	**9.2**	**8.5**
“十二五”时期 "Twelfth Five-year" Period						
2011	70004	346942	651307	14384948	55143	36505
2012	75570	359643	683058	16421777	59010	40742
2013	82401	371735	730232	28135080	62619	44653
2014	87674	378690	793178	32879754	72651	40948
2015	90511	385221	864841	36627244	81034	44633
年均增长速度(%) Annual Average Growth Rate(%)	**6.1**	**2.8**	**6.9**	**24.3**	**9.9**	
“十三五”时期 "Thirteenth Five-year"Period						
2016	91883	396455	910974	39940453	89757	48695
2017	96702	417641	964510	44697603	100173	52938
2018	103829	448004	1027969	52364784	111709	57544
2019	113214	477390	1068992	61109638	127757	62522
2020	136184	517630	1091179	68054574	139436	64878
年均增长速度(%) Annual Average Growth Rate(%)	**8.5**	**6.1**	**4.8**	**13.2**	**11.5**	**7.8**
“十四五”时期 "Thirteenth Five-year"Period						
2021	145181	563174	1133041	77523407	155563	70847
2022	155264	616320	1166852	82856217	164754	72718
以1979年为基期年平均增长速度(%) Annual Average Growth Rate from 1979(%)	**18.4**	**9.3**	**7.8**	**26.7**	**13.3**	

注： 1.普通高等学校在校学生数年平均增长速度以1983年为基期。
Notes:Annual average growth rate of the student number in institutions of higher education is based on 1983.
2.居民人均可支配收入2014年起为城乡一体化住户调查新口径数据。
Per Capita Disposable Income of Resident has been a new caliber of Urban-rural Integration Household Survey since 2014.

1-4 主要年份国民经济主要指标比例关系

PERCENTAGE OF MAIN NATIONAL ECONOMIC INDICATORS IN MAIN YEARS

年份 Year	以就业人员人数为100 Employed Persons=100			以地区生产总值为100 Gross Domestic Product=100			以固定资产投资总额为100 Investment in Fixed Assets=100	
	第一产业 Primary Industry	第二产业 Secondary Industry	第三产业 Tertiary Industry	第一产业 Primary Industry	第二产业 Secondary Industry	第三产业 Tertiary Industry	非房地产开发项目 Non-Real Estate Development	房地产开发项目 Real Estate Development
1979				37.0	20.5	42.5	100.0	
1980				28.9	26.0	45.1	100.0	
1985				6.7	41.9	51.4	100.0	
1990	6.1	69.8	24.1	4.1	44.8	51.1	82.0	18.0
1995	1.5	66.0	32.5	1.5	50.1	48.4	62.6	37.4
2000	0.8	57.0	42.2	0.7	50.0	49.3	61.5	38.5
2001	0.7	55.7	43.6	0.6	49.9	49.5	54.0	46.0
2002	0.8	55.8	43.5	0.6	49.6	49.8	50.7	49.3
2003	0.8	57.0	42.2	0.4	51.0	48.6	56.5	43.5
2004	0.5	57.6	41.9	0.3	52.0	47.7	60.3	39.7
2005	0.5	57.7	41.8	0.2	53.8	46.0	64.2	35.8
2006	0.3	57.4	42.3	0.1	53.1	46.8	63.7	36.3
2007	0.1	54.1	45.8	0.1	50.7	49.2	65.7	34.3
2008	0.1	54.1	45.8	0.1	50.0	49.9	70.0	30.0
2009	0.1	53.9	46.0	0.1	47.0	52.9	74.4	25.6
2010		51.5	48.4	0.1	46.9	53.0	76.4	23.6
2011		47.2	52.8	0.1	47.0	52.9	75.0	25.0
2012		44.4	55.6		44.8	55.2	68.2	31.8
2013		41.4	58.6		43.8	56.2	64.8	35.2
2014		39.3	60.6		43.1	56.9	60.6	39.4
2015		39.9	60.1		41.7	58.3	59.6	40.4
2016		38.0	62.0		40.3	59.7	56.9	43.1
2017	0.1	37.9	62.0	0.1	40.1	59.8	58.5	41.5
2018	0.1	37.3	62.6	0.1	39.6	60.3	57.3	42.7
2019	0.1	38.6	61.3	0.1	38.5	61.4	58.4	41.6
2020	0.1	38.6	61.3	0.1	37.4	62.5	55.2	44.8
2021	0.1	39.1	60.8	0.1	37.7	62.3	63.5	36.5
2022	0.1	39.2	60.7	0.1	37.9	62.0	61.8	38.2

1-4 续表 CONTINUED

年 份 Year	以货运量为100 Freight Traffic=100			
	铁路 Railways	公路 Highways	水运 Waterways	民航 Civil Aviation
1990	10.9	78.2	10.9	
1995	6.2	76.8	16.9	0.1
1996	5.8	77.1	17.0	0.1
1997	7.0	76.8	16.1	0.1
1998	6.4	79.3	14.2	0.1
1999	6.0	81.5	12.3	0.1
2000	6.0	81.4	12.5	0.1
2001	5.7	82.9	11.3	0.1
2002	4.8	84.8	10.3	0.1
2003	4.9	83.9	11.1	0.1
2004	4.9	83.2	11.7	0.2
2005	4.8	83.4	11.7	0.2
2006	2.7	69.3	27.8	0.2
2007	2.4	67.8	29.6	0.2
2008	2.1	76.6	21.2	0.2
2009	2.1	78.8	18.8	0.2
2010	1.5	75.8	22.4	0.3
2011	1.4	75.0	23.3	0.3
2012	1.4	76.7	21.7	0.2
2013	1.3	73.0	25.4	0.2
2014	0.4	71.4	27.9	0.3
2015	0.2	76.3	23.3	0.2
2016	0.3	76.3	23.1	0.3
2017	0.2	74.2	25.3	0.3
2018	0.2	75.1	24.3	0.3
2019	0.3	79.7	19.7	0.3
2020	0.3	79.5	19.9	0.3
2021	0.3	79.2	20.2	0.3
2022	0.4	74.9	24.5	0.3

1-5 主要年份国民经济和社会发展主要指标平均每人水平

PER CAPITA MAIN NATIONAL ECONOMIC AND SOCIAL DEVELOPMENT INDICATORS IN MAIN YEARS

单位：元 (yuan)

年 份 Year	地区生产总值 Gross Domestic Product	农林牧渔业总产值 Gross Output Value of Agriculture,Forestry, Animal Husbandry and Fishery	规模以上工业总产值 Gross Output Value of Industry Above Designated Size	社会消费品零售总额 Retail Sales of Consumer Goods	城镇单位在岗职工年平均货币工资 AverageWage of Fully Employed Staff and Workers in Urban Units	居民可支配收入 Per Capita Disposable Income of Residents
1980	835	524	261	606	979	
1985	4809	565	2973	3274	2418	1915
1990	8724	606	13606	3393	4304	4127
1995	19558	540	25774	10754	12276	12771
2000	33276	467	44239	12801	23039	20906
2001	35390	459	50697	13644	25941	22760
2002	41018	463	58702	15073	28218	24941
2003	47743	443	83304	17081	30611	25936
2004	55099	380	101586	19100	31928	27596
2005	61844	267	121182	21549	32476	21494
2006	69702	211	140431	24150	35107	22567
2007	77660	192	156526	26309	38798	24301
2008	85088	201	169931	29984	43454	26729
2009	87360	159	158173	32458	46723	29245
2010	99095	148	181745	35775	50456	32381
2011	110389	140	188025	39198	55143	36505
2012	116407	127	183248	42150	59010	40742
2013	124208	113	187329	44891	62619	44653
2014	130448	100	191511	47470	72651	40948
2015	135271	117	186556	46889	81034	44633
2016	142494	131	187208	48014	89757	48695
2017	150739	252	207970	50428	100173	52938
2018	155320	261	217856	52372	111709	57544
2019	159883	285	221092	54165	127757	62522
2020	159820	281	221435	49887	139436	64878
2021	174542	262	240427	53790	155563	70847
2022	183801	273	261771	54937	164754	72718

1-6 主要年份国民经济和社会发展主要指标平均每天水平

AVERAGE DAILY LEVEL OF MAIN NATIONAL ECONOMIC AND SOCIAL DEVELOPMENT INDICATORS IN MAIN YEARS

年 份 Year	地 区 生产总值 (万元) Gross Domestic Product (10 000 yuan)	规模以上工业 总产值 (万元) Gross Output Value of Industry Above Designated Size (10 000 yuan)	农林牧渔业总产值 (万元) Gross Output Value of Agriculture, Forestry, Animal Husbandry and Fishery (10 000 yuan)	地方一般公共 预算收入 (万元) Local Financial Revenue (10 000 yuan)	货运量 (万吨) Freight Traffic (10 000 tons)	客运量 (万人) Passengers Traffic (10 000 person-times)
1979	54	17	36	5		
1980	74	23	46	8		
1985	1069	661	126	172		
1990	4703	5766	327	595	3.70	24.20
1995	23090	30430	637	2411	9.70	22.63
2000	60800	80830	853	6080	12.87	25.61
2001	69122	99019	896	7192	14.10	27.04
2002	82664	118304	934	7286	15.57	29.13
2003	99730	174012	924	7968	17.75	28.69
2004	119186	219742	822	8807	19.64	32.93
2005	137966	270344	596	11298	22.60	34.53
2006	162210	326811	493	13723	31.31	38.26
2007	189732	382411	466	18029	37.47	41.25
2008	217574	434523	515	21928	53.62	422.69
2009	233273	422363	424	24132	61.28	400.86
2010	275865	507584	412	30324	71.71	427.95
2011	326652	559747	418	36701	79.18	461.50
2012	369761	585308	407	40605	78.57	506.80
2013	417377	632745	382	47432	75.38	33.04
2014	460147	678838	354	57061	80.50	41.38
2015	505119	699793	437	74708	88.97	45.23
2016	566732	747734	523	85931	85.38	46.60
2017	637816	879977	1065	91291	88.41	49.70
2018	692221	970932	1163	96944	89.76	54.44
2019	739516	1022634	1320	103380	119.26	58.31
2020	760512	1053720	1338	105684	113.65	37.67
2021	844386	1163122	1268	116649	120.44	36.64
2022	889882	1267382	1322	109930	112.04	28.60

1-6 续表 CONTINUED

年 份 Year	用电量 (万千瓦时) Electricity Consumption (10 000 kWh)	公共汽（电）车客运人数 (万人次) Bus Passengers (10 000 person-times)	社会消费品零售总额 (万元) Retail Sales of Consumer Goods (10 000 yuan)	出生人数 (人) Births (person)	死亡人数 (人) Deaths (person)	结婚 (对) Marriages (couple)	离婚 (对) Divorces (couple)
1979			31	22	5		
1980			54	19	5	6	
1985		14.20	728	15	4	18	
1990	985	60.13	1829	29	5	28	1
1995	2503	96.96	12697	35	5	36	3
2000	5215	117.26	23390	49	9	39	6
2001	5816	128.96	26650	49	6	39	6
2002	7120	141.60	30377	62	5	40	6
2003	8861	139.00	35680	44	6	53	9
2004	10693	143.80	41316	54	6	79	13
2005	12060	278.40	48073	66	7	64	15
2006	13348	337.22	56202	72	6	112	17
2007	15557	497.61	64277	94	7	98	19
2008	15993	535.44	76670	101	7	113	19
2009	16046	585.21	86671	97	8	134	21
2010	18179	642.82	99619	102	17	105	22
2011	19069	647.61	116306	114	8	149	27
2012	19784	625.49	134764	168	12	146	32
2013	19994	603.23	151755	163	9	147	43
2014	21608	618.46	168378	185	22	166	43
2015	22344	566.83	175975	196	13	165	62
2016	23317	511.78	191840	239	14	167	68
2017	24232	453.22	213412	319	19	171	70
2018	25130	446.25	233411	290	17	180	76
2019	26959	435.54	250533	321	19	184	85
2020	26941	378.19	237393	270	20	185	108
2021	30230	306.17	260222	255	20	209	54
2022	29420	207.15	265980	242	22	233	58

1-7 企业登记发展情况
THE DEVELOPMENT OF ENTERPRISES REGISTRATION

单位：户 (unit)

年份 Year	企业总数 Total Number of Enterprises	按企业登记类型分 Grouped By Status of Enterprises Registration			按产业分 Grouped By Industry			按注册资本分 Grouped By Registered Capital					
		内资企业 Domestic-funded Enterprises	外资企业 Foreign-funded Enterprises	私营企业 Private Enterprises	第一产业 Primary Industry	第二产业 Secondary Industry	第三产业 Tertiary Industry	100万元-499万元 100-499 10 000 yuan	500万元-999万元 500-999 10 000 yuan	1000万元-2999万元 1000-2999 10 000 yuan	3000万元-4999万元 3000-4999 10 000 yuan	5000万元-9999万元 5000-9999 10 000 yuan	1亿元以上 Over 100 million yuan
1979	501	497	4		1	219	281						
1980	839	821	18		1	400	438						
1981	1125	1086	39		2	383	740						
1982	1798	1710	88		3	713	1082						
1983	2177	1940	237		6	710	1461						
1984	4314	3761	553		10	1258	3046						
1985	6853	5972	881		14	1950	4889						
1986	7958	6902	1056		21	2601	5336						
1987	15448	14328	1120		163	5718	9567						
1988	16341	14387	1954		175	4022	12144						
1989	18596	16026	2570		212	4993	13391	579	365	566	200	203	212
1990	19827	15403	3895	529	210	5807	13810	651	425	646	229	231	232
1991	22948	16629	5295	1024	227	6947	15774	767	497	756	257	259	260
1992	28676	18469	7639	2568	235	9166	19275	1022	643	994	337	324	318
1993	41768	25742	11802	4224	295	13070	28403	1820	1021	1538	492	448	420
1994	55867	31916	14767	9184	269	17249	38349	2568	1326	1988	601	533	487
1995	70785	37860	16765	16160	426	21255	49104	3431	1596	2416	717	627	557
1996	82952	44410	18011	20531	456	22783	59713	4418	1861	2862	800	714	616
1997	92244	47659	17093	27492	452	24216	67576	5916	2179	3464	924	833	701
1998	92699	45027	16161	31511	422	23966	68311	7198	2466	3904	1046	918	763
1999	101942	47100	17997	36845	428	26453	75061	8867	2818	4353	1144	1013	829
2000	107457	46220	18151	43086	397	27769	79291	10982	3239	4897	1259	1107	911
2001	120391	46328	19175	54888	382	31114	88895	14399	3780	5711	1407	1262	1025
2002	123923	37519	19461	66943	341	32103	91479	18483	4406	6518	1544	1381	1134
2003	151036	39316	21883	89837	359	39659	111018	24219	5200	7532	1715	1547	1254
2004	181314	34278	22728	124308	349	47695	133270	31996	6317	8730	1878	1696	1388
2005	209443	32998	24252	152193	333	55579	153531	39404	7618	9824	2030	1837	1483
2006	244291	25480	27055	191756	347	65220	178724	47121	8925	10901	2169	1979	1602
2007	283734	24423	32248	227063	348	75381	208005	53798	11055	11961	2326	2111	1719
2008	281238	18473	32898	229867	309	74044	206885	59538	12658	12781	2437	2197	1802
2009	307242	16793	33386	257063	302	80052	226888	67746	13773	13874	2585	2314	1910
2010	360912	16087	35207	309618	312	88870	271730	78118	15220	15379	2776	2483	2060
2011	417531	14278	36096	367157	313	92747	324471	90779	18071	19513	2953	3100	2690
2012	481030	12584	36969	431477	344	93601	387085	108436	22280	24010	3461	3944	3153
2013	630060	10004	38241	581815	475	105257	524328	154473	32900	34219	4435	5841	5280
2014	843977	8250	39758	795969	1340	119645	722992	246435	54903	53509	6967	9628	9141
2015	1133953	7873	43017	1083063	1989	139431	992533	361563	92836	83267	10359	16040	14747
2016	1504255	8685	42621	1452949	2916	166786	1334553	669393	191040	114323	12034	24068	19555
2017	1769876	8602	50769	1710505	3711	183071	1583094	793485	208444	159248	18104	31721	27997
2018	1974650	8370	65282	1900998	4188	195973	1774489	714932	205654	157972	17804	33296	27736
2019	2042588	7998	67940	1966650	4528	201568	1836492	835020	232193	172734	19450	35824	29465
2020	2268622	13775	68622	2186225	4983	222665	2040974	945544	254868	186918	19661	37697	30718
2021	2410329	7240	71235	2331854	5247	229430	2175652	881819	249669	193567	20699	37661	28177
2022	2457740	6949	71520	2379271	5512	237113	2215115	1004431	272836	211995	22429	40127	28980

注： 本表数据由深圳市市场监督管理局提供。
Note: Data in this table are provided by Market Supervision and Regulation Bureau of Shenzhen Municipality.

1-8 "企业一套表"年报分区分行业调查单位（2022年）

NUMBER OF SURVEY UNITS OF"ENTERPRISE SET OF TABLE"BY SECTOR BY DISTRICT（2022）

单位：个 (unit)

地 区 District		调查单位 Survey units	工业 Industry	建筑业 Construction	批发零售业 Wholesale and Retail Sales	住宿餐饮业 Hotel and Catering Services	房地产开发经营业 Real Estate	服务业 Services
全 市	**Total**	**44312**	**13785**	**1815**	**13755**	**2398**	**881**	**11676**
福田区	Futian	5874	213	481	2552	539	101	1988
罗湖区	Luohu	3393	137	127	1549	291	88	1201
盐田区	Yantian	821	89	29	248	43	34	378
南山区	Nanshan	9855	1008	292	3524	710	168	4153
宝安区	Baoan	8875	5113	263	1717	267	125	1390
龙岗区	Longgang	6614	2385	355	2194	238	150	1292
龙华区	Longhua	4663	2020	132	1437	169	85	820
坪山区	Pingshan	1292	794	41	181	45	42	189
光明区	Guangming	2547	1906	42	309	49	56	185
大鹏新区	Dapeng	256	77	25	34	35	17	68
深汕特别合作区	Shenzhen-Shanwei Special Cooperation Zone	120	43	28	10	12	15	12

注：本表中调查单位为年报应报数，与专业报表中的企业单位数存在口径差异。
Note: The number of survey units is the number of units to be reported in the annual report, it differs from the number of enterprise units in the professional report.

1-9 规模以上服务业企业分行业主要财务指标(2022年)

指标名称 Item		企业单位数 （个） Number of Enterprises (unit)
总计	**Total**	**11547**
交通运输、仓储和邮政业	Transport,Storage and Post	2140
信息传输、软件和信息技术服务业	Information Transmission,Software and Information Technology	2564
房地产业	Real Estate	1935
租赁和商务服务业	Leasing and Business Services	2416
科学研究和技术服务业	Scientific Research and Technical Services	1283
水利、环境和公共设施管理业	Management of Water Conservancy,Enviroment and Public Facilities	138
居民服务、修理和其他服务业	Service to Households,Repair and Other Services	392
教育	Education	210
卫生和社会工作	Health and Social Service	148
文化、体育和娱乐业	Culture,Sports and Entertainment	321

注： 房地产业不含房地产开发经营。
Note：Real estate development and management is not included in the real estate.

FINANCE INDICATORS OF SERVICE ENTERPRISES ABOVE THE DESIGNATED SIZE BY SECTOR(2022)

营业收入 (亿元) Business Revenue （100 million yuan）	应付职工薪酬 (亿元) Benefit Payable of the Employee （100 million yuan）	期末用工人数 (人) Year-end Employed Persons (person)
21372	**4258**	**2419428**
4848	598	338869
9371	1758	562588
1675	460	457680
3110	733	567624
1549	426	197017
169	56	66983
208	88	141809
117	47	30438
172	47	27184
153	45	29236

1-10 规模以上服务业企业分区主要财务指标(2022年)
FINANCE INDICATORS OF SERVICE ENTERPRISES ABOVE THE DESIGNATED SIZE BY DISTRICT(2022)

地区	Region	企业单位数（个）Number of Enterprises (unit)	营业收入（亿元）Business Revenue (100 million yuan)	应付职工薪酬（亿元）Benefit Payable of the Employee (100 million yuan)	期末用工人数（人）Year-end Employed Persons (person)
全 市	**Total**	**11547**	**21372**	**4258**	**2419428**
福田区	Futian	1956	3453	960	619201
罗湖区	Luohu	1190	1799	386	314050
盐田区	Yantian	376	404	70	41192
南山区	Nanshan	4103	9713	1900	751462
宝安区	Baoan	1376	2935	388	273212
龙岗区	Longgang	1280	1247	299	240356
龙华区	Longhua	815	1216	155	124072
坪山区	Pingshan	188	102	22	14057
光明区	Guangming	185	126	27	25593
大鹏新区	Dapeng	66	358	48	14775
深汕特别合作区	Shenzhen-Shanwei Special Cooperation Zone	12	19	3	1458

主要统计指标解释

行政区划 指国家对行政区域的划分。根据有关法规规定，我国的行政区域划分如下:(1)全国分为省、自治区、直辖市;(2)省、自治区分为自治州、县、自治县、市:(3)自治州分为县、自治县、市:(4)县、自治县分为乡、民族乡、镇:(5)直辖市和较大的市分为区、县;(6)国家在必要时设立的特别行政区。

平均增长速度 平均增长速度表明社会经济现象在一个较长的时期内逐期平均增长变化的程度，它不能根据各个环比增长速度直接求得，但与平均发展速度之间存在着一定的数量关系:平均增长速度一平均发展速度-1.

平均发展速度是一种根据环比发展速度计算的序时平均数,由于各时期对比的基础不同，所以计算平均发展速度不能采用一般的序时平均数的计算方法，计算方法分为水平法和累计法。水平法，又称几何平均法，即将环比发展速度按连乘法用几何平均数公式计算。累计法，也称方程法，根据一段时期内各年发展水平总和与基期水平的关系，列出方程式计算平均发展速度。水平法着重考虑最后一年所达到的发展水平;累计法着重考虑整个时期累计发展水平的总量。

企业(单位)登记注册类型 是以在工商行政管理机关登记注册的各类企业为划分对象，以工商行政管理部门对企业登记注册的类型为依据，将企业登记注册类型分为内资企业、港澳台商投资企业和外商投资企业三大类。内资企业包括国有企业、集体企业、股份合作企业、联营企业、有限责任公司、股份有限公司、私营公司和其他企业;港澳台商投资企业和外商投资企业分别包括合资经营企业、合作经营企业、独资经营企业和股份有限公司。对不在工商行政管理部门进行登记注册的行政机关、事业单位和社会团体，主要按其经费来源和管理方式进行划分。

私营企业 指由自然人投资设立或由自然人控股，以雇佣劳动为基础的营利性经济组织。包括按照《公司法》《合伙企业法》《私营企业营行条例》规定登记注册的私营有限责任公司、私营股份有限公司、私营合伙企业和私营独资企业。

外资企业 指依照《中华人民共和国外资企业法》及有关法律的规定，在中国内地由外国投资者全额投资设立的企业。

Explanatory Notes on Main Statistical Indicators

Divisions ofAdministrative Areas refers to the division of administrive areas by the State.The relative laws stiplate that 1)the whole country is divded into provinces,autonomous regions and municipalities directly under the Central Government;2) provinces and autonomus regions are further divided into autonomous prefectures,counties,autonomous counties and cities;3)autonomous prefectures are further divided into counties,autonomous counties and cities;4)counties and autonmous counties are further divided into townships, ethnic townships and towns;5)municipalities directly under the Central Government and large cities are divided into districts and counties,6)the State shall, when necessary,establish special administrative regions.

Average Annual Growth Rate shows the averagc growth ratc of social and economic development during a longer period, It can not be directy calculated by chain based growth rate. The relation is:

Average AnnalGrowth Rat = Average Snccd of Development - 1

Average spccd of development is the time series average of speed which calculated by chain based. Because the reference bases during the different periods are not same, average spced of development can not be calculated by thegeneral method.Level approach and accumulative approach for calculating average speed of developnent rate are applied.The "level approach",or the method of calculating the geometric average,is derived by the formula of geometric average of the chain-based spccds of development, or comparing the level of the last year of the interval with that of the beginning year;the other is called the "accumulative approach"or the "agcbraic avcrge","cquation" method,which is denived by the summation of the actual figure of cach year in the interval divided by the igure in the bascyear. The level approach focuses on the level of the last year, while the accumulative approach emphasizcs the aggregate devclopmcut in the duration.

Registration Status of Enterprises Enterprises are classified into 3 categories,namely domestic-funded enterprises,enterprises with investment from Hong Kong,Macao and Taiwan,and enterprises with foreign investment, according to the registration status of an enterprise in industrial and commercial administration agencies.Domestic-funded enterprises include State-owned enterprises,collective-owned enterprises,cooperative enterprises,joint ownership enterprises,limited liability corporations,share-holding corporations Ltd.,private enterprises and other enterprises. Included in the enterprises with investment from Hong Kong,Macao and Taiwan and enterprises with foreign investment are joint-venture enterprises,cooperative enterprises,sole investment enterprises and share-holding corporations Ltd.For government agencies,institutions and social organizations which are not registered in industrial and commercial administration agencies,they areclassified mainly by their sources of funding and manner of management.

Private Enterprises refer to profit-making economic units invested and established by natural persons,or controlled by natural persons using employed labour.Included in this category are private limited iability corporations, private share-holding corporations Ltd.,private partnership enterprises and private-funded enterprises registered in accordance with the Company Law,the Law on Partnership Business and Interim Regulations on Private Enterprises.

Enterprises with Sole (exclusive)Foreign Investment refer to enterprises established in the mainland of China with exclusive investment from foreign investors in accordance with the Law of the People's Republic of China on Wholly Foreign-owned Enterprises and other relevant laws.

Share-holding Corporations Ltd.with Foreign Investment refer to share-holding corporations Ltd. established with the approval from the former Ministry of Foreign Trade and Economic Relations in line with relevant State regulations, where the share of investment from foreign investors exceeds 25% of the total registered capital of the corporation. In case the share of foreign investment is less than 25% of the total registered capital , the enterprise is to be classified as domestic-funded share - holding corporation Ltd.

02 第二部分

国民经济核算

NATIONAL ECONOMIC ACCOUNTING

CHAPTER

2-1 国民经济核算主要指标（主要年份）

MAIN INDICATORS OF NATIONAL ECONOMIC ACCOUNTING （MAJOR YEAR）

项 目	Item	2000	2010	2020	2021	2022
地区生产总值(亿元)	Gross Domestic Product (100 million yuan)	2219.20	10069.06	27759.02	30820.10	32480.71
第一产业	Primary Industry	15.57	6.11	25.59	23.75	24.76
第二产业	Secondary Industry	1108.76	4727.94	10380.65	11607.80	12313.63
第三产业	Tertiary Industry	1094.87	5335.01	17352.77	19188.56	20142.32
地区生产总值增长速度(%)	Growth Rates of Gross Domestic Product (%)	16.3	12.3	3.1	7.0	3.4
第一产业	Primary Industry	3.1	-11.2	-3.9	1.0	0.8
第二产业	Secondary Industry	18.5	13.8	1.8	7.2	3.0
第三产业	Tertiary Industry	13.8	10.7	3.9	6.9	3.7
地区生产总值构成(%)	Composition of Gross Domestic Product (%)	100.0	100.0	100.0	100.0	100.0
第一产业	Primary Industry	0.7	0.1	0.1	0.1	0.1
第二产业	Secondary Industry	50.0	46.9	37.4	37.7	37.9
第三产业	Tertiary Industry	49.3	53.0	62.5	62.3	62.0
地区生产总值贡献率(%)	Share of the Contribution of the Three Strata of Industry(%)	100.0	100.0	100.0	100.0	100.0
第一产业	Primary Industry	0.1		-0.1		
第二产业	Secondary Industry	62.5	59.0	23.9	38.5	32.6
第三产业	Tertiary Industry	37.4	41.0	76.2	61.5	67.4
地区生产总值拉动率(%)	Contribution of the Three Strata of Industry to GDP Growth (%)	16.3	12.3	3.1	7.0	3.4
第一产业	Primary Industry					
第二产业	Secondary Industry	10.2	7.3	0.7	2.7	1.1
第三产业	Tertiary Industry	6.1	5.0	2.3	4.3	2.3
人均地区生产总值(元)	Per Capita Gross Domestic Product (yuan)	33276	99095	159820	174542	183801
人均地区生产总值增长速度(%)	Growth Rates of Per Capita Gross Domestic Product (%)	5.8	7.8	0.2	5.2	3.3

注：2008-2018年地区生产总值及相关指标已根据全国第四次经济普查结果进行修订（相关表同），2010-2020年人均地区生产总值及其增速已按全国第七次人口普查结果修订（相关表同）。

Note：The data of gross domestic product(GDP) and related data in 2008-2018 have been revised by the fourth national economic census(The same related).The data of per capita gross and its growth rate in 2010-2020 have been revised in accordance with the results of the 7th National Population Census (the same related).

2-2 地区生产总值
GROSS DOMESTIC PRODUCT

单位：万元 (10 000 yuan)

年 份 Year	地区生产总值 Gross Domestic Product	第一产业 Primary Industry	第二产业 Secondary Industry	第三产业 Tertiary Industry	#工业 Industry	#建筑业 Construction
1979	19638	7273	4017	8348	2313	1704
1980	27012	7803	7036	12173	3726	3310
1981	49576	13343	16019	20214	8311	7708
1982	82573	18960	31439	32174	9540	21899
1983	131212	22614	55848	52750	22466	33382
1984	234161	25932	106606	101623	51802	54804
1985	390222	26111	163586	200525	102137	61449
1986	416451	32907	163185	220359	106606	56579
1987	559015	46519	220463	292033	164445	56018
1988	869807	57005	359230	453572	274787	84443
1989	1156565	68615	505361	582589	400579	104782
1990	1716665	70220	769319	877126	644947	124372
1991	2366630	80836	1126084	1159710	928846	197238
1992	3173194	105914	1522432	1544848	1176087	346345
1993	4531445	108615	2420214	2002616	1810085	610129
1994	6346711	134152	3357972	2854587	2671299	686673
1995	8427933	124122	4223744	4080067	3372392	851352
1996	10505121	148796	5081045	5275280	4198625	882420
1997	13023008	147660	6209018	6666330	5222504	986514
1998	15449472	151764	7508019	7789689	6377088	1130931
1999	18246876	150445	9154443	8941988	7930052	1224391
2000	22192015	155656	11087644	10948715	9828530	1259114
2001	25229474	160413	12583983	12485078	11310767	1273216
2002	30172384	166587	14980113	15025684	13670904	1309209
2003	36401435	142048	18562162	17697225	17081204	1480958
2004	43502928	123264	22643124	20736540	21092158	1550966
2005	50357678	97385	27096861	23163432	25559271	1537590
2006	59206612	68851	31449697	27688064	29775384	1674313
2007	69252268	77374	35135153	34039741	33338681	1796472
2008	79414328	77952	39702375	39634001	37763310	2035734
2009	85144707	63527	40003477	45077703	37714165	2389132
2010	100690553	61069	47279430	53350054	44412171	2988839
2011	119228085	62231	56019374	63146480	52551689	3616537
2012	134962675	61302	60453948	74447425	56612498	4007427
2013	152342436	63504	66647456	85631476	62075756	4784966
2014	167953507	57579	72321670	95574258	67540427	4996571
2015	184368359	72084	76874089	107422186	71897943	5176630
2016	206857358	82840	83240899	123533619	77700983	5744316
2017	232802719	195721	93375209	139231789	87012431	6551483
2018	252660771	226072	99958664	152476035	92093512	8076830
2019	269923266	255772	104019993	165647501	95327413	8907806
2020	277590153	255873	103806547	173527733	95074922	8945897
2021	308201048	237469	116077958	191885622	106342420	10012743
2022	324807103	247602	123136334	201423166	112533430	10983897

注： 1. 本表按当年价格计算。2013-2017年，使用《国民经济行业分类》（GB/T 4754-2011），2018年开始使用《国民经济行业分类》（GB/T 4754-2017）。

Notes:Data of this table are calculated at current prices. The Industrial Classification of the National Economy（GB/T 4754-2011）is introduced in 2013 -2017，the Industrial Classification of the National Economy(GB/T 4754-2017)is introduced from 2018.

2. 根据研发支出纳入GDP核算及全国第三次农业普查结果，对1995-2016年地区生产总值进行了修订。

According to the new GDP Accounting Methodology and the Third National Agricultural Census,the data of GDP from 1995 to 2016 have been revised.

2-2 续表 CONTINUED

单位：万元 （10 000 yuan）

年 份 Year	地区生产总值 Gross Domestic Product					人均地区生产总值(元) Gross Domestic Product Per Capita (yuan)
	#交通运输、仓储和邮政业 Transportation, Storage and Post Services	#批发和零售业 Wholesale and Retail Sales	#住宿和餐饮业 Hotels and Catering Services	#金融业 Financial Intermediation	#房地产业 Real Estate	
1979	1175	3111	1050	1586	467	606
1980	1798	4301	1452	2325	688	835
1981	2908	7104	2398	3883	1152	1417
1982	4890	10758	3631	6274	1850	2023
1983	7715	16868	5694	11183	3181	2512
1984	14866	29948	10108	22865	6301	3504
1985	25519	55943	18882	46522	14759	4809
1986	35475	59200	21278	50620	15420	4584
1987	54144	71776	30897	62962	17347	5618
1988	71317	114899	41883	119543	35016	7712
1989	90993	117160	42744	150856	53831	8838
1990	112692	152877	51823	240157	91396	11097
1991	147651	239760	59056	266849	155372	11997
1992	166595	333580	84904	332492	236652	12827
1993	190248	449485	144272	405899	328708	15005
1994	245271	583961	288170	596275	472171	16954
1995	400843	779177	405147	887865	673506	19558
1996	500073	1128234	432463	1118350	842883	22542
1997	487346	1339511	478192	1562531	955661	25772
1998	546558	1532951	538158	1809703	1062525	27885
1999	629825	1822078	573446	1965044	1193283	30088
2000	788014	2271487	613559	2215391	1585464	33276
2001	857909	2618467	633105	2393224	1818950	35390
2002	1057835	3174034	728976	2487213	2348995	41018
2003	1300797	3901304	713120	2620765	3184157	47743
2004	1893093	4601915	841186	2730844	4110367	55099
2005	2211684	5202044	971905	3056820	4449012	61844
2006	2576875	5738239	1166653	4626637	5202637	69702
2007	2991969	6608000	1262695	7657042	6130153	77660
2008	3077314	7729584	1655958	9693615	4897340	85088
2009	3059808	8629694	1707615	11089131	6840798	87360
2010	3528098	10686591	2032023	13406600	7596426	99095
2011	3867477	13293723	2339913	16071702	8702163	110389
2012	4121725	16484265	2539718	17784089	10995084	116407
2013	4653729	18699504	2726207	20395568	11991307	124208
2014	5029744	19788111	3166209	23150102	13273974	130448
2015	5439028	19931736	3365946	26619170	15765051	135271
2016	6304467	21484852	3566051	30175521	18030420	142494
2017	7056760	23047432	3915062	31602393	19373385	150739
2018	7383665	24387387	4162900	33518852	21693578	155320
2019	7835583	25129465	4572110	36097351	23553086	159883
2020	7268983	23883237	3695828	42362599	24842275	159820
2021	8416186	26632194	4291984	47364133	26970988	174542
2022	8890717	27788439	4104214	49295393	27590076	183801

2-3 地区生产总值三次产业构成
COMPOSITION OF GROSS DOMESTIC PRODUCT BY THREE INDUSTRIES

单位：% (%)

年份 Year	地区生产总值 Gross Domestic Product	第一产业 Primary Industry	第二产业 Secondary Industry	第三产业 Tertiary Industry	#工业 Industry	#建筑业 Construction
1979	100	37.0	20.5	42.5	11.8	8.7
1980	100	28.9	26.0	45.1	13.8	12.3
1981	100	26.9	32.3	40.8	16.8	15.5
1982	100	22.9	38.1	39.0	11.6	26.5
1983	100	17.2	42.6	40.2	17.1	25.4
1984	100	11.1	45.5	43.4	22.1	23.4
1985	100	6.7	41.9	51.4	26.2	15.7
1986	100	7.9	39.2	52.9	25.6	13.6
1987	100	8.3	39.4	52.3	29.4	10.0
1988	100	6.6	41.3	52.1	31.6	9.7
1989	100	5.9	43.7	50.4	34.6	9.1
1990	100	4.1	44.8	51.1	37.6	7.2
1991	100	3.4	47.6	49.0	39.2	8.3
1992	100	3.3	48.0	48.7	37.1	10.9
1993	100	2.4	53.4	44.2	39.9	13.5
1994	100	2.1	52.9	45.0	42.1	10.8
1995	100	1.5	50.1	48.4	40.0	10.1
1996	100	1.4	48.4	50.2	40.0	8.4
1997	100	1.1	47.7	51.2	40.1	7.6
1998	100	1.0	48.6	50.4	41.3	7.3
1999	100	0.8	50.2	49.0	43.5	6.7
2000	100	0.7	50.0	49.3	44.3	5.7
2001	100	0.6	49.9	49.5	44.8	5.0
2002	100	0.6	49.6	49.8	45.3	4.3
2003	100	0.4	51.0	48.6	46.9	4.1
2004	100	0.3	52.0	47.7	48.5	3.6
2005	100	0.2	53.8	46.0	50.8	3.1
2006	100	0.1	53.1	46.8	50.3	2.8
2007	100	0.1	50.7	49.2	48.1	2.6
2008	100	0.1	50.0	49.9	47.6	2.6
2009	100	0.1	47.0	52.9	44.3	2.8
2010	100	0.1	46.9	53.0	44.1	3.0
2011	100	0.1	47.0	52.9	44.1	3.0
2012	100		44.8	55.2	41.9	3.0
2013	100		43.8	56.2	40.7	3.1
2014	100		43.1	56.9	40.2	3.0
2015	100		41.7	58.3	39.0	2.8
2016	100		40.3	59.7	37.6	2.8
2017	100	0.1	40.1	59.8	37.4	2.8
2018	100	0.1	39.6	60.3	36.4	3.2
2019	100	0.1	38.5	61.4	35.3	3.3
2020	100	0.1	37.4	62.5	34.3	3.2
2021	100	0.1	37.7	62.3	34.5	3.2
2022	100	0.1	37.9	62.0	34.6	3.4

2-4 地区生产总值指数
INDICES OF GROSS DOMESTIC PRODUCT

（以1979年为100） (1979=100)

年份 Year	地区生产总值 Gross Domestic Product	第一产业 Primary Industry	第二产业 Secondary Industry	第三产业 Tertiary Industry	#工业 Industry	#建筑业 Construction	人均地区生产总值 Gross Domestic Product Per Capita
1980	162.7	103.0	175.8	209.5	163.3	197.0	163.0
1981	250.2	132.0	445.6	307.9	406.5	512.1	231.8
1982	396.4	182.2	730.5	504.9	415.5	1266.1	314.7
1983	627.5	192.8	1181.7	873.5	869.2	1713.0	389.3
1984	1003.3	198.8	2347.6	1392.7	2003.6	2932.6	486.6
1985	1249.4	196.8	4011.2	1550.9	4383.4	3378.4	499.0
1986	1283.1	231.8	4269.3	1537.1	4825.1	3324.3	457.7
1987	1609.0	242.0	5767.9	1882.1	7226.5	3287.7	524.1
1988	2186.6	225.1	8306.0	2547.1	10603.7	4398.9	628.3
1989	2595.5	280.0	11472.9	2678.4	15030.4	5423.9	642.8
1990	3439.1	298.5	16760.4	3286.1	22789.5	6508.7	720.5
1991	4677.1	312.8	23700.4	4358.6	31743.9	10023.4	768.4
1992	6229.9	313.7	30607.2	6090.4	38297.6	17530.9	816.2
1993	8155.5	316.0	42975.4	7448.8	52846.0	26192.0	875.2
1994	10677.8	296.3	58131.1	9463.8	74928.7	29569.3	924.5
1995	13227.0	289.9	70891.1	12018.9	92702.6	33803.6	994.8
1996	15536.5	295.4	82789.4	14254.2	110656.0	35406.1	1080.5
1997	18206.7	295.2	96546.4	16844.2	130287.0	39175.2	1167.7
1998	21083.9	302.6	113120.0	19266.0	153331.2	44746.7	1233.3
1999	24387.9	323.8	132489.3	21966.4	181117.4	49804.2	1303.3
2000	28366.1	333.9	156948.8	24995.1	219191.5	51114.1	1378.5
2001	32492.7	355.7	179593.2	28690.2	254028.8	52640.8	1477.2
2002	37622.4	377.5	211073.8	32751.6	302438.3	54803.2	1657.6
2003	44823.3	321.5	263911.8	37150.6	382601.3	60414.9	1905.3
2004	52624.3	262.5	319807.5	42131.5	471135.0	59558.7	2160.2
2005	60651.6	208.9	376945.9	47310.5	561072.0	59711.8	2414.0
2006	70788.8	145.1	439342.6	55400.7	656927.5	64324.1	2700.9
2007	81271.7	133.7	501631.7	64043.1	754110.7	66287.1	2953.8
2008	91305.8	110.8	562545.6	72137.3	849814.6	67028.2	3170.6
2009	101799.3	91.7	622328.6	81166.9	936427.7	80698.8	3385.1
2010	114361.4	81.4	708238.4	89871.0	1063704.6	95379.4	3647.7
2011	125915.7	76.4	790886.0	97720.3	1189135.3	104801.2	3778.3
2012	138715.4	79.4	851752.0	109856.3	1280605.7	112949.3	3877.6
2013	153448.9	59.2	933505.5	122540.6	1408563.9	118337.0	4054.8
2014	167128.2	53.5	1006605.7	134616.2	1523955.4	120425.7	4207.0
2015	182127.6	55.8	1081522.0	148435.5	1639665.2	124722.4	4330.8
2016	199154.6	55.5	1170216.3	163541.9	1772350.6	136418.2	4446.2
2017	216697.9	70.2	1275298.3	177717.5	1934879.4	144154.3	4566.7
2018	233491.6	75.3	1392712.4	189663.2	2106470.4	164369.5	4671.7
2019	249023.6	79.8	1453570.3	205409.3	2192417.1	177900.4	4800.8
2020	256620.3	76.7	1479462.5	213510.0	2225065.6	187842.5	4808.8
2021	274572.1	77.4	1585977.9	228204.3	2392260.9	195565.8	5061.0
2022	283986.5	78.0	1633337.6	236643.3	2459237.4	206281.8	5230.4
年平均增长率（%） Average Annual Growth Rate(%)	**20.3**	**-0.6**	**25.3**	**19.8**	**26.5**	**19.4**	**9.6**

注：本表按可比价格计算。

Note: Data in this table are calculated at constant prices.

2-5　地区生产总值指数
INDICES OF GROSS DOMESTIC PRODUCT

（以上年为100）　　　　（Preceding Year=100）

年 份 Year	地区生产总值 Gross Domestic Product	第一产业 Primary Industry	第二产业 Secondary Industry	第三产业 Tertiary Industry	#工业 Industry	#建筑业 Construction	人均地区生产总值 Gross Domestic Product Per Capita
1980	162.7	103.0	175.8	209.5	163.3	197.0	163.0
1981	153.8	128.2	253.5	146.9	248.9	259.9	142.2
1982	158.4	138.0	163.9	164.0	102.2	247.2	135.8
1983	158.3	105.8	161.8	173.0	209.2	135.3	123.7
1984	159.9	103.1	198.7	159.4	230.5	171.2	125.0
1985	124.5	99.0	170.9	111.4	218.8	115.2	102.6
1986	102.7	117.8	106.4	99.1	110.1	98.4	91.7
1987	125.4	104.4	135.1	122.4	149.8	98.9	114.5
1988	135.9	93.0	144.0	135.3	146.7	133.8	119.9
1989	118.7	124.4	138.1	105.2	141.7	123.3	102.3
1990	132.5	106.6	146.1	122.7	151.6	120.0	112.1
1991	136.0	104.8	141.4	132.6	139.3	154.0	106.6
1992	133.2	100.3	129.1	139.7	120.6	174.9	106.2
1993	130.9	100.7	140.4	122.3	138.0	149.4	107.2
1994	130.9	93.8	135.3	127.1	141.8	112.9	105.6
1995	123.9	97.9	122.0	127.0	123.7	114.3	107.6
1996	117.5	101.9	116.8	118.6	119.4	104.7	108.6
1997	117.2	99.9	116.6	118.2	117.7	110.6	108.1
1998	115.8	102.5	117.2	114.4	117.7	114.2	105.6
1999	115.7	107.0	117.1	114.0	118.1	111.3	105.7
2000	116.3	103.1	118.5	113.8	121.0	102.6	105.8
2001	114.5	106.5	114.4	114.8	115.9	103.0	107.2
2002	115.8	106.1	117.5	114.2	119.1	104.1	112.2
2003	119.1	85.2	125.0	113.4	126.5	110.2	114.9
2004	117.4	81.7	121.2	113.4	123.1	98.6	113.4
2005	115.3	79.6	117.9	112.3	119.1	100.3	111.8
2006	116.7	69.5	116.6	117.1	117.1	107.7	111.9
2007	114.8	92.1	114.2	115.6	114.8	103.1	109.4
2008	112.3	82.9	112.1	112.6	112.7	101.1	107.3
2009	111.5	82.8	110.6	112.5	110.2	120.4	106.8
2010	112.3	88.8	113.8	110.7	113.6	118.2	107.8
2011	110.1	93.9	111.7	108.7	111.8	109.9	103.6
2012	110.2	103.9	107.7	112.4	107.7	107.8	102.6
2013	110.6	74.6	109.6	111.5	110.0	104.8	104.6
2014	108.9	90.4	107.8	109.9	108.2	101.8	103.8
2015	109.0	104.2	107.4	110.3	107.6	103.6	102.9
2016	109.3	99.6	108.2	110.2	108.1	109.4	102.7
2017	108.8	126.4	109.0	108.7	109.2	105.7	102.7
2018	107.7	107.3	109.2	106.7	108.9	114.0	102.3
2019	106.7	105.9	104.4	108.3	104.1	108.2	102.8
2020	103.1	96.1	101.8	103.9	101.5	105.6	100.2
2021	107.0	101.0	107.2	106.9	107.5	104.1	105.2
2022	103.4	100.8	103.0	103.7	102.8	105.5	103.3

注：　1. 本表按可比价格计算。
Notes: Data in this table are calculated at constant prices.
2. 2011年由于国家统计局在我市开展房屋租赁业调查试点，涉及核算方法调整，因此本表2011年数据按上年同口径计算。
The data of 2011 in this table are calculated at the same caliber of last year, because of accounting method adjustments by National Bureau of Statistics survey pilot to carry out the rental industry in the city.

2-6 三次产业贡献率

SHARE OF THE CONTRIBUTIONS OF THE THREE STRATA OF INDUSTRY

单位：%　　　　　　　　　　　　　　　　　　　　　　　　　　　(%)

年 份 Year	地区生产总值 Gross Domestic Product	第一产业 Primary Industry	第二产业 Secondary Industry	第三产业 Tertiary Industry	#工业 Industry	#建筑业 Construction
1980	100	1.9	12.3	85.8	6.5	5.8
1981	100	13.5	31.4	55.1	17.8	13.6
1982	100	14.0	19.8	66.2	0.4	19.4
1983	100	1.9	19.8	78.3	12.6	7.2
1984	100	0.6	31.6	67.8	19.3	12.3
1985	100	-0.3	68.7	31.6	61.9	6.8
1986	100	42.3	77.8	-20.1	83.9	-6.1
1987	100	1.3	46.7	52.0	47.2	-0.5
1988	100	-1.2	44.7	56.5	37.4	7.3
1989	100	5.5	78.8	15.7	69.3	9.5
1990	100	0.9	63.7	35.4	58.9	4.8
1991	100	0.5	57.0	42.5	46.3	10.7
1992	100		45.2	54.8	27.0	18.2
1993	100	0.1	65.3	34.6	48.4	16.9
1994	100	-0.3	61.1	39.2	56.1	5.0
1995	100	-0.1	50.9	49.2	44.7	6.3
1996	100	0.1	52.4	47.5	49.8	2.6
1997	100		52.4	47.6	47.1	5.3
1998	100	0.1	58.6	41.3	51.3	7.3
1999	100	0.3	59.6	40.1	53.9	5.8
2000	100	0.1	62.5	37.4	61.3	1.2
2001	100	0.3	49.6	50.1	48.4	1.2
2002	100	0.3	55.4	44.3	54.1	1.3
2003	100	-0.5	66.3	34.2	63.8	2.5
2004	100	-0.5	64.7	35.8	65.0	-0.3
2005	100	-0.4	64.3	36.1	64.2	0.1
2006	100	-0.4	53.3	47.1	51.9	1.4
2007	100	-0.1	51.5	48.6	50.9	0.6
2008	100	-0.1	52.5	47.6	52.3	0.2
2009	100	-0.1	49.2	50.9	45.3	4.0
2010	100		59.0	41.0	55.6	3.6
2011	100		54.2	45.8	51.5	2.9
2012	100		36.1	63.9	33.9	2.3
2013	100	-0.1	42.1	58.0	41.2	1.3
2014	100		40.5	59.5	40.0	0.5
2015	100		37.9	62.1	36.6	1.0
2016	100		36.6	63.4	33.8	2.8
2017	100	0.2	42.1	57.7	40.2	1.8
2018	100	0.1	49.1	50.8	44.3	4.9
2019	100	0.1	27.5	72.4	24.0	3.6
2020	100	-0.1	23.9	76.2	18.6	5.4
2021	100		38.5	61.5	36.8	1.9
2022	100		32.6	67.4	28.1	5.0

注：产业贡献率指各产业增加值增量与地区生产总值增量之比。

Note:Industrial contribution rate refers to the proportion of the increment of every industrial value added to the increment of GDP.

2-7 三次产业拉动力

CONTRIBUTION OF THE THREE STRATA OF INDUSTRY

单位：百分点 (percentage points)

年 份 Year	地区生产总值 Gross Domestic Product	第一产业 Primary Industry	第二产业 Secondary Industry	第三产业 Tertiary Industry	#工业 Industry	#建筑业 Construction
1980	62.7	1.2	7.7	53.8	4.1	3.6
1981	53.8	7.3	16.9	29.6	9.6	7.3
1982	58.4	8.2	11.5	38.7	0.2	11.3
1983	58.3	1.1	11.5	45.7	7.3	4.2
1984	59.9	0.4	18.9	40.6	11.6	7.3
1985	24.5	-0.1	16.9	7.7	15.2	1.7
1986	2.7	1.1	2.1	-0.5	2.3	-0.2
1987	25.4	0.3	11.9	13.2	12.0	-0.1
1988	35.9	-0.4	16.0	20.3	13.4	2.6
1989	18.7	1.0	14.8	2.9	13.0	1.8
1990	32.5	0.3	20.7	11.5	19.1	1.6
1991	36.0	0.2	20.5	15.3	16.7	3.8
1992	33.2		15.0	18.2	9.0	6.0
1993	30.9		20.2	10.7	15.0	5.2
1994	30.9	-0.1	18.9	12.1	17.3	1.6
1995	23.9		12.2	11.7	10.7	1.5
1996	17.5		9.2	8.3	8.7	0.5
1997	17.2		9.0	8.2	8.1	0.9
1998	15.8		9.3	6.5	8.1	1.2
1999	15.7		9.4	6.3	8.5	0.9
2000	16.3		10.2	6.1	10.0	0.2
2001	14.5		7.2	7.3	7.0	0.2
2002	15.8		8.8	7.0	8.5	0.2
2003	19.1	-0.1	12.7	6.5	12.2	0.5
2004	17.4	-0.1	11.3	6.2	11.3	-0.1
2005	15.3	-0.1	9.9	5.5	9.8	
2006	16.7	-0.1	8.9	7.9	8.7	0.2
2007	14.8		7.6	7.2	7.5	0.1
2008	12.3		6.5	5.8	6.5	
2009	11.5		5.7	5.8	5.2	0.5
2010	12.3		7.3	5.0	6.9	0.4
2011	10.1		5.5	4.6	5.2	0.3
2012	10.2		3.7	6.5	3.4	0.2
2013	10.6		4.5	6.1	4.4	0.1
2014	8.9		3.6	5.3	3.6	
2015	9.0		3.4	5.6	3.3	0.1
2016	9.3		3.4	5.9	3.2	0.3
2017	8.8		3.7	5.1	3.5	0.2
2018	7.7		3.8	3.9	3.4	0.4
2019	6.7		1.8	4.8	1.6	0.2
2020	3.1		0.7	2.3	0.6	0.2
2021	7.0		2.7	4.3	2.6	0.1
2022	3.4		1.1	2.3	1.0	0.2

注： 1.本表按可比价格计算。
Notes: The data in this table are calculated at constant prices.
2.产业拉动指地区生产总值增长速度与各产业贡献率之乘积。
Industrial pulling rate is the growth rate of GDP multiplying industrial contribution rate.

2-8 各行业增加值（2013-2022年）

单位：万元

指标名称	Item	2013
合计	**Total**	**152342436**
农林牧渔业	Agriculture, Forestry, Animal Husbandry and Fishery	65499
工 业	Industry	62075756
建筑业	Construction	4784966
批发和零售业	Wholesale and Retail Sales	18699504
交通运输 仓储和邮政业	Transportation,Storage and Post	4653729
住宿和餐饮业	Hotels and Catering Services	2726207
信息传输 软件和信息技术服务业	Information Transmission, Software and Information Technology	8405556
金融业	Financial Intermediation	20395568
房地产业	Real Estate	11991307
租赁和商务服务业	Leasing and Business Services	5092240
科学研究和技术服务业	Scientific Research and Technical Service	3702476
水利、环境和公共设施管理业	Management of Water Conservancy, Environment and Public Facilities	484584
居民服务 修理和其他服务业	Services to Households, Repair and Other Services	1683270
教育	Education	2592425
卫生和社会工作	Health and Social Work	1718219
文化、体育和娱乐业	Culture,Sports and Entertainment	694447
公共管理、社会保障和社会组织	Public Management, Social Security and Social Organizations	2576683
第一产业	Primary Industry	63504
第二产业	Secondary Industry	66647456
第三产业	Tertiary Industry	85631476

VALUE ADDED BY SECTOR（2013-2022）

(10 000 yuan)

2014	2015	2016	2017	2018	2019	2020	2021	2022
167953507	**184368359**	**206857358**	**232802719**	**252660771**	**269923266**	**277590153**	**308201048**	**324807103**
59854	74991	86264	203482	235445	263706	265053	246289	257584
67540427	71897943	77700983	87012431	92093512	95327413	95074922	106342420	112533430
4996571	5176630	5744316	6551483	8076830	8907806	8945897	10012743	10983897
19788111	19931736	21484852	23047432	24387387	25129465	23883237	26632194	27788439
5029744	5439028	6304467	7056760	7383665	7835583	7268983	8416186	8890717
3166209	3365946	3566051	3915062	4162900	4572110	3695828	4291984	4104214
9713998	11652885	15068762	19405531	22478210	26504885	29501681	33160738	36562177
23150102	26619170	30175521	31602393	33518852	36097351	42362599	47364133	49295393
13273974	15765051	18030420	19373385	21693578	23553086	24842275	26970988	27590076
5773644	6230813	6809903	9312096	11001089	12023712	11552067	12708062	13600937
4162195	4953664	5327028	6990007	7499291	8190977	8376278	8554946	8645763
504046	601118	629727	720215	726546	741873	662529	642522	646118
1970833	2241841	2564369	2530361	2963313	3286622	3145125	3426872	3600141
3174106	3881708	5105603	5377651	5947724	6689816	7082162	7857820	7900034
1997020	2335719	3047488	3323329	3593120	4013085	4283900	5123722	6077887
725120	798481	1002897	1036188	1190132	1116157	901192	1038091	937056
2927553	3401635	4208707	5344913	5709177	5669619	5746424	5411338	5393242
57579	72084	82840	195721	226072	255772	255873	237469	247602
72321670	76874089	83240899	93375209	99958664	104019993	103806547	116077958	123136334
95574258	107422186	123533619	139231789	152476035	165647501	173527733	191885622	201423166

2-9 各行业增加值比重（2018-2022年）
PROPORTION OF VALUE ADDED BY SECTOR（2018-2022）

单位：%　　　　(%)

指标名称	Item	2018	2019	2020	2021	2022
合计	**Total**	**100**	**100**	**100**	**100**	**100**
农林牧渔业	Agriculture, Forestry, Animal Husbandry and Fishery	0.1	0.1	0.1	0.1	0.1
工 业	Industry	36.4	35.3	34.3	34.5	34.6
建筑业	Construction	3.2	3.3	3.2	3.2	3.4
批发和零售业	Wholesale and Retail Sales	9.6	9.3	8.6	8.6	8.6
交通运输、仓储和邮政业	Transportation,Storage and Post	2.9	2.9	2.6	2.7	2.7
住宿和餐饮业	Hotels and Catering Services	1.6	1.7	1.3	1.4	1.3
信息传输、软件和信息技术服务业	Information Transmission, Software and Information Technology	8.9	9.8	10.6	10.8	11.3
金融业	Financial Intermediation	13.3	13.4	15.3	15.4	15.2
房地产业	Real Estate	8.6	8.7	8.9	8.8	8.5
租赁和商务服务业	Leasing and Business Services	4.3	4.5	4.2	4.1	4.2
科学研究和技术服务业	Scientific Research and Technical Service	3.0	3.0	3.0	2.8	2.7
水利、环境和公共设施管理业	Management of Water Conservancy, Environment and Public Facilities	0.3	0.3	0.2	0.2	0.2
居民服务、修理和其他服务业	Services to Households, Repair and Other Services	1.2	1.2	1.1	1.1	1.1
教育	Education	2.4	2.5	2.6	2.5	2.4
卫生和社会工作	Health and Social Work	1.4	1.5	1.5	1.7	1.9
文化、体育和娱乐业	Culture,Sports and Entertainment	0.5	0.4	0.3	0.3	0.3
公共管理、社会保障和社会组织	Public Management,Social Security and Social Organizations	2.3	2.1	2.1	1.8	1.7
第一产业	Primary Industry	0.1	0.1	0.1	0.1	0.1
第二产业	Secondary Industry	39.6	38.5	37.4	37.7	37.9
第三产业	Tertiary Industry	60.3	61.4	62.5	62.3	62.0

2-10 各行业增加值增长率（2018-2022年）
GROWTH RATE OF VALUE ADDED BY INDUSTRIES（2018-2022）

单位：%　　　　　　　　　　　　　　　　　　　　　　　　　　　　　　　　　　　（%）

指标名称	Item	2018	2019	2020	2021	2022
合计	**Total**	**7.7**	**6.7**	**3.1**	**7.0**	**3.4**
农林牧渔业	Agriculture, Forestry, Animal Husbandry and Fishery	7.0	5.3	-3.4	0.8	1.0
工　业	Industry	8.9	4.1	1.5	7.5	2.8
建筑业	Construction	14.0	8.2	5.6	4.1	5.5
批发和零售业	Wholesale and Retail Sales	3.7	2.5	-1.4	10.1	3.5
交通运输、仓储和邮政业	Transportation,Storage and Post	10.2	7.5	-0.6	9.3	-1.5
住宿和餐饮业	Hotels and Catering Services	2.4	5.1	-21.0	12.9	-8.0
信息传输、软件和信息技术服务业	Information Transmission, Software and Information Technology	12.7	17.7	12.1	6.5	8.1
金融业	Financial Intermediation	3.7	8.9	8.7	7.4	5.0
房地产业	Real Estate	9.0	7.4	2.2	5.3	1.7
租赁和商务服务业	Leasing and Business Services	13.1	9.8	2.1	5.0	3.0
科学研究和技术服务业	Scientific Research and Technical Service	3.3	7.7	2.9	-0.2	0.3
水利、环境和公共设施管理业	Management of Water Conservancy, Environment and Public Facilities	2.6	1.8	9.5	-4.1	1.7
居民服务、修理和其他服务业	Services to Households, Repair and Other Services	12.9	7.5	-1.3	8.1	2.5
教育	Education	3.6	12.1	2.7	8.3	-1.5
卫生和社会工作	Health and Social Work	3.4	7.5	6.5	18.2	17.4
文化、体育和娱乐业	Culture,Sports and Entertainment	12.7	-7.2	-17.4	15.6	-11.7
公共管理、社会保障和社会组织	Public Management,Social Security and Social Organizations	3.3	-1.0	3.2	-5.2	-1.4
第一产业	Primary Industry	7.3	5.9	-3.9	1.0	0.8
第二产业	Secondary Industry	9.2	4.4	1.8	7.2	3.0
第三产业	Tertiary Industry	6.7	8.3	3.9	6.9	3.7

2-11 各区地区生产总值

单位：万元

年 份 Year	福田区 Futian	罗湖区 Luohu	盐田区 Yantian	南山区 Nanshan	大宝安区 Original Baoan
2000	5027506	2937569	506406	5035461	4681824
2001	5656978	3175776	609770	5710571	5309682
2002	6688282	3717578	801778	6771890	6484846
2003	7972713	4271370	1039501	8285677	7847425
2004	9210878	4894426	1238610	9849216	9775229
2005	10340815	5301055	1474060	11363967	11736821
2006	11647097	5933161	1721439	12665819	15252352
2007	13133597	7108138	2021615	14658195	18240558
2008	15204504	8162693	2264261	16713631	20868748
2009	16359674	8848615	2520353	17294987	22321547
2010	18788014	10363416	2881114	20459279	26910483
2011	20934837	12024593	3270442	24432827	32882453
2012	23757257	13582520	3661787	28360020	35078623
2013	27146439	14942336	4104196	32230645	39435743
2014	29590406	16253301	4501469	34649427	44982436
2015	32561471	17275004	4864379	37155228	49480569
2016	37251259	19451634	5288452	44114622	57018305
2017	40078722	21277594	5737993	51815811	43136488
2018	42750878	22351587	6010459	57476580	
2019	45741421	23357022	6262046	62790561	
2020	47773652	23605637	6506277	65273993	
2021	53198609	25082322	7592835	77087401	
2022	55036464	26002619	8096385	81538614	

注：1. 本表按当年价格计算。
Notes: Data of this table are calculated at current prices.
2. 2007年以来，深圳陆续设立功能新区及新行政区，表中大宝安区数据2007年及以前为原宝安区数据，2008-2012年包含宝安区和光明新区，2013-2016年包含宝安区、龙华新区和光明新区，2017年包含宝安区和光明新区。大龙岗区数据2008年及以前为原龙岗区数据，2009-2012年包含龙岗区和坪山新区，2013-2016年包含龙岗区、坪山新区和大鹏新区，2017年包含龙岗区和大鹏新区。
Since 2007, functional zones and new administrative districts have been established in Shenzhen.The data of Original Baoan were the data of Baoan in 2007 and before,included Baoan and Guangming in 2008-2012,included Baoan,Longhua and Guangming in 2013-2016,included Baoan and Guangming in 2017.The data of Original Longgang were the data of Longgang in 2008 and before,included Longgang and Pingshan in 2009-2012, included Longgang,Pingshan and Dapeng in 2013-2016,included Longgang and Dapeng in 2017.
3. 分区地区生产总值数据2016年以前未做研发支出纳入修订，亦未根据全国第四次经济普查结果进行修订。
Research and development expenditure wasn't included in GDP and the GDP data hasn't been revised by the fourth national economic census before 2016 in this table.

GROSS DOMESTIC PRODUCT BY DISTRICT

(10 000 yuan)

宝安区 Baoan	龙华区 Longhua	光明区 Guangming	大龙岗区 Original Longgang	龙岗区 Longgang	坪山区 Pingshan	大鹏新区 Dapeng	深汕特别合作区 Shenzhen-Shanwei Special Cooperation Zone
			3685749				
			4362097				
			5230810				
			6440549				
			7853069				
			9292360				
			10915756				
			12853603				
19007885		1860863	14654083				
20097230		2224317	15557666	13875047	1682619		
24039809		2870674	18330756	16054058	2276698		
29023850		3858603	21613446	18834935	2778511		
30032656		5045967	25274465	21821979	3452486		
20442625	13157156	5835962	27867330	21532826	3871849	2462655	
23681533	14980767	6320136	30041168	23210811	4237273	2593084	
26416174	16355110	6709285	33691983	26366531	4580534	2744918	
30650496	18989724	7378085	43733086	35302953	5319842	3110291	
34596420	21559365	8540068	42736583	39427108	6118943	3309475	341220
36217763	24011068	9176863		43889663	6980257	3406108	389545
38193404	24468329	10171144		47360879	7615240	3434344	528875
38470393	24910102	11273211		47695766	8056704	3410453	613967
44190624	28073164	13484287		46109693	9100863	3576412	704839
46861003	29519173	14032390		47433890	11281645	4056166	948756

2-12 各区地区生产总值指数

（以上年为100）

年 份 Year	福田区 Futian	罗湖区 Luohu	盐田区 Yantian	南山区 Nanshan	大宝安区 Original Baoan
2001	113.4	111.3	116.5	115.1	114.3
2002	113.7	111.8	126.6	115.6	118.7
2003	116.5	111.5	127.0	121.7	120.4
2004	112.9	111.4	116.5	117.1	122.9
2005	110.9	107.8	118.5	114.8	119.1
2006	114.0	113.4	116.2	112.7	121.0
2007	112.7	112.9	116.0	110.6	118.2
2008	110.3	109.1	110.9	112.1	113.3
2009	110.2	107.7	110.2	111.4	112.2
2010	110.8	108.7	110.5	112.2	115.1
2011	108.5	108.2	110.0	111.6	114.5
2012	109.0	108.6	110.0	111.6	108.4
2013	110.3	109.2	110.1	112.0	109.0
2014	108.9	108.0	108.9	109.0	109.1
2015	109.0	108.0	108.9	109.3	108.6
2016	108.8	108.9	108.8	109.6	108.6
2017	108.2	108.2	108.6	109.2	109.4
2018	107.4	107.1	107.0	105.1	
2019	107.2	105.7	105.9	108.0	
2020	103.6	101.3	105.4	105.1	
2021	108.6	106.1	110.9	109.6	
2022	102.8	102.7	104.0	103.3	

注：本表按可比价格计算。

Note: Data in this table are calculated at constant prices.

INDICES OF GROSS DOMESTIC PRODUCT BY DISTRICT

(Preceding Year=100)

宝安区 Baoan	龙华区 Longhua	光明区 Guangming	大龙岗区 Original Longgang	龙岗区 Longgang	坪山区 Pingshan	大鹏新区 Dapeng	深汕特别合作区 Shenzhen-Shanwei Special Cooperation Zone
			120.4				
			116.9				
			122.3				
			120.1				
			118.6				
			119.2				
			118.5				
			114.2				
			110.9				
		128.2	113.0		127.7		
		128.5	111.8		114.5		
		125.1	111.4		115.2		
111.6	104.0	115.5	110.7	111.2	113.1		
109.6	108.0	111.0	108.9	109.5	110.0	103.7	
109.0	108.0	109.4	109.6	110.5	109.4	104.0	
108.8	108.1	109.2	110.2	110.0	112.7	106.9	
109.3	108.6	109.9	109.7	109.9	112.2	106.7	117.2
108.6	109.6	107.2		111.0	110.0	106.0	107.1
106.0	101.3	108.0		108.1	108.5	104.3	133.1
102.0	103.0	106.0		101.2	104.6	100.2	110.5
111.3	109.8	116.1		93.9	111.7	105.2	117.1
102.7	102.9	105.6		102.6	114.0	104.5	126.2

2-13 各区分行业增加值（2022年）

单位：万元

行业	Sector	福田区 Futian	罗湖区 Luohu	盐田区 Yantian	南山区 Nanshan
地区生产总值	**Gross Domestic Product**	**55036464**	**26002619**	**8096385**	**81538614**
农林牧渔业	Farming,Forestry,Animal Husbandry and Fishery	17061	4555	2815	8579
工业	Industry	4216540	1004370	1241513	22897876
建筑业	Construction	1206255	492895	237737	2010630
批发和零售业	Wholesale and Retail Trade	5514740	4055669	711016	4578956
交通运输、仓储和邮政业	Transport,Storage and Post	1816557	637691	1218777	1821186
住宿和餐饮业	Hotels and Catering Services	637211	414138	72871	552747
金融业	Financial Intermediation	23572101	9428871	807548	9346413
房地产业	Real Estate	4259929	2906718	1206031	6316117
其他服务业	Other Services	13796069	7057711	2598078	34006112
第一产业	Primary Industry	17061	4555	2815	8503
第二产业	Secondary Industry	5418642	1493409	1460408	24662685
第三产业	Tertiary Industry	49600761	24504654	6633162	56867425

注：本表按当年价格计算。

Note: Date of this table are calculated at current prices.

VALUE ADDED OF SECTOR BY DISTRICT （2022）

(10 000 yuan)

宝安区 Baoan	龙岗区 Longgang	龙华区 Longhua	坪山区 Pingshan	光明区 Guangming	大鹏新区 Dapeng	深汕特别合作区 Shenzhen-Shanwei Special Cooperation Zone
46861003	**47433890**	**29519173**	**11281645**	**14032390**	**4056166**	**948756**
9137	14354	5930	12295	22829	9428	150601
21758120	29255543	13165719	7127748	9368951	2297546	199505
1780008	2387874	1137550	704247	637045	160242	229414
4332853	3510093	3331404	742358	828061	165885	17405
2044722	646446	553012	45942	77334	23974	5075
983722	578367	626839	73579	128676	26730	9334
2361222	1423766	1204021	395138	526897	150508	78908
4890730	2899571	3738239	579719	611913	100657	80452
8700488	6717875	5756459	1600619	1830683	1121195	178063
9137	13932	5930	12295	22829	9037	141509
23481220	31633299	14296986	7830852	9998622	2431362	428848
23370645	15786659	15216256	3438497	4010939	1615768	378400

2-14 各区分行业增加值增长率（2022年）

单位：%

行 业	Sector	福田区 Futian	罗湖区 Luohu	盐田区 Yantian	南山区 Nanshan
地区生产总值	**Gross Domestic Product**	**2.8**	**2.7**	**4.0**	**3.3**
农林牧渔业	Farming,Forestry, Animal Husbandry and Fishery	54.7	6.7	72.2	-29.3
工业	Industry	12.5	0.2	8.6	2.6
建筑业	Construction	-23.1	-32.3	13.5	-12.1
批发和零售业	Wholesale and Retail Trade	-4.9	6.0	7.3	2.3
交通运输、仓储和邮政业	Transport,Storage and Post	9.3	9.6	4.3	-0.3
住宿和餐饮业	Hotels and Catering Services	-10.7	-17.7	-20.9	-21.7
金融业	Financial Intermediation	3.9	7.5	12.6	6.5
房地产业	Real Estate	1.6	-5.6	-2.2	-3.5
其他服务业	Other Services	4.6	3.2	1.6	6.0
第一产业	Primary Industry	54.7	6.7	67.3	-28.7
第二产业	Secondary Industry	2.6	-13.2	9.2	1.0
第三产业	Tertiary Industry	2.8	3.9	2.9	4.1

注： 本表按当年价格计算。

Note: Date of this table are calculated at current prices.

GROWTH RATE OF VALUE ADDED OF SECTOR BY DISTRICT（2022）

(%)

宝安区 Baoan	龙岗区 Longgang	龙华区 Longhua	坪山区 Pingshan	光明区 Guangming	大鹏新区 Dapeng	深汕特别合作区 Shenzhen-Shanwei Special Cooperation Zone
2.7	**2.6**	**2.9**	**14.0**	**5.6**	**4.5**	**26.2**
36.7	27.6	-5.4	7.7	6.3	20.8	-7.9
3.1	-1.3	0.8	15.0	5.8	6.1	14.0
9.9	77.3	1.0	16.6	-3.7	0.3	123.4
4.9	5.6	3.9	48.4	9.2	38.1	17.4
-10.3	-6.8	-14.8	-7.0	-15.3	-7.6	9.9
-5.4	18.1	-2.6	-10.2	-8.4	-36.6	-2.0
-0.6	-2.0	1.8	16.6	8.8	54.5	54.7
11.3	5.3	2.7	10.7	12.8	-34.7	10.3
-0.5	4.7	11.5	1.1	5.3	2.1	15.1
33.0	27.6	-5.4	7.7	6.3	15.3	-8.4
3.5	1.9	0.8	15.1	5.2	5.5	52.0
1.8	4.3	4.9	11.6	6.5	2.9	20.4

2-15　战略性新兴产业发展情况（2022年）

STRATEGIC EMERGING INDUSTRY（2022）

单位：亿元　　　　（100 million yuan）

指标	Indicators	增加值 Added Value	增长率 （%） Growth Rate
合计	**Total**	**13322.07**	**7.0**
一、新一代电子信息	**New Generation Electronic Information Industry**	**5811.96**	**2.6**
1. 网络与通信	Network and Communication Industry	2135.91	4.9
2. 半导体与集成电路	Semiconductors and Integrated Circuits Industry	525.29	-0.7
3. 超高清视频显示	Ultra HD Video Display Industry	963.42	-2.4
4. 智能终端	Intelligent Terminal Industry	2130.39	3.7
5. 智能传感器	intelligent Sensor Industry	56.95	5.4
二、数字与时尚	**Digital and Fashion Industry**	**3327.74**	**8.8**
6. 软件与信息服务	Software and Information Services Industry	2492.72	14.6
7. 数字创意	Digital Creativity Industry	444.76	-2.8
8. 现代时尚	Modern Fashion Industry	390.26	-8.8
三、高端装备制造	**High-end Equipment Manufacturing Industry**	**538.98**	**5.1**
9. 工业母机	Industrial Machine Industry	241.48	10.4
10. 智能机器人	Intelligent Robot Industry	82.95	3.8
11. 激光与增材制造	Laser and Additive Manufacturing Industry	73.68	1.9
12. 精密仪器设备	Precision Instruments and Equipment Industry	140.88	-0.5
四、绿色低碳	**Green Low Carbon Industry**	**1730.62**	**16.1**
13. 新能源	New Energy Industry	809.80	16.1
14. 安全节能环保	Industry Safety, Energy Conservation and Environmental Protection	409.36	-7.8
15. 智能网联汽车	Intelligent Connected Vehicle Industry	511.46	46.1
五、新材料	**New Material Industry**	**364.74**	**21.9**
16. 新材料	New Material Industry	364.74	21.9
六、生物医药与健康	**Biomedicine Industry and Health Industry**	**676.78**	**6.7**
17. 高端医疗器械	High-end Medical Devices Industry	332.04	12.4
18. 生物医药	Biomedicine Industry	149.00	-5.7
19. 大健康	Great Health Industry	195.73	8.3
七、海洋经济	**Marine Economy Industry**	**871.26**	**11.5**
20. 海洋经济	Marine Economy Industry	871.26	11.5

注：　1. 本表增长率按可比价格计算。
Notes: Growth Rate are calculated at constant prices in this table.
2. 战略性新兴产业为深圳相关产业发展规划的口径，与国家、广东省及内地城市有所不同。
The caliber of emerging industries is formulated in accordance with the relevant industrial development plan of Shenzhen which is different from that of the nation, Guangdong and other cities.
3. 表中产业按照《深圳市七大战略性新兴产业（20个产业集群）分类》规定的统计口径进行指标测算，与2020年及之前公布的数据在统计口径上有所不同，不可同比。
The industries in the table are measured according to the statistical caliber specified in the Classification of Seven Strategic Emerging Industries (20 Industrial Clusters) in Shenzhen. The statistical caliber is different from the data published before 2021, and the data are incomparable.

主要统计指标解释

国内生产总值（GDP） 指按市场价格计算的一个国 家(或地区)所有常住单位在一定时期内生产活动的最终成果。国内生产总值有三种表现形态，即价值形态、收入形态和产品形态。从价值形态看，它是所有常住单位在一定时期内生产的全部货物和服务价值与同期投入的全部非固定资产货物和服 务价值的差额，即所有常住单位的增加值之和；从收入形态看，它是所有常住单位在一定时期内创造并分配给常住单位和非常住单位的初次收入之和；从产品形态看，它是所有常住单位在一定时期内最终使用的货物和服务价值与货物和服务净出口价值之和。在实际核算中，国内生产总值有三种计算方法，即生产法、收入法和支出法。三种方法分别从不同的方面反映国内生产总值及其构成。

对于一个地区来说，称为地区生产总值或地区GDP。

三次产业 根据社会生产活动历史发展的顺序对产业结构的划分，产品直接取自自然界的部门称为第一产业，初级产品进行再加工的部门称为第二产业，为生产和消费提供各种服务的部门称为 第三产业。它是世界上通用的产业结构分类，但各国的划分不尽一致。我国的三次产业划分是：

第一产业是指农、林、牧、渔业（不含农、林、牧、渔专业及辅助性活动）。

第二产业是指采矿业（不含开采专业及辅助性活动），制造业（不含金属制品、机械和设备修理业），电力电力、热力、燃气及水生产和供应业，建筑业。

第三产业即服务业，是指除第一产业、第二产业以外的其他行业。

Explanatory Notes on Main Statistical Indicators

Gross domestic product (GDP) refers to the final products at market prices produced by all resident units in a country during a certain period of time.Gross domestic product is expressed in three different perspectives,namely value,income and products respectively.GDP in its value perspective refers to the balance of total value of all goods and services produced by all resident units during a certain period of time,minus the totalvalue of input of goods and services of the nature of non-fixed assets;in other words,it is the sum of the value-added of all resident units.GDP from the perspective of income includes the primary income created by all resident units and distributed to resident and non-resident units.GDP from the perspective of products refers to the value of all goods and services for final demand by all resident units plus the net exports of goods and services during a given period of time.In the practice of national accounting,gross domestic product is calculated from three approaches,namely production approach,income approach and expenditure approach,which reflect gross domestic product and its composition from different angles.

For a region,it is called as Gross Regional Product(GRP)or regional GDP.

Three Industries are the classification of industrial structure according to the historical sequence of development of social production.Primary industry refers to direct extraction of natural resources;secondary industry involves processing of primary products;and tertiary industry provides services of various kinds for production and consumption. Such classification is a common practice in the world,though grouping varies to some extent from country to country.In China the three industries are defined as follows:

Primary industry refers to agriculture,forestry,animal husbandry and fishery industries (not including services in support of agriculture,forestry,animal husbandry and fishery industries).

Secondary industry refers to mining and quarrying(not including support activities for mining),manufacturing (not including repair service of metal products,machinery and equipment),production and supply of electricity, heat,gas and water,and construction.

Tertiary industry refers to all other economic activities not included in the primary or secondary industries.

03 第三部分

人口和劳动力

POPULATION AND LABOR FORCE

CHAPTER

3-1 人口及就业人员主要指标（主要年份）

MAIN INDICATORS OF EMPLOYED PERSONS（MAJOR YEAR）

项 目	Item	2010	2018	2019	2020	2021	2022
年末常住人口(万人)	**Permanent Population at the Year-end (10 000 persons)**	**1037.20**	**1666.12**	**1710.40**	**1763.38**	**1768.16**	**1766.18**
常住户籍人口	**Permanent Registered Population**						
年末人口数（万人）	Total Population at the Year-end(10 000 persons)	251.03	454.70	494.78	514.10	556.39	583.47
性别比(女=100)	Sex Ratio (female=100)	113.1	101.1	99.7	97.8	97.7	97.22
人口变动情况(‰)	**Status of Population Changes (‰)**						
出生率	Birth Rate	14.50	21.58	21.68	17.01	15.09	13.73
死亡率	Death Rate	0.92	1.29	1.29	1.27	1.16	1.26
自然增长率	Natural Growth Rate	13.58	20.29	20.39	15.74	13.93	12.47
就业人员人数(万人)	**Number of Employed Persons (10 000 persons)**	**781.45**	**1214.49**	**1230.29**	**1239.61**	**1245.42**	**1193.41**
第一产业	Primary Industry	0.38	1.53	1.25	1.23	1.21	0.65
第二产业	Secondary Industry	402.71	452.71	474.93	479.00	486.40	467.95
第三产业	Tertiary Industry	378.36	760.25	754.11	759.38	757.81	724.81
#在岗职工	Fully Employed Staff and Workers	251.09	466.91	475.04	488.66	499.17	497.33
城镇单位在岗职工工资总额(亿元)	**Total Wage Bill of Fully Employed Staff and Workers in Urban Units (100 million yuan)**	**1233.88**	**5236.48**	**6110.96**	**6805.46**	**7752.34**	**8285.62**
城镇单位在岗职工年平均工资(元)	**Average Wage of Fully Employed Staff and Workers in Urban Units (yuan)**	**50456**	**111709**	**127757**	**139436**	**155563**	**164754**

注： 1. 2010-2020年就业人员人数及分产业就业人员人数已根据深圳市第七次全国人口普查、就业登记和劳动力调查等相关数据进行修订（相关表同）。

Notes: The number of employed persons and the number of employed persons in different industries from 2010 to 2020 have been revised according to the relevant data of the seventh national census, employment registration, labor force survey, etc (the same related).

2. 从2020年年报起，对非一套表单位开展抽样调查，年平均工资为推算数，城镇集体单位在岗职工年平均工资受个别单位影响波动较大（相关表同）。

From 2020, a sample survey has been carried out on units that are not "enterprise set of table", the average wage are extrapolations,the average wage of fully employed staff and workers in urban units fluctuate greatly due to the influence of individual units（the same related）.

3. 2011-2019年常住人口数已根据第七次全国人口普查结果进行修订(相关表同)。

The number of permanent population from 2011 to 2019 has been revised based on the results of the seventh national census (the same related).

3-2 人口、出生、死亡及自然增长
POPULATION、BIRTH、DEATH AND NATURAL GROWTH

年 份 Year	年末常住人口数 (万人) Year-end Permanent Population (10 000 persons)	常住户籍人口 Permanent Registered Population	常住非户籍人口 Permanent Non-registered Population
1979	31.41	31.26	0.15
1980	33.29	32.09	1.20
1981	36.69	33.39	3.30
1982	44.95	35.45	9.50
1983	59.52	40.52	19.00
1984	74.13	43.52	30.61
1985	88.15	47.86	40.29
1986	93.56	51.45	42.11
1987	105.44	55.60	49.84
1988	120.14	60.14	60.00
1989	141.60	64.82	76.78
1990	167.78	68.65	99.13
1991	226.76	73.22	153.54
1992	268.02	80.22	187.80
1993	335.97	87.69	248.28
1994	412.71	93.97	318.74
1995	449.15	99.16	349.99
1996	482.89	103.38	379.51
1997	527.75	109.46	418.29
1998	580.33	114.60	465.73
1999	632.56	119.85	512.71
2000	701.24	124.92	576.32
2001	724.57	132.04	592.53
2002	746.62	139.45	607.17
2003	778.27	150.93	627.34
2004	800.80	165.13	635.67
2005	827.75	181.93	645.82
2006	871.10	196.83	674.27
2007	912.37	212.38	699.99
2008	954.28	228.07	726.21
2009	995.01	241.45	753.56
2010	1037.20	251.03	786.17
2011	1122.94	267.90	855.04
2012	1195.85	287.62	908.23
2013	1257.17	310.47	946.70
2014	1317.86	332.21	985.65
2015	1408.05	354.99	1053.06
2016	1495.35	384.52	1110.83
2017	1587.31	434.72	1152.59
2018	1666.12	454.70	1211.42
2019	1710.40	494.78	1215.62
2020	1763.38	514.10	1249.28
2021	1768.16	556.39	1211.77
2022	1766.18	583.47	1182.71

年 份 Year	在年末常住户籍人口中 Among Permanent Registered Population at the Year-end		年平均人口 (万人) Average Annual Population (10 000 persons)	
	男性 (万人) Male (10 000 persons)	女性 (万人) Female (10 000 persons)	按常住人口计算 Permanent Population	按常住户籍人口计算 Permanent Registered Population
1979	14.26	17.00		
1980	14.69	17.40	32.35	31.68
1981	15.51	17.88	34.99	32.74
1982	16.67	18.78	40.82	34.42
1983	20.50	20.02	52.24	37.99
1984	22.01	21.51	66.83	42.02
1985	24.32	23.54	81.14	45.69
1986	26.13	25.32	90.86	49.66
1987	28.22	27.38	99.50	53.53
1988	30.49	29.64	112.79	57.87
1989	32.89	31.93	130.87	62.48
1990	34.92	33.73	154.69	66.74
1991	37.27	35.95	197.27	70.94
1992	41.19	39.03	247.39	76.72
1993	45.25	42.44	302.00	83.96
1994	48.62	45.35	374.34	90.83
1995	51.37	47.80	430.93	96.57
1996	53.64	49.75	466.02	101.27
1997	56.79	52.66	505.32	106.64
1998	59.73	54.87	554.04	112.03
1999	62.69	57.16	606.45	117.22
2000	65.21	59.71	666.90	122.39
2001	69.47	62.57	712.91	128.48
2002	73.59	65.86	735.60	135.75
2003	79.72	71.21	762.45	145.19
2004	87.58	77.55	789.54	158.03
2005	96.69	85.24	814.28	173.53
2006	104.75	92.08	849.42	189.38
2007	112.98	99.40	891.74	204.60
2008	121.22	106.85	933.33	220.22
2009	128.38	113.07	974.65	234.76
2010	133.21	117.82	1016.11	246.24
2011	141.61	126.29	1080.07	259.47
2012	151.15	136.47	1159.40	277.76
2013	161.93	148.54	1226.51	299.04
2014	172.16	160.05	1287.52	321.34
2015	182.91	172.08	1362.96	343.60
2016	196.64	187.88	1451.70	369.76
2017	220.26	214.46	1541.33	412.75
2018	228.60	226.10	1626.72	444.71
2019	247.00	247.79	1688.26	474.74
2020	254.21	259.89	1736.89	504.44
2021	275.00	281.39	1765.77	535.25
2022	287.63	295.84	1767.17	569.93

年 份 Year	出生人口数 (人) Population of Birth (person)	出生率 (‰) Birth Rate (‰)	死亡人口数 (人) Population of Death (person)	死亡率 (‰) Death Rate (‰)	自然增长人数 (人) Population of Natural Growth (person)	自然增长率 (‰) Natural Growth Rate (‰)
1979	7962	24.60	1856	5.70	6106	18.90
1980	6775	21.40	1773	5.60	5002	15.80
1981	7544	23.00	1732	5.30	5812	17.80
1982	6974	20.30	1707	5.00	5267	15.30
1983	5295	13.90	1793	4.70	3502	9.20
1984	5005	11.50	1606	3.69	3399	8.09
1985	5606	12.27	1533	3.36	4073	8.91
1986	6143	12.37	1794	3.61	4349	8.76
1987	6399	11.95	1822	3.40	4577	8.55
1988	8290	14.32	1720	2.97	6570	11.35
1989	8615	13.79	1713	2.74	6902	11.05
1990	10755	16.11	1859	2.79	8896	13.33
1991	11408	16.08	1607	2.27	9801	13.81
1992	11277	14.07	1840	2.40	9437	11.67
1993	12054	14.36	1619	1.93	10435	12.43
1994	12509	13.77	1590	1.75	10919	12.02
1995	12776	13.23	1719	1.78	11057	11.45
1996	13170	13.00	2116	2.09	11054	10.91
1997	13447	12.64	2268	2.13	11179	10.51
1998	13049	11.65	2341	2.09	10708	9.56
1999	14745	12.58	3479	2.97	11266	9.61
2000	17967	14.68	3120	2.55	14847	12.13
2001	18060	14.06	2223	1.73	15837	12.33
2002	22536	16.60	1978	1.46	20558	15.14
2003	15986	10.63	2301	1.53	13685	9.10
2004	19749	11.58	2335	1.37	17414	10.21
2005	24407	12.64	2717	1.41	21690	11.23
2006	26407	12.53	2316	1.10	24091	11.44
2007	34358	14.54	2570	1.09	31788	13.45
2008	36762	14.12	2551	0.98	34211	13.14
2009	37098	13.70	2323	0.86	34775	12.84
2010	40342	14.50	2552	0.92	37790	13.58
2011	41805	15.42	2974	1.10	38831	14.32
2012	61390	19.38	4360	1.38	57030	18.00
2013	59526	18.84	3390	1.07	56136	17.77
2014	67594	19.89	8192	2.41	59402	17.48
2015	71515	19.64	4656	1.28	66859	18.36
2016	87167	22.33	5249	1.34	81918	20.99
2017	116564	25.45	7012	1.53	109552	23.92
2018	105864	21.58	6333	1.29	99531	20.29
2019	117153	21.68	6969	1.29	110184	20.39
2020	98708	17.01	7375	1.27	91333	15.74
2021	92942	15.09	7143	1.16	85799	13.93
2022	88186	13.73	8083	1.26	80103	12.47

注： 自2003年起“出生人口数”“出生率”“死亡人口数”“死亡率”“自然增长人数”“自然增长率”为市卫健委提供。

Note: Since 2003,Population of Birth,Birth Rate,Population of Death,Death Rate,Population of Natural Growth and Natural Growth and Natural Growth Rate are calculated by the statistical coverage from Shenzhen Family Planning Office.

3-3 人口指数
INDICES OF POPULATION

年 份 Year	以1979年为100 1979=100			以上年为100 Preceding Year=100		
	年末常住人口 Permanent Population (Year-end)	常住户籍人口 Permanent Registered Population	常住非户籍人口 Permanent Non-registered Population	年末常住人口 Permanent Population (Year-end)	常住户籍人口 Permanent Registered Population	常住非户籍人口 Permanent Non-registered Population
1980	106.0	102.7	800.0	106.0	102.7	800.0
1981	116.8	106.8	2200.0	110.2	104.1	275.0
1982	143.1	113.4	6333.3	122.5	106.2	287.9
1983	189.5	129.6	12666.7	132.4	114.3	200.0
1984	236.0	139.2	20406.7	124.5	107.4	161.1
1985	280.6	153.1	26860.0	118.9	110.0	131.6
1986	297.9	164.6	28073.3	106.1	107.5	104.5
1987	335.7	177.9	33226.7	112.7	108.1	118.4
1988	382.5	192.4	40000.0	113.9	108.2	120.4
1989	450.8	207.4	51186.7	117.9	107.8	128.0
1990	534.2	219.6	66086.7	118.5	105.9	129.1
1991	721.9	234.2	102360.0	135.2	106.7	154.9
1992	853.3	256.6	125200.0	118.2	109.6	122.3
1993	1069.6	280.5	165520.0	125.4	109.3	132.2
1994	1313.9	300.6	212493.3	122.8	107.2	128.4
1995	1430.0	317.2	233326.7	108.8	105.5	109.8
1996	1537.4	330.7	253006.7	107.5	104.3	108.4
1997	1680.2	350.2	278860.0	109.3	105.9	110.2
1998	1847.6	366.6	310486.7	110.0	104.7	111.3
1999	2013.9	383.4	341806.7	109.0	104.6	110.1
2000	2232.5	399.6	384213.3	110.9	104.2	112.4
2001	2306.8	422.4	395020.0	103.3	105.7	102.8
2002	2377.0	446.1	404780.0	103.0	105.6	102.5
2003	2477.8	482.8	418226.7	104.2	108.2	103.3
2004	2549.5	528.2	423780.0	102.9	109.4	101.3
2005	2635.3	582.0	430546.7	103.4	110.2	101.6
2006	2772.3	629.7	449490.8	105.2	108.2	104.4
2007	2902.6	679.4	466571.5	104.7	107.9	103.8
2008	3036.1	729.7	483834.6	104.6	107.4	103.7
2009	3166.7	772.8	502220.3	104.3	105.9	103.8
2010	3299.7	803.7	523815.8	104.2	104.0	104.3
2011	3573.6	857.5	569911.6	108.3	106.7	108.8
2012	3805.9	921.0	605246.1	106.5	107.4	106.2
2013	4000.0	994.7	630666.4	105.1	108.0	104.2
2014	4192.0	1064.3	656523.7	104.8	107.0	104.1
2015	4477.1	1137.7	701167.3	106.8	106.9	106.8
2016	4754.7	1232.1	739731.5	106.2	108.3	105.5
2017	5025.7	1371.3	767841.3	105.7	111.1	103.8
2018	5277.0	1434.4	807001.2	105.0	104.6	105.1
2019	5419.5	1560.6	809422.2	102.7	108.8	100.3
2020	5587.5	1621.5	832086.0	103.1	103.9	102.8
2021	5604.3	1754.5	807123.4	100.3	108.2	97.0
2022	5598.7	1840.5	787752.4	99.9	104.9	97.6
年平均增长率(%) Average Annual Growth Rate(%)	**9.8**	**7.0**	**23.2**			

注： 本表指数按可比口径计算。

Note:The indexes in this table are calculated by comparable coverage.

3-4 各区年末常住人口数(2016-2022年)
PERMANENT POPULATION AT THE YEAR-END BY DISTRICT(2016-2022)

单位：万人 (10 000 persons)

区别	District	2016	2017	2018	2019	2020	2021	2022
全市	**Total**	**1495.35**	**1587.31**	**1666.12**	**1710.40**	**1763.38**	**1768.16**	**1766.18**
福田区	Futian	149.27	151.20	152.89	153.23	155.41	156.23	151.47
罗湖区	Luohu	104.01	107.04	109.01	111.41	114.75	114.82	101.80
盐田区	Yantian	22.08	21.94	21.82	21.55	21.43	21.54	21.15
南山区	Nanshan	156.23	164.02	170.76	173.70	180.42	181.41	181.00
宝安区	New Baoan	402.50	423.76	443.21	447.13	449.11	448.29	454.53
龙岗区	New Longgang	312.36	340.31	366.06	384.53	399.90	401.53	407.36
龙华区	Longhua	207.28	220.24	234.65	242.71	254.32	253.51	249.00
坪山区	Pingshan	47.42	49.81	51.66	52.78	55.43	56.65	60.87
光明区	Guangming	78.86	86.92	93.85	101.22	110.35	111.57	115.09
大鹏新区	Dapeng	15.33	15.43	15.66	15.67	15.69	15.94	16.63
深汕特别合作区	Shenzhen-Shanwei Special Cooperation Zone		6.64	6.55	6.47	6.57	6.68	7.28

3-5 按行业分的就业人员人数（2022年末）

NUMBER OF EMPLOYED PERSONS AT YEAR-END GROUPED BY SECTOR（End of 2022）

项 目	Item	年末就业人员合计（万人）Number of Employed Persons (year-end) (10 000 persons)	其中：在岗职工（人）Fully Employed Staff and Workers (person)
总 计	**Total**	**1193.41**	**4973250**
按三次产业分	**Grouped by Industry**		
第一产业	Primary Industry	0.65	
第二产业	Secondary Industry	467.95	
第三产业	Tertiary Industry	724.81	
按国民经济行业分	**Grouped by Sector**		
1. 农、林、牧、渔业	Agriculture, Forestry, Animal Husbandry and Fishery		229
2. 采矿业	Mining		4552
3. 制造业	Manufacturing		2009719
4. 电力、热力、燃气及水生产和供应业	Production and Supply of Electricity,Heat,Gas and Water		39338
5. 建筑业	Construction		256400
6. 批发和零售业	Wholesale and Retail Trades		294960
7. 交通运输、仓储和邮政业	Transportation, Storage and Post		218264
8. 住宿和餐饮业	Hotels and Catering Services		94698
9. 信息传输、软件和信息技术服务业	Information Transmission, Software and Information Technology		397558
10. 金融业	Financial Intermediation		202098
11. 房地产业	Real Estate		314850
12. 租赁和商务服务业	Leasing and Business Services		326698
13. 科学研究和技术服务业	Scientific Research and Technical Service		146629
14. 水利、环境和公共设施管理业	Management of Water Conservancy,Environment and Public Facilities		40749
15. 居民服务、修理和其他服务业	Services to Households, Repair and Other Services		38592
16. 教育	Education		191128
17. 卫生和社会工作	Health and Social Work		134583
18. 文化、体育和娱乐业	Culture, Sports and Entertainment		24481
19. 公共管理、社会保障和社会组织	Public Management, Social Security and Social Organizations		237725
20. 国际组织	International Organizations		

注： 1. 根据国家劳动统计报表制度的统一规定，从2013年年报起，原属于乡镇企业且符合城镇非私营单位条件的“四上”企业纳入城镇非私营单位就业人员及工资统计范围。后同。

Notes: According to the provision of national labor statistics reporting form system, since the year reporting of 2013, the scope of statistics on employed persons in urban corporate unit excluding private units and labor wage covers four above designated size enterprises (refers to industrial enterprises above designated size, construction enterprises by qualification criteria, enterprises above designated size of wholesale trade, retail trade, hotels and catering services), which originally has been included township enterprises and in accordance with the condition of urban corporate unit excluding private units. The same applies to the following tables.

2. 2021年起，年末就业人员不再细分行业。

From 2021, the number of employed persons in different sectors will not be provided.

3-6　年末就业人员人数及指数

INDICES AND NUMBER OF EMPLOYED PERSONS AT YEAR-END

单位：万人 (10 000 persons)

年 份 Year	年末就业人员合计 Number of Employed Persons at year-end	其中：在岗职工 Fully Employed Staff and Workers	年末就业人员指数（以上年为100） Indices of Number of Employed Persons at year-end (preceding year =100)	其中：在岗职工 Fully Employed Staff and Workers
1979	13.95	4.02		
1980	14.89	4.86	106.7	120.9
1981	15.36	5.31	103.2	109.3
1982	18.49	8.28	120.4	155.9
1983	22.37	12.57	121.0	151.8
1984	27.26	18.33	121.9	145.8
1985	32.61	22.66	119.6	123.6
1986	36.04	25.88	110.5	114.2
1987	44.30	32.29	122.9	124.8
1988	54.53	41.74	123.1	129.3
1989	93.65	48.24	171.7	115.6
1990	109.22	55.41	116.6	114.9
1991	149.32	64.89	136.7	117.1
1992	175.97	71.10	117.8	109.6
1993	220.81	78.11	125.5	109.9
1994	273.00	82.29	123.6	105.4
1995	298.51	88.75	109.3	107.9
1996	322.12	89.13	107.9	100.4
1997	353.53	91.18	109.8	102.3
1998	390.33	91.93	110.4	102.3
1999	426.89	92.52	109.4	100.6
2000	474.97	93.36	111.3	100.9
2001	491.30	94.88	103.4	101.6
2002	509.74	101.76	103.8	107.2
2003	535.89	108.20	105.1	106.3
2004	562.17	135.88	104.9	116.4
2005	576.26	165.38	102.5	121.7
2006	609.76	184.25	105.8	111.4
2007	647.11	193.04	106.1	104.8
2008	682.35	198.35	105.4	102.8
2009	723.61	220.16	106.0	111.0
2010	781.45	251.09	108.0	114.0
2011	825.41	261.43	105.6	104.1
2012	902.02	277.90	109.3	106.3
2013	953.33	445.84	105.7	160.4
2014	1009.60	448.93	105.9	100.7
2015	1083.35	447.41	107.3	99.7
2016	1141.42	442.55	105.4	98.9
2017	1207.79	447.32	105.8	101.1
2018	1214.49	466.91	100.6	104.4
2019	1230.29	475.04	101.3	101.7
2020	1239.61	488.66	100.8	102.9
2021	1245.42	499.17	100.5	102.2
2022	1193.41	497.33	95.8	99.6

3-7 分行业城镇单位就业人员人数（2022年末）

NUMBER OF EMPLOYED PERSONS IN URBAN UNITS AT YEAR-END BY SECTOR (End of 2022)

单位：人 (person)

项 目	Item	就业人员 Number of Employed Persons	在岗职工 Fully Employed Staff and Workers
合 计	**Total**	**5112380**	**4973250**
按国民经济行业分	**Grouped by Economic Sector**		
1. 农、林、牧、渔业	Agriculture, Forestry, Animal Husbandry and Fishery	229	229
2. 采矿业	Mining	4559	4552
3. 制造业	Manufacturing	2016708	2009719
4. 电力、热力、燃气及水生产和供应业	Production and Supply of Electricity,Heat，Gas and Water	39385	39338
5. 建筑业	Construction	284896	256400
6. 批发和零售业	Wholesale and Retail Trades	301907	294960
7. 交通运输、仓储和邮政业	Transportation, Storage and Post	219305	218264
8. 住宿和餐饮业	Hotels and Catering Services	119229	94698
9. 信息传输、软件和信息技术服务业	Information Transmission, Software and Information Technology	399463	397558
10. 金融业	Financial Intermediation	235398	202098
11. 房地产业	Real Estate	317503	314850
12. 租赁和商务服务业	Leasing and Business Services	339662	326698
13. 科学研究和技术服务业	Scientific Research and Technical Service	148791	146629
14. 水利、环境和公共设施管理业	Management of Water Conservancy,Environment and Public Facilities	43820	40749
15. 居民服务、修理和其他服务业	Services to Households, Repair and Other Services	39972	38592
16. 教育	Education	198011	191128
17. 卫生和社会工作	Health and Social Work	139002	134583
18. 文化、体育和娱乐业	Culture, Sports and Entertainment	25173	24481
19. 公共管理、社会保障和社会组织	Public Management, Social Security and Social Organizations	239368	237725

主要统计指标解释

总人口 指一定时点、一定地区范围内有生命的个人的总和。按不同的统计范围可分为常住人口和户籍人口；统计时点通常为每年12月31日24时。

出生率 指某一人口在一定时期(通常为一年)内活产婴儿数与同期总人口的生存人口数(或同期平均总人口、年中人口数)之比。通常以千分比表示。本资料中的出生率指年出生率，其计算公式为：

$$出生率=\frac{年出生人数}{年平均人数}\times 1000‰$$

式中：出生人数指活产婴儿，即胎儿脱离母体时(不管怀孕月数),有过呼吸或其他生命现象。年平均人数指年初、年底人口数的平均数，也可用年中人口数代替。

死亡率 也称粗死亡率。指一定时期(通常为一年)内全部死亡人数与同期平均总人口之比，反映该时期人口的死亡强度。通常以千分比表示。本资料中的死亡率指年死亡率，其计算公式为：

$$死亡率=\frac{年死亡人数}{年平均人数}\times 1000‰$$

自然增长率 指一定时期(通常为一年)内人口自然增加数(出生人口减死亡人口)与同期平均总人口之比。通常以千分比表示。计算公式为：

$$人口自然增长率=\frac{本年出生人数-本年死亡人数}{年平均人数}\times 1000‰$$

$$=人口出生率-人口死亡率$$

Explanatory Notes on Main Statistical Indicators

Total Population refers to the total number of people alive within a given area at a certain point of time.It can be divided into the permanent population and the population with residence registration according to different statistical coverage.The reference time of the statistics on total population is usually taken at midnight of December 31.

Birth Rate (or Crude Birth Rate) refers to the ratio of the number of births to the average population (or mid-period population)during a certain period of time(usually a year),expressed in %.Birth rate in the chapter refers to annual birth rate.The following formula is used:

$$\text{Birth Rate} = \frac{\text{Number of Births}}{\text{Annual Average Population}} \times 1000‰$$

Number of births in the formula refers to live births,i.e.when a baby has breathed or showed any vital phenomena regardless of the length ofpregnancy.

Annual average population is the average of the number of population at the beginning of the year and that at the end of the year.Sometimes it is substituted by the mid-year population.

Death Rate (or Crude Death Rate) refers to the ratio of the number of deaths to the average population (or mid-period population)during a certain period of time (usually a year),expressed in %o.Death rate in the chapter refers to annual death rate.The following formula is used:

$$\text{Death Rate} = \frac{\text{Number of Deaths}}{\text{Annual Average Population}} \times 1000‰$$

Natural Growth Rate of Population refers to the ratio of natural increase in population (number ofbirths minus number of deaths)in a certain period of time (usually a year)to the average population (or mid-period population) of the same period,expressed in %.The following formula is applied:

$$\begin{array}{c}\text{Natural Growth}\\ \text{Rate of Population}\end{array} = \frac{\text{Number of Births - Number of Deaths}}{\text{Annual Average Population}} \times 1000‰$$

Natural Growth Rate of Population=Birth Rate-Death Rate

04 第四部分 工业和能源

INDUSTRY AND ENERGY

CHAPTER

4-1　规模以上工业主要指标（主要年份）
MAIN INDICATORS OF INDUSTRY ENTERPRISES ABOVE DESIGNATED SIZE（MAJOR YEAR）

项 目	Item	2010	2018	2019	2020	2021	2022
企业单位数(个)	Number of Enterprises(unit)	8249	9006	10337	11255	13027	13790
工业总产值(亿元)	Gross Industrial Output Value(100 million yuan)	18526.82	35439.02	37326.16	38460.79	42453.96	46259.43
主营业务收入（亿元）	Main Business Revenue(100 million yuan)	18813.72	34181.92	35763.76	37609.16	41330.76	45215.90
资产总计（亿元）	Total Assets(100 million yuan)	18132.47	37621.58	41854.65	45463.64	52546.79	60367.01
负债总计（亿元）	Total Liabilities(100 million yuan)	9439.26	22324.66	24730.08	25971.43	28943.34	34525.85
利润总额（亿元）	Total Profits(100 million yuan)	1599.02	2072.36	2521.89	2781.07	3461.99	3315.56
总资产贡献率（%）	Ratio of Total Assets to Industrial Output Value(%)	12.32	8.63	8.84	8.48	8.69	7.47
资产负债率（%）	Rate of Liabilities to Capital(%)	52.06	59.34	59.09	57.13	55.08	57.19
全员劳动生产率(元/人)	Total Labor Productivity（yuan/person）	127608	267507	293142	287545	313140	332985

4-2 规模以上工业总产值及指数

GROSS OUTPUT VALUE OF INDUSTRY ABOVE DESIGNATED SIZE AND THEIR INDICIES

单位：万元 (10 000 yuan)

年 份 Year	规模以上工业总产值 Gross Output Value of Industry Above Designated Size	指数 (1979年=100) Indices (1979=100)	指数 (以上年为100) Indices (Preceding Year=100)
1979	6061		
1980	8444	139.3	139.3
1981	24282	400.6	287.6
1982	36212	597.4	149.1
1983	72041	1188.5	198.9
1984	166803	2751.8	231.5
1985	241213	4396.3	159.8
1986	330454	5856.9	133.2
1987	547722	9497.8	162.2
1988	993775	14684.2	154.6
1989	1440533	21527.8	146.6
1990	2104696	29487.0	137.0
1991	3077749	40721.5	138.1
1992	4198920	56969.4	139.9
1993	6550051	77820.2	136.6
1994	9939113	101944.5	131.0
1995	11106974	126921.1	124.5
1996	12992240	150648.1	118.7
1997	15175861	177140.0	117.6
1998	20519485	209910.9	118.5
1999	23006355	262808.4	125.2
2000	29502786	326933.6	124.4
2001	36141861	384800.8	117.7
2002	43180816	484464.2	125.9
2003	63514355	651604.3	134.5
2004	80205911	813202.2	124.8
2005	98675451	984787.9	121.1
2006	119286001	1187654.2	120.6
2007	139580064	1397869.0	117.7
2008	158601076	1522279.3	108.9
2009	154162429	1537502.1	101.0
2010	185268200	1735839.9	112.9
2011	204307516	1914631.4	110.3
2012	213637447	2063972.6	107.8
2013	230952085	2200194.8	106.6
2014	247775911	2380610.8	108.2
2015	255424444	2475835.2	104.0
2016	272922943	2616957.8	105.7
2017	321191539	2876036.6	109.9
2018	354390190	3137755.9	109.1
2019	373261578	3238164.1	103.2
2020	384607880	3267307.6	100.9
2021	424539555	3473148.0	106.3
2022	462594337	3647001.1	105.0
年平均增长率（%） **Average Annual Growth Rate** (%)		**27.7**	

注： 1. 1979-1997年为镇及镇以上工业总产值，1998年及以后为规模以上工业总产值。
Notes:Data in 1979-1997 are gross output value of industry of town level and above. Data from 1998 are gross output value of industry above designated size.
2. 规模以上工业总产值按当年价格计算，指数按可比口径计算。
Gross Output Value of Industry Above Designated Size are calculated at current prices, whereas their indices are calculated at constant prices.

4-3 规模以上工业总产值构成（2022年）
COMPOSITION OF GROSS OUTPUT VALUE OF INDUSTRY ABOVE DESIGNATED SIZE（2022）

单位：%　　　　　　　　　　　　　　　　　　　　　　　　　　　　（%）

项　目	Item	全市 Total
总　　计	**Total**	**100**
一、按登记注册类型分	**Grouped by Registration**	
1. 内资企业	Domestic Investment Enterprise	66.9
其中：有限责任公司	Companies Limited with Liabilities	26.7
股份有限公司	Companies Limited by Shares	12.9
私营企业	Private	26.9
2. 港、澳、台投资企业	Funded by Entrepreneur from Hongkong,Macao and Taiwan	22.1
3. 外商投资企业	Foreign Funded	11.0
二、按企业规模分	**Grouped by Size of Enterprises**	
1. 大型企业	Large Enterprises	56.3
2. 中型企业	Medium-sized Enterprises	17.2
3. 小型企业	Small Enterprises	26.5
三、按工业行业大类分	**Grouped by Sector**	
煤炭开采和洗选业	Mining and Washing of Coal	
石油和天然气开采业	Extraction of Petroleum and Natural Gas	
黑色金属矿采选业	Mining and Processing of Ferrous Metal Ores	
有色金属矿采选业	Mining and Processing of Nonferrous Metal Ores	
非金属矿采选业	Mining and Processing of Nonmetal Ores	
开采专业及辅助性活动	Mining and Auxiliary Activities	0.1
其他采矿业	Mining and Processing of Other Ores	
农副食品加工业	Processing of Food from Agricultural Products	0.6
食品制造业	Manufacture of Foods	0.2
酒、饮料和精制茶制造业	Manufacture of Wine,Beverages and Refined Tea	0.4
烟草制品业	Manufacture of Tobacco	0.3
纺织业	Manufacture of Textile	0.2
纺织服装、服饰业	Manufacture of Textile Wearing Apparel,Footware and Caps	0.6
皮革、毛皮、羽毛及其制品和制鞋业	Manufacture of Leather,Fur, Feather and Related Products	0.2

单位：% (%)

项目	Item	全市 Total
木材加工及木、竹、藤、棕、草制品业	Processing of Timber, Manufacture of Wood, Bamboo, Rattan, Palm Fiber & Straw Products	
家具制造业	Manufacture of Furniture	0.2
造纸及纸制品业	Manufacture of Paper and Paper Products	0.3
印刷和记录媒介复制业	Printing and Record Medium Reproduction	0.6
文教、工美、体育和娱乐用品制造业	Manufacture of Cultural, Educational and Sports Articles	3.8
石油加工、炼焦及核燃料加工业	Processing of Petroleum, Coking and Nuclear Fuel Processing	0.1
化学原料及化学制品制造业	Manufacture of Raw Chemical Materials and Chemical Products	0.9
医药制造业	Manufacture of Medicines	1.1
化学纤维制造业	Manufacture of Chemical Fibers	
橡胶和塑料制品业	Manufacture of Rubber	1.8
非金属矿物制品业	Manufacture of Non-metallic Mineral Products	1.3
黑色金属冶炼及压延加工业	Smelting and Pressing of Ferrous Metals	0.1
有色金属冶炼及压延加工业	Smelting and Pressing of Nonferrous Metals	1.6
金属制品业	Manufacture of Metal Products	1.7
通用设备制造业	Manufacture of General-purpose Machinery	2.9
专用设备制造业	Manufacture of Special-purpose Machinery	4.8
汽车制造业	Manufacture of Automobiles	4.5
铁路、船舶、航空航天和其他运输设备制造业	Manufacture of Railways Ships Aerospace and Other Transport Equipment	0.4
电气机械及器材制造业	Manufacture of Electrical Machinery and Equipment	8.2
计算机、通信和其他电子设备制造业	Manufacture of Communication Equipment,Computers and Other Electronic Equipment	55.3
仪器仪表制造业	Manufacture of Measuring Instruments	1.5
其他制造业	Other Manufacturing	0.7
废弃资源综合利用业	Recycling and Disposal of Waste	0.3
金属制品、机械和设备修理业	Manufacture of Metal Products,Machinery and Equipment Repair	0.1
电力、热力的生产和供应业	Production and Supply of Electric Power and Heat Power	2.7
燃气生产和供应业	Production and Supply of Gas	0.8
水的生产和供应业	Production and Supply of Water	0.3

4-4 规模以上工业企业主要指标（2022年）

单位：万元

类　别	Item	企业单位数（个）Number of Enterprises (unit)	工业总产值 Gross Industrial Output Value
总　　计	**Total**	**13790**	**462594337**
一、按登记注册类型分	**Grouped by Registration**		
1. 内资企业	Domestic Investment Enterprise	11631	309361690
其中：有限责任公司	Companies Limited with Liabilities	1831	123499745
股份有限公司	Companies Limited by Shares	478	59541434
私营企业	Private	9286	124493689
2. 港、澳、台投资企业	Funded by Entrepreneur from Hongkong,Macao and Taiwan	1587	102328956
3. 外商投资企业	Foreign Funded	572	50903690
二、按企业规模分	**Grouped by Size of Enterprises**		
1. 大型企业	Large Enterprises	326	260625353
2. 中型企业	Medium-sized Enterprises	1250	79342537
3. 小型企业	Small Enterprises	12214	122626447
三、按工业行业大类分	**Grouped by Sector**		
煤炭开采和洗选业	Mining and Washing of Coal		
石油和天然气开采业	Extraction of Petroleum and Natural Gas		
黑色金属矿采选业	Mining and Processing of Ferrous Metal Ores		
有色金属矿采选业	Mining and Processing of Nonferrous Metal Ores		
非金属矿采选业	Mining and Processing of Nonmetal Ores		
开采专业及辅助性活动	Mining and Auxiliary Activities	3	407674
其他采矿业	Mining and Processing of Other Ores		
农副食品加工业	Processing of Food from Agricultural Products	58	2658832
食品制造业	Manufacture of Foods	48	777231
酒、饮料和精制茶制造业	Manufacture of Wine,Beverages and Refined Tea	17	1736333
烟草制品业	Manufacture of Tobacco	34	1484696
纺织业	Manufacture of Textile	70	1102607
纺织服装、服饰业	Manufacture of Textile Wearing Apparel,Footware and Caps	169	2568170

MAIN INDICATORS OF INDUSTRIAL ENTERPRISES ABOVE DESIGNATED SIZE（2022）

(10 000 yuan)

负债合计 Total Liabilities	营业收入 Business Revenue	营业成本 Business Cost	销售费用 Prime Operating Expense	管理费用 Management Expenses	财务费用 Financial Expenses	利润总额 Total Profits
345258466	**465912281**	**369658958**	**18430244**	**18241425**	**744548**	**33155634**
239002356	308757421	237340204	14936149	13500325	1066609	20779209
104475538	125632810	88217243	7710376	5486682	643028	11226997
55095067	54408166	41673432	2795955	2315926	127925	3763579
78105472	126854864	105965350	4406902	5633998	284158	5558861
74754212	104365866	86129595	2440953	3274757	-326729	9544215
31501898	52788994	46189159	1053142	1466344	4668	2832210
207004912	254349690	194259145	11115476	8776354	70699	22220239
59336730	84499651	68124957	3483957	3374159	172533	6214499
78916824	127062940	107274856	3830810	6090913	501316	4720896
227518	407674	307719	525	6363	-839	72427
1154137	3489623	3252696	77768	71216	10388	125579
582348	959501	705824	135283	61245	-2506	189019
969890	2116154	1586906	366052	57505	-3805	90376
282330	1479731	754514	36992	60263	-9321	123746
597439	1322166	965232	159675	73476	1877	124766
1819110	2365832	1367541	618671	250102	25425	22463

4-4 续表

单位：万元

类 别	Item	企业单位数(个) Number of Enterprises (unit)	工业总产值 Gross Industrial Output Value
皮革、毛皮、羽毛及其制品和制鞋业	Manufacture of Leather,Fur,Feather and Related Products	76	834195
木材加工及木、竹、藤、棕、草制品业	Processing of Timber, Manufacture of Wood, Bamboo, Rattan, Palm Fiber & Straw Products	21	168234
家具制造业	Manufacture of Furniture	120	904575
造纸及纸制品业	Manufacture of Paper and Paper Products	233	1376405
印刷和记录媒介复制业	Printing and Record Medium Reproduction	232	2655502
文教、工美、体育和娱乐用品制造业	Manufacture of Cultural,Educational and Sports Articles	407	17641065
石油加工、炼焦及核燃料加工业	Processing of Petroleum,Coking and Nuclear Fuel Processing	6	332411
化学原料及化学制品制造业	Manufacture of Raw Chemical Materials and Chemical Products	270	3969717
医药制造业	Manufacture of Medicines	112	4992220
化学纤维制造业	Manufacture of Chemical Fibers		
橡胶和塑料制品业	Manufacture of Rubber	951	8159987
非金属矿物制品业	Manufacture of Non-metallic Mineral Products	214	6061563
黑色金属冶炼及压延加工业	Smelting and Pressing of Ferrous Metals	32	336286
有色金属冶炼及压延加工业	Smelting and Pressing of Nonferrous Metals	137	7370679
金属制品业	Manufacture of Metal Products	818	7879799
通用设备制造业	Manufacture of General-purpose Machinery	947	13221036
专用设备制造业	Manufacture of Special-purpose Machinery	1322	22419236
汽车制造业	Manufacture of Automobiles	104	20905779
铁路、船舶、航空航天和其他运输设备制造业	Manufacture of Railways Ships Aerospace and Other Transport Equipment	105	2078888
电气机械及器材制造业	Manufacture of Electrical Machinery and Equipment	1988	37825847
计算机、通信和其他电子设备制造业	Manufacture of Communication Equipment, Computers and Other Electronic Equipment	4415	255757930
仪器仪表制造业	Manufacture of Measuring Instruments	553	6946161
其他制造业	Other Manufacturing	185	3425612
废弃资源综合利用业	Recycling and Disposal of Waste	19	1183719
金属制品、机械和设备修理业	Manufacture of Metal Products,Machinery and Equipment Repair	20	248075
电力、热力的生产和供应业	Production and Supply of Electric Power and Heat Power	35	12567725
燃气生产和供应业	Production and Supply of Gas	20	3919066
水的生产和供应业	Production and Supply of Water	47	1534318

CONTINUED

(10 000 yuan)

负债合计 Total Liabilities	营业收入 Business Revenue	营业成本 Business Cost	销售费用 Prime Operating Expense	管理费用 Management Expenses	财务费用 Financial Expenses	利润总额 Total Profits
375905	891184	735363	13848	119272	3734	2729
133769	178798	154035	4515	9597	2481	4765
807733	961684	776348	67622	91335	11375	-5305
968326	1430270	1237857	43003	100838	2695	16516
2368722	2780136	2256471	89193	207738	1991	372090
9710051	17193565	15577474	312717	743501	57335	514305
123655	357508	343949	4763	4362	1280	-24178
3182077	4738611	3660344	322715	231106	26224	389838
4338814	4941277	2594666	864626	290629	-20463	971777
5041002	8364886	7009065	211149	556084	7569	314555
5753839	6130425	5387712	212475	230120	27662	228544
283482	376589	350051	6321	12365	2322	-4943
2543312	7735192	7496240	35259	57071	10615	41494
4604949	8019316	6671501	153041	463780	4044	450105
9716718	13462731	10480457	715746	766726	-29965	983050
16043808	20987592	14612240	1501780	1172148	77970	2691458
28245703	23899488	21234361	300158	366662	-48438	410933
1496909	1899264	1527090	49753	103255	-21070	181366
24917487	38250842	31735066	1343376	1664117	-22949	2137082
188462306	253400728	199629007	9980312	9373814	398124	15474988
5660423	7338353	5425748	493588	446474	16294	593555
1901897	3527786	2586151	122661	209571	-58182	484239
595707	1358748	1304111	3652	16141	2558	20705
142309	236958	185162	3196	19845	-5172	31609
9599865	12717397	10963282	27214	152244	179493	1337196
2240527	3969248	3345064	84857	52619	21184	488811
3863023	1680825	1082061	57280	126803	176331	264246

4-5 规模以上工业企业主要经济效益指标（2022年）

指标名称 Item		成本费用利润率 (%) After-Tax Profits/Cost (%)
总　　计	**Total**	**7.55**
一、按登记注册类型分	**Grouped by Registration**	
1.内资企业	Domestic Investment Enterprise	7.07
其中：有限责任公司	Companies Limited with Liabilities	9.46
股份有限公司	Companies Limited by Shares	7.33
私营企业	Private	4.55
2.港、澳、台投资企业	Funded by Entrepreneur from Hongkong,Macao and Taiwan	10.06
3.外商投资企业	Foreign Funded	5.62
二、按企业规模分	**Grouped by Size of Enterprises**	
1.大型企业	Large Enterprises	9.37
2.中型企业	Medium-sized Enterprises	7.89
3.小型企业	Small Enterprises	3.84
三、按工业行业大类分	**Grouped by Sector**	
煤炭开采和洗选业	Mining and Washing of Coal	
石油和天然气开采业	Extraction of Petroleum and Natural Gas	
黑色金属矿采选业	Mining and Processing of Ferrous Metal Ores	
有色金属矿采选业	Mining and Processing of Nonferrous Metal Ores	
非金属矿采选业	Mining and Processing of Nonmetal Ores	
开采专业及辅助性活动	Mining and Auxiliary Activities	21.69
其他采矿业	Mining and Processing of Other Ores	
农副食品加工业	Processing of Food from Agricultural Products	3.67
食品制造业	Manufacture of Foods	20.53
酒、饮料和精制茶制造业	Manufacture of Wine, Beverages and Refined Tea	4.48
烟草制品业	Manufacture of Tobacco	14.24
纺织业	Manufacture of Textile	10.06
纺织服装、服饰业	Manufacture of Textile Wearing Apparel,Footware and Caps	0.95

MAIN INDICATORS ON ECONOMIC BENEFIT OF INDUSTRIAL ENTERPRISES ABOVE DESIGNATED SIZE（2022）

流动资产周转率 (次) Turnover Times of Circulating Funds (time)	资产负债率 (%) Assets-Liability Ratio (%)	总资产贡献率 (%) Ratio of Total Assets to Industrial Output Value (%)	全员劳动生产率 (元/人) Total Labor Productivity (yuan/person)
1.16	**57.19**	**7.47**	**332985**
1.10	57.30	7.07	345367
1.17	61.16	9.35	695733
0.81	48.28	4.23	367881
1.22	60.47	6.48	185903
1.21	58.89	9.36	323692
1.43	52.84	6.26	279558
1.12	58.07	8.05	496415
1.12	52.22	7.70	261214
1.26	59.09	5.73	182190
0.81	24.48	8.22	1305285
2.37	59.20	7.95	240896
1.30	49.37	18.64	168717
1.96	66.55	14.08	318426
1.80	30.65	74.14	768192
1.68	50.33	13.34	219002
1.02	48.48	4.05	118726

4-5 续表

指标名称	Item	成本费用利润率 (%) After-Tax Profits/Cost (%)
皮革、毛皮、羽毛及其制品和制鞋业	Manufacture of Leather,Fur, Feather and Related Products	0.31
木材加工及木、竹、藤、棕、草制品业	Processing of Timber,Manufacture of Wood,Bamboo,Rattan,Palm Fiber&Straw Products	2.68
家具制造业	Manufacture of Furniture	-0.55
造纸及纸制品业	Manufacture of Paper and Paper Products	1.17
印刷和记录媒介复制业	Printing and Record Medium Reproduction	14.05
文教、工美、体育和娱乐用品制造业	Manufacture of Cultural,Educational and Sports Articles	3.06
石油加工、炼焦及核燃料加工业	Processing of Petroleum,Coking and Nuclear Fuel Processing	-6.77
化学原料及化学制品制造业	Manufacture of Raw Chemical Materials and Chemical Products	8.78
医药制造业	Manufacture of Medicines	23.91
化学纤维制造业	Manufacture of Chemical Fibers	
橡胶和塑料制品业	Manufacture of Rubber	3.90
非金属矿物制品业	Manufacture of Non-metallic Mineral Products	3.80
黑色金属冶炼及压延加工业	Smelting and Pressing of Ferrous Metals	-1.30
有色金属冶炼及压延加工业	Smelting and Pressing of Nonferrous Metals	0.54
金属制品业	Manufacture of Metal Products	5.94
通用设备制造业	Manufacture of General-purpose Machinery	7.73
专用设备制造业	Manufacture of Special-purpose Machinery	14.25
汽车制造业	Manufacture of Automobiles	1.80
铁路、船舶、航空航天和其他运输设备制造业	Manufacture of Railways Ships Aerospace and Other Transport Equipment	10.39
电气机械及器材制造业	Manufacture of Electrical Machinery and Equipment	5.86
计算机、通信和其他电子设备制造业	Manufacture of Communication Equipment,Computers and Other Electronic Equipment	6.36
仪器仪表制造业	Manufacture of Measuring Instruments	8.60
其他制造业	Other Manufacturing	15.95
废弃资源综合利用业	Recycling and Disposal of Waste	1.55
金属制品、机械和设备修理业	Manufacture of Metal Products,Machinery and Equipment Repair	15.25
电力、热力的生产和供应业	Production and Supply of Electric Power and Heat Power	11.66
燃气生产和供应业	Production and Supply of Gas	13.81
水的生产和供应业	Production and Supply of Water	18.08

CONTINUED

流动资产周转率 (次) Turnover Times of Circulating Funds (time)	资产负债率 (%) Assets-Liability Ratio (%)	总资产贡献率 (%) Ratio of Total Assets to Industrial Output Value (%)	全员劳动生产率 (元/人) Total Labor Productivity (yuan/person)
1.82	61.19	3.72	96350
1.23	59.72	4.27	123671
0.93	55.74	1.83	97813
1.33	55.49	2.78	112520
0.92	44.84	8.42	175350
1.49	75.16	5.11	158705
2.81	92.78	-14.52	282361
1.13	49.63	8.57	335392
0.77	36.66	10.14	577888
1.21	54.53	5.42	142510
0.97	67.22	4.84	233915
1.11	76.29	0.30	125851
2.81	79.61	2.66	179385
1.28	58.96	8.45	167996
0.93	51.14	7.03	218796
0.81	47.64	9.77	284903
0.86	85.57	2.91	416211
0.86	46.53	6.92	257762
1.11	48.45	5.43	188794
1.17	57.20	6.30	383357
0.85	48.91	7.37	227578
0.98	42.90	13.11	242576
2.23	84.61	4.35	371723
0.86	44.88	13.30	280168
2.52	54.83	10.54	2933747
2.35	45.66	12.04	1616480
0.76	57.21	6.74	641584

4-6 规模以上内资工业企业主要经济指标 （2022年）

单位：万元

项 目	Item	企业单位数（个）Number of Enterprises (unit)
总 计	**Total**	**11631**
一、按登记注册类型分	**Grouped by Registration**	
1.内资企业	Domestic Investment Enterprise	
其中：有限责任公司	Companies Limited with Liabilities	1831
股份有限公司	Companies Limited by Shares	478
私营企业	Private	9286
2.港、澳、台投资企业	Funded by Entrepreneur from Hongkong,Macao and Taiwan	
3.外商投资企业	Foreign Funded	
二、按企业规模分	**Grouped by Size of Enterprises**	
1.大型企业	Large Enterprises	173
2.中型企业	Medium-sized Enterprises	863
3.小型企业	Small Enterprises	10595
三、按工业行业大类分	**Grouped by Sector**	
煤炭开采和洗选业	Mining and Washing of Coal	
石油和天然气开采业	Extraction of Petroleum and Natural Gas	
黑色金属矿采选业	Mining and Processing of Ferrous Metal Ores	
有色金属矿采选业	Mining and Processing of Nonferrous Metal Ores	
非金属矿采选业	Mining and Processing of Nonmetal Ores	
开采专业及辅助性活动	Mining and Auxiliary Activities	
其他采矿业	Mining and Processing of Other Ores	
农副食品加工业	Processing of Food from Agricultural Products	43
食品制造业	Manufacture of Foods	38
酒、饮料和精制茶制造业	Manufacture of Wine,Beverages and Refined Tea	7
烟草制品业	Manufacture of Tobacco	34
纺织业	Manufacture of Textile	47
纺织服装、服饰业	Manufacture of Textile Wearing Apparel,Footware and Caps	107

MAIN ECONOMIC INDICATORS OF DOMESTIC INDUSTRIAL ENTERPRISES ABOVE DESIGNATED SIZE（2022）

（10 000 yuan）

工业总产值 Gross Output Value of Industry	资产总计 Total Assets	流动资产 Current Assets	营业收入 Business Revenue	利润总额 Total Profits
309361690	**417123273**	**279986399**	**308757421**	**20779209**
123499745	170829523	107202003	125632810	11226997
59541434	114123464	67092649	54408166	3763579
124493689	129171446	104143579	126854864	5558861
147475059	223284447	139448135	140123785	12820882
58115820	81183777	55534715	61496323	4320190
103770810	112655048	85003549	107137312	3638137
988218	734045	552076	1212965	30136
544363	891481	529982	667278	180206
33664	83925	57098	65605	-2691
1484696	921034	823964	1479731	123746
779047	904566	587024	963959	115354
1673314	2771209	1462466	1432670	-14686

4-6 续表

单位：万元

项 目	Item	企业单位数（个）Number of Enterprises (unit)
皮革、毛皮、羽毛及其制品和制鞋业	Manufacture of Leather,Fur,Feather and Related Products	51
木材加工及木、竹、藤、棕、草制品业	Processing of Timber, Manufacture of Wood, Bamboo, Rattan, Palm Fiber & Straw Products	20
家具制造业	Manufacture of Furniture	100
造纸及纸制品业	Manufacture of Paper and Paper Products	176
印刷和记录媒介复制业	Printing and Record Medium Reproduction	173
文教、工美、体育和娱乐用品制造业	Manufacture of Cultural,Educational and Sports Articles	289
石油加工、炼焦及核燃料加工业	Processing of Petroleum,Coking and Nuclear Fuel Processing	4
化学原料及化学制品制造业	Manufacture of Raw Chemical Materials and Chemical Products	224
医药制造业	Manufacture of Medicines	82
化学纤维制造业	Manufacture of Chemical Fibers	
橡胶和塑料制品业	Manufacture of Rubber	725
非金属矿物制品业	Manufacture of Non-metallic Mineral Products	190
黑色金属冶炼及压延加工业	Smelting and Pressing of Ferrous Metals	28
有色金属冶炼及压延加工业	Smelting and Pressing of Nonferrous Metals	120
金属制品业	Manufacture of Metal Products	683
通用设备制造业	Manufacture of General-purpose Machinery	805
专用设备制造业	Manufacture of Special-purpose Machinery	1150
汽车制造业	Manufacture of Automobiles	83
铁路、船舶、航空航天和其他运输设备制造业	Manufacture of Railways Ships Aerospace and Other Transport Equipment	77
电气机械及器材制造业	Manufacture of Electrical Machinery and Equipment	1710
计算机、通信和其他电子设备制造业	Manufacture of Communication Equipment, Computers and Other Electronic Equipment	3923
仪器仪表制造业	Manufacture of Measuring Instruments	466
其他制造业	Other Manufacturing	151
废弃资源综合利用业	Recycling and Disposal of Waste	19
金属制品、机械和设备修理业	Manufacture of Metal Products,Machinery and Equipment Repair	14
电力、热力的生产和供应业	Production and Supply of Electric Power and Heat Power	27
燃气生产和供应业	Production and Supply of Gas	18
水的生产和供应业	Production and Supply of Water	45

CONTINUED

（10 000 yuan）

工业总产值 Gross Output Value of Industry	资产总计 Total Assets	流动资产 Current Assets	营业收入 Business Revenue	利润总额 Total Profits
278882	208786	189064	285682	3012
165001	218781	140761	175407	4722
708468	1082917	720692	752403	5151
913611	1338312	742927	941821	11958
1813134	3336466	1894071	1871646	92238
8147873	5510391	4810888	8354029	185733
320663	123923	118041	337136	155
2647792	5233318	3324672	3308008	305666
2950727	7975795	3985756	2929363	549867
5131041	6235108	4444597	5230808	188315
5085208	6968171	5290642	5182754	153611
273273	293007	275251	277569	-5310
6276855	2320734	1929046	6534847	34459
5835183	5953899	4818293	5958091	330765
9319474	14917076	11163468	9369814	646336
16033859	24293569	19457161	14634503	1374165
1269424	2787812	1836930	1346771	-52586
1329538	1736712	1310825	1148986	106283
28363712	35678193	26699599	28593619	1584561
183498024	248230095	167316028	181348512	12990485
5309448	9519572	6882684	5667375	395353
1863483	1650449	1162917	1901685	135501
1183719	704067	610071	1358748	20705
90351	114885	99641	94817	7804
10612441	14221495	3205050	10703283	892009
3127072	4341867	1457404	3171302	283157
978457	5104718	1732336	1124825	57161

4-7 规模以上股份有限工业企业主要经济指标（2022年）

单位：万元

项 目	Item	企业单位数（个） Number of Enterprises (unit)
总　　计	**Total**	**478**
一、按登记注册类型分	**Grouped by Registration**	
1.内资企业	Domestic Investment Enterprise	
其中：有限责任公司	Companies Limited with Liabilities	
股份有限公司	Companies Limited by Shares	478
私营企业	Private	
2.港、澳、台投资企业	Funded by Entrepreneur from Hongkong,Macao and Taiwan	
3.外商投资企业	Foreign Funded	
二、按企业规模分	**Grouped by Size of Enterprises**	
1.大型企业	Large Enterprises	65
2.中型企业	Medium-sized Enterprises	132
3.小型企业	Small Enterprises	281
4.微型企业	Micro Enterprises	
三、按工业行业大类分	**Grouped by Sector**	
煤炭开采和洗选业	Mining and Washing of Coal	
石油和天然气开采业	Extraction of Petroleum and Natural Gas	
黑色金属矿采选业	Mining and Processing of Ferrous Metal Ores	
有色金属矿采选业	Mining and Processing of Nonferrous Metal Ores	
非金属矿采选业	Mining and Processing of Nonmetal Ores	
开采专业及辅助性活动	Mining and Auxiliary Activities	
其他采矿业	Mining and Processing of Other Ores	
农副食品加工业	Processing of Food from Agricultural Products	
食品制造业	Manufacture of Foods	
酒、饮料和精制茶制造业	Manufacture of Wine,Beverages and Refined Tea	
烟草制品业	Manufacture of Tobacco	
纺织业	Manufacture of Textile	2

MAIN ECONOMIC INDICATORS OF SHARE-HOLDING INDUSTRIAL ENTERPRISES LIMITED ABOVE DESIGNATED SIZE（2022）

(10 000 yuan)

工业总产值 Gross Output Value of Industry	资产总计 Total Assets	流动资产 Current Assets	营业收入 Business Revenue	利润总额 Total Profits
59541434	**114123464**	**67092649**	**54408166**	**3763579**
59541434	114123464	67092649	54408166	3763579
41678156	65266775	39567207	34259234	2682814
9968424	26605258	15647524	11481242	618883
7894854	22251432	11877918	8667690	461883
124281	431906	242217	266271	84392

4-7 续表

单位：万元

项　目	Item	企业单位数（个）Number of Enterprises (unit)
纺织服装、服饰业	Manufacture of Textile Wearing Apparel,Footware and Caps	8
皮革、毛皮、羽毛及其制品和制鞋业	Manufacture of Leather,Fur,Feather and Related Products	
木材加工及木、竹、藤、棕、草制品业	Processing of Timber, Manufacture of Wood, Bamboo, Rattan, Palm Fiber & Straw Products	
家具制造业	Manufacture of Furniture	
造纸及纸制品业	Manufacture of Paper and Paper Products	2
印刷和记录媒介复制业	Printing and Record Medium Reproduction	4
文教、工美、体育和娱乐用品制造业	Manufacture of Cultural,Educational and Sports Articles	5
石油加工、炼焦及核燃料加工业	Processing of Petroleum,Coking and Nuclear Fuel Processing	
化学原料及化学制品制造业	Manufacture of Raw Chemical Materials and Chemical Products	24
医药制造业	Manufacture of Medicines	9
化学纤维制造业	Manufacture of Chemical Fibers	
橡胶和塑料制品业	Manufacture of Rubber	19
非金属矿物制品业	Manufacture of Non-metallic Mineral Products	8
黑色金属冶炼及压延加工业	Smelting and Pressing of Ferrous Metals	
有色金属冶炼及压延加工业	Smelting and Pressing of Nonferrous Metals	
金属制品业	Manufacture of Metal Products	15
通用设备制造业	Manufacture of General-purpose Machinery	29
专用设备制造业	Manufacture of Special-purpose Machinery	53
汽车制造业	Manufacture of Automobiles	4
铁路、船舶、航空航天和其他运输设备制造业	Manufacture of Railways Ships Aerospace and Other Transport Equipment	4
电气机械及器材制造业	Manufacture of Electrical Machinery and Equipment	66
计算机、通信和其他电子设备制造业	Manufacture of Communication Equipment, Computers and Other Electronic Equipment	183
仪器仪表制造业	Manufacture of Measuring Instruments	34
其他制造业	Other Manufacturing	2
废弃资源综合利用业	Recycling and Disposal of Waste	
金属制品、机械和设备修理业	Manufacture of Metal Products,Machinery and Equipment Repair	
电力、热力的生产和供应业	Production and Supply of Electric Power and Heat Power	
燃气生产和供应业	Production and Supply of Gas	2
水的生产和供应业	Production and Supply of Water	2

CONTINUED

(10 000 yuan)

工业总产值 Gross Output Value of Industry	资产总计 Total Assets	流动资产 Current Assets	营业收入 Business Revenue	利润总额 Total Profits
372802	1543556	441454	351394	-31682
90346	582124	138151	106873	2298
524945	1812273	737093	460179	66231
457437	343354	280109	391223	75286
656204	3379217	1778731	1376815	139524
764279	3851480	1145878	816274	182170
734574	2044257	1203102	765269	49213
1560829	2534182	1466169	1613345	107021
1055310	1414920	1034680	1198544	129831
2083319	5988077	4058332	2121921	230330
4164622	8197895	6173551	3650267	419598
220959	414500	293079	200368	-1379
583880	544318	433455	342787	56232
4108826	7672941	4749374	4216335	339730
39067773	64507780	38787871	33215161	1816021
1772511	4625404	2771023	2034764	81589
60644	201664	88181	68637	-4716
1008982	2713589	616483	1058064	49821
67842	1018394	481080	70328	-24139

4-8　规模以上私营工业企业主要经济指标（2022年）

单位：万元

项　目	Item	企业单位数（个）Number of Enterprises (unit)
总　　计	**Total**	**9286**
一、按登记注册类型分	**Grouped by Registration**	
1.内资企业	Domestic Investment Enterprise	
其中：有限责任公司	Companies Limited with Liabilities	
股份有限公司	Companies Limited by Shares	
私营企业	Private	9286
2.港、澳、台投资企业	Funded by Entrepreneur from Hongkong,Macao and Taiwan	
3.外商投资企业	Foreign Funded	
二、按企业规模分	**Grouped by Size of Enterprises**	
1.大型企业	Large Enterprises	72
2.中型企业	Medium-sized Enterprises	561
3.小型企业	Small Enterprises	8653
三、按工业行业大类分	**Grouped by Sector**	
煤炭开采和洗选业	Mining and Washing of Coal	
石油和天然气开采业	Extraction of Petroleum and Natural Gas	
黑色金属矿采选业	Mining and Processing of Ferrous Metal Ores	
有色金属矿采选业	Mining and Processing of Nonferrous Metal Ores	
非金属矿采选业	Mining and Processing of Nonmetal Ores	
开采专业及辅助性活动	Mining and Auxiliary Activities	
其他采矿业	Mining and Processing of Other Ores	
农副食品加工业	Processing of Food from Agricultural Products	30
食品制造业	Manufacture of Foods	34
酒、饮料和精制茶制造业	Manufacture of Wine,Beverages and Refined Tea	7
烟草制品业	Manufacture of Tobacco	26
纺织业	Manufacture of Textile	39
纺织服装、服饰业	Manufacture of Textile Wearing Apparel,Footware and Caps	80

MAIN ECONOMIC INDICATORS OF PRIVATE INDUSTRIAL ENTERPRISES ABOVEDESIGNATED SIZE（2022）

（10 000 yuan）

工业总产值 Gross Output Value of Industry	资产总计 Total Assets	流动资产 Current Assets	营业收入 Business Revenue	利润总额 Total Profits
124493689	**129171446**	**104143579**	**126854864**	**5558861**
124493689	129171446	104143579	126854864	5558861
17349500	24763310	18321556	17198793	1475042
32522364	34411648	27311102	33315988	1863532
74621825	69996488	58510921	76340084	2220287
536323	497209	358305	584664	14647
344476	726937	418170	466692	178522
33664	83925	57098	65605	-2691
567164	233557	207858	544255	37555
304024	211664	172008	332546	32703
1043595	1045396	875263	822944	10832

4-8 续表

单位：万元

项 目		企业单位数（个）Number of Enterprises (unit)
	Item	
皮革、毛皮、羽毛及其制品和制鞋业	Manufacture of Leather,Fur,Feather and Related Products	44
木材加工及木、竹、藤、棕、草制品业	Processing of Timber, Manufacture of Wood, Bamboo, Rattan, Palm Fiber & Straw Products	17
家具制造业	Manufacture of Furniture	86
造纸及纸制品业	Manufacture of Paper and Paper Products	155
印刷和记录媒介复制业	Printing and Record Medium Reproduction	144
文教、工美、体育和娱乐用品制造业	Manufacture of Cultural,Educational and Sports Articles	249
石油加工、炼焦及核燃料加工业	Processing of Petroleum,Coking and Nuclear Fuel Processing	4
化学原料及化学制品制造业	Manufacture of Raw Chemical Materials and Chemical Products	171
医药制造业	Manufacture of Medicines	51
化学纤维制造业	Manufacture of Chemical Fibers	
橡胶和塑料制品业	Manufacture of Rubber	613
非金属矿物制品业	Manufacture of Non-metallic Mineral Products	134
黑色金属冶炼及压延加工业	Smelting and Pressing of Ferrous Metals	23
有色金属冶炼及压延加工业	Smelting and Pressing of Nonferrous Metals	96
金属制品业	Manufacture of Metal Products	572
通用设备制造业	Manufacture of General-purpose Machinery	652
专用设备制造业	Manufacture of Special-purpose Machinery	926
汽车制造业	Manufacture of Automobiles	60
铁路、船舶、航空航天和其他运输设备制造业	Manufacture of Railways Ships Aerospace and Other Transport Equipment	62
电气机械及器材制造业	Manufacture of Electrical Machinery and Equipment	1401
计算机、通信和其他电子设备制造业	Manufacture of Communication Equipment, Computers and Other Electronic Equipment	3087
仪器仪表制造业	Manufacture of Measuring Instruments	364
其他制造业	Other Manufacturing	107
废弃资源综合利用业	Recycling and Disposal of Waste	19
金属制品、机械和设备修理业	Manufacture of Metal Products,Machinery and Equipment Repair	9
电力、热力的生产和供应业	Production and Supply of Electric Power and Heat Power	6
燃气生产和供应业	Production and Supply of Gas	8
水的生产和供应业	Production and Supply of Water	10

CONTINUED

(10 000 yuan)

工业总产值 Gross Output Value of Industry	资产总计 Total Assets	流动资产 Current Assets	营业收入 Business Revenue	利润总额 Total Profits
254671	190421	171622	262133	2707
112069	158125	109165	123859	4163
598838	945849	649271	620311	-196
688300	658760	527059	691603	9955
1045693	1110162	831327	1149879	20687
6691868	4475927	3916107	6936429	69905
320663	123923	118041	337136	155
1567884	1660449	1370513	1514469	143552
1326149	2752224	1940815	1260309	208948
3705977	3369292	2690901	3753882	113901
2345462	2645497	2281748	2339022	30210
246734	263097	249681	247205	-7099
2483632	1490615	1304390	2680963	25298
4053362	3811746	3219309	4023347	167995
5985411	7233616	5660363	5975303	364452
10363882	14011050	11653016	9570740	862795
713944	1371393	931386	771003	-63517
458737	496765	393744	506607	22390
21047447	24523827	18931057	21204073	1029481
51264995	49092725	40316024	54104133	1911289
2666339	3803193	3171876	2757969	240140
1085719	989479	674257	1116416	72340
1183719	704067	610071	1358748	20705
39772	87755	74381	44000	6277
767465	104286	86903	48142	3293
564459	105100	94157	559794	21732
81253	193414	77697	80684	5736

4-9 规模以上港澳台商投资和外商投资工业企业主要经济指标 （2022年）

单位：万元

项 目	Item	企业单位数（个）Number of Enterprises (unit)
总　　计	**Total**	**2159**
一、按登记注册类型分	**Grouped by Registration**	
1.内资企业	Domestic Investment Enterprise	
其中：有限责任公司	Companies Limited with Liabilities	
股份有限公司	Companies Limited by Shares	
私营企业	Private	
2.港、澳、台投资企业	Funded by Entrepreneur from Hongkong,Macao and Taiwan	1587
3.外商投资企业	Foreign Funded	572
二、按企业规模分	**Grouped by Size of Enterprises**	
1.大型企业	Large Enterprises	153
2.中型企业	Medium-sized Enterprises	387
3.小型企业	Small Enterprises	1619
4.微型企业	Micro Enterprises	
三、按工业行业大类分	**Grouped by Sector**	
煤炭开采和洗选业	Mining and Washing of Coal	
石油和天然气开采业	Extraction of Petroleum and Natural Gas	
黑色金属矿采选业	Mining and Processing of Ferrous Metal Ores	
有色金属矿采选业	Mining and Processing of Nonferrous Metal Ores	
非金属矿采选业	Mining and Processing of Nonmetal Ores	
开采专业及辅助性活动	Mining and Auxiliary Activities	2
其他采矿业	Mining and Processing of Other Ores	
农副食品加工业	Processing of Food from Agricultural Products	15
食品制造业	Manufacture of Foods	10
酒、饮料和精制茶制造业	Manufacture of Wine,Beverages and Refined Tea	10
烟草制品业	Manufacture of Tobacco	
纺织业	Manufacture of Textile	23
纺织服装、服饰业	Manufacture of Textile Wearing Apparel,Footware and Caps	62

MAIN ECONOMIC INDICATORS OF INDUSTRIAL ENTERPAISES WITH FUNDS FROMHONGKONG,MACAO,TAIWAN AND FOREIGN-FUNDED ENTERPRISES ABOVE DESIGNATED SIZE（2022）

(10 000 yuan)

工业总产值 Gross Output Value of Industry	资产总计 Total Assets	流动资产 Current Assets	营业收入 Business Revenue	利润总额 Total Profits
153232647	**186546822**	**122952092**	**157154860**	**12376425**
102328956	126930347	85923380	104365866	9544215
50903690	59616475	37028711	52788994	2832210
113150294	133214471	86984449	114225904	9399356
21226716	32443589	19956638	23003328	1894310
18855636	20888763	16011005	19925628	1082759
78367	215307	152620	78367	26575
1670614	1215553	918328	2276657	95443
232868	288192	210858	292223	8812
1702669	1373499	1023743	2050549	93067
323560	282384	198017	358208	9412
894856	981101	852845	933162	37149

4-9　续表

单位：万元

项　目	Item	企业单位数（个）Number of Enterprises (unit)
皮革、毛皮、羽毛及其制品和制鞋业	Manufacture of Leather,Fur,Feather and Related Products	25
木材加工及木、竹、藤、棕、草制品业	Processing of Timber, Manufacture of Wood, Bamboo, Rattan, Palm Fiber & Straw Products	
家具制造业	Manufacture of Furniture	20
造纸及纸制品业	Manufacture of Paper and Paper Products	57
印刷和记录媒介复制业	Printing and Record Medium Reproduction	59
文教、工美、体育和娱乐用品制造业	Manufacture of Cultural,Educational and Sports Articles	118
石油加工、炼焦及核燃料加工业	Processing of Petroleum,Coking and Nuclear Fuel Processing	2
化学原料及化学制品制造业	Manufacture of Raw Chemical Materials and Chemical Products	46
医药制造业	Manufacture of Medicines	30
化学纤维制造业	Manufacture of Chemical Fibers	
橡胶和塑料制品业	Manufacture of Rubber	226
非金属矿物制品业	Manufacture of Non-metallic Mineral Products	24
黑色金属冶炼及压延加工业	Smelting and Pressing of Ferrous Metals	4
有色金属冶炼及压延加工业	Smelting and Pressing of Nonferrous Metals	17
金属制品业	Manufacture of Metal Products	135
通用设备制造业	Manufacture of General-purpose Machinery	142
专用设备制造业	Manufacture of Special-purpose Machinery	172
汽车制造业	Manufacture of Automobiles	21
铁路、船舶、航空航天和其他运输设备制造业	Manufacture of Railways Ships Aerospace and Other Transport Equipment	28
电气机械及器材制造业	Manufacture of Electrical Machinery and Equipment	278
计算机、通信和其他电子设备制造业	Manufacture of Communication Equipment, Computers and Other Electronic Equipment	492
仪器仪表制造业	Manufacture of Measuring Instruments	87
其他制造业	Other Manufacturing	34
废弃资源综合利用业	Recycling and Disposal of Waste	
金属制品、机械和设备修理业	Manufacture of Metal Products,Machinery and Equipment Repair	6
电力、热力的生产和供应业	Production and Supply of Electric Power and Heat Power	8
燃气生产和供应业	Production and Supply of Gas	2
水的生产和供应业	Production and Supply of Water	2

CONTINUED

(10 000 yuan)

工业总产值 Gross Output Value of Industry	资产总计 Total Assets	流动资产 Current Assets	营业收入 Business Revenue	利润总额 Total Profits
555313	405500	300929	605502	-284
196107	366078	309675	209282	-10456
462794	406630	329049	488449	4558
842368	1945618	1128247	908490	279852
9493193	7408699	6744446	8839536	328572
11748	9353	9216	20373	-24333
1321925	1177681	858391	1430603	84172
2041493	3859974	2398475	2011914	421910
3028946	3009272	2463796	3134077	126240
976356	1591702	1038715	947672	74933
63013	78598	65019	99021	367
1093824	874055	824929	1200346	7035
2044616	1856456	1456039	2061225	119340
3901562	4083284	3299601	4092917	336715
6385377	9385556	6543900	6353089	1317293
19636355	30221537	25851963	22552716	463520
749350	1480605	903299	750279	75083
9462135	15753243	7830489	9657223	552521
72259907	81231000	49546200	72052216	2484504
1636713	2054292	1789584	1670977	198202
1562129	2783171	2442696	1626101	348738
157724	202210	175161	142141	23806
1955284	3286343	1850932	2014114	445187
791995	565490	231455	797945	205654
555861	1647966	490874	556000	207085

4-10 规模以上大中型工业企业主要经济指标（2022年）

单位：万元

项目	Item	企业单位数（个）Number of Enterprises (unit)
总　　计	**Total**	**1576**
一、按登记注册类型分	**Grouped by Registration**	
1.内资企业	Domestic Investment Enterprise	1036
其中：有限责任公司	Companies Limited with Liabilities	201
股份有限公司	Companies Limited by Shares	197
私营企业	Private	633
2.港、澳、台投资企业	Funded by Entrepreneur from Hongkong,Macao and Taiwan	361
3.外商投资企业	Foreign Funded	179
二、按企业规模分	**Grouped by Size of Enterprises**	
1.大型企业	Large Enterprises	326
2.中型企业	Medium-sized Enterprises	1250
3.小型企业	Small Enterprises	
三、按工业行业大类分	**Grouped by Sector**	
煤炭开采和洗选业	Mining and Washing of Coal	
石油和天然气开采业	Extraction of Petroleum and Natural Gas	
黑色金属矿采选业	Mining and Processing of Ferrous Metal Ores	
有色金属矿采选业	Mining and Processing of Nonferrous Metal Ores	
非金属矿采选业	Mining and Processing of Nonmetal Ores	
开采专业及辅助性活动	Mining and Auxiliary Activities	2
其他采矿业	Mining and Processing of Other Ores	
农副食品加工业	Processing of Food from Agricultural Products	8
食品制造业	Manufacture of Foods	9
酒、饮料和精制茶制造业	Manufacture of Wine,Beverages and Refined Tea	6
烟草制品业	Manufacture of Tobacco	12
纺织业	Manufacture of Textile	7
纺织服装、服饰业	Manufacture of Textile Wearing Apparel,Footware and Caps	43

MAIN ECONOMIC INDICATORS OF LARGE AND MEDIUM-SIZED INDUSTRIAL ENTERPRISES ABOVE DESIGNATED SIZE（2022）

（10 000 yuan）

工业总产值 Gross Output Value of Industry	资产总计 Total Assets	流动资产 Current Assets	营业收入 Business Revenue	利润总额 Total Profits
339967890	**470126284**	**301923937**	**338849341**	**28434738**
205590880	304468224	194982850	201620109	17141072
103280846	152300226	93571764	104602636	10431422
51646580	91872032	55214730	45740476	3301696
49871864	59174958	45632658	50514781	3338574
89439241	112060426	74490040	90641367	8938205
44937769	53597633	32451046	46587865	2355461
260625353	356498918	226432584	254349690	22220239
79342537	113627366	75491353	84499651	6214499
378200	792942	402675	378200	60620
1711305	950602	690529	2250103	104723
527896	939026	558232	700688	185289
1570726	1270014	954970	1900523	62181
1269112	816874	736578	1222401	116377
703681	833258	522375	924460	106042
1921155	2272572	1511399	1707496	44518

4-10 续表

单位：万元

项 目	Item	企业单位数（个）Number of Enterprises (unit)
皮革、毛皮、羽毛及其制品和制鞋业	Manufacture of Leather,Fur,Feather and Related Products	11
木材加工及木、竹、藤、棕、草制品业	Processing of Timber, Manufacture of Wood, Bamboo, Rattan, Palm Fiber & Straw Products	
家具制造业	Manufacture of Furniture	9
造纸及纸制品业	Manufacture of Paper and Paper Products	10
印刷和记录媒介复制业	Printing and Record Medium Reproduction	27
文教、工美、体育和娱乐用品制造业	Manufacture of Cultural,Educational and Sports Articles	63
石油加工、炼焦及核燃料加工业	Processing of Petroleum,Coking and Nuclear Fuel Processing	
化学原料及化学制品制造业	Manufacture of Raw Chemical Materials and Chemical Products	14
医药制造业	Manufacture of Medicines	24
化学纤维制造业	Manufacture of Chemical Fibers	
橡胶和塑料制品业	Manufacture of Rubber	76
非金属矿物制品业	Manufacture of Non-metallic Mineral Products	19
黑色金属冶炼及压延加工业	Smelting and Pressing of Ferrous Metals	2
有色金属冶炼及压延加工业	Smelting and Pressing of Nonferrous Metals	3
金属制品业	Manufacture of Metal Products	61
通用设备制造业	Manufacture of General-purpose Machinery	94
专用设备制造业	Manufacture of Special-purpose Machinery	157
汽车制造业	Manufacture of Automobiles	19
铁路、船舶、航空航天和其他运输设备制造业	Manufacture of Railways Ships Aerospace and Other Transport Equipment	15
电气机械及器材制造业	Manufacture of Electrical Machinery and Equipment	213
计算机、通信和其他电子设备制造业	Manufacture of Communication Equipment, Computers and Other Electronic Equipment	564
仪器仪表制造业	Manufacture of Measuring Instruments	58
其他制造业	Other Manufacturing	27
废弃资源综合利用业	Recycling and Disposal of Waste	
金属制品、机械和设备修理业	Manufacture of Metal Products,Machinery and Equipment Repair	5
电力、热力的生产和供应业	Production and Supply of Electric Power and Heat Power	7
燃气生产和供应业	Production and Supply of Gas	2
水的生产和供应业	Production and Supply of Water	8

CONTINUED

(10 000 yuan)

工业总产值 Gross Output Value of Industry	资产总计 Total Assets	流动资产 Current Assets	营业收入 Business Revenue	利润总额 Total Profits
541850	436242	323021	598146	-3280
351424	557178	294030	373391	6859
288539	751977	225920	313488	3692
1488277	3184072	1810705	1571375	226197
11265338	9476915	8573431	10527507	491937
946682	3258055	1801796	1647438	217163
3857357	10298202	5223713	3890749	704853
2749250	4084241	2783693	2825026	113625
3139689	4630730	3172627	3147122	203802
102923	174875	165454	106142	-9686
529406	168266	135042	497649	8052
3033140	3176607	2452870	3164979	272370
7574934	12327439	9001999	7751626	706855
14298863	22244820	16978066	12932580	2215710
20077345	32024436	26963732	23047020	391669
1397742	2175324	1469586	1206493	135196
23431002	35375291	21628595	23338716	1500656
210877130	280049944	179704855	205769279	14288056
3282382	6151608	4186445	3638290	179042
2378464	3401133	2837399	2431029	440765
137032	131442	105990	123562	9567
10105553	13694984	3799484	10861351	1126606
1796937	3278204	847072	1851970	255537
1094162	4697740	1353919	1210447	234038

4-11 规模以上工业主要产品产量

PRODUCTION OF MAIN INDUSTRIAL PRODUCTS ABOVE DISIGNATED SIZE

年 份 Year	自来水 生产量 (万立方米) Tap Water (10 000 cu.m)	发电量 (万千瓦小时) Electricity (10 000 kWh)	小麦粉 (吨) Flour (ton)	啤 酒 (千升) Beer (kiloliter)	卷 烟 (万支) Cigarettes (10 000 pieces)	化学纤维 (吨) Chemical Fiber (ton)	布 (万米) Cloth (10 000 m)
1979		609					
1980		437					
1981		608					
1982		1152					
1983		1322					
1984		1261			27570		
1985		1012			45500		
1986	7051	3130			52225		
1987	8617	4408			75000	3731	280
1988	13060	2508	16794		252255	4190	925
1989	19962	1124	17285		303825	4451	380
1990	19736	31065	21155		380820	5050	631
1991	24446	107727	35151		430000	7694	1872
1992	23785	195007	44302	57256	442500	7637	30484
1993	30335	416568	72252	76715	472575	14194	3907
1994	43425	1739463	75536	82128	472915	19768	2674
1995	50151	1652038	92977	101425	522800	22348	4413
1996	53691	1873881	219700	125302	594120	17576	106
1997	60408	1960433	273300	131346	629205	20243	2375
1998	62585	2150147	250000	152279	756095	13271	1716
1999	66816	2380518	287400	150880	943600	14543	3200
2000	75547	2618545	229000	250417	1044490	14368	2356
2001	93047	2737802	360000	275180	1145465	13805	1940
2002	113315	3515696	346000	334590	1175810	13821	2247
2003	123709	4846256	328200	396150	1207066	14281	1317
2004	119510	5220982	313300	477766	1277700	15083	2697
2005	148221	5685750	350325	581161	1373606	8497	3885
2006	141218	5472103	351289	574554	1454359	4913	2210
2007	148349	5578728	360171	561371	1605650	8382	2857
2008	150221	5844154	368498	473027	1656000	1115	2541
2009	137824	5677546	339457	524696	1753150	2284	464
2010	153218	5778497	324406	597184	1817025	7627	1904
2011	155802	6784694	306664	653279	1877085	3310	716
2012	159944	7001845	442134	623503	1919220	4548	775
2013	159177	6796228	457511	558856	1951555	4988	1398
2014	162415	6959097	355599	513932	1937700	6037	1474
2015	148257	6819392	365403	445595	1890210	5621	687
2016	171064	6942888	369579	423210	1860920	4579	664
2017	176876	8415444	426107	362720	1835540	6426	482
2018	181262	8326420	435913	338127	1868710	6489	300
2019	184196	8183380	418356	270571	1836000	4305	578
2020	178514	8183741	394198	239013	1743665	5488	408
2021	190864	8893254	355166	492402	1760000	3439	707
2022	185365	8930285	313679	424833	1760000		94

4-11 续表1 CONTINUED

年 份 Year	印染布 (万米) Printed and Dyed Fabric (10 000 m)	服 装 (万件) Garments (10 000 pieces)	塑料制品 (吨) Plastic Products (ton)	铝材 (吨) Aluminium (ton)	两轮脚踏自行车 (万辆) Bicycles (10 000 sets)	表 (万只) Watches (10 000 units)	照相机 (万台) Cameras (10 000 sets)
1979							
1980							
1981							
1982							
1983							
1984	4321	649	16419		2.03	339.68	
1985	5271	1004			4.31	3447.58	
1986	5731	7988	16419	5566	14.13	11020.66	160.15
1987	6655	8008	28572	6805	41.29	11688.16	44.24
1988	6708	12828	44359	6808	60.39	11014.49	348.25
1989	8344	9931	73945	7399	82.01	8318.00	159.96
1990	9212	29333	103779	10799	128.20	10060.00	519.95
1991	14869	16437	233094	14361	257.78	9646.00	423.12
1992	16161	18857	244000	18985	272.08	17593.65	813.76
1993	22918	27026	290508	21540	288.41	22875.39	1247.89
1994	7627	36314	375757	19618	238.94	27344.89	1277.61
1995	20991	25938	449183	19633	215.56	24542.05	252.57
1996	22543	38196	411132	25356	140.52	28667.91	1636.74
1997	18522	32089	387692	23874	123.38	16629.66	1531.48
1998	20191	32119	256327	19632	156.96	12665.44	2346.95
1999	16670	25667	378099	24408	210.99	11593.89	1551.80
2000	13614	24242	464617	27271	239.60	9126.00	942.83
2001	13338	14509	722024	29379	172.66	7908.37	642.03
2002	14082	14344	611619	46746	319.67	7575.78	312.83
2003	15502	18559	669683	56805	636.70	7100.70	428.95
2004	12873	17536	644751	43274	586.47	5790.44	341.25
2005	11351	25281	760206	43823	665.75	7183.60	1207.88
2006	8917	32104	1276641	61578	742.84	8021.58	1082.41
2007	3531	31611	1119397	61606	593.53	7003.35	880.47
2008	1865	31711	1296995	77847	615.28	6438.34	887.06
2009	1322	35441	1396805	48087	398.60	7991.26	793.86
2010	1593	27217	1190914	53653	486.50	8515.91	785.71
2011	498	19212	1337546	35014	438.43	7155.89	631.57
2012	440	17408	1024870	13930	379.08	6557.43	493.35
2013	325	15130	888056	8580	347.82	6399.28	404.51
2014	1155	17005	836216	10454	310.95	7953.13	317.91
2015	1291	21628	728073	6292	279.77	7659.11	223.61
2016	1992	20023	711435	4171	224.41	6819.88	220.00
2017	2065	17628	700522	4382	258.41	6208.91	180.33
2018	1913	14021	726046	3995	178.91	5663.53	205.17
2019	1478	13780	968463	18993	179.77	5810.22	395.48
2020	1214	7736	946571	17105	196.87	3109.80	343.95
2021	1587	9322	973094	18996	360.83	3517.26	380.95
2022	1131	8383	848711	20204	363.85	3771.32	363.11

4-11 续表2 CONTINUED

年 份 Year	家用电风扇 (万台) Electric Fans (10 000 sets)	电话单机 (万部) Telephone Sets (10 000 units)	微型计算机设备 (台) Micro Computers (unit)	打印机 (万部) Printers (10 000 units)	彩色电视机 (万台) Color TV Sets (10 000 sets)
1979					
1980					
1981					0.70
1982					0.62
1983			71.00		1.23
1984	0.57	9.77	4357		18.25
1985	40.87	123.22	1575		48.10
1986	66.60	144.75	6617		61.39
1987	248.01	498.94	2728		101.64
1988	368.60	815.76	2788		155.90
1989	323.31	926.10	15955		137.38
1990	379.30	1019.21	17622		228.67
1991	407.58	1360.80	62440		288.08
1992	152.73	1461.59	31357		272.12
1993	433.59	2292.50	27836		269.33
1994	1132.43	2592.38	51877		251.42
1995	907.35	3902.49	194131	194.84	373.50
1996	818.76	4080.80	312687	193.06	540.62
1997	845.18	4506.65	568681	433.50	519.63
1998	650.48	2741.97	464614	584.76	491.85
1999	544.74	2711.82	834476	315.68	834.13
2000	901.04	2809.58	1074486	507.62	753.97
2001	753.09	2965.67	1642151	695.00	659.50
2002	1129.22	4091.29	3076052	469.20	1297.35
2003	1202.76	4947.64	4866723	570.30	1820.33
2004	1127.19	4894.31	7350491	592.73	1857.02
2005	958.54	6579.87	11435877	984.50	1964.43
2006	1425.82	7444.34	13633633	835.33	2071.14
2007	1403.87	7055.94	8947600	1041.78	1803.85
2008	1559.63	6283.11	9662828	1452.97	2003.47
2009	1457.34	5312.90	18023372	1493.84	1910.03
2010	1393.28	5559.25	34032969	1973.98	2043.61
2011	1975.53	3229.52	41718350	1810.97	2203.07
2012	1771.45	3382.70	52285567	2266.73	3237.51
2013	1809.56	3139.46	19100994	1721.10	3320.12
2014	1790.29	2711.63	26073252	1607.62	3714.14
2015	1639.74	2362.04	27793649	1304.84	3545.93
2016	1469.59	1801.72	29567574	1203.61	3883.49
2017	1248.95	1372.17	27067302	874.06	3695.43
2018	1492.01	1387.07	23975801	811.67	4519.50
2019	1701.18	1272.61	29465022	539.26	4951.98
2020	1457.79	952.55	25396050	411.16	5315.68
2021	1536.98	761.54	26057342	585.13	4722.76
2022	1272.24	634.51	25499218	550.31	4833.19

年 份 Year	电子元件 (万只) Electronic Units (10 000 units)	硬盘存储器 (万部) Hard Drives (10 000 units)	集成电路 (万块) Semiconductor Integrated Circuit (10 000 units)	程控交换机 (万线) Telephone Exchanges (10 000 lines)
1979				
1980				
1981				
1982				
1983				
1984				
1985				
1986	15584			
1987	7823			
1988	73316			
1989	112921		513	
1990	309649		998	
1991	332657		1357	
1992	522291		1164	
1993	708147		1520	105.30
1994	1561900		2263	209.70
1995	9681839	199.47	14558	269.13
1996	1403557	440.86	22471	331.74
1997	1491620	841.39	14346	647.35
1998	1390107	770.54	23976	1515.69
1999	262057	699.36	64232	1962.38
2000	527216	867.07	87598	3535.33
2001	746630	1116.60	96122	2994.30
2002	1334537	480.04	134966	1856.47
2003	1294335	766.60	182340	2919.57
2004	549722	831.71	255504	1976.65
2005	2600991	2267.05	268006	2644.04
2006	10104734	2035.33	604302	1625.75
2007	11445606	3746.12	619532	1747.76
2008	9138530	5225.41	828381	1960.98
2009	10557452	5509.84	737265	1745.46
2010	21862763	6866.21	1240820	1526.23
2011	21382825	7149.85	1589988	2155.78
2012	17486985	8218.81	1424912	1213.55
2013	17415795	6850.58	1455794	1645.30
2014	14921810	6264.78	1481497	1527.43
2015	11191275	4440.19	1311268	1179.82
2016	12516547	4194.02	1810728	1030.74
2017	14055332	2146.46	2185951	752.01
2018	15911724	690.09	2551057	845.31
2019	28304413	261.20	3104156	623.88
2020	33261315	378.71	3047726	529.19
2021	47429122	743.10	4332065	517.55
2022	39696569	693.10	3953988	805.00

4-12 全社会能耗水平
ENERGY CONSUMPTION LEVEL OF THE WHOLE SOCIETY

年 份 Year	单位GDP能耗 Energy Consumption per Unit of GDP		单位工业增加值能耗 Energy Consumption per Unit of Value-added of Industry		单位GDP电耗 Electricity Consumption per Unit of GDP	
	指标值 （吨标准煤/万元） Equivalent value (ton of SCE/10 000 yuan)	增长速度 Growth Rate (%)	指标值 （吨标准煤/万元） Equivalent value (ton of SCE/10 000 yuan)	增长速度 Growth Rate (%)	指标值 （千瓦时/万元） Equivalent value (kWh/10 000 yuan)	增长速度 Growth Rate (%)
2005	0.593		0.598		889.10	
2006	0.576	-2.81	0.572	-3.04	844.10	-5.06
2007	0.560	-2.76	0.551	-3.76	848.80	0.54
2008	0.544	-2.90	0.530	-4.46	785.50	-7.46
2009	0.529	-2.76	0.511	-3.59	712.37	-9.33
2010	0.513	-2.94	0.492	-3.72	720.33	1.12
2011	0.472	-4.39		-24.02		-4.69
2012	0.451	-4.51		-12.68		-3.28
2013	0.428	-5.12		-9.49		-8.30
2014		-4.35		-8.45		-0.65
2015		-3.26		-11.07		-5.01
2016		-4.21		-4.98		-4.17
2017		-4.23		-0.75		-4.82
2018		-4.20		-11.24		-3.62
2019		-3.54		-3.89		-0.39
2020		-5.54		-6.29		-1.93
2021		1.00		2.10		5.20
2022		-5.80		-7.30		-5.90

注： 1. 单位GDP能耗数据2005-2009年采用的GDP为2005年可比价，2010-2015年采用的是2010年可比价，2016-2020年采用的是2015年可比价，2021年及以后采用的是2020年可比价。
Notes: The data of Energy Consumption per Unit of GDP from 2005 to 2009 are calculated at 2005 constant prices of GDP,from 2010 to 2015 at 2010 constant prices of GDP,from2016 to 2020 at 2015 constant prices of GDP, from 2021 at 2020 constant prices of GDP.
2. 本表为当年节能考核确认数。
Date in the table is the confirmed figure of energy savin assessment in the current year.

4-13　主要能源按工业行业分组消费量（2022年）

CONSUMPTION OF ENERGY BY SECTOR（2022）

单位：吨　　　　(ton)

项　目	Item	原煤 Coal	原油 Crude Oil	汽油 Gasoline	煤油 Kerosene
全部规模以上工业企业	**Total Consumption**	**9687812.72**	**250578.00**	**28606.79**	**668.03**
一、按轻、重工业分	**Grouped by Light and Heavy Industry**	**9687812.72**	**250578.00**	**28606.79**	**668.03**
1．轻工业	Light Industry	2.14		6941.98	570.75
2．重工业	Heavy Industry	9687810.58	250578.00	21664.81	97.28
二、按工业行业大类分	**Grouped by Sector**	**9687812.72**	**250578.00**	**28606.79**	**668.03**
(一)采矿业	Mining and Quarrying		250578.00		
煤炭开采和洗选业	Mining and Washing of Coal				
石油和天然气开采业	Extraction of Petroleum and Natural Gas		250578.00		
黑色金属矿采选业	Mining and Processing of Ferrous Metal Ores				
有色金属矿采选业	Mining and Processing of Nonferrous Metal Ores				
非金属矿采选业	Mining and Processing of Nonmetal Ores				
开采专业及辅助性活动	Mining and Auxiliary Activities				
其他采矿业	Mining and Processing of Other Ores				
(二)制造业	Manufacturing	2.14		27948.45	668.03
农副食品加工业	Processing of Food from Agricultural Products			137.42	
食品制造业	Manufacture of Foods			33.05	
酒、饮料和精制茶制造业	Manufacture of Wine, Beverages and Refined Tea			3.08	
烟草制品业	Manufacture of Tobacco				
纺织业	Manufacture of Textile			212.12	
纺织服装、服饰业	Manufacture of Textile Wearing Apparel,Footware and Caps			188.09	
皮革、毛皮、羽毛及其制品和制鞋业	Manufacture of Leather, Fur, Feather and Related Products			93.41	
木材加工及木、竹、藤、棕、草制品业	Processing of Timber, Manufacture of Wood, Bamboo, Rattan, Palm Fiber & Straw Products			81.32	
家具制造业	Manufacture of Furniture			307.76	
造纸及纸制品业	Manufacture of Paper and Paper Products			318.39	

4-13 续表1 CONTINUED

单位：吨 (ton)

项 目	Item	原煤 Coal	原油 Crude Oil	汽油 Gasoline	煤油 Kerosene
印刷和记录媒介复制业	Printing and Record Medium Reproduction			930.47	
文教、工美、体育和娱乐用品制造业	Manufacture of Cultural, Educational and Sports Articles			1000.03	
石油、煤炭及其他燃料加工业	Petroleum, Coal and Other Fuel Processing Industry				
化学原料及化学制品制造业	Manufacture of Raw Chemical Materials and Chemical Products			1094.40	563.00
医药制造业	Manufacture of Medicines			80.95	
化学纤维制造业	Manufacture of Chemical Fibers				
橡胶和塑料制品业	Manufacture of Rubber			1710.38	2.13
非金属矿物制品业	Manufacture of Non-metallic Mineral Products			311.65	0.05
黑色金属冶炼及压延加工业	Smelting and Pressing of Ferrous Metals			72.59	12.00
有色金属冶炼及压延加工业	Smelting and Pressing of Nonferrous Metals			452.33	
金属制品业	Manufacture of Metal Products			1924.80	28.16
通用设备制造业	Manufacture of General-purpose Machinery			1828.70	39.74
专用设备制造业	Manufacture of Special-purpose Machinery			2229.09	
汽车制造业	Manufacture of Automobiles			1913.22	22.95
铁路、船舶、航空航天和其他运输设备制造业	Manufacture of Railways Ships Aerospace and Other Transport Equipment			163.75	
电气机械及器材制造业	Manufacture of Electrical Machinery and Equipment			3447.76	
计算机、通信和其他电子设备制造业	Manufacture of Communication Equipment, Computers and Other Electronic Equipment			8202.23	
仪器仪表制造业	Manufacture of Measuring Instruments			867.19	
其他制造业	Other Manufacturing	2.14		317.56	
废弃资源综合利用业	Recycling and Disposal of Waste			8.42	
金属制品、机械和设备修理业	Manufacture of Metal Products,Machinery and Equipment Repair			18.29	
(三)电力、燃气及水的生产和供应业	Production and Distribution of Electricity Heat,Gas and Water	9687810.58		658.34	
电力、热力的生产和供应业	Production and Supply of Electric Power and Heat Power	9687810.58		11.00	
燃气生产和供应业	Production and Supply of Gas			485.00	
水的生产和供应业	Production and Supply of Water			162.34	

4-13 续表2 CONTINUED

单位：吨 (ton)

项 目	Item	柴 油 Diesel Oil	燃料油 Fuel Oil	液化石油气 Liquefied Petroleum Gas	天然气（万立方米）Natural Gas (10 000 cu.m)	电 力（万千瓦时）Electricity (10 000 kWh)
全部规模以上工业企业	**Total Consumption**	**160765.53**	**19.15**	**3983.89**	**314066.58**	**3787910.49**
一、按轻、重工业分	**Grouped by Light and Heavy Industry**	**160765.53**	**19.15**	**3983.89**	**314066.58**	**3787910.49**
1．轻工业	Light Industry	8268.94	15.96	2185.81	11738.10	744339.26
2．重工业	Heavy Industry	152496.59	3.19	1798.08	302328.48	3043571.23
二、按工业行业大类分	**Grouped by Sector**	**160765.53**	**19.15**	**3983.89**	**314066.58**	**3787910.49**
(一)采矿业	Mining and Quarrying	91745.00			6594.00	991.04
煤炭开采和洗选业	Mining and Washing of Coal					
石油和天然气开采业	Extraction of Petroleum and Natural Gas	73732.00			6594.00	883.04
黑色金属矿采选业	Mining and Processing of Ferrous Metal Ores					
有色金属矿采选业	Mining and Processing of Nonferrous Metal Ores					
非金属矿采选业	Mining and Processing of Nonmetal Ores					
开采专业及辅助性活动	Mining and Auxiliary Activities	18013.00				108.00
其他采矿业	Mining and Processing of Other Ores					
(二)制造业	Manufacturing	67328.08	19.15	3983.89	20418.78	3149324.17
农副食品加工业	Processing of Food from Agricultural Products	406.91		368.99	860.51	18070.26
食品制造业	Manufacture of Foods	283.02		84.73	1114.78	14854.20
酒、饮料和精制茶制造业	Manufacture of Wine, Beverages and Refined Tea	2.81		2.26	1089.77	9082.56
烟草制品业	Manufacture of Tobacco			5.46	99.08	3090.65
纺织业	Manufacture of Textile	286.13	15.96	113.42	732.50	17434.06
纺织服装、服饰业	Manufacture of Textile Wearing Apparel,Footware and Caps	68.85		19.20	92.44	14674.67
皮革、毛皮、羽毛及其制品和制鞋业	Manufacture of Leather, Fur, Feather and Related Products	32.68			13.22	7162.80
木材加工及木、竹、藤、棕、草制品业	Processing of Timber, Manufacture of Wood, Bamboo, Rattan, Palm Fiber & Straw Products	213.96			17.02	1071.40
家具制造业	Manufacture of Furniture	212.91		4.07	75.21	10125.03
造纸及纸制品业	Manufacture of Paper and Paper Products	962.02		451.41	883.97	18523.47

4-13 续表3 CONTINUED

单位：吨 (ton)

项 目	Item	柴 油 Diesel Oil	燃料油 Fuel Oil	液化石油气 Liquefied Petroleum Gas	天然气 （万立方米） Natural Gas (10 000 cu.m)	电 力 （万千瓦时） Electricity (10 000 kWh)
印刷和记录媒介复制业	Printing and Record Medium Reproduction	739.58			185.33	53251.61
文教、工美、体育和娱乐用品制造业	Manufacture of Cultural, Educational and Sports Articles	540.41		168.24	318.42	36032.54
石油、煤炭及其他燃料加工业	Petroleum, Coal and Other Fuel Processing Industry	10.37		1.60	3.61	126.01
化学原料及化学制品制造业	Manufacture of Raw Chemical Materials and Chemical Products	1826.64		12.84	131.52	47287.37
医药制造业	Manufacture of Medicines	449.58			1717.50	40461.02
化学纤维制造业	Manufacture of Chemical Fibers					400.76
橡胶和塑料制品业	Manufacture of Rubber	3087.83		565.43	1132.05	236222.98
非金属矿物制品业	Manufacture of Non-metallic Mineral Products	42469.10		49.77	1165.36	85908.22
黑色金属冶炼及压延加工业	Smelting and Pressing of Ferrous Metals	81.51		1.00	717.00	4262.61
有色金属冶炼及压延加工业	Smelting and Pressing of Nonferrous Metals	394.58		3.16	871.13	18685.16
金属制品业	Manufacture of Metal Products	2555.17		1189.36	1180.24	169136.56
通用设备制造业	Manufacture of General-purpose Machinery	1381.89		374.00	146.45	82770.74
专用设备制造业	Manufacture of Special-purpose Machinery	1058.55		39.37	54.13	158801.41
汽车制造业	Manufacture of Automobiles	124.66		6.31	1071.39	78240.72
铁路、船舶、航空航天和其他运输设备制造业	Manufacture of Railways Ships Aerospace and Other Transport Equipment	3696.85		222.18	957.27	24075.83
电气机械及器材制造业	Manufacture of Electrical Machinery and Equipment	2212.97	3.19	134.37	2190.69	322476.20
计算机、通信和其他电子设备制造业	Manufacture of Communication Equipment, Computers and Other Electronic Equipment	2329.03		166.72	2910.79	1608790.63
仪器仪表制造业	Manufacture of Measuring Instruments	95.07			245.39	41736.78
其他制造业	Other Manufacturing	93.73			442.00	22055.73
废弃资源综合利用业	Recycling and Disposal of Waste	1433.92				3369.30
金属制品、机械和设备修理业	Manufacture of Metal Products,Machinery and Equipment Repair	277.35				1142.89
(三)电力、燃气及水的生产和供应业	Production and Distribution of Electricity Heat,Gas and Water	1692.45			287053.80	637595.28
电力、热力的生产和供应业	Production and Supply of Electric Power and Heat Power	1230.57			284255.53	465758.86
燃气生产和供应业	Production and Supply of Gas	457.66			2798.27	21344.98
水的生产和供应业	Production and Supply of Water	4.22				150491.44

4-14　综合能源平衡表（2015-2022年）
OVERALL ENERGY BALANCE SHEET（2015-2022）

单位：万吨标准煤　　　　　　　　　　　　　　　　　　(10 000 tons of SCE)

项　目	Item	2015	2016	2017	2018	2019	2020	2021	2022
可供本地区消费的能源量	**Total Energy Available for Consumption by Locality**	**3909.91**	**4080.91**	**4272.64**	**4404.73**	**4534.14**	**4413.70**	**4756.67**	**4629.87**
年初库存量	Stock at the Year-beginning	189.17	183.55	148.19	133.80	129.26	112.95	148.28	128.72
一次能源生产量	Primary Energy Output	3007.01	2999.29	2919.57	2725.43	2928.57	3101.99	3225.12	3538.27
外省调入量	Allocation from Other Provinces	3515.37	3575.25	3728.24	3931.60	3950.64	3884.17	4180.97	2610.32
进口量	Imports	400.47	350.08	426.57	513.23	482.13	459.46	511.48	480.56
境内轮船和飞机在境外加油量	Petroleum Consumed by Chinese Airplanes and Ships Abroad	3.10	12.01	15.12	37.64	62.02	56.42	54.15	47.98
本省调出量(-)	Allocation over Other Provinces (-)	-2928.88	-2829.85	-2785.17	-2764.63	-2843.35	-3004.16	-3189.36	-2020.48
出口量(-)	Exports(-)	-76.41	-35.91	-29.16	-28.42	-22.46	-19.30	-15.52	-14.44
境外轮船和飞机在境内加油量(-)	Petroleum Consumed by Foreign Airplanes and Ships in China(-)	-16.36	-24.80	-15.05	-14.95	-39.91	-29.07	-29.47	-37.30
年末库存量(-)	Stock at the Year-end(-)	-183.55	-148.72	-135.67	-128.98	-112.77	-148.76	-128.98	-103.76
加工转换投入(-)产出(+)量	**Input Output in Processing and Transformation**	**-0.13**	**-0.18**	**-0.22**	**-0.13**	**-0.14**	**-0.08**	**-0.04**	**-0.10**
火力发电	Thermal Power								
供热	Heating	-0.13	-0.18	-0.22	-0.13	-0.14	-0.08	-0.04	-0.10
洗选煤	Coal Washing								
炼焦	Coking								
炼油	Petroleum Refining								
制气	Gas Production								
回收能	Recovery of Energy								

4-14 续表 CONTINUED

单位：万吨标准煤 (10 000 tons of SCE)

项 目	Item	2015	2016	2017	2018	2019	2020	2021	2022
损失量	**Losses**	**73.08**	**84.29**	**99.70**	**95.75**	**84.15**	**70.43**	**70.01**	**101.52**
#运输和输配损失	Losses in Transmission	73.08	84.29	99.70	95.75	84.15	70.43	70.01	101.52
终端消费量	**End-use**	**3836.70**	**3996.43**	**4172.72**	**4308.85**	**4449.85**	**4343.19**	**4686.63**	**4528.25**
第一产业	Primary Industry	10.86	15.08	8.11	12.11	14.73	11.38	14.82	15.65
农、林、牧、渔业	Farming,Forestry,Animal Husbandry and Fishery	10.86	15.08	8.11	12.11	14.73	11.38	14.82	15.65
第二产业	Secondary Industry	1697.91	1632.88	1603.45	1522.51	1684.01	1580.66	1656.95	1685.78
工业	Industry	1651.18	1580.90	1567.96	1493.02	1644.88	1531.76	1596.08	1597.50
#用作原材料、燃料	As Raw Materials and Fuel	1.08	0.94	0.23	0.98	0.81	119.59	0.56	0.00
建筑业	Construction	46.73	51.99	35.50	29.49	39.13	48.91	60.87	88.28
第三产业	Tertiary Industry	1512.50	1662.84	1817.08	2008.86	1927.54	1905.88	2110.08	1892.98
交通运输仓储及邮电通信业	Transport,Storage,Postal and Telecommunication Services	732.83	808.80	881.62	960.72	928.19	806.06	864.02	829.69
批发和零售贸易业、餐饮业	Wholesale and Retail Trade and Catering	420.53	456.94	468.50	546.63	452.77	461.92	513.10	448.13
其他	Services Others	359.14	397.10	466.96	501.52	546.57	637.90	732.96	615.17
生活消费	Residential Consumption	615.43	685.63	744.09	765.37	823.57	845.27	904.78	933.84
城镇	Urban Areas	615.43	685.63	742.80	765.37	823.57	845.27	904.78	933.84
乡村	Rural Areas			1.29					0.00
消费量合计	**Total Energy Consumption**	**3909.91**	**4080.91**	**4272.64**	**4404.73**	**4534.14**	**4413.70**	**4756.67**	**4629.87**

4-15 各区单位GDP能耗增长速度（2012-2022年）
GROWTH RATE OF ENERGY CONSUMPTION PER UNIT OF GDP BY DISTRICT（2012-2022）

单位：%　　　　(%)

地　区	Region	2012	2013	2014	2015	2016	2017	2018	2019	2020	2021	2022
全　市	**Total**	**-4.51**	**-5.12**	**-4.35**	**-3.26**	**-4.21**	**-4.23**	**-4.20**	**-3.54**	**-5.54**	**1.00**	**-5.80**
福田区	Futian	-3.75	-4.24	-3.54	-2.50	-3.73	-3.80	-3.73	-4.21	-4.23	0.96	-5.56
罗湖区	Luohu	-3.43	-3.81	-3.30	-2.49	-3.73	-3.80	-3.73	-4.63	-4.21	-0.70	-5.87
盐田区	Yantian	-4.62	-5.27	-4.51	-3.47	-4.37	-4.48	-4.32	-4.50	-5.65	-2.02	-3.36
南山区	Nanshan	-4.62	-5.27	-4.51	-3.42	-4.37	-4.48	-4.32	-2.36	-6.54	0.41	-5.82
宝安区	Baoan	-4.76	-6.02	-5.10	-3.83	-4.45	-4.45	-4.32	-4.94	-5.23	-1.50	-11.35
龙岗区	Longgang	-4.79	-5.71	-4.81	-3.88	-4.45	-4.40	-4.32	-3.21	-6.63	5.95	-5.63
龙华区	Longhua		-4.97	-4.30	-3.23	-4.44	-4.40	-4.32	-3.65	-5.90	1.73	-3.52
坪山区	Pingshan	-4.46	-5.09	-4.38	-3.35	-4.20	-4.30	-4.20	-5.94	-5.35	3.26	-5.41
光明区	Guangming	-4.42	-5.19	-4.39	-3.21	-4.20	-4.30	-4.20	-3.15	-5.80	-2.89	-4.28
大鹏新区	Dapeng		-5.08	-4.32	-3.15	-4.32	-4.40	-4.32	-4.01	-5.80	-3.11	-4.03
深汕特别合作区	Shenzhen-Shanwei Special Cooperation Zone						-8.32	-2.33	25.20	7.36	-1.93	-9.77

注：　2012年宝安区数据含龙华新区，龙岗区数据含大鹏新区。

Note：The data of Longhua are included in Baoan;The data of Dapeng are included in Longgang in 2012.

4-16 规模以上工业能源加工转换效率
EFFICIENCY OF ENERGY CONVERSION OF INDUSTRIAL ENTERPRISES ABOVE DESIGNATED SIZE

单位：%　　　　(%)

年 份 Year	火力发电 Thermal Power Generation	供热 Heating
2005	40.23	
2006	40.16	
2007	39.74	
2008	40.26	
2009	41.78	
2010	43.54	
2011	43.26	69.18
2012	42.54	70.22
2013	41.53	
2014	42.18	
2015	42.30	69.53
2016	43.10	63.90
2017	43.50	68.00
2018	42.60	59.40
2019	41.30	71.40
2020	42.50	77.30
2021	42.30	91.20
2022	42.83	90.62

4-17 能源消费弹性系数
ELASTICITY RATIO OF ENERGY CONSUMPTION

年 份 Year	能源消费 比上年增长 (%) Growth Rate of Energy Consumption over Preceding Year (%)	电力消费 比上年增长 (%) Growth Rate of Electricity Consumption over Preceding Year (%)	地区生产总值 比上年增长 (%) Growth Rate of Gross Domestic Product(GDP) over Preceding Year (%)	能源消费弹性系数 Elasticity Ratio of Energy Consumption	电力消费弹性系数 Elasticity Ratio of Electricity Consumption
2005	9.8	12.8	15.3	0.64	0.84
2006	13.3	10.7	16.7	0.80	0.64
2007	11.6	16.5	14.8	0.79	1.12
2008	8.8	2.8	12.3	0.72	0.23
2009	7.8	0.3	11.5	0.68	0.03
2010	9.1	13.3	12.3	0.74	1.08
2011	4.5	4.9	10.1	0.45	0.49
2012	2.7	3.7	10.2	0.26	0.37
2013	2.5	1.1	10.6	0.24	0.10
2014	3.3	8.1	8.9	0.37	0.91
2015	5.3	2.3	9.0	0.59	0.26
2016	4.4	4.4	9.3	0.47	0.47
2017	4.2	3.6	8.8	0.48	0.40
2018	3.1	3.7	7.7	0.40	0.48
2019	2.9	6.3	6.7	0.43	0.94
2020	-2.7	1.1	3.1	-0.87	0.35
2021	7.8	12.2	7.0	1.11	1.74
2022	-2.7	-2.8	3.4	-0.79	-0.82

主要统计指标解释

工业 指从事自然资源的开采，对采掘品和农产品进行加工和再加工的物质生产部门。具体包括：(1)对自然资源的开采，如采矿、晒盐、森林采伐等（但不包括禽兽捕猎和水产捕捞）;(2)对农副产品的加工、再加工，如粮油加工、食品加工、轧花、缫丝、纺织、制革等；(3)对采掘品的加工、再加工，如炼铁、炼钢、化工生产、石油加工、机器制造、木材加工等，以及电力、自来水、煤气的生产和供应等；(4)对工业品的修理、翻新，如机器设备的修理、交通运输工具（包括小卧车）的修理等。

1984年以前农村的村及村以下办工业归属农业，1984年以后划归工业。

工业总产值 是以货币表现的工业企业在一定时期内生产的已出售或可供出售工业产品总量，它反映一定时间内工业生产的总规模和总水平。它包括：在本企业内不再进行加工，经检验、包装入库(规定不需包装的产品除外)的成品价值，对外加工费收入，自制半成品、在产品期末期初差额价值。工业总产值采用“工厂法”计算，即以工业企业作为一个整体，按企业工业生产活动的最终成果来计算，企业内部不允许重复计算，不能把企业内部各个车间(分厂)生产的成果相加。但在企业之间、行业之间、地区之间存在着重复计算。

轻重工业总产值的划分也是按“工厂法”计算的，即一个工业企业在正常情况下生产的主要产品的性质属于轻工业，则该企业的全部总产值作为轻工业总产值；一个工业企业生产的主要产品的性质属于重工业，则该企业的全部总产值作为重工业总产值。

资产合计 指企业拥有或控制的能以货币计量的经济资源，包括各种财产、债权和其他权利。资产按其流动性(即资产的变现能力和支付能力)划分为：流动资产、长期投资、固定资产、无形资产、递延资产和其他资产。

负债合计 指企业所承担的能以货币计量，将以资产或劳务偿付的债务，偿还形式包括货币、资产或提供劳务。负债一般按偿还期长短分为流动负债和长期负债。

主营业务收入 是企业销售产品的销售收入和提供劳务等经营业务取得的业务收入。

主营业务成本 是指企业销售产品和提供劳务等主要经济业务的实际成本。

管理费用 指企业为组织和管理企业生产经营所发生的管理费用，包括企业的董事会和行政管理部门在企业经营管理中发生的，或者应当由企业统一负担的各项管理费用。包括行政管理部门职工工资、福利费、差旅费、办公费、会议费、印刷费、水电费、社保费、招待费、技术转让费等。

财务费用 指企业为筹集生产经营所需资金而发生的费用，包括企业生产经营期间发生的利息支出(减利息收入)、汇兑损失(减汇兑收益)以及相关的手续费等。

利润总额 指企业在生产经营过程中各种收入扣除各种耗费后的盈余，反映企业在报告期内实现的亏盈总额，包括营业利润、补贴收入、投资净收益和营业外收支净额。

成本费用利润率 是指工业企业投入生产成本及费用的经济效益，同时也反映企业降低成本所取得的经济效益。计算公式为：

$$\text{成本费用利润率（\%）}=\frac{\text{利润总额}}{\text{成本费用总额}}\times 100\%$$

成本费用总额为主营业务成本和营业费用、管理费用、财务费用三项期间费用。

流动资金周转率 是指一定时期内流动资产完成的周转次数，反映投入工业企业流动资金的周转速度，一般以一年时间内周转多少次表示。计算公式为：

$$\text{流动资产周转率（次）}=\frac{\text{主营业务收入}}{\text{流动资产平均余额}}$$

全员劳动生产率 是指反映企业的生产效率和劳动投入的经济效益。一般用平均每人一年创造的工业增加值表示。计算公式为：

$$全员劳动生产率（元/人）=\frac{工业增加值}{全部职工平均人数}\times 100\%$$

全部职工平均人数为企业在报告期内全部从业人员的平均人数，计算公式为：

$$全部从业人员年平均人数=\frac{1至12月全部从业人员平均人数之和}{12}$$

或：

$$全部从业人员年平均人数=\frac{1至12月各月月初、月末全部从业人员之和}{24}$$

资产负债率 是指反映企业经营风险的大小，反映企业利用债权人提供的资金从事经营活动的能力。计算公式为：

$$资产负债率（\%）=\frac{负债总计}{资产总计}\times 100\%$$

资产及负债均为报告期末数。

总资产贡献率 是指企业一定时期内全部资产获利能力，是企业经营业绩和管理水平的集中体现，是评价和考核企业盈利能力的核心指标。计算公式为：

$$总资产贡献率（\%）=\frac{利润总额+税金+利息支出}{平均资产总额}\times 100\%$$

税金总额为产品销售税金及附加与应交增值税之和，平均资产总额为期初、期末资产总计的算术平均值。

资本保值增值率 是反映企业净资产变动状况的一个重要指标，是企业发展能力的集中体现。它是指期末所有者权益总额与上年同期期末所有者权益总额的比率。计算公式为：

$$资本保值增值率（\%）=\frac{报告期期末所有者权益}{上年同期期末所有者权益}\times 100\%$$

所有者权益等于资产总计减负债总计。

单位国内生产总值能耗 指一定时期内，一个国家或地区每生产一个单位的国内生产总值所消耗的能源。计算公式为：

$$单位国内生产总值能耗=\frac{能源消费总量}{国内生产总值}$$

单位国内生产总值电耗 指一定时期内，一个国家或地区每生产一个单位的国内生产总值所消耗的电力。计算公式为：

$$单位国内生产总值电耗=\frac{全社会用电量}{国内生产总值}$$

单位工业增加值能耗 指一定时期内，一个国家或地区每生产一个单位的工业增加值所消耗的能源。计算公式为：

$$单位工业增加值能耗=\frac{工业能源消费量}{工业增加值}$$

能源消费总量 指一定时期内全国（地区）生产和生活消费的各种能源的总和，是观察能源消费水平、构成和增长速度的总量指标，能源消费总量包括原煤和原油及其制品、天然气、电力。不包括低热值燃料、生物质能和太阳能等的利用。能源消费总量分为三部分，即终端能源消费量、能源加工转换损失量和损失量。

(1) 终端能源消费量 指一定时期内全国（地区）生产和生活消费的各种能源在扣除了用于加工转换二次能源消费量和损失量以后的数量。

(2) 能源加工转换损失量 指一定时期内全国（地区）投入加工转换的各种能源数量之和与产出各种能源产品之和的差额。它是观察能源在加工转换过程中损失量变化的指标。

(3)能源损失量 指一定时期内能源在输送、分配、储存过程中发生的损失和由客观原因造成的各种损失量。不包括各种气体能源放空、放散量。

能源消费弹性系数 是反映能源消费增长速度与国民经济增长速度之间比例关系的指标。计算公式：

$$能源消费弹性系数=\frac{能源消费增长速度}{国民经济增长速度}$$

电力消费弹性系数 是反映电力消费增长速度与国民经济增长速度之间比例关系的指标。计算公式：

$$电力消费弹性系数=\frac{电力消费量增长速度}{国民经济增长速度}$$

能源加工转换效率 指一定时期内能源经过加工、转换后，产出的各种能源产品的数量与同期内投入加工转换的各种能源数量的比率。它是观察能源加工转换装置和生产工艺先进与落后、管理水平高低等的重要指标。计算公式：

$$能源加工转换效率=\frac{能源加工、转换产出量}{能源加工、转换投入量}\times100\%$$

Explanatory Notes on Main Statistical Indicators

Industry refers to the material production sector which is engaged in extraction of natural resources and processing and reprocessing of minerals and agricultural products,including (1)extraction of natural resources,such as mining,salt production,and logging(but excluding hunting and fishing);(2)processing and reprocessing of farm and sideline produces,such as rice husking,Hour milling,wine making,oil pressing,cotton ginning,silk reeling,spinning and weaving,and leather making;(3)manufacture of industrial products,such as steel making,iron smelting,chemicals manufacturing,petroleum processing,machine building,timber processing;and production and supply of electricity, water and gas;(4)repair and renovation of industrial products,such as the repair of machinery and means of transport (including cars)

Prior to 1984,industrial enterprises run by villages and cooperative organizations under village were classified into agriculture.Since 1984,these enterprises have been grouped into industry.

Gross Industrial Output Value refers to the total volume of industrial products sold or available for sale in monetary terms during a given period,which reflects the total achievements and overall scale of industrial production during a given period.It includes the value of the finished products in the enterprises,which are not to be further processed and have been inspected,packed and put in storage(where applicable),the income from external processing and the value gain of semi-finished products at the end of the reference period over the beginning.The gross industrial output value is calculated by the factory approach,i.e.the whole industrial enterprise is regarded as the basic accounting unit in calculating the gross industrial output value.No double calculations are to be made within the same enterprise and the output value of different workshops(branch factories)should not be added.However, this approach does not exclude the possibility of double calculations between enterprises,sectors and regions.

Output value of light and heavy industries is also classified by the factory approach.Under normal conditions,if the major products of an industrial enterprise belong to light industry products,the gross output value of that enterprise is classified wholly into light industry;the same principle applies to heavy industry.

Total Assets refer to all economic resources,in monetary terms that is owned or controlled by enterprises including properties,creditors' equity and other economic rights of all forms.Classified by the degree of equitability, total assets include circulating assets,long-term investment,fixed assets,intangible assets and deferred assets,and other assets.

Total Liabilities refer to payable liabilities of enterprises that have to be repaid in terms of money,assets or labor services.In terms of payment,it can be classified as liquid liabilities,long-term liabilities and deferred taxes,etc.

Prime Operating Revenue refers to the revenue from the principal business,including the sales of products and from rendering of industrial services by industrial enterprises.

Prime Operating Cost refers to the actual cost of products sold and industrial services provided by industrial enterprises.

Management Cost refers to the costs of organizing and managing enterprise operation,including the operational cost of the board of directors and the executive body in management that shall be borne by the enterprise.Management costs include staff wages,welfare,the costs of administration,meeting,printing,water and electricity,social security, reception,technology transfer,e tc.

Financial Cost refers to the cost from raising fund for production and operation,including expenditure of interests,loss ofmomentary exchange and related charges.

Total Profits refer to the profits gained by the enterprises.

Ratio of Profits to Industrial Costs refers to the ratio ofprofits realized in a given period to the total production costs of industrial enterprises in the same period,which also reflects the economic benefit attained by the enterprises from reduced costs.This ratio is calculated as follows:

$$\text{Ratio of Profits to Industrial Costs(\%)} = \left(\frac{\text{Total Profits}}{\text{Total Costs}}\right) \times 100\%$$

where Total costs are the sum of cost of products sold, market ing cost, management cost and financial cost.

Number of Times of Turnover of Circulating Funds refers to the number of times in which turnover of circulating funds is completed in a given period of time, which reflects the speed of the turnover of circulating funds. It is expressed as times of turnover within a year and is calculated as follows:

$$\begin{matrix}\text{Number of Times of} \\ \text{Turnover of Circulating Funds}\end{matrix} = \left(\frac{\text{Sales Revenue of Products}}{\text{Average Balance of Total Number of Times of Turnover of Circulating Funds}}\right) \times 100\%$$

Value-added Labor Productivity reflects the production efficiency of the enterprise and economic benefit of its labor input. It is usually expressed as the industrial value-added created by an average member of an industrial enterprise in a year. The formula used is:

$$\begin{matrix}\text{Value-added Labor Productivity} \\ \text{(yuan/person)}\end{matrix} = \left(\frac{\text{Value-added of Industry}}{\text{Average Number of Staff and Workers}}\right) \times 100\%$$

Average Number of Staff and Workers refers to the average number of all employed persons by an industrial enterprise within the reference period. The formula used is:

$$\text{verage Number of Staff and Workers} = \frac{\text{Sum of Average Monthly Numbers from January to December}}{12}$$

Or

$$\begin{matrix}\text{verage Number of} \\ \text{Staff and Workers}\end{matrix} = \frac{\text{Sum of Average Numbers at the Beginning and End of Each Month from January to December}}{24}$$

Assets-Liability Ratio reflects both the operation risk and the capability of the enterprise in making use of the capital from the creditors. It is calculated as follows: where both assets and debts are figures at the end of the reference period.

$$\text{Assets-Liability Ratio(\%)} = \left(\frac{\text{Total Debts}}{\text{Total Assets}}\right) \times 100\%$$

Ratio of Total Assets to Industrial Output Value refers to the profit-making capability of all asets of the enterprise. As a core indicator for the evaluation and assessment of the profit-making potential of the enterprise, it is a focused reflection of the performance and management efficiency of the enterprise. This ratio is calculated as follows: where Total Taxes are the sum of tax and extra charges on the sales of products and value-added tax payable; and Average Assets are the arithmetic mean of beginning assets and ending asets.

$$\begin{matrix}\text{Ratio of Total Assets to} \\ \text{Industrial Output Yalue}\end{matrix} = \left(\frac{\text{Total Profits} + \text{Total Taxes} + \text{Interst Expenditure}}{\text{Average Assets}}\right) \times 100\%$$

Assets-Liability Ratio reflects both the operation risk and the capability of the enterprise in making use of the capital from the creditors. It is calculated as follows: where both assets and debts are figures at the end of the reference period.

$$\text{Assets-Liability Ratio(\%)} = \left(\frac{\text{Total Debts}}{\text{Total Assets}}\right) \times 100\%$$

Ratio of Capital Maintenance and Appreciation is an important indicator of the changes of net assets of an enterprise and a focused reflection of the development capability of enterprises. It is the ratio of total creditors' equity at the end of the reference period to that of the same period of the previous year, calculated as follows:

$$\begin{matrix}\text{Ratio of Capital Maintenance} \\ \text{and Appreciation}\end{matrix} = \left(\frac{\text{Total Creditors' Equity at the End of the Reference Period}}{\text{Total Creditors' Equity ofthe Same Period of the Previous Year}}\right) \times 100\%$$

where Creditors'equity is equal to the total assets of the enterprise minus its total liabilities.

Energy Consumption per Unit of GDP refers to the energy consumption per unit of Gross Domestic Product in a country or the Gross Regional Product in a region in the same reference period. The formula is:

$$\begin{matrix}\text{Energy Consumption} \\ \text{per Unit of GDP}\end{matrix} = \frac{\text{Total Energy Consumption}}{\text{Cross Domestic Product}}$$

Electricity Consumption per Unit of GDP refers to the electricity consumption per unit of Gross Domestic Product in a country or the Gross Regional Product in a region in the same reference period.The formula is:

$$\text{Electricity Consumption per Unit of GDP} = \frac{\text{Total Electricity Consumption}}{\text{Cross Domestic Product}}$$

Energy Consumption per Unit of Industrial Value-added refers to the energy consumption per unit of industrial value-added in a country or region in the same reference period.The formula is:

$$\text{Energy Consumption per Unit of Industrial Value-added} = \frac{\text{Total Energy Consumption}}{\text{Industrial Value-added}}$$

Total Domestic Energy Consumption refers to the total consumption of energy of various kinds by production sectors and households in the country (region) in a given period of time. It is a comprehensive indicator of the scale, composition and development speed of energy consumption. The total energy consumption includes that of coal, crude oil and their products, natural gas and electricity, but excludes the consumption of fuel of low calorific value, bioenergy and solar energy. Total domestic energy consumption can be divided into three parts:

(1) Final Energy Consumption: This refers to the total energy consumption by production sectors and households in the country (region) in a given period of time, excluding primary energy consumption and loss in the process of conversion into secondary energy.

(2)Loss During the Process of Energy Conversion: This refers to the total input of various kinds of energy for conversion minus the total output of various kinds of energy in the country (region) in a given period of time. It is an indicator of the loss that occurs during the process of energy conversion.

(3)Loss: This refers to the total loss of energy during the course of energy transmission, distribution and storage and the loss caused by any objective reason in a given period of time, excluding the loss of various kinds of gas due to gas discharges and stockt aking.

Elasticity Ratio of Energy Consumption is an indicator of the relationship between the growth rate of energy consumption and the growth rate of the national economy. The formula is:

$$\text{Elasticity Ratio of Energy Consumption} = \frac{\text{Growth Rate of Energy Consumption}}{\text{Growth Rate of National Economy}}$$

Elasticity Ratio of Electricity Consumption is an indicator of the relationship between the growth rate of electricity consumption and the growth rate of the national economy. The formula is:

$$\text{Elasticity Ratio of Electricity Consumption} = \frac{\text{Growth Rate of Electricity Consumption}}{\text{Growth Rate of National Economy}}$$

Efficiency of Energy Processing and Conversion refers to the ratio of the total output of energy products of various kinds after processing and conversion to the total input of energy of various kinds for processing and conversion in the same reference period. It is an important indicator of the current conditions of energy processing and conversion equipment, production technique and management. The formula is:

$$\text{Efficiency of Energy Processing \& Conversion} = \frac{\text{Output of Energy after Processing \& Conversion}}{\text{Input of Energy for Processing \& Conversion}} \times 100\%$$

05 第五部分 建筑业 CONSTRUCTION CHAPTER

5-1 建筑企业主要经济指标（2017-2022年）
MAIN ECONOMIC INDICATORS ON CONSTRUCTION ENTERPRISES（2017-2022）

指 标	Indicators	2017	2018	2019	2020	2021	2022
建筑业企业个数（个）	Number of Construction Enterprises(unit)	931	1041	1256	1390	1509	1816
建筑业总产值（亿元）	Gross Output Value of Construction (100 million yuan)	2797.38	3471.02	4361.44	4777.69	5420.68	6244.75
房屋建筑施工面积（万平方米）	Floor Space of Buildings Under Construction (10 000 sq.m)	9240.74	10782.00	15901.54	17192.66	22531.68	27515.32
年末从业人员（万人）	Number of Year-end Employed Persons (10 000 persons)	65.64	67.79	79.93	87.60	99.54	121.07
自有机械净值（亿元）	Net value of Machinery and Equipment Owned (100 million yuan)	29.03	41.76	64.91	31.49	77.64	50.87
自有机械设备台数（万台）	Number of Machinery and Equipment Owned (10 000 sets)	5.11	2.18	2.29	2.90	4.36	4.68
自有机械设备总功率（万千瓦）	Total Power of Machine and Equipment Owned (10 000 kW)	143.30	102.59	130.49	121.63	191.07	156.80
资产合计（亿元）	Total Assets(100 million yuan)	4478.55	5131.89	6321.58	7901.56	8493.11	9797.19
固定资产原价（亿元）	Original Value of Fixed Assets(100 million yuan)	200.28	241.80	235.06	283.94	286.78	323.98
本年固定资产折旧（亿元）	Depreciation of Fixed Assets in the year (100 million yuan)	11.03	14.44	15.72	18.14	17.92	27.23
本年应付职工薪酬（亿元）	Total Wages in the Year(100 million yuan)	403.14	578.66	604.15	695.81	666.80	714.62
税金及附加（亿元）	Taxes and Extra Charges on Project Settle Accounts(100 million yuan)	14.89	18.72	16.99	18.43	22.49	19.78
应交增值税（亿元）	Income Taxes Payable(100 million yuan)		69.97	87.82	80.45	91.84	118.11
营业利润（亿元）	Operating Profit(100 million yuan)	112.29	119.01	150.45	121.76	45.62	51.64
利润总额（亿元）	Total Profits(100 million yuan)	118.27	121.04	154.69	123.95	50.69	57.61
按总产值计算劳动生产率（元/人）	In Terms of Gross Output Value Overall Labor Productivity(yuan/person)	386146	475213	474309	482331	479856	444122

5-2 建筑业企业生产情况（2018-2022年）
PRODUCTION SITUATIONS OF CONSTRUCTION ENTERPRISE（2018-2022）

指 标	Indicators	2018	2019	2020	2021	2022
企业个数（个）	Number of Enterprises(unit)	1041	1256	1390	1509	1816
签订的合同额(万元)	Contractual Value(10 000 yuan)	95412396	116853342	128281083	166597626	213290142
建筑业总产值(万元)	Gross Output Value of Construction (10 000 yuan)	34710249	43614387	47776925	54206805	62447500
竣工产值(万元)	Output Value of buildings Completed (10 000 yuan)	12936893	12687608	12251151	15587293	20605202
房屋建筑施工面积（万平方米）	Floor Space of Buildings Under Construction(10 000 sq.m)	10782	15902	17193	22532	27515
#本年新开工面积	Floor Space of Newly-started Buildings in this Year	4434	5230	5775	5545	8939
自有施工机械设备年末净值(万元)	Net value of Machinery and Equipment Owned(10 000 yuan)	417554	649096	314873	776396	508654
自有施工机械设备年末总台数（台）	Number of Machinery and Equipment (year-end)(unit)	21817	22903	28986	43596	46829
自有施工机械设备年末总功率（万千瓦）	Total Power of Machinery and Equipment (10 000 kW)	103	130	121	191	157
计算劳动生产率的平均人数（人）	Average Number of Employed Persons in Calculation of Labor Productivity(person)	730412	919535	1034670	1129645	1406089

5-3 建筑业企业财务状况（2018-2022年）
FINANCIAL SITUATIONS OF CONSTRUCTION ENTERPRISE（2018-2022）

单位：万元 （10 000 yuan）

指标	Indicators	2018	2019	2020	2021	2022
年末资产负债	**Asset and Liabilities at Year-end**					
流动资产	Circulating Assets	43483395	53483041	68731426	71776564	82701995
#存货	Inventory	6307577	5588748	5828481	6041963	5968689
固定资产原价	Original Value of Fixed Assets	2417985	2350584	2839447	2867776	3239751
累计折旧	Accumulative Total Depreciation	1068771	1094454	1229792	1274820	1502235
#本年折旧	Depreciation Within the Year	144421	157159	181398	179227	272338
在建工程	Project under Construction	342378	403952	390887	301905	372471
资产合计	Total Assets	51318908	63215821	79015648	84931068	97971870
流动负债	Liquid Liabilities	33297242	41132150	54546680	57454423	68741444
非流动负债	Non-Liquid Liabilities	1941695	3181115	4988860	5640014	5593713
负债合计	Total Liabilities	36799477	45161902	60006016	64093757	76244663
所有者权益	Creditors'Equity	14519430	18053918	19009631	20837312	21728792
损益及分配	**Expenditure,Income and Distribution**					
营业收入	Revenue of Project Settlement Accounts	36425022	45308647	51569059	59715800	68256791
营业成本	Costs of Project Settlement Accounts	32669395	40857936	47189053	55069505	63233578
税金及附加	Taxes and Extra Charges on Project Settle Accounts	187158	169870	184336	224862	197809
营业利润	Operating Surplus	1190113	1504490	1217639	456170	516407
利润总额	Total Profits	1210432	1546952	1239506	506876	576135
应交增值税	Income Taxes Payable	699697	878245	804460	918438	1181105

主要统计指标解释

建筑业总产值　是以货币表现的建筑业企业在一定时期内生产的建筑业产品和服务的总和。建筑业总产值包括三部分内容：

(1)建筑工程产值：指列入建筑工程预算内的各种工程价值。

(2)设备安装工程产值：指设备安装工程价值，但不包括设备本身的价值。

(3)其他产值：建筑业总产值中除建筑工程、安装工程以外的产值。包括房屋构筑物修理产值、非标准设备制造产值、总包企业向分包企业收取的管理费以及不能明确划分的施工活动所完成的产值。

①房屋构筑物修理产值：指房屋和构筑物的修理所完成的价值，但不包括被修理房屋构筑物的本身价值和生产设备的修理价值。

②非标准设备制造产值：指加工制造没有定型的非标准生产设备的加工费和原材料价值以及附属加工厂为本企业承建工程制作的非标准设备的价值。

房屋施工面积　指在报告期内施工的全部房屋建筑面积，它包括本期新开工的房屋面积、上期跨入本期继续施工的房屋面积、上期停缓建在本期恢复施工的房屋面积、本期竣工的房屋面积以及本期施工后又停缓建的房屋面积。

计算建筑业劳动生产率的平均人数　指建筑业企业(或单位)报告期实际拥有的、与建筑施工活动有关的人员的平均人数，包括参加本企业(或单位)建筑施工活动的非本企业(或单位)人员，但不包括企业内部社会服务性机构的人员以及由本企业支付工资但所从事的工作与本企业生产基本无关的人员。

工程结算税金及附加　指因从事建筑业生产活动，取得工程价款结算收入而按规定应该交纳的营业税、城市维护建设税等以及随同营业税金一并计算交纳的教育费附加等。

利润总额　指企业在生产经营过程中各种收入扣除各种耗费后的盈余，反映企业在报告期内实现的亏盈总额，包括营业利润、补贴收入、投资净收益和营业外收支净额。

Explanatory Notes on Main Statistical Indicators

Gross Output Value of Construction refers to the sum in monetary terms of construction products and services completed by construction enterprises during a given period of time.It includes:

(1)Output value of construction projects,which is the value of various projects covered by the project budgets;

(2)Output value of equipment installation projects refers to the value of the installation of equipment.It does not include the value of the equipment itself.

(3)Other output values,which are output values other than output value of construction projects and output value of installation projects,including output value of house and building repair,output value of non-standard equipment manufacture,management expenses received by overall contractor enterprises from subcontractor enterprises and output value completed in unclassified constructionactivities.

①Output value of house and building repair is the value created through the repairs of houses and buildings, excluding the value of houses or buildings being repaired and the value of the repair of production equipment.

②Output value of non-standard equipment manufacture is the value of non-standard production equipment with unique specifications (including raw materials and manufacturing costs),and equipment manufactured by subsidiary workshops for construction projects contracted by construction enterprises.

Floor Space of Buildings under Const ruction refers to the foor space of buildings under construction during the reference period,including newly started buildings,buildings started earlier and continued into the reference period, buildings suspended in preceding periods but resumed during the reference period,buildings completed during the reference period,and buildings started and then suspended during the reference period.

Average Number of Persons for Labor Productivity Calculation of the Construc tion Industry refers to the average number of persons actually employed in the construction enterprises(units)and engaged in related activities of construction in the reference period,including non-staff personnel engaged in the construction activities of the enterprises (units),but excluding personnel employed in social service institutions of the enterprises and those receiving remunerations therefrom but engaged in activities basically irrelevant to the production of the enterprises.

Taxes and Extra Charges on Project Settlement Accounts refer to business tax,city maintenance and construction tax and extra charges for education calculated and paid with business tax,which should be borne by the enterprises obtaining project settlement incomes from the production activities of construction.

Total Profits refer to the surplus of various incomes in the production and operation of the enterprises after deducting all expenses.This reflects the total profits or losses realized by the enterprises in the reference period,including profits from operation,income from subsidies,net investment earnings and net income from activities other than operations.

06 第六部分

运输和邮电

TRANSPORT,POSTAL AND TELECOMMUNICATION SERVICES

CHAPTER

6-1 全社会客货运输（吞吐）量（2018-2022年）
PASSENGER AND FREIGHT TRAFFIC（2018-2022）

项 目	Item	2018	2019	2020	2021	2022
一、货运量（万吨）	**Freight Traffic (10 000 tons)**	**32764**	**43529**	**41483**	**43960**	**40893**
1. 铁路	Railways	70	120	140	153	151
2. 公路	Highways	24610	34713	32963	34810	30612
3. 水运	Waterways	7976	8579	8243	8856	10005
4. 民航	Civil Aviation	108	117	137	141	125
二、机场货物吞吐量(万吨)	**Cargo Handled at Airport (10 000 tons)**	**122**	**128**	**140**	**157**	**151**
三、货物周转量(亿吨公里)	**Turnover Volume of Freight Traffic (100 million ton-km)**	**2173.97**	**2242**	**2014**	**2197**	**2239**
1. 铁路	Railways	0.82	1.32	1.46	1.92	2.29
2. 公路	Highways	391.89	454.39	438.15	498.20	450.83
3. 水运	Waterways	1764.35	1766.88	1550.54	1670.90	1761.45
4. 民航	Civil Aviation	16.91	19.63	24.10	25.64	24.71
四、客运量(万人)	**Passenger Traffic (10 000 persons)**	**19864**	**21284**	**13750**	**13373**	**10439**
1. 铁路	Railways	8188	8741	4667	5014	3554
2. 公路	Highways	6136	6373	5105	4441	4424
3. 水运	Waterways	518	535	160	195	99
4. 民航	Civil Aviation	5022	5635	3817	3723	2363
五、机场旅客吞吐量(万人)	**Passenger Departing at Airport (10 000 persons)**	**4935**	**5293**	**3792**	**3636**	**2156**
六、旅客周转量(亿人公里)	**Turnover Volume of Passenger Traffic (100 million person-km)**	**1180.52**	**1317.95**	**787.84**	**747.92**	**513.07**
1. 铁路	Railways	235.64	250.95	140.84	163.15	129.67
2. 公路	Highways	126.75	132.59	59.36	30.93	22.43
3. 水运	Waterways	2.28	2.35	0.71	0.93	0.53
4. 民航	Civil Aviation	815.85	932.06	586.93	552.91	360.44
七、港口	**Harbor**					
1. 泊位数(个)	Berths (unit)	156	157	168	164	174
#万吨级	10 000 Ton Class	75	76	76	75	78
2. 货物吞吐量(万吨)	Cargo Handled at Seaports (10 000 tons)	25127	25785	26506	27838	27243
#蛇口港区	Shekou Seaport	8391	7626	7862	7436	7424
赤湾港区	Chiwan Seaport	5325	5034	5322	6378	6570
妈湾港区	Mawan Seaport	1158	1275	1031	1041	920
盐田港区	Yantian Seaport	7561	7323	7924	8330	7692
大铲湾港区	Dachanwan Seaport	1346	2016	1981	2228	2265

注：2007年、2009年、2012年、2014年、2020年货运量、货物周转量、客运量、旅客周转量分别有口径调整。
Note:The statistical ranges of Freight Traffic,Turnover Volume of Freight Traffic,Passenger Traffic and Turnover Volume of Passenger Traffic are changed in 2007,2009,2012,2014 and 2020.

6-2 全社会客货运输和邮电业务量

PASSENGER AND FREIGHT TRAFFIC, REVENUE FROM POSTAL AND TELECOMMUNICATIONS SERVICES

年 份 Year	机场货邮吞吐量 （万吨） Cargo Handled at Airport (10 000 tons)	机场旅客吞吐量 (万人) Passenger Departing at Airport (10 000 persons)	货运量 (万吨) Freight Traffic (10 000 tons)	货物周转量 (亿吨公里) Turnover Volume of Freight Traffic (100 million ton-km)	客运量 (万人) Passenger Traffic (10 000 persons)
1986			1521	15	3973
1987			1627	14	4268
1988			1704	22	5858
1989			1383	36	6349
1990			1349	26	8833
1991		2	1486	44	6400
1992	2	166	1801	55	8153
1993	4	255	2050	74	10218
1994	6	319	2604	78	8531
1995	8	412	3542	223	8261
1996	9	435	3647	233	8281
1997	10	444	3853	232	8515
1998	11	515	4050	213	8484
1999	16	525	4274	197	8754
2000	21	642	4697	206	9346
2001	25	777	5147	204	9869
2002	33	935	5683	211	10632
2003	41	1084	6478	244	10471
2004	50	1424	7168	283	12019
2005	55	1574	8249	322	12602
2006	56	1836	11429	731	13965
2007	62	2062	13678	794	15056
2008	60	2140	19570	1094	154283
2009	61	2449	22367	1137	146316
2010	81	2671	26174	1654	156203
2011	83	2825	28901	1956	168447
2012	85	2957	28678	1981	184982
2013	91	3227	27512	1999	12059
2014	96	3627	29382	2386	15103
2015	101	3972	32475	2253	16511
2016	113	4198	31163	2247	16979
2017	116	4561	32269	2303	18160
2018	122	4935	32764	2174	19864
2019	128	5293	43529	2242	21284
2020	140	3792	41483	2014	13750
2021	157	3636	43960	2197	13373
2022	151	2156	40893	2239	10439

6-2 续表 CONTINUED

年 份 Year	旅客周转量 (亿人公里) Turnover Volume of Passenger Traffic (100 million person-km)	港口货物吞吐量 (万吨) Cargo Handled at Seaports (10 000 tons)	港口集装箱吞吐量 (万标箱) Cargo Handled at Seaports (10 000 TEU)	# 出口 Exports	邮电业务总量 (万元) Revenue from Postal and Telecommunications Services (10 000 yuan)
1979		10			138
1980		30			190
1981		70			340
1982		91			420
1983		141			567
1984		210			923
1985		327			1761
1986	9	302			2633
1987	14	485			4880
1988	19	734	1		14826
1989	22	956	2		21293
1990	27	1292	2		55356
1991	19	1563	5		84927
1992	41	1956	11		114492
1993	48	2541	13		174045
1994	79	3002	18	11	259432
1995	82	3080	28	16	368945
1996	83	3021	59	32	462261
1997	83	3357	115	63	610111
1998	82	3444	195	104	764658
1999	87	4663	299	158	982686
2000	99	5697	400	210	1336000
2001	112	6643	508	266	1419000
2002	131	8767	762	396	1644200
2003	145	11220	1065	552	1980300
2004	186	13537	1366	713	2660100
2005	226	15351	1620	841	3208000
2006	268	17598	1847	961	3795000
2007	311	19994	2110	1101	5135400
2008	485	21125	2142	1087	6117500
2009	544	19365	1825	937	6765200
2010	635	22098	2251	1154	2937000
2011	693	22325	2257	1169	3562600
2012	802	22807	2294	1173	5635800
2013	632	23398	2328	1208	6229900
2014	806	22324	2404	1247	7619900
2015	953	21706	2420	1236	10403200
2016	1027	21410	2398	1239	17150200
2017	1092	24136	2521	1278	16455500
2018	1181	25127	2574	1313	27824427
2019	1318	25785	2576	1301	40390310
2020	788	26506	2655	1360	44702800
2021	748	27838	2877	1456	12473086
2022	513	27243	3004	1478	13132051

注：邮电业务总量1989年以前按1980年不变价格计算，1990-1999年按1990年不变价格计算，2000-2009年按2000年不变价格计算。邮政业务总量2010-2020年按2010年不变价格计算，2021年起按2020年不变价格计算。电信业务总量2010-2016年按2010年不变价格计算，2017-2020年按2015年不变价计算，2021年起按上年不变价计算。

Note: Revenue from Postal and Telecommunications Services calculated at 1980 constant prices before 1989, from 1990 to 1999 at 1990 constant prices; 2000-2009 at 2000 constant prices; Revenue from Postal Services calculated at 2010 constant prices from 2010 to 2020,calculated at 2020 constant prices from 2021; Revenue from Telecommunications Services calculated at 2010 constant prices from 2010 to 2016, calculated at 2015 constant prices from 2017 to 2020,calculated at the previous constant prices from 2021.

6-3 全社会客货运输和邮电业务量指数

INDICES OF PASSENGER AND FREIGHT TRAFFIC, REVENUE FROM POSTAL AND TELECOMMUNICATIONS SERVICES

（以上年为100） (preceding year=100)

年份 Year	货运量 Freight Traffic	货物周转量 Turnover Volume of Freight Traffic	客运量 Passenger Traffic	旅客周转量 Turnover Volume of Passenger Traffic	港口货物吞吐量 Cargo Handled at Seaports	邮电业务总量 Revenue from Postal and Telecommunications Services
1980					300.0	137.7
1981					233.3	178.9
1982					130.0	123.5
1983					154.9	135.0
1984					148.9	162.8
1985					155.7	190.8
1986					92.4	149.5
1987	107.0	94.0	93.1	165.2	160.6	185.3
1988	104.7	153.6	137.3	133.9	151.3	303.8
1989	81.2	164.7	108.4	115.7	130.2	143.6
1990	97.5	72.0	139.1	123.0	135.1	151.7
1991	110.2	169.2	72.5	69.7	121.0	153.4
1992	121.2	125.3	127.1	219.4	125.1	134.8
1993	113.8	136.3	125.6	116.6	129.9	152.0
1994	127.0	104.8	81.5	161.2	118.1	149.1
1995	136.0	285.8	96.8	103.9	102.6	142.2
1996	103.0	104.5	100.2	100.8	98.1	125.3
1997	105.6	99.5	102.8	100.1	111.1	132.0
1998	105.1	91.8	99.6	99.3	102.6	125.3
1999	105.6	92.8	103.2	105.2	135.4	128.5
2000	109.9	104.3	106.8	114.8	122.2	136.0
2001	109.6	99.3	105.6	112.4	116.6	106.2
2002	110.4	103.2	107.7	117.3	132.0	115.9
2003	114.0	115.5	98.5	110.8	128.0	120.4
2004	110.6	116.0	114.8	128.1	120.7	134.3
2005	115.1	114.0	104.8	121.3	113.4	120.6
2006	113.3	117.2	110.8	118.8	114.6	118.3
2007	119.7	108.6	107.8	116.0	113.6	123.4
2008	108.9	93.9	105.6	116.3	105.7	119.1
2009	114.3	103.9	94.8	112.1	91.7	110.6
2010	117.0	145.5	106.8	116.7	114.1	120.7
2011	110.4	118.2	107.8	113.6	101.0	121.3
2012	99.2	101.3	109.8	115.7	102.2	118.6
2013	103.5	106.1	109.0	107.1	102.6	126.5
2014	106.8	119.4	125.2	127.5	95.4	122.3
2015	110.5	94.4	109.3	118.3	97.2	130.4
2016	96.0	99.7	102.8	107.7	98.6	164.1
2017	103.5	102.5	107.0	106.4	112.7	153.3
2018	101.5	94.4	109.4	108.1	104.1	166.9
2019	104.4	101.0	107.1	111.6	102.6	145.2
2020	95.3	89.9	64.6	59.8	102.8	123.1
2021	106.0	109.1	97.3	94.9	105.0	115.6
2022	93.0	101.9	78.1	68.6	97.9	105.3

注：本表指数均按可比口径计算。
Note: The index in this table are calculated at comparable caliber.

6-4 全社会民用车辆和运输船舶拥有量（2016-2022年）
NUMBER OF CIVIL MOTOR VEHICLES AND TRANSPORT VESSELS OWNED （2016-2022）

项目	Item	2016	2017	2018	2019	2020	2021	2022
民用车辆总计(辆)	**Total Civil Motor Vehicles (unit)**	**3225879**	**3265998**	**3366643**	**3482011**	**3588883**	**3791241**	**4001402**
一、民用汽车(辆)	Civil Automobile (unit)	3178832	3214434	3313358	3430227	3532623	3726797	3934683
1. 载客汽车(辆)	Buses and Cars (unit)	2828974	2827106	2880095	2971331	3042611	3188583	3381247
载客量(客位)	Number of Seats in Buses and Cars (seat)	16606573	17088098	16819056	17089673	17447590	18038309	18817797
#大型(辆)	Large Scales (unit)	38329	44571	36866	35014	33029	31300	29345
载客量(客位)	Number of Seats(seat)	1851291	2312149	1888382	1805608	1744193	1674392	1515819
2. 载货汽车(辆)	Ordinary Trucks (unit)	335476	372024	417475	442821	472561	519695	534447
载重量(吨位)	Capacity(ton)	1905504	915073	966090	1036982	1220087	1348763	1380657
#重型(辆)	Heavy (unit)	80366	91887	93659	95965	105696	122079	123805
载重量(吨位)	Capacity (ton)	875186	583366	584855	636202	767703	861233	879876
3. 其他专用汽车(辆)	Other Special Motor Vehicles (unit)	14382	15304	15788	16075	17451	18519	18989
4. 特种汽车(辆)	Particular Motor Vehicles	14382						
二、摩托车(辆)	Motorcycle(unit)	6221	6814	5035	4361	4350	4200	4276
三、挂车(辆)	Trailer Trucks(unit)	40826	44750	48250	47423	51910	60244	62443
四、其他(辆)	Other (unit)							
民用运输船舶总计(艘)	**Total Civil Transport Vessels (unit)**	**277**	**295**	**303**	**286**	**276**	**274**	**269**
一、机动船艘数(艘)	Motor Vessels (unit)	273	291	299	282	272	270	269
载客量(客位)	Number of Seats (seat)	5431	5942	5815	6408	7424	8620	9075
净载重量(吨位)	Dead Weight Tonnage (ton)	3801680	3780781	3621172	3280176	3107045	3229948	2507448
总功率(千瓦)	Total Power (kW)	908786	964226	924985	857742	775536	821864	750306
1. 客船艘数(艘)	Passenger Transport Vessels (unit)	26	29	29	33	37	39	38
载客量(客位)	Number of Seats (seat)	5431	5942	5815	6408	7424	8620	9075
2. 货船艘数(艘)	Freight Transport Vessels (unit)	238	253	260	241	227	223	224
净载重量(吨位)	Dead Weight Tonnage (ton)	3801175	3780204	3620598	3279521	3106290	3229948	2507448
3. 拖船艘数(艘)	Tugboats (unit)	9	9	10	8	8	8	7
二、驳船艘数(艘)	Barges (unit)	4	4	4	4	4	4	
净载重量(吨位)	Dead Weight Tonnage(ton)	10000	10000	10000	10000	10000	10000	

6-5 邮电通讯设施（2018-2022年）
BUSINESS VOLUME OF FACILITIES OF POST AND TELECOMMUNICATIONS （2018-2022）

项 目	Item	2018	2019	2020	2021	2022
函件(万件)	Mail(10 000 pcs)	19290	16931	7148	2808	1976
包件(万件)	Parcels (10 000 pcs)	21	21	21	28	36
订销报纸期发数(万份)	Number of Newspapers Circulation (10 000 pcs)	33	31	30	27	27
订销报纸累计份数(万份)	Total Copy of Newspapers (10 000 pcs)	8803	8593	8599	7889	7938
订销杂志期发数(万份)	Number of Magazines Circulation (10 000 pcs)	38	40	39	41	39
订销杂志累计份数(万份)	Total Copy of Magazines (10 000 pcs)	646	667	648	665	616
固定电话用户(万户)	Number of Installed Telephone Subscribers(10 000 subscribers)	430	431	401	394	371
移动电话用户(万户)	Number of Mobile Telephones Subscribers(10 000 subscribers)	2978	2896	2682	2804	2818
互联网宽带网用户(万户)	Internet Subscribers Number of Wide Band(10 000 subscribers)	506	533	548	629	674
邮政. 电信局、所(处)	Number of Post and Telecommunications Offices(Unit)	541	541	541	549	545
邮运邮路总条数(条)	Total Number of Mail Routes (route)	282	834	455	440	430
邮路长度(单程)(公里)	Length of Postal Routes (km)	33000	131000	90397	141343	108190
城市投递段道长度(单程)(公里)	Length of City Delivery Routes (km)	44000	71000	54909	46653	44714

6-6 年末公路通车里程到达数（按技术等级）

LENGTHS OF OPERATION MILEAGE AT YEAR-END （GROUPED BY GRADE）

单位：公里　　(km)

年 份 Year	公路里程总计 Operation Mileage	高速公路 Express Way	一级公路 First Class Highways	二级公路 Second Class Highways	三级公路 Third Class Highways	四级公路 Fourth Class Highways
1980	746			3	120	508
1981	736			14	103	504
1982	743			17	111	501
1983	745			17	152	461
1984	786			17	173	482
1985	791			19	194	463
1986	810			19	202	515
1987	803			19	267	454
1988	835			16	286	476
1989	837		13	14	279	475
1990	832		13	12	276	496
1991	827		56	12	236	488
1992	907		58	11	235	567
1993	917		81	11	221	568
1994	972	28	121	39	210	538
1995	1103	110	202	68	185	503
1996	1169	110	246	84	174	519
1997	1214	133	267	88	177	514
1998	1258	155	355	178	216	352
1999	1344	176	401	195	214	355
2000	1357	176	420	197	196	365
2001	1361	186	525	257	180	213
2002	1510	196	575	282	255	202
2003	1540	203	590	282	255	210
2004	1540	203	588	280	260	210
2005	1580	245	588	280	258	210
2006	1930	268	860	366	274	162
2007	1938	269	867	351	284	167
2008	1619	340	703	259	217	100
2009	1619	340	703	259	217	100
2010	1617	340	691	270	217	100
2011	1618	340	691	270	217	100
2012	1659	390	686	270	209	105
2013	1680	420	685	270	209	96
2014	1647	421	665	256	209	96
2015	1644	421	665	256	207	96
2016	1638	420	664	255	203	96
2017	1634	420	677	239	202	96
2018	727	417	257	7	36	9
2019	736	426	257	7	36	9
2020	716	388	276	7	36	9
2021	726	397	276	7	36	9
2022	726	397	276	7	45	

注：公路里程统计口径2008年、2018年分别有调整。

Note: The statistical coverage of operation mileage have been adjusted in 2008 and 2018.

主要统计指标解释

货(客)运量　指在一定时期内，各种运输工具实际运送的货物(旅客)数量。该指标是反映运输业为国民经济和人民生活服务的数量指标，也是制定和检查运输生产计划、研究运输发展规模和速 度的重要指标。货运按吨计算，客运按人计算。货物不论运输距离长短、货物类别，均按实际重量统计。旅客不论行程远近或票价多少，均按一人一次客运量统计；半价票、小孩票也按一人统计。

货物(旅客)周转量　指在一定时期内，由各种运输工具运送的货物(旅客)数量与其相应运输距离的乘积之总和。该指标可以反映运输业生产的总成果，也是编制和检查运输生产计划，计算运输效率、劳动生产率以及核算运输单位成本的主要基础资料。计算货物(旅客)周转量通常按发出站与到达站之间的最短距离，也就是计费距离计算。计算公式为：

货物(旅客)周转量 =Z　(货物(旅客)运输量 ×运输距离)

港口货物吞吐量　指经水运进出港区范围，并经过装卸的货物数量，包括邮件及办理托运手续的行李、包裹以及补给运输船舶的燃料、物料和淡水。货 物吞吐量按货物流向分为进口、出口吞吐量，按货物交流性质分为外贸货物吞吐量和国内贸易货物吞吐量。货物吞吐量的货类构成及其流向，是 衡量港口生产能力大小的重要指标。

民用汽车　指报告期末，在公安交通管理部门按 照《机动车注册登记工作规范》，已注册登记领有民用车辆牌照的全部汽车数量。汽车统计的主要分类：根据汽车结构分为载客汽车、载货汽车及其他汽车；根据汽车所有者不同分为个人(私人)汽车、单位汽车；根据汽车的使用性质分为营运汽车、 非营运汽车；根据汽车大小规格不同载客汽车分为大型、中型、小型和微型，载货汽车分为重型、中型、轻型和微型。

邮电业务总量　指以价值量形式表现的邮电通信企业为社会提供各类邮电通信服务的总数量 。邮电业务量按专业分类包括函件、包件、汇票、报刊发行、邮政快件、特快专递、邮政储蓄、集邮 、公众电报、用户电报、传真、长途电话、出租电路、无线寻呼、移动电话、分组交换数据通信、出租代维等。计算方法为各类产品乘以相应的平均单价(不变价)之和，再加上出租电路和设备、代用户维护电话交换机和线路等的服务收入。该指标综合反映了一定时期邮电业务发展的总成果，是研究邮电业务量构成和发展 趋势的重要指标。计算公式为：

邮电业务总量 = Σ (各类邮电业务量 ×不变单价)+出租代维及其他业务收入 =邮政业务总量 +通信业务总量

移动电话用户　指通过移动电话交换机进入移动电 话网、占用移动电话号码的各类电话用户。包括签约用户和智能网预付费用户。 一个移动电话号码统计为一户。

移动电话交换机容量　指移动电话交换机根据一定话务模型和交换机处理能 力计算出来的最大同时服务用户的数量。

Explanatory Notes on Main Statistical Indicators

Freight (Passenger)Traffic refers to the volume of freight(passengers)transported with various means.This indicator provides a quantitative measure of how the transport industry serves the national economy and the needs of the people,as well as an important reference for drafing and checking production plans in the transport industry and for studying the scale and speed of development in the transport industry.Freight transport is calculated in tons and passenger traffic is calculated in the number of persons.Freight transport is calculated in the actual weight of goods regardless of traveling distances and types of freight;while passenger traffic is calculated as the number of individuals traveling once, regardless of traveling distances,ticket prices,whether the pasengers are traveling with half-price tickets or child tickets.

Freight Ton-kilometers (Passenger-kilometers) refer to the sum of the products of the volume of transported cargo(passengers)multiplied by the transport distance.These are important indicators of the total achievements of the transport industry,as well as the major foundation for drafting and checking production plans in the transport industry and for calculating the efficiency,labor productivity and the cost of transpor enterprises.

Normally,the shortest distance between the departure station and the destination station(i.e.the payable distance)is the basis to calculate the freight ton-kilometers and passenger-kilometers on.These indicators are calculated as follows:
Freight Ton-kilometers (Passenger-kilometers)=(Freight (Passenger)Traffic×Transport Distance)

Volume of Freight Handled in Ports refers to the volume of cargo passing in and out of the harbor area that undergoes the loading and unloading processes,including mails,checked baggage and bales,as well as fuel,material and fresh water supplies to ships.The volume of freight handled may be classified by direction of flow as import volume and export volume,or by nature of cargo as volume of freight for domestic trade and volume of freight for foreign trade.The classification of volume of freight handled and its direction of flow are important indicators of the production capacity of ports

Possession of Civil Motor Vehicles refers to the total number of vehicles that are registered at transport management ofices under the public security authorities and provided with civil vehicle licenses and tags according to the Work Standard for Motor Vehicles Registration at the end of the reference period.Major categories of vehicle are: passenger vehicles,freight vehicles and other vehicles in terms of structure;private vehicles and organization-owned vehicles in terms of ownership;commercial vehicles and non-commercial vehicles in terms of use;large, medium,small and mini passenger vehicles,and heavy,medium,light and mini trucks in terms of size.

Business Volume of Postal and Telecommunication Services refers to the total amount of postal and telecommunication services,expressed in value terms,provided by postal and telecommunication enterprises for the society.Postal and telecommunication services can be classified as letters,parcels,remittance,delivery of newspapers and magazines,fast mail service,express mail service,savings deposits,stamps for collection,public and individual telegraph service,facsimiles,long-distance telephone service,leasing of telephone lines,urban paging service,mobile telephone service,data communication through packet networks,network elements lease and maintenance,etc.To calculate the volume,the business volume of each product is multiplied by its average unit price (at constant prices), summed,and added to income from other services such as leasing of telephone lines and equipment,maintenance of telephone switchboards and lines on behalf of customers.This indicator reflects the overall achievements of postal and telecommunication services during a given period,and is an important reference for studying the composition of business Volume and the development trend of postal and telecommunication services.This volume is calculated as follows: Business Volume of Postal and Telecommunication Services= (Business Volume of Each Product× Constant Unit Price)+Income from Leasing,Maintenance,and Other Services=Business Volume of Postal Services +Business Volume of Telecommunication Services

Mobile Telephone Subscribers refer to persons who own mobile telephone numbers and are connected with the mobile telephone communication network through mobile telephone switchboards,including contracted subscribers and pre-paid subscribers for intelligent network.One mobile telephone number iscaleulated as one subscriber.

Capacity of Mobile Telephone Exchanges refers to the maximum number of subscribers that can be served simultaneously,calculated according to a certain calling model and the handling capacity of the mobile telephone exchanges

07 第七部分

农业

AGRICULTURE

CHAPTER

7-1 农林牧渔业总产值
GROSS OUTPUT VALUE OF AGRICULTURE, FORESTRY, ANIMAL HUSBANDRY AND FISHERY

单位：万元 (10 000 yuan)

年份 Year	农林牧渔业总产值 Gross Output Value of Agriculture, Forestry,Animal Husbandry and Fishery	农业 Foaming	林业 Forestry	牧业 Animal Husbandry	渔业 Fishery	农林牧渔专业及辅助性活动 Professional and Support Activities for Agriculture, Forestry, Animal Husbandry, Fishery
1979	13106	6494	85	1598	433	4496
1980	16938	6913	69	2186	1084	6686
1981	24181	8515	153	5677	1869	7967
1982	26929	9402	281	7540	2744	6962
1983	29083	10930	207	7832	3400	6714
1984	40416	13931	912	10346	7895	7332
1985	45821	15641	1371	14444	7875	6490
1986	49552	18947	1259	17132	10956	1258
1987	73772	26631	1678	28869	14339	2255
1988	99404	32296	1315	42202	19852	3739
1989	108015	31412	1253	54389	19010	1951
1990	119205	37622	1716	52550	24043	3274
1991	143063	40697	4097	63117	31025	4127
1992	185297	57458	5637	81532	36334	4335
1993	192880	49977	3519	94969	38506	5909
1994	224776	54363	2334	110150	52322	5607
1995	232653	58407	2207	125623	43173	3243
1996	273246	70642	2989	141464	52080	6071
1997	270889	73030	3792	124140	64676	5250
1998	298174	79738	6773	139244	65967	6452
1999	299662	91560	5312	126799	68401	7590
2000	311359	95289	5560	128417	72522	9571
2001	327111	105153	5060	127565	76213	13120
2002	340757	115021	4790	135377	76279	9290
2003	337406	111989	6557	135940	76935	5985
2004	299939	96930	6409	102689	88516	5395
2005	217369	53152	4861	75334	76831	7191
2006	180017	38280	3930	66538	59615	11654
2007	171380	43415	6682	64678	42875	13730
2008	187859	45786	5474	69383	53131	14084
2009	154760	42590	2062	55992	39550	14564
2010	150467	48707	1606	43734	38918	17502
2011	152533	46535	2159	48691	37855	17293
2012	148572	45024	1298	43669	42291	16290
2013	139479	53307	757	36547	44149	4719
2014	129156	37842	1307	26292	58352	5363
2015	159515	32799	1975	22422	95487	6831
2016	190940	65741	1952	16201	98749	8298
2017	388609	123414	2379	29013	214992	18811
2018	424606	117928	1750	25464	259541	19923
2019	481641	121729	3949	33254	303901	18808
2020	488467	155221	14585	33323	263404	21934
2021	462885	152265	7068	32715	250748	20089
2022	482642	156714	3567	31455	268565	22342

注：1. 本表按当年价格计算。
Notes: The data in this table are calculated at current prices.
2. 2016年农业数据已按照第三次全国农业普查省反馈数进行修订（后同）。
The agricultural data of 2016 have been revised according to the feedback from the third national agricultural census (same later).

7-2 农林牧渔业总产值构成

COMPOSITION OF GROSS OUTPUT VALUE OF AGRICULTURE, FORESTRY,ANIMAL HUSBANDRY AND FISHERY

单位：% (%)

年份 Year	总计 Total	农业 Foaming	林业 Forestry	牧业 Animal Husbandry	渔业 Fishery	农林牧渔专业及辅助性活动 Professional and Support Activities for Agriculture, Forestry, Animal Husbandry, Fishery
1979	100.0	49.6	0.6	12.2	3.3	34.3
1980	100.0	40.8	0.4	12.9	6.4	39.5
1981	100.0	35.2	0.6	23.5	7.7	33.0
1982	100.0	34.9	1.0	28.0	10.2	25.9
1983	100.0	37.6	0.7	26.9	11.7	23.1
1984	100.0	34.5	2.3	25.6	19.5	18.1
1985	100.0	34.1	3.0	31.5	17.2	14.2
1986	100.0	38.2	2.6	34.6	22.1	2.5
1987	100.0	36.1	2.3	39.1	19.4	3.1
1988	100.0	32.5	1.3	42.5	20.0	3.7
1989	100.0	29.1	1.2	50.3	17.6	1.8
1990	100.0	31.6	1.4	44.1	20.2	2.7
1991	100.0	28.4	2.9	44.1	21.7	2.9
1992	100.0	31.0	3.0	44.0	19.6	2.4
1993	100.0	25.9	1.8	49.2	20.0	3.1
1994	100.0	24.2	1.0	49.0	23.3	2.5
1995	100.0	25.1	0.9	54.0	18.6	1.4
1996	100.0	25.9	1.1	51.8	19.0	2.2
1997	100.0	27.0	1.4	45.8	23.9	1.9
1998	100.0	26.7	2.3	46.7	22.1	2.2
1999	100.0	30.6	1.8	42.3	22.8	2.5
2000	100.0	30.6	1.8	41.2	23.3	3.1
2001	100.0	32.1	1.6	39.0	23.3	4.0
2002	100.0	33.8	1.4	39.7	22.4	2.7
2003	100.0	33.2	1.9	40.3	22.8	1.8
2004	100.0	32.3	2.1	34.2	29.5	1.8
2005	100.0	24.5	2.2	34.7	35.3	3.3
2006	100.0	21.3	2.2	37.0	33.1	6.5
2007	100.0	25.3	3.9	37.7	25.0	8.0
2008	100.0	24.4	2.9	36.9	28.3	7.5
2009	100.0	27.5	1.3	36.2	25.6	9.4
2010	100.0	32.4	1.1	29.1	25.9	11.5
2011	100.0	30.5	1.4	31.9	24.8	11.4
2012	100.0	30.3	0.9	29.4	28.5	11.0
2013	100.0	38.2	0.5	26.2	31.7	3.4
2014	100.0	29.3	1.0	20.4	45.2	4.2
2015	100.0	20.6	1.2	14.1	59.9	4.3
2016	100.0	34.4	1.0	8.5	51.8	4.3
2017	100.0	31.8	0.6	7.5	55.3	4.8
2018	100.0	27.8	0.4	6.0	61.1	4.7
2019	100.0	25.3	0.8	6.9	63.1	3.9
2020	100.0	31.8	3.0	6.8	53.9	4.5
2021	100.0	32.9	1.5	7.1	54.2	4.3
2022	100.0	32.5	0.7	6.5	55.6	4.6

7-3 农林牧渔业总产值及其指数

GROSS OUTPUT VALUE OF AGRICULTURE,FORESTRY, ANIMAL HUSBANDRY AND FISHERY AND ITS INDICES

年 份 Year	农林牧渔业总产值(万元) 当年价格 Gross Output Value of Agriculture，Forestry，Animal Husbandry and Fishery (10 000 yuan) At Current Prices	以上年为100 Preceding Year=100
1979	13106	
1980	16938	85.4
1981	24181	119.1
1982	26929	108.1
1983	29083	98.4
1984	40416	102.3
1985	45821	119.2
1986	49552	116.5
1987	73772	111.8
1988	99404	119.4
1989	108015	112.1
1990	119205	115.2
1991	143063	109.3
1992	185297	99.2
1993	192880	92.9
1994	224776	96.1
1995	232653	101.0
1996	273246	114.2
1997	270889	101.7
1998	298174	104.3
1999	299662	107.9
2000	311359	102.4
2001	327111	103.7
2002	340757	107.0
2003	337406	109.8
2004	299939	111.7
2005	217369	87.8
2006	180017	75.3
2007	171380	89.2
2008	187859	84.0
2009	154760	87.1
2010	150467	92.2
2011	152533	94.0
2012	148572	103.1
2013	139479	70.8
2014	129156	92.2
2015	159515	108.6
2016	190940	96.4
2017	388609	122.7
2018	424606	97.0
2019	481641	105.7
2020	488467	94.3
2021	462885	101.4
2022	482643	101.2

注： 2005年起国家统计报表制度中取消1990年不变价，增长速度按可比口径计算。

Note: Since 2005, the national statistical reporting system has cancelled the index, Gross Output Value of Agriculture (at 1990 constant prices),the growth rates are calculated at comparable coverage.

7-4 农作物播种面积
TOTAL SOWN AREAS OF FARM CROPS

单位：亩 (mu)

年 份 Year	一、农作物总播种面积 Total Sown Areas	#粮食作物合 计 Grain Crops	#薯 类 Tubers	#经济作物合 计 Cash Crops	#花 生 Peanuts
1979	953300	758100	55095	165800	107148
1980	808500	646000	38663	125500	100186
1981	728400	576000	27457	119200	96606
1982	739500	536000	27219	125200	97152
1983	711300	536400	27700	95103	65700
1984	705078	507255	28036	91147	68523
1985	625716	379247	22690	85356	61095
1986	632747	363895	22755	89810	60765
1987	617290	331531	24911	84466	57508
1988	607146	284545	19370	77678	51331
1989	591309	280930	18897	71134	51120
1990	573090	261454	18177	67306	52035
1991	523174	194055	19529	63530	49146
1992	355244	103946	13348	31910	30545
1993	191711	21361	6711	12118	9579
1994	163838	16136	6029	5022	4544
1995	164870	16970	6814	5031	3965
1996	205078	19448	9444	6151	4675
1997	175250	14907	7183	5386	3854
1998	180525	11742	5946	6770	3224
1999	177372	10354	5381	5616	2680
2000	187401	9714	5559	5138	2842
2001	184038	8023	5194	4098	2568
2002	159063	6480	4442	3357	1142
2003	164363	4679	2490	1227	807
2004	147094	5304	2955	2870	260
2005	106167	1572	815	310	300
2006	90614	305	175	105	100
2007	95596	290	240	236	220
2008	109423	438	365	10764	20
2009	103673	163	150	914	42
2010	96090	151	136	67	41
2011	90803	52	44	50	41
2012	87311	12	12	2255	19
2013	81472	155	13	8	8
2014	73775	144	14	513	5
2015	72358	152	50	6702	9
2016	86659	852	258	2243	332
2017	179190	34898	4760	5169	4319
2018	189272	34813	7210	5267	4345
2019	184095	34745	7997	5273	4341
2020	169275	21725	6440	7485	4488
2021	163301	19558	6604	6197	4099
2022	173151	28070	9014	4636	2348

7-4 续表 CONTINUED

单位：亩 (mu)

年 份 Year	# 其他作物 合 计 Other Crops	# 蔬 菜 Vegetable	二、茶园面积 Area of Tea Plantations (year-end)	三、果园面积 Area of Orchards (year-end)	# 柑桔橙 Citrus	# 荔 枝 Litchi
1979	22813	14798		55604	6248	18600
1980	28802	15712		56701	8169	19760
1981	24327	17935		55353	7476	21021
1982	68296	44020		56040	6331	25399
1983	72219	66048		85897	15154	4687
1984	98843	86037		85567	11204	39384
1985	154494	139353		108418	16889	44979
1986	172688	160467		168790	38698	70782
1987	196065	185202		218396	59358	91744
1988	240104	223191		236876	69972	100912
1989	235349	217929		245516	71429	107979
1990	240865	231308		256110	72632	109477
1991	261772	244591		254021	73350	111324
1992	217456	201422		227207	60844	104390
1993	157909	144468		191838	50147	92227
1994	142640	133284	460	188411	44124	97613
1995	142849	135212	3003	185285	36267	98358
1996	179479	167063	2976	195926	32532	111332
1997	154957	145591	2968	216996	26733	136123
1998	162013	153026	2440	215058	26240	136006
1999	161402	152890	2435	218811	22013	144201
2000	172549	166916	2355	224820	19551	152804
2001	171917	168147	353	209232	16406	142580
2002	149226	147278	348	191031	9949	130896
2003	158457	156899	350	159817	11066	102095
2004	138920	137887		150523	6830	109407
2005	104285	104059		149175	5908	111154
2006	90204	89478		127809	2249	100771
2007	95070	94891	312	64630	1728	43004
2008	98221	98023	350	46273	1088	32882
2009	102596	98505	340	55508	548	44320
2010	95872	95371	340	53567	629	43279
2011	90701	89908	340	50813	484	41501
2012	85044	84704	340	46990	391	39088
2013	81309	81057	350	38035	234	32087
2014	73118	67975	340	36825	204	31000
2015	65504	65249	340	35474	282	30658
2016	83564	82778	340	68876	1050	57441
2017	139123	137558	1040	95170	5787	65051
2018	149192	147361	1320	65175	5361	36563
2019	144077	142513	1385	53659	5339	26003
2020	140065	137174	1360	59571	5411	30296
2021	137546	133741	5413	51721	4372	27034
2022	140445	133278	5283	61000	4277	38466

7-5 主要农业产品产量
YIELD OF MAJOR FARM CROPS

单位：吨 (ton)

年份 Year	粮食 Grain	#稻谷 Rice	#薯类 Tubers	花生 Peanuts	蔬菜 Vegetable	茶叶 Tea	水果 Fruits	#柑桔橙 Citrus	#荔枝 Litchi
1979	132584	127559	4285	6877	8639		2401	157	742
1980	126461	123022	3003	7323	14593		2280	388	1127
1981	116489	114070	2310	8641	22772		3245	284	1534
1982	124189	121026	3046	9276	34484		2866	571	798
1983	126977	122936	3906	5761	74251		3575	1105	839
1984	126960	123205	3595	6060	107820		5752	1579	1829
1985	94465	90106	4026	5208	162898		6420	1726	1559
1986	92495	88369	3787	5894	151629		13249	3467	3522
1987	85534	80110	5081	5634	159937		18180	5368	1336
1988	76263	72114	3850	5275	182190		21324	7931	2366
1989	82215	77928	3974	5777	193367		23928	10910	1293
1990	81018	75380	5161	6107	227346		39986	23769	4184
1991	59138	52847	5418	6284	238716		52392	35195	2855
1992	32906	27924	4211	3874	201517		59505	36082	8230
1993	6950	3838	2077	1315	151421		45807	31968	2791
1994	5166	1660	1676	652	141899	2	42744	26949	4886
1995	4887	1848	1700	613	147171	4	40914	22973	5674
1996	6586	1801	2557	735	193966	4	36961	21148	5944
1997	4990	954	1793	595	169683	5	39775	21509	7546
1998	3781	743	1367	496	185747	8	34310	22042	2055
1999	3412	555	1235	444	183517	9	43183	19662	13516
2000	3700	429	1579	556	210479	14	27498	14114	4513
2001	3966	248	2331	548	194849	11	24835	10571	5250
2002	3094	31	1219	384	217185	12	35279	7085	18393
2003	1850	8	773	184	201395	11	29087	8323	8753
2004	2028	6	936	98	162788		28028	5334	14486
2005	599	4	248	67	141652		25843	3546	15008
2006	59		49	6	111509		12793	839	7852
2007	55		46	42	121539		7389	503	4016
2008	110		92	4	114086	3	4520	487	2076
2009	52		46	9	107203	2	3921	134	2315
2010	49		42	8	110739	2	3179	163	1952
2011	18		11	8	101783	2	2873	205	1933
2012	5		5	4	103941	3	2695	190	1835
2013	59		3	6	101324	2	1745	122	1141
2014	77		65	5	67167	2	2120	77	1420
2015	63		63	5	63030	2	4014	62	2901
2016	157	58	63	78	82423	2	12304	23	9537
2017	7955	7497	330	505	149544	42	41292	6584	12069
2018	9013	6855	2000	514	158738	57	41506	6907	11116
2019	9103	6680	2232	512	157057	59	36088	7392	6499
2020	7349	4471	2558	542	161294	67	45477	7758	12885
2021	5680	3536	1771	523	168334	155	43013	6408	13940
2022	9552	3711	2894	300	171964	248	32680	4894	8040

7-6 农作物亩产量
OUTPUT OF FARM CROPS PER MU

单位：千克 (kg)

年份 Year	粮食 Grain	薯类 Tubers	花生 Peanuts	蔬菜 Vegetable	茶叶 Tea	水果 Fruits	柑桔橙 Citrus	荔枝 Litchi
1979	175	78	64	584				
1980	196	78	73	929				
1981	202	84	89	1269				
1982	232	112	95	783				
1983	237	141	87	1124				
1984	251	128	88	1253				
1985	249	178	85	1169				
1986	254	166	97	945				
1987	258	204	98	864				
1988	268	199	103	816				
1989	293	210	113	887				
1990	310	284	117	983				
1991	305	277	128	976				
1992	317	315	127	1000				
1993	325	309	137	1048				
1994	340	302	107	1064	4.76	467	786	50.1
1995	288	249	155	1088	6.45	414	765	57.7
1996	339	271	157	1161	6.06	345	799	53.4
1997	335	257	154	1165	6.30	307	897	55.4
1998	322	230	154	1214	3.40	456	840	15.1
1999	330	230	166	1200	3.70	322	958	93.7
2000	381	284	196	1261	5.94	122	722	29.5
2001	494	449	213	1266	31.16	119	644	36.8
2002	477	274	336	1475	34.48	185	712	140.5
2003	395	310	228	1284	31.43	182	752	85.7
2004	382	317	377	1181		186	781	132.4
2005	381	304	223	1361		173	135	135.0
2006	193	280	60	1246		100	370	77.9
2007	190	192	191	1281	6.41	114	291	93.4
2008	251	252	200	1164	8.57	98	448	63.1
2009	319	307	214	1088	5.88	71	245	52.2
2010	325	309	195	1161	5.88	59	259	45.0
2011	346	250	195	1132	5.88	57	424	46.6
2012	417	417	211	1227	8.82	57	486	46.9
2013	381	231	750	1250	5.71	46	521	35.6
2014	535	4642	1000	988	5.88	58	378	45.8
2015	414	1260	555	966	5.88	113	220	94.6
2016	263	244	235	996	5.88	179	22	166.0
2017	229	69	117	1087	40.38	434	1138	185.5
2018	259	277	118	1077	43.18	637	1288	304.0
2019	262	279	118	1102	43.00	673	1385	250.0
2020	338	397	121	1176	49.26	763	1434	425.3
2021	290	268	128	1259	28.63	832	1466	515.6
2022	340	321	128	1290	46.94	536	1144	209

7-7 畜牧业、林业和渔业
ANIMAL HUSBANDRY, FORESTRY AND FISHERY

年 份 Year	畜 牧 业 Animal Husbandry					
	牛年末头数 (头) Year-end Number of Cattle (head)	# 奶 牛 Milk Cows	牛奶产量 (吨) Milk Output (ton)	生猪饲养量 (万头) Raised Hogs (the whole year) (10 000 heads)	生猪年末存栏量 (万头) Raised Hogs (Year-end) (10 000 heads)	肉猪全年出栏量 (万头) Slaughtered Fattened Hogs of the Year (10 000 heads)
1979	25633	465	1622	22.90	11.69	11.21
1980	24451	2365	2876	15.58	8.42	7.16
1981	28917	3066	5214	10.69	6.06	4.63
1982	31301	3233	6852	15.61	8.51	7.10
1983	31200	3642	7411	17.60	9.40	8.20
1984	30716	4506	9830	18.59	8.89	9.70
1985	28474	5352	10815	20.34	9.58	10.76
1986	27685	6204	12837	25.41	12.29	13.12
1987	26587	6460	14237	36.02	16.94	19.08
1988	24759	6764	13720	52.20	21.90	30.30
1989	24618	7384	16729	65.28	24.45	40.83
1990	24105	7715	18887	59.37	22.58	36.79
1991	20660	7380	20566	64.23	22.07	42.16
1992	16451	7059	20592	61.36	20.89	40.47
1993	11460	7107	20255	62.39	20.77	41.62
1994	9780	7235	20080	64.49	23.38	41.11
1995	9960	7955	19475	68.09	25.76	42.33
1996	9509	8152	20420	75.61	27.35	48.26
1997	8900	7478	18857	80.26	30.52	49.74
1998	8625	7575	19851	89.36	30.09	59.27
1999	8881	7990	22480	85.98	28.16	57.82
2000	9808	9094	24926	93.02	26.88	66.14
2001	9661	8883	22176	92.23	27.08	65.15
2002	9740	9285	22802	96.11	31.42	64.68
2003	8196	6780	24128	79.31	18.56	60.74
2004	8579	8511	22018	63.17	12.49	50.68
2005	7857	7832	19567	68.69	17.15	51.55
2006	8009	7980	18727	60.66	13.73	46.93
2007	7625	7585	18130	53.19	16.25	37.94
2008	6772	5681	16150	48.36	15.92	32.44
2009	5035	5035	10699	41.04	11.21	29.83
2010	6487	6479	15000	29.37	6.93	22.44
2011	6610	6580	14310	27.39	6.98	20.40
2012	5671	5671	13322	24.96	6.49	18.47
2013	5523	5523	13759	18.06	5.88	12.18
2014	4211	4211	11805	10.06	3.09	6.97
2015	3656	3656	12973	6.71	1.56	5.15
2016	2110	2110	8197	3.97	1.26	2.71
2017	2688	2120	8364	10.72	3.71	7.01
2018	2577	2017	8695	10.13	4.22	5.91
2019	2584	2026	9225	10.16	4.07	6.09
2020	2418	1913	7620	8.10	2.53	5.57
2021	2376	1990	7974	13.03	4.95	8.08
2022	1387	1185	8838	11.83	3.94	7.89

7-7 续表1 CONTINUED

年份 Year	畜牧业 Animal Husbandry				造林面积（万亩）Areas of Forestation (10 000 mu)
	家禽饲养量（万只）Raised Poultry (10 000 heads)	# 出栏量 Slaughtered Fattened Poultry	鲜蛋（吨）Fresh eggs (ton)	当年出售肉类总产量（吨）Total Output of Meat Sold (ton)	
1979	99.59	69.71	57	6726	1.84
1980	160.90	112.63	88	4296	1.65
1981	321.84	257.42	119	2778	1.38
1982	578.61	506.31	265	4260	2.62
1983	786.79	586.40	1352	4920	2.37
1984	857.31	686.27	1137	12648	1.78
1985	1305.20	944.32	1085	22932	16.85
1986	1548.94	1115.77	1169	25323	4.01
1987	1955.78	1371.76	805	33935	15.38
1988	2634.80	1892.70	1335	47449	13.32
1989	3101.80	2291.00	1212	65300	5.33
1990	3330.80	2445.20	1895	62513	5.92
1991	3522.27	2964.39	3462	79022	13.10
1992	4063.21	2911.96	4172	74081	0.62
1993	3534.32	2668.70	2472	77254	0.15
1994	2988.07	2280.63	2100	67043	1.10
1995	2635.46	2015.59	2120	70277	1.85
1996	2111.72	1633.59	1351	64280	3.74
1997	2142.36	2142.36	1333	65911	6.27
1998	2900.24	2462.97	1421	82947	4.93
1999	3090.74	2616.25	1130	77608	3.44
2000	2340.20	1953.85	1546	79893	3.30
2001	2503.53	1871.64	922	73495	2.63
2002	2158.62	1803.00	380	75531	2.47
2003	1698.14	1515.24	289	66730	4.96
2004	1329.01	1159.61	292	55810	3.41
2005	1156.99	999.48	110	46846	3.05
2006	934.53	811.00	20	42478	2.45
2007	866.48	679.75	1176	32016	7.35
2008	903.06	764.50	838	27458	
2009	913.76	732.78	282	25525	1.85
2010	703.03	568.39	406	18992	1.87
2011	582.74	456.06	654	17142	1.55
2012	509.96	438.10	902	15066	1.30
2013	264.01	184.47	304	11149	0.81
2014	287.86	247.71	242	6422	0.29
2015	260.64	225.18	27	4597	0.34
2016	73.99	61.46		2587	
2017	168.47	127.90	1359	8019	0.61
2018	256.54	141.20	1465	5966	0.62
2019	211.27	163.77	1489	6192	0.78
2020	192.85	142.60	1460	5686	4.38
2021	173.57	138.96	1360	7356	1.63
2022	175.16	149.73	941	8130	1.01

7-7 续表2 CONTINUED

年 份 Year	渔 业 Fishery							
	水产品生产总量（吨） Total Output of Aquatic Products (ton)	1.海水产品（吨） Seawater Aquatic Products (ton)	#鱼 类 Fish	2.淡水产品（吨） Freshwater Aquatic Products (ton)	#鱼 类 Fish	养殖面积（万亩） Cultured Areas of Aquatic (10 000mu)	1.海水面积 Seawater	2.淡水面积 Freshwater
1979	7039	6068		971				1.13
1980	7667	5315		2352				3.27
1981	7410	5048		2362				3.54
1982	10406	6128		4278				4.24
1983	12303							
1984	16086							4.68
1985	16762	4485		12277				8.84
1986	23654	5595	3716	18059		19.33	7.88	11.45
1987	26889	17363		9526		21.16	13.40	7.76
1988	31535	20923	16515	10612	6860	20.92	7.53	13.39
1989	32148	20153	16454	11995	11995	21.36	14.18	7.18
1990	38587	24239	18420	14348	13793	21.88	14.73	7.15
1991	41740	12076	8402	29664	29664	16.91	7.81	9.10
1992	44349	27558	18488	16791	15836	18.77	13.64	5.13
1993	31104	11527	8423	19577	19577	11.77	5.90	5.87
1994	28196	10661	6733	17535	17535			
1995	37394	30041	26438	7353	7353			
1996	41183	21957	17718	19226	19188	16.00	13.60	2.40
1997	55569	47687	32229	7882	7773	13.47	10.82	2.65
1998	58315	50352	32371	7963	7962	13.61	10.52	3.09
1999	59764	52410	34888	7354	7334	11.19	8.16	3.03
2000	59881	51191	31649	8690	8690	11.41	8.50	2.91
2001	65784	56566	32850	9218	9218	10.84	7.20	3.64
2002	64059	54757	22248	9302	9116	9.31	6.59	2.72
2003	85324	77506	50446	7818	7610	8.81	6.89	1.92
2004	96682	88718	67553	7964	6899	7.33	5.61	1.71
2005	81764	74560	55435	7204	7038	7.19	5.84	1.35
2006	56126	51411	33443	4715	4697	6.91	5.86	1.05
2007	34068	31173	21708	2895	2765	4.67	3.93	0.74
2008	38468	37126	27547	1342	1232	3.76	3.07	0.69
2009	30329	28544	17391	1785	1714	3.03	2.62	0.41
2010	27230	25302	13010	1928	1838	2.92	2.51	0.41
2011	24929	23488	13795	1441	1306	2.92	2.51	0.41
2012	28738	27430	17784	1308	1253	1.75	1.50	0.25
2013	19107	18062	14287	1045	990	1.71	1.50	0.21
2014	27205	26285	17867	920	865	0.57	0.41	0.16
2015	39777	38796	30407	981	918	0.46	0.39	0.07
2016	39624	39294	30907	330	330	0.45	0.40	0.05
2017	82905	80164	54335	2741	2683	0.31	0.31	
2018	78453	75685	44741	2768	2701	1.32	0.94	0.38
2019	84444	81540	49463	2904	2779	1.59	1.25	0.34
2020	75578	72664	40660	2914	2824	0.37	0.37	
2021	79697	76604	45757	3093	3009	1.43	1.04	0.39
2022	82678	75449	45398	7229	5974	1.91	1.36	0.56

注： 2020年渔业养殖面积不包含深汕合作区。
Note: The area of aquaculture didn't include Shenzhen-Shanwei Special Cooperation Zone in 2020.

主要统计指标解释

农林牧渔业总产值 是以货币表现的农林牧渔业的全部产品总量和对农林牧渔业生产活动进行的各种支持性服务活动的价值。它反映一定时期内农林牧渔业生产总规模和总成果，是观察农林牧渔业生产水平和发展速度，研究农林牧渔业内部比例关系、农林牧渔业与工业、农林牧渔业与国家建设、人民生活比例关系的重要指标，同时也是计算农林牧渔业劳动生产率和农林牧渔业增加值的基础资料。

农林牧渔业总产值的计算，一般采用“产品法”，即凡有产品产量的，都按单位产品价格乘产量的办法求得每种产品产量的产值，然后相加求得各业的产值，最后各业相加求出农林牧渔业总产值。

农作物播种面积 是指一定生产季节结束时实际播种或移植有农作物的面积。播种面积的大小，反映农作物的生产规模和耕地的利用程度。正确地核算播种面积，对于组织农业生产活动，计算农作物产量，研究农作物的种植结构和分布情况以及制定各项增产技术措施，都是非常必要的。

播种面积的统计年度，凡是能在本日历年度内(自1月1日至12月31日)收获的农作物(包括上年秋冬播和本年春播、夏播以及南方地区的晚秋播而在本年收获的全部作物)播种面积，都包括在内。

粮食产量 指全社会的产量。包括国有经济经营的、集体统一经营的和农民家庭经营的粮食产量，还包括工矿企业办的农场和其他生产单位的产量。粮食除包括稻谷、小麦、玉米、高粱、谷子及其他杂粮外，还包括薯类和豆类。其产量计算方法，豆类按去豆荚后的干豆计算；薯类(包括甘薯和马铃薯，不包括芋头和木薯)1963年以前按每4公斤鲜薯折1公斤粮食计算，从1964年开始改为按5公斤鲜薯折1公斤粮食计算。城市郊区作为蔬菜的薯类(如马铃薯等)按鲜品计算，并且不作粮食统计。其他粮食一律按脱粒后的原粮计算。1989年以前全国粮食产量数据主要靠全面报表取得，1989年开始使用抽样调查数据。

水产品产量 指人工养殖的水产品和天然生长的水产品的捕捞量。包括海水的鱼类、虾蟹类、贝类和藻类以及内陆水域的鱼类、虾蟹类和贝类，不包括淡水生植物。水产品产量是通过各级水产和统计部门逐级上报取得数据。1995年及以前，贝类中牡蛎按鲜肉计算；蚶、蛤、蛙按5斤鲜品折1斤计算。1996年以后则统一按鲜品计算。

Explanatory Notes on Main Statistical Indicators

Gross Output Value of Agriculture refers to the total volume of products of farming,forestry,animal husbandry, and fishery and the value of various services supporting the production of farming,forestry,animal husbandry and fishery in monetary terms,which reflects the total scale and total results of farming,forestry,animal husbandry and fishery production during a given period of time.It is an important indicator to observe the production level and development speed of farming,forestry,animal husbandry and fishery,to study the internal structure of farming,forestry, animal husbandry and fishery,and to review the proportionate relationship of farming,forestry,animal husbandry and fishery to industry,to national construction and to people's life.It is also the foundation for calculating the labor productivity and value-added of farming,forestry,animal husbandry and fishery.

Generally,the gross output value of farming,forestry,animal husbandry and fishery is calculated with the production approach.Where applicable,the gross output value of each single product is obtained by multiplying the output of each product by its price.These values are then summed up to obtain the output value of each sector.The sum of output values of all sectors is the gross output value of farming,forestry,animal husbandry and fishery.

Area of Regularly Cultivated Land refers to farmland among the total land resources which is exclusively used for farming and is under regular cultivation with harvest in normal years.Included are currently cultivated land,land that has been abandoned or put in idle for less than 3 years and is available for recultivation at any time,newly-claimed land that has been put into cultivation for more than 3 years,and ditches,trenches,roads,and ridges with a width of less than 1 meter.Excluded under this category are steep slope land over 25 degrees under temporary cultivation,stretches or scattered plots temporarily claimed along river bends,lake sides or banks of reservoirs,as well as land that has been designated under the "Green for Grain"programmes of the state and provincial governments but is still temporarily under cultivation. Regularly cultivated land is classified into basic farmland and odd pieces of land used for cultivation.

Grain Output refers to the total output in the whole country including grains produced by State farms,collective units,rural households,as well as by farms affiliated to industrial and mining enterprises and other production units.Grain includes rice,wheat,corn,sorghum,millet and other miscellaneous grains as well as tubers and beans.Output of beans refers to dry beans without pods.The output of tubers(sweet potatoes and potatoes,not including taros and cassava) are converted into that of grain at the ratio 4:1,i.e.4 kilograms of fresh tubers were equivalent to 1 kilogram of grain up to 1963.Since 1964 the ratio for conversion has been 5:1.Tubers supplied as vegetables (such as potatoes)in cities and suburbs are calculated as fresh vegetables and their output is not included in the output of grain.Output of all other grains refers to husked grain.Data on grain production before 1989 were obtained through the Comprehensive Statistical Reporting System.Since 1989,data from sample surveys are used.

Output of Aquatic Products refers to catches of both artificially cultured and naturally grown aquatic products, including fish,shrimps,crabs and shellfish in sea and inland water as well as seaweed.Freshwater plants are not included. Data on output of aquatic products are reported by aquatic product and statistical agencies level by level.Before 1995, among the shellfish,oyster was counted as fresh meat;5 kilograms of ark shell,clams and frogs are equivalent to 1 kilogram of fresh aquatic products;they have all been counted as fresh aquatic products since 1996.

08 第八部分

固定资产投资

INVESTMENT IN FIXED ASSETS

CHAPTER

8-1 固定资产投资主要指标（主要年份）
MAIN INDICATORS OF INVESTMENT IN FIXED ASSETS（MAJOR YEAR）

项 目	Item	2000	2010	2018	2019	2020	2021	2022
投资完成额(亿元,%)	**Investment (100 million yuan,%)**	**677.12**	**1944.70**	**20.6**	**18.8**	**8.2**	**3.7**	**8.4**
#房地产开发	Real Estate Development	260.97	458.47	23.6	15.9	16.4	-15.4	13.3
按登记注册类型分	Grouped by Status of Registration							
内资	Domestic	367.20	1615.49	25.2	18.0	11.1	1.1	8.8
国有	State-owned	216.77	819.70	36.7	38.2	13.0	16.8	5.4
集体	Collective-owned	44.21	44.24	682.7	-64.0	-18.5	-0.1	-1.1
其他	Others	106.21	751.55	16.7	10.4	10.1	-9.2	11.8
港澳台投资	Funds from Hong Kong,Macao and Taiwan	194.69	237.61	-22.6	-0.5	-17.7	49.2	22.8
外商投资	Foreign Funded	115.23	91.60	30.3	75.0	-14.3	16.0	-23.0
按构成分	Grouped by Use of Funds							
建筑安装工程	Construction and Installation		1291.32	10.6	18.5	7.8	9.5	2.2
设备工具器具购置	Purchase of Equipments and Instruments		375.36	10.5	1.6	-0.4	40.4	-3.6
其他费用	Others		278.02	45.1	25.1	11.1	-13.4	24.0
按三次产业分	Grouped by Three Strata of Industry							
第一产业	Primary Industry		0.64	-91.3	1000.6	3.5	-24.6	-97.4
第二产业	Secondary Industry		480.86	7.0	12.6	0.9	27.2	19.3
第三产业	Tertiary Industry		1463.21	23.4	19.9	9.4		6.2
按财务拨款合计(亿元,%)	**Grouped by Source of Funds (100 million yuan,%)**	**267.36**	**2339.36**	**17.7**	**13.9**	**9.7**	**20.6**	**-6.2**
国家预算资金	State and Local Budget	2.36	9.14	27.3	38.7	14.2	15.2	6.9
国内贷款	Domestic Loans	21.27	539.62	-0.4	-4.4	13.6	6.8	-17.7
债券	Securities		1.08	1636.8	54.6	-27.6	-59.9	176.6
利用外资	Foreign Investment	18.25	46.48	-32.7	-77.4	96.2	-70.3	452.1
自筹资金	Self-raising Funds	213.72	1293.40	21.8	5.8	9.5	18.6	19.7
其他资金	Others	11.75	449.64	27.0	30.2	5.4	37.8	-34.4
房屋建筑面积(万平方米)	**Floor Space of Buildings (10 000 sq.m)**							
施工面积	Floor Space under Construction	3591.22	5178.84	21.9	12.5	21.3	8.6	4.3
竣工面积	Floor Space Completed	1287.21	692.70	4.3	77.7	12.0	5.4	9.7
商品房屋销售面积(万平方米)	**Floor Space of Commercial Buildings(10 000 sq.m)**	**611.37**	**465.59**	**7.6**	**14.5**	**12.4**	**-11.6**	**-15.5**
#住宅	Residential Buildings	556.82	413.80	10.0	14.9	17.3	-16.7	-21.5

注： 1. 2011年起固定资产投资项目统计起点由50万元提高至500万元，且不包含农村农户投资；2010年以前为全社会固定资产投资，后同。

Notes: Since 2011,the cut-off point of investment statistics is changed from a minimum of 500,000 yuan to a minimum of 5,000,000 yuan, and the data do not include the investment made by rural households. Data before 2010 refer to total investment in fixed assets. The same applies to all tables following.

2. 2011年报起，原国家预算内资金改为国家预算资金，后同。

Since 2011, state budget is changed to state and local budget.The same applies to all tables following.

3. 2018年起，资金来源指标不包含5000万元以下项目数据，增速为可比口径，后同。

Since 2018, sources of funds for investment do not include projects under 50 million yuan. The growth rate is calculated by comparable coverage, and the same applies to the following table.

4. 根据第三次全国农业普查统计执法检查和第四次全国经济普查单位清查，2018年固定资产投资增速按可比口径计算，后同。

According to comparable statistics The Third National Agricultural Census Law Enforcement Inspection, investigation of those census during the Fourth National Economic Census, growth rate of investment in fixed assets in 2018 are calculated with comparable coverage. The same applies to the following tables.

5.2018年起，数据为比上年增长数据。

Since 2018, The data in the table is the increase over the previous year.

8-2 固定资产投资增长速度

GROWTH RATE OF INVESTMENT IN FIXED ASSETS

单位： %　　　　(%)

年 份 Year	固定资产投资额 Investment in Fixed Assets	非房地产开发项目 Non-Real Estate Development	房地产开发项目 Real Estate Development
1980	132.4	132.4	
1981	115.1	115.1	
1982	148.5	148.5	
1983	46.9	46.9	
1984	79.6	79.6	
1985	71.3	71.3	
1986	-25.4	-25.4	
1987	14.7	14.7	
1988	52.9	52.9	
1989	14.6	14.6	
1990	24.7	24.7	
1991	46.4	28.4	128.2
1992	95.4	62.5	179.7
1993	39.0	35.9	43.8
1994	13.8	4.5	26.9
1995	-2.2	14.1	-21.0
1996	18.7	17.3	21.1
1997	20.0	26.5	9.5
1998	22.2	22.0	22.6
1999	18.6	13.2	28.5
2000	18.9	17.4	21.2
2001	1.4	-10.9	20.9
2002	14.8	7.8	23.1
2003	20.4	34.2	6.2
2004	15.1	22.7	5.2
2005	8.2	15.2	-2.4
2006	7.7	7.0	9.1
2007	5.6	8.9	-0.2
2008	9.1	16.2	-4.5
2009	16.5	23.8	-0.7
2010	13.8	16.9	4.8
2011	6.0	4.0	12.3
2012	12.3	2.0	43.1
2013	7.6	2.3	19.0
2014	9.1	2.1	22.0
2015	21.4	19.4	24.5
2016	23.6	18.0	32.0
2017	23.8	25.4	21.6
2018	20.6	18.4	23.6
2019	18.8	21.0	15.9
2020	8.2	2.3	16.4
2021	3.7	19.2	-15.4
2022	8.4	5.5	13.3

注： 1993年以前房地产开发投资主要是商品房建设投资。
Note: Prior to 1993, investment in real estate development focused mainly on the construction of commercial buildings.

8-3 固定资产投资额(按区域分)

单位：万元

年 份 Year	全市 Total	福田区 Futian	罗湖区 Luohu	盐田区 Yantian	南山区 Nanshan	大宝安 Original Baoan
1998	4803901	1784698	651825	281358	1114038	555262
1999	5695878	2074046	852818	358135	1214324	669676
2000	6771205	2295119	994334	376515	1462357	888938
2001	6863749	2306192	831700	481386	1465527	973073
2002	7881459	2464975	870025	491513	1612012	1213488
2003	9491016	2559087	969324	547965	1923414	1803186
2004	10925571	2585071	966473	554665	2297922	2332793
2005	11823245	2052337	834046	526955	2656686	2906828
2006	12736693	1801066	762101	609949	2899380	3331725
2007	13450037	1701123	707931	708264	2691670	3841235
2008	14676043	1602214	643690	730332	2571590	4676889
2009	17091514	1683418	683182	872004	2705194	5846894
2010	19447008	1744163	731777	873096	2871308	6902828
2011	20609180	1737597	756050	850994	2860146	7608192
2012	23144319	1604050	860784	900942	3120392	8851825
2013	24901970	1652532	891661	919145	3294549	9662238
2014	27174226	1811806	951102	921701	4159002	10488710
2015	32983076	2353842	1259008	995926	6339870	12263409
2016	40781638	3000289	1843702	1225743	8879664	14477957
2017	51473152	3745056	2289818	1486533	10967612	11886199
2018	20.6	24.1	22.9	3.6	21.6	
2019	18.8	16.1	23.9	10.7	19.4	
2020	8.2	16.5	10.2	12.8	-6.6	
2021	3.7	-0.3	11.6	9.8	1.0	
2022	8.4	7.8	-12.7	8.2	7.3	

注：1. 2007年以来，深圳陆续设立功能新区及新行政区，表中大宝安区数据2011年及以前为原宝安区数据，2012-2016年包含宝安区、龙华新区和光明新区，2017年包含宝安区和光明新区。大龙岗区数据2011年及以前为原龙岗区数据，2012-2016年包含龙岗区、坪山新区和大鹏新区，2017年及以后包含龙岗区和大鹏新区。

Notes:Since 2007, functional zones and new administrative districts have been established in Shenzhen.The data of Original Baoan were the data of Baoan in 2011 and before,included Baoan Longhua and Guangming in 2012-2016,included Baoan and Guangming in 2017.The data of Original Longgang were the data of Longgang in 2011 and before,1,included Longgang,Pingshan and Dapeng in 2012-2016,included Longgang and Dapeng from 2017.

2. 2018年起，数据为比上年增长数据，数量单位为%。

Since 2018,The data in the table is the increase over the previous year,the unit is %.

INVESTMENT IN FIXEDASSETS（GROUPED BY DISTRICT）

(10 000 yuan)

宝安区 Baoan	光明区 Guangming	龙华区 Longhua	大龙岗 Original Longgang	龙岗区 Longgang	坪山区 Pingshan	大鹏新区 Dapeng	深汕特别合作区 Shenzhen-Shanwei Special Cooperation Zone
			416720				
			526879				
			753943				
			805871				
			1229446				
			1688040				
			2188647				
			2846392				
			3332472				
			3799814				
			4451328				
			5300822				
			6323836				
			6796201				
3715334	2046433	3090057	7806327	5234668	1882445	689215	
4289041	2212184	3161012	8481845	5763807	2016046	701991	
4606802	2311908	3570000	8841905	6020000	2141905	680000	
5457214	2692767	4113428	9771021	6580947	2468152	721922	
6504842	3024869	4948246	11354283	7636984	2978899	738400	
8170568	3715631	6182721	10243457	9466863	3776637	776594	895119
30.3	28.8	20.9		18.7	3.5	11.8	-15.0
22.3	29.7	17.1		17.6	0.2	20.0	36.8
14.6	27.6	14.6		0.0	6.0	14.8	37.4
5.8	11.4	-10.7		0.5	15.9	28.7	32.4
8.4	7.0	5.1		9.1	25.9	14.2	37.9

8-4 固定资产投资增长速度（按区域分）

单位：%

年 份 Year	全市 Total	福田区 Futian	罗湖区 Luohu	盐田区 Yantian	南山区 Nanshan	大宝安 Original Baoan
1999	18.6	16.2	30.8	27.3	9.0	20.6
2000	18.9	10.7	16.6	5.1	20.4	32.7
2001	1.4	0.5	-16.4	27.9	0.2	9.5
2002	14.8	6.9	4.6	2.1	10.0	24.7
2003	20.4	3.8	11.4	11.5	19.3	48.6
2004	15.1	1.0	-0.3	1.2	19.5	29.4
2005	8.2	-20.6	-13.7	-5.0	15.6	24.6
2006	7.7	-12.2	-8.6	15.7	9.1	14.6
2007	5.6	-5.5	-7.1	16.1	-7.2	15.3
2008	9.1	-5.8	-9.1	3.1	-4.5	21.8
2009	16.5	5.1	6.1	19.4	5.2	25.0
2010	13.8	3.6	7.1	0.1	6.1	18.1
2011	6.0	-0.4	3.3	-2.5	-0.4	10.2
2012	12.3	-7.7	13.9	5.9	9.1	16.3
2013	7.6	3.0	3.6	2.0	5.6	9.2
2014	9.1	9.6	6.7	0.3	26.2	8.6
2015	21.4	29.9	32.4	8.1	52.4	16.9
2016	23.6	27.5	46.4	23.1	40.1	18.1
2017	23.8	24.8	24.2	21.3	23.5	-17.9
2018	20.6	24.1	22.9	3.6	21.6	
2019	18.8	16.1	23.9	10.7	19.4	
2020	8.2	16.5	10.2	12.8	-6.6	
2021	3.7	-0.3	11.6	9.8	1.0	
2022	8.4	7.8	-12.7	8.2	7.3	

GROWTH RATE OF INVESTMENT IN FIXED ASSETS（GROUPED BY DISTRICT）

(%)

宝安区 Baoan	光明区 Guangming	龙华区 Longhua	大龙岗 Original Longgang	龙岗区 Longgang	坪山区 Pingshan	大鹏新区 Dapeng	深汕特别合作区 Shenzhen-Shanwei Special Cooperation Zone
			26.4				
			43.1				
			6.9				
			52.6				
			37.3				
			29.7				
			30.1				
			17.1				
			14.0				
			17.1				
			19.1				
			19.3				
			7.5				
			14.9				
15.4	8.1	2.3	8.7	10.1	7.1	1.9	
7.4	4.5	12.9	4.2	4.4	6.2	-3.1	
18.5	16.5	15.2	10.5	9.3	15.2	6.2	
19.2	12.3	20.3	16.2	16.0	20.7	2.3	
25.6	22.8	24.9	-9.8	24.0	26.8	5.2	11.5
30.3	28.8	20.9		18.7	3.5	11.8	-15.0
22.3	29.7	17.1		17.6	0.2	20.0	36.8
14.6	27.6	14.6		0.0	6.0	14.8	37.4
5.8	11.4	-10.7		0.5	15.9	28.7	32.4
8.4	7.0	5.1		9.1	25.9	14.2	37.9

8-5 固定资产投资额比重（按区域分）

单位：%

年 份 Year	全市 Total	福田区 Futian	罗湖区 Luohu	盐田区 Yantian	南山区 Nanshan	大宝安 Original Baoan
1998	100	37.2	13.6	5.9	23.2	11.6
1999	100	36.4	15.0	6.3	21.3	11.8
2000	100	33.9	14.7	5.6	21.6	13.1
2001	100	33.6	12.1	7.0	21.4	14.2
2002	100	31.3	11.0	6.2	20.5	15.4
2003	100	27.0	10.2	5.8	20.3	19.0
2004	100	23.7	8.8	5.1	21.0	21.4
2005	100	17.4	7.1	4.5	22.5	24.4
2006	100	14.1	6.0	4.8	22.8	26.2
2007	100	12.6	5.3	5.3	20.0	28.6
2008	100	10.9	4.4	5.0	17.5	31.9
2009	100	9.9	4.0	5.1	15.8	34.2
2010	100	9.0	3.8	4.5	14.8	35.5
2011	100	8.4	3.7	4.1	13.9	36.9
2012	100	6.9	3.7	3.9	13.5	38.2
2013	100	6.6	3.6	3.7	13.2	38.8
2014	100	6.7	3.5	3.4	15.3	38.6
2015	100	7.1	3.8	3.0	19.2	37.2
2016	100	7.4	4.5	3.0	21.8	35.5
2017	100	7.3	4.4	2.9	21.3	23.1
2018	100	7.5	4.5	2.5	21.5	
2019	100	7.3	4.7	2.3	21.7	
2020	100	7.9	4.8	2.4	18.7	
2021	100	7.6	5.2	2.6	18.2	
2022	100	7.6	4.2	2.6	18.0	

INVESTMENT IN FIXED ASSETS（GROUPED BY DISTRICT）

(%)

宝安区 Baoan	光明区 Guangming	龙华区 Longhua	大龙岗 Original Longgang	龙岗区 Longgang	坪山区 Pingshan	大鹏新区 Dapeng	深汕特别合作区 Shenzhen-Shanwei Special Cooperation Zone
			8.5				
			9.2				
			11.1				
			11.7				
			15.6				
			17.7				
			20.0				
			24.1				
			26.1				
			28.2				
			30.3				
			31.0				
			32.5				
			33.0				
16.1	8.8	13.4	33.7	22.6	8.1	3.0	
17.2	8.9	12.7	34.1	23.1	8.1	2.8	
17.0	8.5	13.1	32.5	22.2	7.9	2.5	
16.5	8.2	12.5	29.6	20.0	7.5	2.2	
16.0	7.4	12.1	27.8	18.7	7.3	1.8	
15.9	7.2	12.0	19.9	18.4	7.3	1.5	1.7
17.2	7.7	12.1		18.1	6.3	1.4	1.1
17.7	8.4	11.9		18.0	5.3	1.4	1.2
18.7	9.9	12.6		16.6	5.2	1.5	1.6
19.1	10.7	10.9		16.1	5.8	1.9	2.0
19.1	10.5	10.5		16.2	6.8	2.0	2.6

8-6 固定资产投资增长速度（按注册登记类型分）

GROWTH RATE OF INVESTMENT IN FIXED ASSETE (GROUPED BY REGISTRATION)

单位：%　　(%)

年 份 Year	固定资产投资额 Investment in fixed Assets	一、内资 Domestic Funded	1.国有 State-Owned	2.集体 Collective-Owned	3.其他 Others	二、港澳台商投资 Hong Kong Macao and Taiwan Funded	三、外商投资 Foreign Funded
1980	132.4	56.0	66.5	7.4	52.0	1343.1	506.4
1981	115.1	92.1	108.3	23.1	18.1	207.8	38.9
1982	148.5	238.1	261.1	138.3	-44.3	48.2	11.8
1983	46.9	57.7	47.3	212.8	331.8	8.4	60.5
1984	79.6	95.2	85.4	179.6	108.5	-2.0	102.7
1985	71.3	76.8	74.9	64.6	224.9	20.6	65.4
1986	-25.4	-57.9	-70.5	-15.8	60.3	369.5	66.2
1987	14.7	100.2	128.0	44.0	91.3	-77.0	-52.0
1988	52.9	60.3	78.2	5.1	51.5	4.2	-9.3
1989	14.6	11.5	-2.6	-38.7	127.5	34.1	87.4
1990	24.7	8.9	5.1	-14.9	22.9	164.9	153.6
1991	46.4	50.9	38.5	130.5	61.2	13.5	56.8
1992	95.4	83.3	36.0	274.0	115.9	168.8	118.5
1993	39.0	26.3	55.1	-32.0	20.3	80.1	76.8
1994	13.8	8.4	23.3	-21.4	-4.5	21.3	31.8
1995	-2.2	-15.6	-15.5	55.8	-29.0	22.4	24.6
1996	18.7	22.0	29.3	41.3	-0.7	11.3	18.8
1997	20.0	18.9	16.9	6.3	31.3	25.9	16.3
1998	22.2	34.3	21.3	36.6	63.9	-0.3	14.0
1999	18.6	9.7	11.2	4.1	9.2	48.5	16.7
2000	18.9	10.3	15.7	11.2	0.3	37.7	21.1
2001	1.4	6.0	16.2	-2.5	-11.1	-6.8	0.3
2002	14.8	12.1	4.0	12.0	33.9	19.0	17.5
2003	20.4	37.1	30.5	18.3	57.8	-4.8	6.9
2004	15.1	22.1	12.3	-27.3	52.9	-3.5	12.7
2005	8.2	-8.6	-6.3	-17.7	-10.4	78.7	-2.0
2006	7.7	16.6	-0.1	-31.0	44.6	-2.9	-5.8
2007	5.6	31.2	13.8	7.2	48.5	-26.7	-52.7
2008	9.1	17.1	19.6	38.5	14.4	-26.1	19.3
2009	16.5	22.4	47.8	22.0	3.8	-3.6	-22.4
2010	13.8	10.4	13.3	3.5	7.8	32.3	38.4
2011	6.0	10.0	-5.3	22.2	25.9	-20.2	3.7
2012	12.3	11.6	1.2	89.0	15.7	-10.5	71.0
2013	7.6	11.8	3.8	-24.8	20.8	-5.2	-29.8
2014	9.1	9.9	-7.1	28.1	19.4	1.7	4.1
2015	21.4	11.2	5.6	-68.6	18.8	114.7	102.2
2016	23.6	25.1	16.4	-44.6	29.9	35.5	-9.7
2017	23.8	31.9	45.5	11.7	26.8	7.9	-21.9
2018	20.6	25.2	36.7	682.7	16.7	-22.6	30.3
2019	18.8	18.0	38.2	-64.0	10.4	-0.5	75.0
2020	8.2	11.1	13.0	-18.5	10.1	-17.7	-14.3
2021	3.7	1.1	16.8	-0.1	-9.2	49.2	16.0
2022	8.4	8.8	5.4	-1.1	11.8	22.8	-23.0

8-7 固定资产投资增长速度（按国民经济行业分）

GROWTH RATE OF INVESTMENT IN FIXED ASSETS （GROUPED BY NATIONAL ECONOMIC INDUSTRIES）

单位：%　　　　(%)

年 份 Year	合 计 Total	农、林、牧、渔业 Agriculture, Forestry,Animal Husbandry and Fishery	采矿业 Mining	制造业 Manufacturing	电力、热力、燃气及水的生产和供应业 Production and Distribution of Electricity,Heat,Gas and Water	建筑业 Construction	批发和零售业 Wholesale and Retail Trades
1980	132.4	-32.7		502.0	-65.2	98.4	141.0
1981	115.1	9.1		14.0	16.5	-56.9	86.3
1982	148.5	179.8		11.3	5.1	248.6	245.1
1983	46.9	-68.0		82.3	59.0	238.1	52.4
1984	79.6	159.5	-71.8	49.5	2003.3	215.5	110.0
1985	71.3	124.5	199.2	131.9	43.6	143.3	70.2
1986	-25.4	-36.9	29.1	21.7	-71.8	-69.4	-52.5
1987	14.7	33.5		-4.5	71.1	-38.3	-41.4
1988	52.9	25.5		115.6	114.6	106.4	95.3
1989	14.6	-11.3		5.9	-1.0	630.5	-27.6
1990	24.7	-31.4		49.3	454.6	-67.7	-49.1
1991	46.4	43.0		-18.1	3.2	-62.6	102.0
1992	95.4	97.5	-38.4	50.4	22.9	162.7	58.8
1993	39.0	47.3	-46.7	-13.9	53.2	369.3	-27.2
1994	13.8	-2.1		13.6	-19.2	86.3	40.7
1995	-2.2	-40.3		4.7	23.2	-45.3	221.2
1996	18.7	67.1		36.6	30.6	-72.3	66.2
1997	20.0	43.0		65.7	-11.3	103.5	-63.5
1998	22.2	14.5		3.1	-51.3	110.4	43.1
1999	18.6	70.6		60.8	-36.2	20.7	-1.0
2000	18.9	84.1		29.7	56.0	10.0	127.2
2001	1.4	-62.3		-14.1	133.4	-97.2	-32.7
2002	14.8	-33.8	55.2	25.4	13.4	363.9	5.1
2003	20.4	213.4	-49.8	14.4	17.6	1554.7	-42.7
2004	15.1	-81.3	2.1	67.7	94.3	-9.2	173.2
2005	8.2	-70.1	75.9	16.2	96.2		69.0
2006	7.7		-26.3	19.4	2.6		-36.0
2007	5.6		-78.0	7.2	-26.3		29.7
2008	9.1			-11.4	8.0		0.0
2009	16.5	-37.0		-11.5	35.5		-41.2
2010	13.8	938.4		43.6	-13.8		4.3
2011	6.0	-91.2		0.6	-20.1		138.7
2012	12.3	7147.5	-87.2	13.4	0.8	-75.3	8.5
2013	7.6	-24.7		-24.1	-46.5	226.2	-8.0
2014	9.1	-87.2		41.8	36.9	-77.1	30.4
2015	21.4	57.8		12.5	19.6	-62.3	0.6
2016	23.6	-57.2	-76.7	20.3	-4.0	1773.6	-24.8
2017	23.8	-22.2		28.9	61.8		33.7
2018	20.6	-34.9		4.4	24.2		-39.7
2019	18.8	47.8	117.7	8.6	19.7	31.7	-2.3
2020	8.2	74.4	133.7	-5.1	10.4	-100.0	-24.1
2021	3.7	-55.3	48.1	22.5	41.7		29.1
2022	8.4	-97.4	73.0	15.4	16.6		164.0

单位:%

年 份 Year	交通运输、仓储和邮政业 Transportation, Storage and Post Services	住宿和餐饮业 Hotels and Catering Services	信息传输、软件和信息技术服务业 Information Transmission, Software and Information Technology	金融业 Financial Intermediation	房地产业 Real Estate	租赁和商务服务业 Leasing and Business Services
1980	519.0	139.8	163.2	113.9	7.4	
1981	-75.8	86.4	36.5	84.4	438.5	992.4
1982	671.0	245.3	37.0	85.2	184.8	80.2
1983	132.4	52.4	248.7	87.1	64.3	43.0
1984	44.6	110.0	44.6	251.2	195.3	-35.4
1985	117.9	70.2	117.9	186.7	62.6	87.1
1986	-29.9	-52.5	-29.9	44.9	-35.0	-38.6
1987	11.5	-41.4	11.5	-27.5	72.8	-46.5
1988	92.0	95.3	92.0	-95.3	26.8	206.2
1989	92.3	-27.6	92.3	1460.8	-18.8	-26.2
1990	19.4	-49.1	19.4	-94.1	42.4	-20.9
1991	53.6	29.8	53.6	165.2	96.1	291.0
1992	64.3	58.8	64.3	-15.3	181.6	-2.9
1993	21.4	-27.2	21.4	1317.3	32.9	370.5
1994	59.8	40.8	59.8	15.3	14.8	-20.6
1995	-16.8	221.2	-16.8	125.9	-11.4	5.5
1996	18.1	-3.0	18.1	34.2	22.7	-14.9
1997	35.4	-2.7	35.4	-78.2	10.9	66.2
1998	4.5	-35.7	4.5	-51.1	31.5	1.7
1999	-32.4	-2.2	-32.4	59.3	17.8	-13.7
2000	42.5	1.1	42.5		22.2	-6.6
2001	-23.2	-7.3	-23.2		7.6	-21.8
2002	-15.2	-47.6	-15.2		25.3	-36.1
2003	214.3	-94.0	214.3	-39.3	14.9	-64.8
2004	-10.8	6402.1	44.0	13.0	-2.6	74.1
2005	72.5	17.0	-24.0	320.9	-11.4	282.5
2006	32.2	131.7	-37.7	-54.5	7.5	22.1
2007	48.0	-48.5	10.2	27.1	-0.3	-79.3
2008	13.8	125.9	-28.2	329.6	5.3	23.9
2009	39.6	-13.4	79.7	43.0	4.6	397.6
2010	-7.3	-17.7	115.7	114.6	1.9	3.8
2011	-7.9	180.9	10.2	-49.9	21.8	50.6
2012	-24.7	65.5	10.4	328.7	41.2	180.2
2013	67.2	-42.7	-31.2	-27.3	27.8	-20.5
2014	-18.3	51.2	-11.3	1.3	10.0	-49.7
2015	14.9	-33.3	52.1	66.6	21.0	282.2
2016	12.5	-54.8	122.3	4.5	26.0	-11.9
2017	13.8	13.3	-8.4	-22.5	24.2	84.2
2018	14.1	312.9	39.7	19.8	22.6	60.8
2019	23.3	-32.6	12.7	87.5	12.0	34.8
2020	10.5	-26.0	14.5	-4.6	10.6	-25.1
2021	35.5	387.9	-0.4	-35.0	-6.1	-15.6
2022	8.3	-54.8	43.8	17.1	7.4	-17.8

CONTINUED

(%)

科学研究和技术服务业 Scientific Research and Technical Services	水利、环境和公共设施管理业 Management of Water Conservancy, Environment and Public Facilities	居民服务、修理和其他服务业 Services to Households, Repair and Other Services	教育 Education	卫生和社会工作 Health and Social Work	文化、体育和娱乐业 Culture, Sports and Entertainment	公共管理、社会保障和社会组织 Public Management, Social Security and Social Organizations
41.7	64.5					57.7
105.5	993.3	1004.1	94.4	17.8	95.8	16.6
41.2	82.3	80.2	156.9	140.2	791.0	418.1
33.6	43.3	42.9	-10.0	111.4	1.5	28.6
154.9	-36.0	-35.4	718.8	103.0	24.4	31.1
0.7	87.4	87.2	-1.1	178.3	24.5	19.0
22.9	-37.9	-38.6	30.0	-53.3	26.5	4.1
61.0	20.1	-46.5	-45.9	-11.5	-27.7	-10.5
27.6	34.7	206.1	2.3	44.6	-19.9	79.5
2.5	-23.0	-26.2	125.3	21.9	345.8	10.5
0.0	-2.7	-20.9	-30.6	-20.5	-44.3	-51.4
93.0	222.2	291.0	42.5	408.2	61.8	43.1
-8.5	5.4	-2.9	11.2	-26.2	45.4	52.3
11.5	315.5	370.5	-3.3	55.6	-25.4	-35.0
14.8	-18.6	-20.6	36.1	2.4	-0.2	143.3
11.6	11.5	5.5	67.4	42.5	46.9	78.1
38.0	-11.8	-14.9	43.3	4.8	10.3	20.3
-19.9	71.3	-13.3	91.2	28.7	9.2	-0.3
7.8	73.7	-24.3	22.0	73.6	-6.5	9.3
45.7	42.5	-59.5	10.0	0.5	59.0	5.4
52.7	-19.7	-12.6	10.9	6.1	-15.1	76.7
49.9	10.5	-52.3	-2.1	-15.4	58.7	-21.4
-38.4	-13.5	11.8	13.7	-25.4	-10.6	-5.5
-27.2	-27.2	-48.9	11.7	-30.6	70.8	6.1
86.1	57.5	-44.8	11.4	143.7	-9.5	0.4
-33.4	9.6		-14.7	13.9	-23.5	37.6
-13.9	-7.5		-4.3	-43.5	-3.7	-56.8
17.2	-35.7	2056.7	-29.5	62.2	1.6	333.7
676.0	136.5	256.0	-21.5	25.0	86.0	-37.4
-9.6	31.2	20.0	76.5	145.1	31.8	87.3
90.0	60.9	-92.2	160.1	2.0	31.4	-38.1
-46.9	12.5	347.6	48.7	-7.1	-21.9	-33.2
-20.8	-28.6	89.6	1.6	22.9	-41.9	44.3
41.0	-15.6	13.0	-44.4	-1.5	-0.9	-59.1
62.5	27.5	15.8	16.2	-29.1	-43.9	-29.3
86.4	4.0	116.4	37.0	149.2	33.8	-65.3
15.2	42.9	-19.3	79.3	-13.0	88.4	275.7
28.1	52.4	-9.9	28.5	48.5	-37.1	120.2
-16.1	28.1	-88.8	33.8	14.4	82.5	22.2
24.7	45.2	167.8	47.0	22.7	21.4	-1.5
-54.5	4.7	113.5	66.6	94.4	30.1	28.0
89.4	-25.1	-21.5	39.2	18.6	66.7	12.3
-15.0	-9.9	-16.5	-13.0	64.1	22.9	6.4

8-8 固定资产投资额比重（按注册登记类型分）
INVESTMENT IN FIXED ASSETS（GROUPED BY REGISTRATION）

单位：% (%)

年 份 Year	固定资产投资额 Investment in Fixed Assets	一、内资 Domestic Funded	1.国有 State-owned	2.集体 Collective-owned	3.其他 Others	二、港澳台商投资 Hongkong Macao and Taiwan Funded	三、外商投资 Foreign Funded
1979	100	90.8	69.2	14.5	7.1	4.2	5.0
1980	100	60.9	49.6	6.7	4.6	25.9	13.1
1981	100	54.4	48.0	3.8	2.5	37.1	8.5
1982	100	74.1	69.8	3.7	0.6	22.1	3.8
1983	100	79.5	70.0	7.8	1.7	16.3	4.2
1984	100	86.4	72.3	12.2	1.9	8.9	4.7
1985	100	89.2	73.8	11.7	3.7	6.3	4.5
1986	100	50.4	29.2	13.2	7.9	39.5	10.1
1987	100	87.8	58.0	16.6	13.2	7.9	4.2
1988	100	92.1	67.6	11.4	13.1	5.4	2.5
1989	100	89.6	57.4	6.1	26.0	6.3	4.1
1990	100	78.2	48.4	4.2	25.7	13.4	8.4
1991	100	80.7	45.8	6.5	28.3	10.4	9.0
1992	100	75.7	31.9	12.5	31.2	14.3	10.0
1993	100	68.7	35.6	6.1	27.0	18.5	12.7
1994	100	65.5	38.6	4.2	22.7	19.7	14.8
1995	100	56.5	33.3	6.7	16.5	24.7	18.8
1996	100	58.0	36.3	8.0	13.8	23.2	18.8
1997	100	57.5	35.3	7.1	15.1	24.3	18.2
1998	100	63.2	35.1	7.9	20.2	19.8	17.0
1999	100	58.5	32.9	7.0	18.6	24.8	16.7
2000	100	54.2	32.0	6.5	15.7	28.8	17.0
2001	100	56.7	36.7	6.3	13.8	26.4	16.8
2002	100	55.4	33.2	6.1	16.0	27.4	17.2
2003	100	63.1	36.0	6.0	21.0	21.7	15.3
2004	100	66.9	35.1	3.8	27.9	18.2	15.0
2005	100	56.5	30.4	2.9	23.1	30.0	13.6
2006	100	61.1	28.2	1.9	31.0	27.0	11.9
2007	100	76.0	30.4	1.9	43.6	18.7	5.3
2008	100	81.5	33.4	2.4	45.6	12.7	5.8
2009	100	85.6	42.3	2.5	40.8	10.5	3.9
2010	100	83.1	42.2	2.3	38.6	12.2	4.7
2011	100	86.2	37.7	2.6	45.9	9.2	4.6
2012	100	85.7	33.9	4.4	47.3	7.3	7.0
2013	100	89.0	32.8	3.1	53.1	6.5	4.6
2014	100	89.6	27.9	3.6	58.1	6.0	4.4
2015	100	82.3	31.0	2.9	48.4	11.5	6.1
2016	100	83.0	22.8	0.4	59.8	11.7	5.3
2017	100	86.7	26.3	0.4	60.0	10.0	3.3
2018	100	90.0	29.9	2.0	58.1	6.4	3.6
2019	100	89.4	34.8	0.6	54.0	5.4	5.2
2020	100	91.8	36.3	0.5	55.0	4.1	4.2
2021	100	89.5	40.9	0.4	48.1	5.9	4.6
2022	100	89.9	39.8	0.4	49.6	6.7	3.3

8-9 固定资产投资资金来源增长速度

GROWTH RATE OF INVESTMENT IN FIXED ASSETS BY SOURCE OF FUNDS AND STRUCTRUE OF INVESTMENT

单位：% (%)

年 份 Year	财务拨款额 Financial Appropriation	国家预算资金 State and Local Budget	国内贷款 Domestic Loans	债券 Securities	利用外资 Foreign Investment	自筹资金 Self-raising Funds	其他资金 Others
1991	17.3	-24.1	67.4		-24.8	16.8	53.4
1992	31.2	-75.0	19.9		-29.3	74.9	41.5
1993	61.2		6.6		78.9	81.8	78.4
1994	7.1		-28.6	-50.9	12.0	23.2	-4.5
1995	4.8		-4.7		31.9	9.6	-38.8
1996	9.7		13.5		40.7	2.4	-4.9
1997	33.1		-17.1		61.1	38.2	-22.0
1998	5.7		22.5		-75.4	34.9	32.0
1999	18.6	930.7	52.7		74.3	6.3	57.8
2000	5.1	-51.5	-27.8		-18.6	15.7	-8.4
2001	4.4	178.1	70.0		-27.0	1.8	-53.6
2002	4.7	-89.1	5.9		106.4	2.1	-32.9
2003	40.5	-19.5	50.4		10.6	40.6	133.7
2004	33.0	420.5	45.3	-34.0	53.3	23.4	210.0
2005	19.4	309.0	39.6		55.1	13.3	-45.9
2006	18.0	-67.8	49.1		47.8	8.8	-32.0
2007	-1.0	92.0	29.8	97.8	7.3	-20.7	277.3
2008	157.1	-90.0	128.7	37.1	-21.6	177.5	732.5
2009	13.4	1271.3	13.3	37.2	-35.9	8.2	42.3
2010	5.2	-11.5	-7.9	-7.8	-19.3	14.3	3.0
2011	8.9	-48.7	5.6		-38.5	21.6	-17.2
2012	12.2	7568.1	-12.8		48.9	-3.2	17.8
2013	24.6	-5.2	35.7		9.3	9.5	90.5
2014	-1.8	21.9	4.2		-41.9	7.8	-33.4
2015	54.3	4.6	45.4		-60.3	37.9	160.9
2016	4.6	4.2	13.4	178.8	-89.0	-3.3	12.3
2017	3.8	73.3	37.2	-65.9	1686.6	-11.3	-18.0
2018	17.7	27.3	-0.4	1636.8	-32.7	21.8	27.0
2019	13.9	38.7	-4.4	54.6	-77.4	5.8	30.2
2020	9.7	14.2	13.6	-27.6	96.2	9.5	5.4
2021	20.6	15.2	6.8	-59.9	-70.3	18.6	37.8
2022	-6.2	6.9	-17.7	176.6	452.1	19.7	-34.4

注：1991年及以后的资金来源为财务拨贷款数，各项相加不等于投资总额；从2012年定报开始，资金来源中的“国家预算内资金”改为“国家预算资金”，包括中央预算资金和地方预算资金，口径有所扩大；2018年资金来源不含5000万元以下项目。

Note: Source of funds for investment since 1991 refers to financial appropriations, which do not add up to total investment.Since 2012,state budget is changed to state and local budget.Since 2018, sources of funds for Investment do not include projects under 50 million yuan.

8-10 各区按登记注册类型分固定资产投资增长速度（2022年）

GROWTH RATE OF INVESTMENT IN FIXED ASSETS BY STATUS OF REGISTRATION AND DISTRICT（2022）

单位：% (%)

地 区	District	总计 Total	一、内资 Funded	1.国有 State-owned	2.集体 Collective-owned	3.其他 Others	二、港澳台商投资 Hongkong Macao and Taiwan Funded	三、外商投资 Foreign Funded
全市总计	**Total**	**8.4**	**8.8**	**5.4**	**-1.1**	**11.8**	**22.8**	**-23.0**
福田区	Futian	7.8	6.3	5.9	100.6	6.5	112.5	20.2
罗湖区	Luohu	-12.7	-5.1	35.2		-46.4	-38.4	-84.3
盐田区	Yantian	8.2	8.5	33.7	-18.4	-13.4	10.4	-72.5
南山区	Nanshan	7.3	8.7	-19.3		37.3	29.4	-66.4
宝安区	Baoan	8.4	3.7	11.5	167.3	0.1	65.3	73.6
龙岗区	Longgang	9.1	12.9	10.2		15.0	-66.8	-29.6
龙华区	Longhua	5.1	4.6	34.7	-65.3	-11.6	17.3	-3.6
坪山区	Pingshan	25.9	23.2	-7.2		61.6	129.1	21.1
光明区	Guangming	7.0	18.4	7.3	-68.7	33.0	43.5	-58.1
大鹏新区	Dapeng	14.2	14.8	-18.2		54.2	-23.8	515.8
深汕特别合作区	Shenzhen-Shanwei Special Cooperation Zone	37.9	38.1	48.3		26.0	4.1	

8-11 各区按主要行业分固定资产投资增长速度（2022年）

GROWTH RATE OF INVESTMENT IN FIXED ASSETS IN BY DISTRICT AND SECTOR（2022）

单位：% (%)

地区	District	合计 Total	农、林、牧、渔业 Agriculture, Forestry, Animal Husbandry and Fishery	采矿业 Mining	制造业 Manu-facturing	电力、热力、燃气及水的生产和供应业 Production and Distribution of Electricity,Heat, Gas and Water	建筑业 Construction	批发和零售业 Wholesale and Retail Trades
全市总计	**Total**	**8.4**	**-97.4**	**73.0**	**15.4**	**16.6**		**164.0**
福田区	Futian	7.8			5.6	19.9		-44.1
罗湖区	Luohu	-12.7			811.9	-34.6		-61.4
盐田区	Yantian	8.2			86.5	-54.0		316.5
南山区	Nanshan	7.3		73.0	17.1	63.7		487.1
宝安区	Baoan	8.4			7.0	3.1		157.3
龙岗区	Longgang	9.1	-97.4		46.8	3.2		-38.2
龙华区	Longhua	5.1			28.7	25.8		301.9
坪山区	Pingshan	25.9			25.8	-38.8		550.0
光明区	Guangming	7.0			-33.0	136.8		12.2
大鹏新区	Dapeng	14.2			23.3	48.5		
深汕特别合作区	Shenzhen-Shanwei Special Cooperation Zone	37.9			153.4	-0.2		

8-11 续表1 CONTINUED

单位：%　　　　　　　　　　　　　　　　　　　　　　　　　　　　　　　　　　　　　(%)

地 区	District	交通运输、仓储和邮政业 Transport, Storage and Post	住宿和餐饮业 Hotels and Catering Services	信息传输、软件和信息技术服务业 Information Transmission, Software and Information Technology	金融业 Financial Interme-diation	房地产业 Real Estate	租赁和商务服务业 Leasing and Business Services	科学研究和技术服务业 Scientific Research and Technical Services
全市总计	**Total**	**8.3**	**-54.8**	**43.8**	**17.1**	**7.4**	**-17.8**	**-15.0**
福田区	Futian	-34.5	13.2	26.0	-30.2	13.2	90.4	-25.0
罗湖区	Luohu	38.3		577.6		-16.1	-100.0	-105.4
盐田区	Yantian	31.6	-64.5	2937.3		-6.7	273.1	-74.1
南山区	Nanshan	90.6	13.4	-11.5	51.2	-9.3	-45.6	-28.4
宝安区	Baoan	-8.9	-89.8	177.4	59.8	23.2	-76.3	-55.8
龙岗区	Longgang	-9.0	428.4	30.4	-22.9	11.2	197.3	187.6
龙华区	Longhua	33.1	-34.9	12.4		-4.4	-0.5	68.8
坪山区	Pingshan	-21.5		-54.9		83.0	-0.7	-78.3
光明区	Guangming	-7.9	-28.3	30.0		30.8	-76.8	-28.0
大鹏新区	Dapeng	408.8	-60.4	-47.9		-25.1		-39.3
深汕特别合作区	Shenzhen-Shanwei Special Cooperation Zone	68.9		213.2		-21.7	-98.2	

8-11 续表2 CONTINUED

单位：% (%)

地 区 District		水利、环境和公共设施管理业 Management of Water Conservancy, Environment and Public Facilities	居民服务、修理和其他服务业 Services to Households, Repair and Other Services	教育 Education	卫生和社会工作 Health and Social Work	文化、体育和娱乐业 Culture, Sports and Entert-ainment	公共管理、社会保障和社会组织 Public Management, Social Security and Social Organizations
全市总计	**Total**	**-9.9**	**-16.5**	**-13.0**	**64.1**	**22.9**	**6.4**
福田区	Futian	8.1	113.0	-36.2	105.5	-0.3	-19.4
罗湖区	Luohu	-48.4	-100.0	21.2	-246.3	39.6	-65.7
盐田区	Yantian	17.8	-100.0	-21.4	91.0	-82.2	-76.8
南山区	Nanshan	-5.4	-47.4	-34.8	19.0	-38.2	-24.1
宝安区	Baoan	-18.5		-27.5	115.3	-52.1	-83.4
龙岗区	Longgang	-26.7	-31.8	-21.1	57.7	20.9	151.3
龙华区	Longhua	-19.3	22.6	10.3	67.4	28.2	-17.0
坪山区	Pingshan	-9.2		5.3	70.1	1456.9	87.2
光明区	Guangming	7.4		2.1	42.4	199.2	246.3
大鹏新区	Dapeng	-11.6		37.4	49.8	361.0	-46.6
深汕特别合作区	Shenzhen-Shanwei Special Cooperation Zone	11.3	-100.0	92.0		-9.5	141.4

8-12 国有经济固定资产投资主要指标（2018-2022年）
MAIN INDICATORS OF INVESTMENT IN FIXED ASSETS OF STATE -OWNED ECONOMY（2018-2022）

单位：亿元 (100 million yuan)

项目	Item	2018	2019	2020	2021	2022
建设项目个数（个）	**Number of Projects(unit)**					
施工项目	Projects under Construction	2218	1926	1255	3633	3770
全部建成投产项目	Projects Completed and Put into Use	451	922	240	1001	844
投资总额	**Total Investment**	**1850.56**	**2557.73**	**2891.07**	**3376.26**	**3559.19**
#住宅	Residential Buildings	70.63	137.15	165.86	254.38	476.77
按构成分	Grouped by Structure of Investment					
建筑安装工程	Construction and Installation	1202.11	1798.71	2134.24	2324.53	2338.17
设备工具器具购置	Purchase of Equipment and Instruments	116.55	114.28	171.33	280.23	267.81
其他费用	Others	531.90	644.75	585.51	771.50	953.25
按建设性质分	Grouped by Type of Construction					
#新建	New Construction	1709.91	2356.39	2561.47	3011.81	3197.87
#扩建	Expansion	44.76	90.05	144.10	135.61	135.86
#改建	Reconstruction	77.57	90.71	161.89	187.52	181.06
按资金来源分	Grouped by Source of Funds	1462.36	2067.41	1964.11	2976.21	2603.93
国家预算资金	State and Local Budget	836.33	1072.09	1202.77	1520.98	1619.99
国内贷款	Domestic Loans	219.09	259.09	302.22	538.43	469.61
利用外资	Foreign Investment					0.15
自筹资金	Self-raising Funds	363.87	485.33	348.72	654.03	349.94
其他资金	Others	43.06	250.91	110.40	262.77	164.23
新增固定资产	**Newly IncreasedFixed Assets**	**331.81**	**533.26**	**367.76**	**677.07**	**744.45**
房屋建筑面积（万平方米）	Floor Space of Buildings(10 000 sq.m)					
施工面积	Floor Space under Construction	1923.44	2270.36	834.83	966.24	1183.70
竣工面积	Floor Space Completed	22.68	97.41	41.61	30.54	48.42
#住宅	Residential Buildings	0.05	14.01	20.43	13.42	7.90

注：建设项目个数不含房地产开发部分。
Note: Number of projects exclude real estate development.

8-13 各区按构成和建设性质分城镇固定资产投资增长速度（2022年）
GROWTH RATE OF INVESTMENT IN FIXED ASSETS IN URBAN AREA BY COMPOSITION OF FUNDS, TYPE OF CONSTRUCTION AND DISTRICT（2022）

单位：%　　(%)

地区 District		投资额 Total Investment	按构成分 By Composition of Funds			按建设性质分 By Type of Construction		
			建筑安装工程 Construction and Installation	设备、工器具购置 Purchase of Equipment and Instruments	其他费用 Others	#新建 New Construction	#扩建 Expansion	#改建、技术改造 Reconstruction and Technological Transformation
全市总计	**Total**	**8.4**	**2.2**	**-3.6**	**24.0**	**11.4**	**-7.2**	**-5.7**
福田区	Futian	7.8	2.6	-10.9	26.2	17.6	1.8	-9.5
罗湖区	Luohu	-12.7	0.8	-91.1	4.0	-5.4	42.3	94.1
盐田区	Yantian	8.2	0.2	40.5	13.7	12.4	20.0	-58.3
南山区	Nanshan	7.3	5.7	-1.6	11.8	18.7	-42.2	-3.1
宝安区	Baoan	8.4	-6.9	-20.8	50.0	15.3	-22.3	-18.8
龙岗区	Longgang	9.1	0.2	215.2	-34.5	10.8	-45.8	11.5
龙华区	Longhua	5.1	5.1	-0.1	6.4	7.5	-24.0	-9.6
坪山区	Pingshan	25.9	16.4	-4.7	103.2	34.1	29.4	5.9
光明区	Guangming	7.0	-0.5	-36.8	44.8	9.3	52.6	-8.2
大鹏新区	Dapeng	14.2	-10.8	197.3	82.7	12.4	49.0	22.9
深汕特别合作区	Shenzhen-Shanwei Special Cooperation Zone	37.9	39.0	99.0	25.4	25.7	157.3	84.8

8-14 房屋施工建筑面积
FLOOR SPACE OF BUILDINGS UNDER CONSTRUCTION

单位：万平方米 (10 000 sq.m)

年 份 Year	合 计 Total	非房地产开发项目 Non-Real Estate Development	房地产开发项目 Real Estate Development
1979	29.26	29.26	
1980	52.36	52.36	
1981	96.88	96.88	
1982	250.71	250.71	
1983	368.40	368.40	
1984	644.59	644.59	
1985	1030.94	1030.94	
1986	940.39	771.29	
1987	887.21	642.48	
1988	1161.77	888.29	
1989	1088.02	926.36	
1990	848.65	408.71	304.62
1991	1257.19	533.66	467.82
1992	1813.80	532.45	950.06
1993	2319.40	566.70	1396.44
1994	2733.59	704.15	1298.82
1995	2733.59	951.68	1371.06
1996	2878.53	965.41	1495.27
1997	2775.82	847.14	1454.17
1998	3218.81	862.96	1656.65
1999	3369.43	829.19	1834.13
2000	3591.22	790.57	2134.95
2001	4137.47	977.07	2392.77
2002	4467.16	861.88	2776.29
2003	5567.66	1277.01	2838.22
2004	5856.65	2177.17	3120.25
2005	4841.55	1624.60	3058.90
2006	4512.66	1204.30	3122.10
2007	4184.86	920.16	3149.56
2008	4619.53	1116.83	3276.30
2009	5257.21	2144.85	3112.36
2010	5178.84	2238.90	2939.94
2011	5162.10	2286.12	2875.98
2012	5259.50	2042.81	3216.69
2013	6308.89	2305.40	4003.49
2014	6249.70	1757.52	4492.18
2015	7010.06	2031.65	4978.41
2016	6677.50	1503.51	5173.99
2017	7560.49	1851.16	5709.34
2018	9216.78	2469.09	6747.69
2019	10370.79	2403.29	7967.50
2020	9661.44		9661.44
2021	10497.10		10497.10
2022	10950.04		10950.04

8-15 房屋竣工建筑面积
FLOOR SPACE OF BUILDINGS COMPLETED

单位：万平方米 (10 000 sq.m)

年 份 Year	合 计 Total	非房地产开发项目 Non-Real Estate Development	房地产开发项目 Real Estate Development
1979	13.01	13.01	
1980	34.63	34.63	
1981	54.59	54.59	
1982	92.67	92.67	
1983	146.86	146.86	
1984	266.63	266.63	
1985	320.94	320.94	
1986	453.07	453.07	
1987	464.69	464.69	
1988	567.38	567.38	
1989	563.01	563.01	
1990	383.42	250.01	133.41
1991	539.20	388.76	150.44
1992	682.29	483.89	198.40
1993	781.07	499.61	281.46
1994	783.62	472.52	311.10
1995	838.46	526.91	311.55
1996	964.52	570.20	394.32
1997	942.91	615.87	327.04
1998	1211.89	748.58	463.31
1999	1267.00	764.85	502.15
2000	1287.21	655.16	632.05
2001	1526.90	798.93	727.97
2002	1668.25	776.01	892.24
2003	2228.44	1208.13	1020.31
2004	2155.82	1143.43	1012.39
2005	1488.86	543.08	945.78
2006	1184.00	335.11	848.89
2007	905.56	269.54	636.02
2008	877.18	247.45	629.73
2009	712.58	310.57	402.01
2010	692.70	348.27	344.43
2011	962.10	637.10	325.00
2012	815.47	389.72	425.75
2013	895.76	542.21	353.55
2014	954.77	529.46	425.31
2015	818.86	458.65	360.21
2016	587.81	97.78	490.03
2017	351.23	66.17	285.06
2018	366.40	104.84	261.56
2019	650.97	78.86	572.11
2020	640.88		640.88
2021	675.31		675.31
2022	740.85		740.85

8-16 竣工房屋价值
VALUE OF BUILDINGS COMPLETED

单位：万元 （10 000 yuan）

年份 Year	合计 Total	非房地产开发项目 Non-Real Estate Development	房地产开发项目 Real Estate Development
1979	1207	1207	
1980	4607	4607	
1981	9189	9189	
1982	20865	20865	
1983	37164	37164	
1984	79318	79318	
1985	103970	103970	
1986	157701	157701	
1987	151670	151670	
1988	348453	348453	
1989	276535	276535	
1990	210323	143647	66676
1991	308940	209291	99649
1992	601150	441123	160027
1993	640545	402632	237913
1994	784100	450155	333945
1995	1343491	589564	753927
1996	1825063	689196	1135867
1997	1745964	831798	914166
1998	2416223	951213	1465010
1999	2670993	1196580	1474413
2000	2955291	895867	2059424
2001	2795702	1029008	1766694
2002	3601624	992766	2608858
2003	4260940	1578186	2682754
2004	3421757	1121432	2300325
2005	3632843	673980	2958863
2006	3594969	419621	3175348
2007	2933541	523025	2410516
2008	2862722	206362	2656360
2009	2993216	585173	2408043
2010	2663742	573198	2090544
2011	3340401	1731089	1609312
2012	3384230	788002	2596228
2013	4851340	2101465	2749875
2014	3858122	1110096	2748026
2015	4238203	1222205	3015998
2016	4166251	546280	3619971
2017	3040094	255529	2784565
2018	3895487	371728	3523759
2019	9613925	476682	9137243
2020	8102754		8102754
2021	9044284		9044284
2022	10973035		10973035

8-17 住宅施工建筑面积

FLOOR SPACE OF RESIDENTIAL HOUSING UNDER CONSTRUCTION

单位：万平方米 (10 000 sq.m)

年份 Year	合计 Total	非房地产开发项目 Non-Real Estate Development	房地产开发项目 Real Estate Development
1979	13.41	13.41	
1980	27.81	27.81	
1981	43.34	43.34	
1982	128.30	128.30	
1983	156.68	156.68	
1984	258.52	258.52	
1985	362.70	362.70	
1986	366.59	366.59	
1987	339.69	339.69	
1988	447.03	447.03	
1989	434.43	434.43	
1990	393.02	200.87	192.15
1991	630.97	351.97	279.00
1992	1040.81	439.71	601.10
1993	1302.24	392.73	909.51
1994	1344.78	475.92	868.86
1995	1443.75	599.55	844.20
1996	1474.14	533.53	940.61
1997	1365.44	399.26	966.18
1998	1866.76	719.79	1146.97
1999	1944.88	589.26	1355.62
2000	2059.39	482.50	1576.89
2001	2261.63	471.14	1790.49
2002	2575.33	450.47	2124.86
2003	2824.41	751.52	2072.89
2004	2944.42	686.74	2257.68
2005	2343.55	190.97	2152.58
2006	2292.72	135.33	2157.39
2007	2302.93	125.15	2177.78
2008	2487.73	277.37	2210.36
2009	2490.16	402.69	2087.47
2010	2510.02	484.88	2025.14
2011	2252.60	286.97	1965.63
2012	2547.67	440.08	2107.59
2013	3067.52	459.23	2608.29
2014	3165.22	295.22	2870.00
2015	3343.16	186.17	3156.99
2016	3195.56	116.28	3079.28
2017	3076.68	87.26	2989.42
2018	3453.99	3.67	3450.31
2019	3994.33	33.99	3960.34
2020	4793.00		4793.00
2021	5323.28		5323.28
2022	5735.52		5735.52

8-18 住宅竣工建筑面积
FLOOR SPACE OF RESIDENTIAL HOUSING COMPLETED

单位：万平方米 （10 000 sq.m）

年 份 Year	合 计 Total	非房地产开发项目 Non-Real Estate Development	房地产开发项目 Real Estate Development
1979	5.26	5.26	
1980	17.85	17.85	
1981	23.41	23.41	
1982	45.57	45.57	
1983	62.42	62.42	
1984	123.76	123.76	
1985	139.31	139.31	
1986	197.15	197.15	
1987	199.09	199.09	
1988	245.10	245.10	
1989	236.98	236.98	
1990	204.77	120.37	84.40
1991	305.17	213.95	91.22
1992	416.31	285.41	130.90
1993	440.36	243.61	196.75
1994	438.83	232.33	206.50
1995	485.23	268.85	216.38
1996	565.86	315.35	250.51
1997	512.24	269.05	243.19
1998	729.48	373.18	356.30
1999	800.60	388.14	412.46
2000	755.59	231.04	524.55
2001	852.58	279.37	573.21
2002	1000.19	301.87	698.32
2003	1290.61	473.99	816.62
2004	1245.59	473.39	772.20
2005	781.54	77.10	704.44
2006	627.31	45.44	581.87
2007	507.71	70.57	437.14
2008	519.72	75.95	443.77
2009	415.18	145.64	269.54
2010	376.03	124.92	251.11
2011	283.34	50.68	232.66
2012	310.85	21.45	289.40
2013	229.38	33.05	196.33
2014	336.24	66.98	269.26
2015	206.60	4.23	202.37
2016	302.26	21.62	280.64
2017	183.89	0.10	183.79
2018	125.16	0.25	124.91
2019	303.76		303.76
2020	341.00		341.00
2021	377.45		377.45
2022	390.25		390.25

8-19 住宅竣工价值
VALUE OF RESIDENTIAL HOUSING COMPLETED

单位：万元　　　　（10 000 yuan）

年 份 Year	合 计 Total	非房地产开发项目 Non-Real Estate Development	房地产开发项目 Real Estate Development
1979	449	449	
1980	2440	2440	
1981	4322	4322	
1982	9873	9873	
1983	15043	15043	
1984	37418	37418	
1985	38341	38341	
1986	54880	54880	
1987	46707	46707	
1988	88625	88625	
1989	109242	109242	
1990	105056	54141	50915
1991	180594	97555	83039
1992	256111	126101	130010
1993	351941	183002	168939
1994	432365	197797	234568
1995	754577	256370	498207
1996	918088	320698	597390
1997	879347	280726	598621
1998	1426708	381849	1044859
1999	1604378	413281	1191097
2000	2023916	295545	1728371
2001	1768793	360468	1408325
2002	2317417	256691	2060726
2003	2718868	573862	2145006
2004	2140997	349310	1791687
2005	2249795	105330	2144465
2006	2166187	35346	2130841
2007	1782456	126881	1655575
2008	2859458	403511	2455947
2009	1954702	174664	1780038
2010	1809542	145208	1664334
2011	1304387	140743	1163644
2012	1731885	41786	1690099
2013	1624371	112366	1512005
2014	2098830	182101	1916729
2015	1710751	12941	1697810
2016	2240657	44430	2196227
2017	1707425	180	1707245
2018	1926382	1200	1925182
2019	6133752	298	6133454
2020	4646903		4646903
2021	6021542		6021542
2022	6227948		6227948

8-20 固定资产投资完成情况主要指标增长速度（2018-2022年）

GROWTH RATE OF MAIN INDICATORS OF INVESTMENT IN FIXED ASSETS（2018-2022）

单位：% (%)

指标	Indicators	2018	2019	2020	2021	2022
一、计划总投资及项目个数	**Total Planned Investment and Project Number**					
1．计划总投资	Total Planned Investment	27.0	22.8	15.2	21.8	17.9
其中：本年新开工项目	New Projects under Construction in Current Year	92.4	-12.2	9.3	26.7	-12.9
2．施工项目个数（个）	Number of Projects under Construction(unit)	17.3	28.5	13.1	20.1	-2.5
其中：本年新开工（个）	Newly Started Projects of the Year(unit)	4.2	23.2	9.3	9.8	13.7
本年投产项目个数（个）	Number of Projects Put into Use in Current Year	8.7	97.0	2.0	-4.8	-23.5
二、本年完成投资	**Investment Completed in Current Year**	**20.6**	**18.8**	**8.2**	**3.7**	**8.4**
（一）按登记注册类型分组	Grouped by Registration Status					
1．内资	Domestic-funded	25.2	18.0	11.1	1.1	8.8
国有经济	State-owned	36.7	38.2	13.0	16.8	5.4
集体经济	Collective-owned	682.7	-64.0	-18.5	-0.1	-1.1
其他内资经济	Others	16.7	10.4	10.1	-9.2	11.8
2．港澳台商投资	Funds from Hong Kong,Macao and Taiwan	-22.6	-0.5	-17.7	49.2	22.8
3．外商投资	Foreign-funded	30.3	75.0	-14.3	16.0	-23.0
（二）按建设性质分	Grouped by Type of Construction					
#新建	New Construction	20.3	18.8	7.4	-0.5	11.4
#扩建	Expansion	-14.4	20.1	49.6	17.5	-7.2
#改建和技术改造	Reconstruction and Technical Reconstruction	63.7	14.5	17.8	25.7	-5.7
（三）按构成分	Grouped by Use of Funds					
1．建筑安装工程	Construction and Installation	10.6	18.5	7.8	9.5	2.2
2．设备工器具购置	Purchase of Equipment and Instruments	10.5	1.6	-0.4	40.4	-3.6
3．其他费用	Other Expenses	45.1	25.1	11.1	-13.4	24.0
（四）按主要产业分	Grouped by Major Industries					
1．第一产业	Primary Industry	-91.3	1000.6	3.5	-24.6	-97.4
2．第二产业	Secondary Industry	7.0	12.6	0.9	27.2	19.3
#工业合计	Total Industries	8.2	11.5	0.5	27.1	19.2
3．第三产业	Tertiary Industry	23.4	19.9	9.4	0.0	6.2
（五）按国民经济行业分	Grouped by Economic Sector					
农、林、牧、渔业	Agriculture,Forestry,Animal Husbandry and Fishery	-34.9	47.8	74.4	-55.3	-97.4
采矿业	Mining		117.7	133.7	48.1	73.0
制造业	Manufacturing	4.4	8.6	-5.1	22.5	15.4
电力、燃气及水的生产和供应业	Production and Supply of Electric Power,Gas and Water	24.2	19.7	10.4	41.7	16.6
建筑业	Construction		31.7	-100.0		

注： 1. 计划总投资项目个数不含房地产开发部分。
Notes: The data of total planned investment and project number exclude the data of real estate development.
2. 2018年起，数据为比上年增长数据。
From 2018,The data in the table is the increase over the previous year.

8-20 续表 CONTINUED

单位：% (%)

指标	Indicators	2018	2019	2020	2021	2022
批发和零售业	Wholesale and Retail Trades	14.1	-2.3	-24.1	29.1	164.0
交通运输、仓储和邮政业	Transport,Storage and Postal Services	39.7	23.3	10.5	35.5	8.3
住宿与饮食业	Hotels and Catering Services	-39.7	-32.6	-26.0	387.9	-54.8
信息传输、软件和信息技术服务业	Information Transmission, Software and Information Technology	312.9	12.7	14.5	-0.4	43.8
金融业	Financial Intermediation	19.8	87.5	-4.6	-35.0	17.1
房地产业	Real Estate	22.6	12.0	10.6	-6.1	7.4
租赁和商务服务业	Leasing and Business Services	60.8	34.8	-25.1	-15.6	-17.8
科学研究和技术服务业	Scientific Research and Technical Services	-16.1	24.7	-54.5	89.4	-15.0
水利、环境和公共设施管理业	Management of Water Conservancy,Environment and Public Facilities	28.1	45.2	4.7	-25.1	-9.9
居民服务、修理和其他服务业	Services to Households, Repair and Other Services	-88.8	167.8	113.5	-21.5	-16.5
教育	Education	33.8	47.0	66.6	39.2	-13.0
卫生和社会工作	Health and Social Work	14.4	22.7	94.4	18.6	64.1
文化、体育和娱乐业	Culture,Sports and Recreation	82.5	21.4	30.1	66.7	22.9
公共管理、社会保障和社会组织	Public Management,Social Security and Social Organizations	22.2	-1.5	28.0	12.3	6.4
国际组织	International Organizations					
三、房屋面积	**Floor Space**					
本年施工房屋面积(万平方米)	Floor Space of Buildings Under Construction in Current Year(10 000sq.m)	21.9	12.5	21.3	8.6	4.3
其中：住宅(万平方米)	Residential Buildings(10 000sq.m)	12.3	15.6	21.0	11.1	7.7
本年竣工房屋面积(万平方米)	Floor Space of Buildings Completed in Current Year(10 000sq.m)	4.3	77.7	12.0	5.4	9.7
其中：住宅(万平方米)	Residential Buildings(10 000sq.m)	-31.9	142.7	12.3	10.7	3.4
四、资金来源情况	**Source of Funds**					
（一）本年资金来源合计	Source of Total Funds This Year	12.8	21.3	5.4	16.2	
上年末结余资金	Surplus Funds From the Year-end of Preceding Year	0.3	43.6	-5.1	4.0	19.6
本年资金来源小计	Source of Sub-total Funds This Year	17.7	13.9	9.7	20.6	-6.2
国家预算资金	State and Local Budget	27.3	38.7	14.2	15.2	6.9
国内贷款	Domestic Loans	-0.4	-4.4	13.6	6.8	-17.8
债券	Bond	1636.8	54.6	-27.6	-59.9	176.6
利用外资	Foreign Investment	-32.7	-77.4	96.2	-70.3	451.7
其中：外商直接投资	Foreign Direct Investment					
自筹资金	Self-raising Funds	21.8	5.8	9.5	18.6	19.8
其他资金来源	Other Sources of Funds	27.0	30.2	5.4	37.8	-34.4
（二）各项应付款合计	Total Payment Of This Year	28.9	6.3	-3.1	16.5	-28.5

主要统计指标解释

固定资产投资额　是以货币形式表现的在一定时期内建造和购置固定资产的工作量以及与此有关的费用的总称。 它是反映固定资产投资规模 、结构和发展速度的综合性指标,又是观察工程进度和考核投资效果的重要依据。固定资产投 资包括国有经济单位投资、城乡集体及其他各种登记注册类型的单位投资和城乡居民个人投资 。按照国家统计制度规定,固定资产投资统计范围包括:城镇和农村投资两大部分。城乡集体经济单位投资包括城镇集体所有制单位投资和农村集体所有制单位投资；其他各种经济类型单位投资包括联营经济、股份制经济、中外合资经济、中外合作经济、外资、与大 陆合资经营、与大陆合作经营、港澳台独资及其他经济的单位投资；城乡居民个人投资包括城市、县城、镇、工矿区所辖 范围内的个人建房和农村个人建房及购买生产性固定资产的投资 。

1．城镇和农村建设项目投资月报统计范围为：城镇和农村各种登记注册类型的企业、事业、行政单位及个体户进 行的计划总投资500万元及500万元以上的建设项目,包括城镇各种经济类型的建设项目和工矿区私人建房项目,以及农村非 农户投资项目、农村农户建房和购置生产性设备投资。年报统计范围中的城镇和工矿私人建房为市、县城、镇、工矿区所 辖范围内的全部私人建房(不论其房主是否系本地的常住户口均应括)，其他部分与月报统计范围一致。年报统计范围中的 农户固定资产投资为所辖范围内的全部私人建房和其他购置生产性设备等投资 。

2． 城镇建设项目投资在城乡分组中:"城镇"、农村非农户建设项目投资在城乡分组中" 农村"农村农户在城乡分组 中填"农户"，汇总表中"农村"包含"农户"。

房地产开发投资　指各种登记注册类型的房地产开发法人单位统一开发的住宅、饭店、宾馆、度假村、写字楼、 办公楼等房屋建筑物，配套的服务设施，土地开发工程（如道路、给水、排水、供电、供热、通讯、平整场地等基础设施 工程）盒土地购置的投资；不包括单纯的土地开发和交易活动。

住宅建筑面积　指施工和竣工房屋建筑面积中供居住用的房屋建筑面积。

房屋施工面积　指在报告期内施工的全部房屋建筑面积。包括本期新开工的面积和上期开工跨入本期继续施工的面 积,以及上期已停建在本期恢复施工的房屋面积。本期竣工和本期施工后又停缓建的房屋，其建筑面积仍计入本期房屋施工面积中。

房屋竣工面积　指在报告期内房屋建筑按照设计要求已经全部完工，达到住人和使用条件,经验收鉴定合格(或达到竣工验收标准)，正式移交使用的各栋房屋建筑面积的总和。

新增固定资产　指已经完成建造和购置过程，并已交付生产或使用单位的固定资产的价值。它是表示固定资产投资成果的价值指标，也是反映建设进度，计算固定资产投资效果的重要依据。

Explanatory Notes on Main statistical Indicators

Amountof Investment in FixedAssets refers to the sum in monetary terms ofthe volume of activities in the construction and purchase of fixed assets as well as related expenses.It is not only a comprehensive indicator ofthe size , proportional relations and developmental pace of investment in fixed assets , but also an important basis to fo low the progress of pr jects and check the result of investment on.Total investment in fixed assets includes investment by state-owned units, urban and rural collective units, units of other types of ownership and individuals in urban and rural areas . According to china'S Current statistics system, investment in fixed assets is classified into two parts:urban and rural.Investment by urban and rural collective units includes investment by urban collective units and investment byrural collective units. Investment by units of other types of ownership includes investment by units ofjoint ownership economy , shareholding economy, sino -foreign joint economy, sino -foreign cooperative economy,economy exclusively funded by foreign investors , joint economy with the mainland, cooperative economy with the mainland,economy exclusively funded by compatriots from Hongkong,Macao and Taiwan and units of other types of ownership. Investment by individuals in urban and rural areas includes investment in personal housing in areas under the juris diction ofthe city, county, town and special industrial and mining areas as well as investment in personal housing and purchase of productivefixed assets in rural areas.

Real estate development investment refers to the investment in residential buildings, restaurants, hotels, holiday villages, office buildings, supporting service facilities, land development projects (such as roads, water supply,water drainage,power supply, heating,communication, site leveling and other infrastructure projects) and land acquisition jointly developed by various registered types of real estate development legal entities; Excluding simple land development and trading activities.

Floor Space of Residential Buildingc refers to the floor space of the residential buildings among the total space of buildings underconstruction or completed.

Floor space under construction refers to total flo or space of all buildings underconstruction during the reference period, including floor space ofnewly started buildings during the reference period, floor space of construction extended from the previous period to the current period, and floor space of construction suspended during the previous period but resumed in the current period. Floor space of construction completed in the current period and floor space of construction started and then suspended in the current period are also included in floor space underconstruction.

Floor space of Buildings completed refers to total floor space ofall buildings completed in the reference period,which have come up to the designed standards with proper conditions ofresidence and use, and have been examined and accepted (or met the standards for completion) , and put into use.

Newly Increased Fixed Assets refer to the value of fixed assets which have been completed and transfered to production units or users . It is a value indicator of the achievements of investment in fixed assets as well as an important basis to evaluate the re ult ofinvestment in fixed asset on.

09 第九部分

房地产开发

REAL ESTATE EDEVELOPMENT

CHAPTER

9-1　房地产开发投资额（按投资去向分）

INVESTMENT IN REAL ESTATE DEVELOPMENT（GROUPED BY INVESTMENT DESTINATION）

单位：亿元 (100 million yuan)

年 份 Year	本年完成投资 Investment Completed This Year	土地购置费 Total Value of Land Purchased
1993	102.77	19.69
1994	130.46	20.28
1995	103.04	3.90
1996	124.83	5.72
1997	136.65	13.52
1998	167.49	24.18
1999	215.25	32.88
2000	260.97	36.87
2001	315.64	70.99
2002	388.44	71.01
2003	412.66	75.82
2004	434.24	71.80
2005	423.69	64.05
2006	462.09	43.86
2007	461.04	62.22
2008	440.49	65.98
2009	437.46	45.25
2010	458.46	60.98
2011	514.74	89.01
2012	736.84	129.77
2013	876.90	98.88
2014	1069.49	195.67
2015	1331.03	316.76
2016	1756.52	416.81
2017	2135.86	723.33
2018	2640.71	986.28
2019	3059.94	1269.37
2020	3562.57	1420.05
2021	3012.68	957.97
2022	3413.28	1574.36

9-2 房地产开发投资额（按用途分）
INVESTMENT IN REAL ESTATE DEVELOPMENT (GROUPED BY USE)

单位：亿元　　　　(100 million yuan)

年份 Year	本年完成投资 Investment Completed This Year	住宅 Residential Buildings	办公楼 Office Buildings	商业用房 Houses for Business Use	其他 Others
1993	102.77	66.80	11.30	14.39	10.28
1994	130.46	87.41	13.05	18.26	11.74
1995	103.04	62.85	16.49	14.43	9.27
1996	124.83	78.64	19.97	16.23	9.99
1997	136.65	85.50	18.18	14.78	18.19
1998	167.49	99.89	12.10	19.97	35.53
1999	215.25	141.31	13.57	17.95	42.42
2000	260.97	178.68	13.62	22.90	45.77
2001	315.64	209.71	9.32	28.21	68.40
2002	388.44	270.92	13.00	35.26	69.26
2003	412.66	250.19	15.05	47.29	100.13
2004	434.24	255.84	24.51	57.43	96.46
2005	423.69	265.54	28.04	53.07	77.04
2006	462.09	325.05	30.63	67.40	39.01
2007	461.04	331.76	30.08	53.48	45.72
2008	440.49	314.98	26.12	51.96	47.43
2009	437.46	289.78	35.34	53.22	59.12
2010	458.46	304.88	37.98	59.35	56.32
2011	514.74	353.21	36.78	64.61	60.14
2012	736.84	474.60	27.00	90.11	145.13
2013	876.90	583.29	64.63	90.22	138.76
2014	1069.49	730.28	104.22	118.22	116.77
2015	1331.03	897.13	158.84	142.72	132.34
2016	1756.52	1044.54	310.44	246.45	155.09
2017	2135.86	1014.05	535.82	340.06	245.92
2018	2640.71	1303.33	598.56	331.87	406.96
2019	3059.94	1518.88	600.80	370.68	569.57
2020	3562.57	1932.83	697.92	412.79	519.03
2021	3012.68	1626.59	598.30	344.00	443.79
2022	3413.28	2029.79	528.74	421.88	432.88

9-3 房地产开发投资额（按构成分）

INVESTMENT IN REAL ESTATE DEVELOPMENT（GROUPED BY COMPOSITION）

单位：亿元 (100 million yuan)

年 份 Year	本年完成投资 Investment Completed This Year	建筑安装工程 Constructional Project	设备购置 Purchase of Equipment	其 他 Others
1993	102.77	93.06	4.77	4.94
1994	130.46	104.23	8.75	17.48
1995	103.04	79.32	6.75	16.97
1996	124.83	92.22	12.38	20.23
1997	136.65	98.41	6.36	31.89
1998	167.49	115.79	7.35	44.35
1999	215.25	150.26	10.47	54.53
2000	260.97	187.90	9.59	63.47
2001	315.64	217.69	6.39	91.56
2002	388.44	281.11	11.35	95.99
2003	412.66	298.08	12.63	101.95
2004	434.24	315.44	15.06	103.74
2005	423.69	314.11	11.40	98.17
2006	462.09	380.02	10.93	71.14
2007	461.04	356.66	6.61	97.77
2008	440.49	327.83	10.53	102.13
2009	437.46	352.79	8.87	75.80
2010	458.46	347.15	8.67	102.66
2011	514.74	358.98	10.08	145.68
2012	736.84	488.33	8.58	239.94
2013	876.90	684.81	10.39	181.70
2014	1069.49	794.76	17.85	256.88
2015	1331.03	892.03	26.75	412.25
2016	1756.52	1200.97	18.76	536.79
2017	2135.86	1193.23	32.54	910.09
2018	2640.71	1366.58	25.73	1248.40
2019	3059.94	1310.16	35.78	1714.00
2020	3562.57	1364.08	38.02	2160.47
2021	3012.68	1509.23	9.53	1493.92
2022	3413.28	1491.04	8.23	1914.00

9-4 房地产开发投资额（按区域分）

INVESTMENT IN REAL ESTATE DEVELOPMENT（GROUPED BY DISTRICT）

单位：亿元 (100 million yuan)

年 份 Year	本年完成投资 Investment Completed This Year	福田区 Futian	罗湖区 Luohu	盐田区 Yantian	南山区 Nanshan	大宝安区 Original Baoan	宝安区 Baoan	龙华区 Longhua	光明区 Guangming	大龙岗区 Original Longgang	龙岗区 Longgang	坪山区 Pingshan	大鹏新区 Dapeng	深汕特别合作区 Shenzhen-Shanwei Special Cooperation Zone
1997	136.65	42.36	41.00		20.50	15.03				17.76				
1998	167.49	50.25	48.57	1.67	31.82	16.75				18.42				
1999	215.25	73.19	53.81	2.15	38.75	15.07				32.29				
2000	260.97	83.51	65.24	5.22	49.58	26.10				31.32				
2001	315.64	107.32	66.28	3.16	72.60	31.56				34.72				
2002	388.44	116.53	69.80	7.77	89.34	54.38				46.61				
2003	412.66	118.23	66.18	11.07	101.93	61.75				53.50				
2004	434.24	115.68	67.90	16.59	96.45	79.57				58.05				
2005	423.69	104.13	53.21	9.83	86.26	107.38				62.88				
2006	462.09	89.84	50.83	13.21	93.59	126.52				88.10				
2007	461.04	54.35	36.11	19.70	82.73	139.68				128.47				
2008	440.49	41.93	32.71	30.04	101.47	130.51				103.83				
2009	437.46	40.82	36.50	41.68	99.12	96.36				122.98				
2010	458.46	48.13	38.32	32.67	72.51	126.41				140.42				
2011	514.74	44.50	37.11	26.97	69.33	160.00				176.83				
2012	736.84	85.22	45.05	34.54	82.26	233.88	125.99	91.36	16.53	255.90	215.28	25.95	14.67	
2013	876.90	114.38	41.80	38.16	94.74	250.75	116.96	112.03	21.76	337.08	277.98	46.62	12.48	
2014	1069.49	126.60	40.00	37.30	149.22	360.22	165.77	161.21	33.24	356.16	296.32	45.39	14.44	
2015	1331.03	156.09	35.57	42.39	228.86	460.56	213.55	185.57	61.45	407.56	347.28	49.55	10.73	
2016	1756.52	180.57	92.91	41.67	350.35	618.32	292.54	248.25	77.53	472.70	374.18	84.51	14.02	
2017	2135.86	239.40	98.80	47.10	457.94	371.63	280.45	331.70	91.18	449.81	428.99	134.48	20.82	4.99
2018	2640.71	265.96	124.30	40.78	579.55		380.68	399.29	128.76		554.45	141.07	14.69	11.20
2019	3059.94	258.88	145.49	66.89	691.52		407.24	461.75	170.76		680.85	128.33	29.94	18.29
2020	3562.57	258.51	227.28	87.32	699.99		611.05	605.09	268.60		597.51	135.83	46.66	24.73
2021	3012.68	184.24	261.95	77.13	515.65		570.31	457.89	287.38		479.35	114.20	30.97	33.60
2022	3413.28	179.82	204.10	68.80	573.81		765.72	462.31	384.61		505.50	220.55	26.32	21.74

注：2007年以来，深圳陆续设立功能新区及新行政区，表中大宝安区数据2011年及以前为原宝安区数据，2012-2016年包含宝安区、龙华新区和光明新区，2017年包含宝安区和光明新区。大龙岗区数据2011年及以前为原龙岗区数据，2012-2016年包含龙岗区、坪山新区和大鹏新区，2017年包含龙岗区和大鹏新区。

Note: Since 2007, functional zones and new administrative districts have been established in Shenzhen.The data of Original Baoan were the data of Baoan in 201 and before,included Baoan Longhua and Guangming in 2012-2016,included Baoan and Guangming in 2017.The data of Original Longgang were the data of Longgang in 201 and before,1,included Longgang,Pingshan and Dapeng in 2012-2016,included Longgang and Dapeng in 2017.

9-5 房地产开发投资额（按注册登记类型分）(2014-2022年)

INVESTMENT IN REAL ESTATE DEVELOPMENT (GROUPED BY REGISTRATION) (2014-2022)

单位：亿元 (100 million yuan)

类别	Item	2014	2015	2016	2017	2018	2019	2020	2021	2022
合计	**Total**	**1069.49**	**1331.03**	**1756.52**	**2135.86**	**2640.71**	**3059.94**	**3562.57**	**3012.68**	**3413.28**
1. 内资企业	Domestic Investment Enterprises	892.77	1096.32	1494.14	1852.08	2401.23	2784.50	3371.65	2814.15	3278.49
国有企业	State-Owned	47.39	15.47	2.58	14.22	82.80	177.41	131.14	91.64	342.65
集体企业	Collective-Owned	6.66			1.66	26.30	9.65	6.16	6.81	18.67
股份合作企业	Shareholding	2.44	1.80	5.99		15.61	15.67	1.78	5.66	0.92
联营企业	Joint Owned					23.92	14.67	0.22	0.43	
国有联营企业	State-Joint Owned									
集体联营企业	Collective-Joint Owned						6.51			
国有与集体联营企业	State Collective Joint Owned									
其他联营企业	Other Joint Owned					23.92	8.16	0.22	0.43	
有限责任公司	Limited-Liability Corporations	395.06	502.76	797.15	1039.33	1257.34	1248.83	1740.83	1259.89	1487.51
国有独资公司	Enterprises Solely Funded by the State		27.28	30.82	49.60	75.78	142.93	154.44	142.32	134.12
其他有限责任公司	Others		475.48	766.32	989.73	1181.55	1105.90	1586.39	1117.57	1353.39
股份有限公司	Shareholding	66.74	87.65	61.17	53.09	122.91	183.95	74.32	119.80	106.12
私营企业	Private	374.44	456.59	625.43	740.82	851.69	1134.32	1417.19	1324.13	1317.03
其他内资	Others	0.04	32.05	1.82	2.96	20.66			5.80	5.59
2. 港、澳、台商投资企业	Enterprises with Funds from Hong Kong,Macao and Taiwan	136.76	197.34	234.82	245.39	190.99	185.32	141.94	164.21	119.33
3. 外商投资企业	Foreign Funded	39.96	37.38	27.56	38.38	48.50	90.12	48.98	34.32	15.45

9-6 房地产开发投资资金来源及构成

TOTAL CAPITAL SOURCE AND COMPOSITION OF REAL ESTATE DEVELOPMENT

单位：亿元 (100 million yuan)

年 份 Year	本年资金来源小计 Sub-total Capital Source of this Year	国内贷款 Domestic Loans	利用外资 Foreign Capital Utilized	自筹资金 Self-raising Capital	其他资金 Other Capital
1994	189.90	40.01		63.56	86.33
1995	147.83	31.43	28.14	49.41	38.85
1996	149.10	29.46	28.30	45.49	45.85
1997	168.11	30.91	20.14	61.20	55.86
1998	223.04	55.03	9.31	80.32	78.38
1999	252.88	59.59	4.64	83.31	105.34
2000	333.36	89.06	6.68	96.11	141.52
2001	391.47	102.64	8.93	131.38	148.52
2002	516.40	127.01	9.24	138.96	241.19
2003	644.70	166.37	8.02	179.19	291.12
2004	663.35	149.33	7.04	197.98	309.00
2005	694.01	159.87	2.38	216.49	315.27
2006	837.85	229.39	8.94	174.78	424.74
2007	847.90	169.83	11.78	241.42	424.87
2008	396.35	124.78	0.45	97.90	173.22
2009	881.76	258.83	1.39	171.95	449.59
2010	773.08	199.88	10.33	203.97	358.90
2011	818.81	199.85	2.06	294.03	322.87
2012	1190.97	302.88	0.00	473.24	414.84
2013	1686.91	441.09	0.12	456.97	788.73
2014	1631.90	538.02	20.46	545.65	527.77
2015	2938.53	730.79	3.21	783.13	1421.41
2016	3400.48	812.56		1081.80	1506.11
2017	3233.05	1196.93	7.91	792.43	1235.77
2018	3847.61	1159.98		1103.54	1584.09
2019	4392.05	1140.67		1213.02	2038.36
2020	4874.69	1305.33		1360.24	2209.13
2021	5616.57	1162.30	0.73	1419.66	3033.88
2022	4359.70	786.49		1751.47	1821.74

9-7 商品房施工面积（按用途分）
TOTAL FLOOR SPACE UNDER CONSTRUCTION OF COMMODITY HOUSING （GROUPED BY USE）

单位：万平方米 (10 000 sq.m)

年 份 Year	施工面积 Floor Space Under Construction	住 宅 Residential Building	办公楼 Office Building	商业用房 Houses For Business Use	其 他 Others
1991	467.82	279.00	47.72	73.62	67.48
1992	950.06	601.10	101.91	139.21	107.84
1993	1396.44	909.51	152.43	199.92	134.58
1994	1298.82	868.86	132.75	176.36	120.85
1995	1371.06	844.20	214.51	187.71	124.64
1996	1495.27	940.61	238.93	193.68	122.05
1997	1454.17	966.18	181.76	185.17	121.06
1998	1656.65	1146.97	175.09	208.97	125.62
1999	1834.13	1355.62	137.58	201.34	139.59
2000	2134.95	1576.89	146.62	225.46	185.98
2001	2392.77	1790.49	115.10	255.38	231.80
2002	2776.29	2124.86	120.83	279.14	251.46
2003	2838.22	2072.89	134.29	317.74	313.30
2004	3120.25	2257.68	147.78	379.15	335.64
2005	3058.90	2152.58	155.67	370.34	380.31
2006	3122.10	2157.39	171.88	385.71	407.12
2007	3149.56	2177.78	189.65	335.98	446.15
2008	3276.30	2210.36	201.55	346.45	517.94
2009	3112.36	2087.47	189.09	328.27	507.53
2010	2939.94	2025.13	182.36	298.62	433.83
2011	2875.98	1965.63	171.46	298.47	440.42
2012	3216.69	2107.59	156.93	339.25	612.92
2013	4003.49	2608.29	261.51	383.62	750.06
2014	4492.18	2870.00	337.32	481.78	803.09
2015	4978.41	3156.99	467.48	614.59	739.35
2016	5173.99	3079.28	562.84	705.77	826.09
2017	5709.34	2989.42	911.54	821.27	987.11
2018	6747.69	3450.31	1168.28	915.13	1213.97
2019	7967.50	3960.34	1486.04	1137.77	1383.35
2020	9661.44	4793.00	1984.59	1361.28	1522.57
2021	10497.10	5323.28	2070.82	1378.29	1724.71
2022	10950.04	5735.52	2054.99	1332.01	1827.52

9-8 商品房施工面积（按区域分）

TOTAL FLOOR SPACE UNDER CONSTRUCTION OF COMMODITY HOUSING （GROUPED BY DISTRICT）

单位：万平方米　　　　　　　　　　　　　　　　　　　　　　　　　　　　(10 000 sq.m)

年份 Year	施工面积 Floor Space Under Construction	福田区 Futian	罗湖区 Luohu	盐田区 Yantian	南山区 Nanshan	大宝安区 Original Baoan	宝安区 Baoan	龙华区 Longhua	光明区 Guangming	大龙岗区 Original Longgang	龙岗区 Longgang	坪山区 Pingshan	大鹏新区 Dapeng	深汕特别合作区 Shenzhen-Shanwei Special Cooperation Zone
1996	1495.27	403.72	613.06		254.20	119.62				104.67				
1997	1454.17	445.27	435.48		214.29	163.51				195.62				
1998	1656.65	493.49	483.06	10.29	321.63	171.62				176.56				
1999	1834.13	622.47	459.35	16.77	334.98	125.71				274.85				
2000	2134.95	691.02	523.64	41.69	415.09	212.04				251.47				
2001	2392.77	807.12	510.52	29.91	554.37	228.69				262.16				
2002	2776.29	830.24	511.82	57.08	631.89	397.97				347.29				
2003	2838.22	812.15	472.85	56.07	717.41	436.46				343.28				
2004	3120.25	789.79	437.61	76.11	743.36	639.07				434.31				
2005	3058.90	667.26	333.72	76.90	513.84	865.27				601.91				
2006	3122.10	517.48	329.37	94.44	586.94	859.65				734.22				
2007	3149.56	397.80	192.14	97.66	603.23	891.86				966.87				
2008	3276.30	314.50	251.52	125.13	689.71	880.39				1015.05				
2009	3112.36	315.12	236.45	138.35	547.83	823.30				1051.31				
2010	2939.94	252.00	208.68	147.83	503.31	777.89				1050.23				
2011	2875.98	257.07	227.71	136.45	377.74	871.40				1005.61				
2012	3216.69	261.24	199.69	151.13	369.77	948.14	459.12	440.63	48.39	1286.72	1170.81	81.51	34.41	
2013	4003.49	404.18	311.03	145.12	341.04	1136.80	521.22	552.22	53.36	1665.32	1438.74	186.86	39.71	
2014	4492.18	522.37	247.94	168.10	558.18	1307.34	569.65	618.05	119.64	1688.26	1457.18	169.95	61.13	
2015	4978.41	574.92	227.63	136.88	688.22	1617.08	666.82	691.75	258.50	1733.69	1483.34	173.94	76.40	
2016	5173.99	568.95	217.03	140.27	804.18	1771.70	851.98	683.63	236.09	1671.85	1419.71	197.00	55.14	
2017	5709.34	575.56	235.56	145.95	1225.74	1110.92	951.18	695.97	159.74	1538.46	1462.54	147.91	75.92	33.26
2018	6747.69	675.41	355.01	166.14	1453.02		1093.69	940.88	229.83		1502.64	196.76	85.19	49.12
2019	7967.50	717.30	435.47	177.57	1922.45		1278.23	984.50	445.48		1500.74	304.62	141.50	59.65
2020	9661.44	766.38	570.11	237.21	1932.06		1602.53	1223.61	532.73		1940.06	548.06	185.19	123.50
2021	10497.10	797.95	675.01	260.50	2052.26		1771.41	1309.80	659.87		2004.25	629.25	158.99	177.81
2022	10950.04	687.21	720.37	297.64	1969.97		1821.34	1371.42	813.52		2140.68	806.55	146.09	175.24

9-9 商品房新开工面积（按用途分）
FLOOR SPACE OF NEWLY STARTED OF COMMODITY HOUSING （GROUPED BY USE）

单位：万平方米 (10 000 sq.m)

年 份 Year	新开工面积 Floor Space of Newly Started Buildings	住 宅 Residential Buildings	办公楼 Office Buildings	商业用房 Houses For Business Use	其 他 Others
1998	414.14	333.27	25.62	33.19	22.06
1999	580.56	492.81	6.98	31.94	48.83
2000	646.41	487.48	26.10	64.72	68.12
2001	999.71	792.24	26.96	83.74	96.77
2002	959.32	747.50	41.71	101.12	68.99
2003	932.86	645.18	35.89	119.88	131.91
2004	1025.55	766.91	25.32	123.24	110.08
2005	1054.19	753.90	39.89	127.15	133.25
2006	798.12	609.46	19.91	69.98	98.77
2007	876.40	621.92	40.06	72.94	141.49
2008	752.60	471.80	46.61	84.91	149.28
2009	489.18	328.04	29.82	60.70	70.62
2010	470.96	355.17	15.25	38.69	61.84
2011	537.99	367.32	18.54	54.76	97.37
2012	905.24	561.89	50.69	103.47	189.18
2013	1366.40	910.13	114.88	120.68	220.70
2014	932.68	549.50	91.30	118.00	173.88
2015	1208.27	777.32	126.79	153.91	150.24
2016	975.33	472.09	165.80	154.75	182.69
2017	1001.53	446.31	261.28	138.09	155.86
2018	1529.57	794.68	297.03	185.83	252.02
2019	1455.54	772.83	293.20	220.20	169.32
2020	1882.36	983.10	324.69	216.64	357.94
2021	1591.23	963.94	178.53	173.86	274.90
2022	1333.48	871.21	117.57	123.83	220.87

9-10 商品房新开工面积（按区域分）
FLOOR SPACE OF NEWLY STARTED OF COMMODITY HOUSING（GROUPED BY DISTRICT）

单位：万平方米 (10 000 sq.m)

年份 Year	新开工面积 Floor Space of Newly Started Buildings	福田区 Futian	罗湖区 Luohu	盐田区 Yantian	南山区 Nanshan	大宝安区 Original Baoan	宝安区 Baoan	龙华区 Longhua	光明区 Guangming	大龙岗区 Original Longgang	龙岗区 Longgang	坪山区 Pingshan	大鹏新区 Dapeng	深汕特别合作区 Shenzhen-Shanwei Special Cooperation Zone
1998	414.14	114.77	101.25	0.56	82.98	47.37				67.21				
1999	580.56	201.65	119.44	2.84	114.81	47.33				94.49				
2000	646.41	169.62	103.02	26.03	168.21	96.96				82.57				
2001	999.71	299.01	132.88	6.74	305.10	140.30				115.68				
2002	959.32	238.00	136.41	25.56	242.46	175.92				140.97				
2003	932.86	220.77	158.89	24.30	210.84	199.54				118.52				
2004	1025.55	152.62	112.05	34.14	201.34	307.07				218.33				
2005	1054.19	208.29	24.81	37.99	205.98	319.96				257.16				
2006	798.12	69.00	15.49	42.61	123.74	271.85				275.43				
2007	876.40	38.69	36.93	25.03	211.70	203.18				360.87				
2008	752.60	52.23	87.76	57.60	153.94	195.60				205.47				
2009	489.18	24.29	44.61	34.27	144.97	126.67				114.36				
2010	470.96	25.97	4.10	10.04	70.63	225.06				135.16				
2011	537.99	33.69	13.98	35.46	42.06	230.90				181.90				
2012	905.24	93.28	58.61	61.27	88.03	195.98	103.76	69.48	22.74	408.07	379.06	12.23	16.79	
2013	1366.40	187.83	103.63	16.11	83.63	312.42	120.91	168.74	22.77	662.77	559.84	97.35	5.57	
2014	932.68	91.01	28.91	24.91	227.56	364.18	145.68	161.34	57.16	196.11	178.28	9.64	8.18	
2015	1208.27	159.92	14.33	11.25	176.85	468.83	221.40	163.39	84.04	377.10	343.42	25.48	8.20	
2016	975.33	32.51	61.48	39.07	179.27	383.80	236.73	139.81	7.26	279.20	214.70	56.33	8.16	
2017	1001.53	135.77	23.60	19.76	214.32	210.53	206.34	64.36	4.19	226.51	205.73	75.97	20.78	30.70
2018	1529.57	184.03	109.53	17.20	313.55		286.01	268.19	87.47		190.50	48.85	8.38	15.86
2019	1455.54	64.25	83.72	27.86	250.79		252.04	127.73	165.25		323.43	73.96	78.15	8.35
2020	1882.36	125.87	174.80	82.43	156.92		237.11	312.09	154.78		439.81	113.49	21.22	63.85
2021	1591.23	40.04	62.50	52.93	186.25		324.36	215.89	112.13		357.65	182.03	6.15	51.30
2022	1333.48	21.95	22.77	37.14	113.81		269.44	244.95	211.58		194.29	207.11	9.27	1.16

9-11 商品房竣工面积（按用途分）

TOTAL FLOOR SPACE OF COMMERCIAL HOUSES COMPLETED （GROUPED BY USE）

单位：万平方米 (10 000 sq.m)

年 份 Year	竣工面积 Floor Space Completed	住 宅 Residential Buildings	办公楼 Office Buildings	商业用房 Houses For Business Use	其 他 Others
1991	150.44	91.22	7.93	11.21	40.08
1992	198.40	130.90	9.20	14.70	43.60
1993	281.46	196.75	11.51	21.32	51.88
1994	311.10	206.50	10.01	39.90	54.69
1995	311.55	216.38	34.24	36.98	23.95
1996	394.32	250.51	42.50	48.58	52.73
1997	327.04	243.19	34.22	29.57	20.06
1998	463.31	356.30	42.26	41.05	23.70
1999	502.15	412.46	16.89	37.05	35.75
2000	632.05	524.55	12.94	53.92	40.64
2001	727.97	573.21	27.74	53.84	73.18
2002	892.24	698.32	25.07	79.15	89.70
2003	1020.31	816.62	24.43	95.63	83.63
2004	1012.39	772.20	35.66	105.54	98.99
2005	945.78	704.44	18.70	96.67	125.97
2006	848.89	581.87	36.83	126.63	103.56
2007	636.02	437.14	32.38	73.99	92.51
2008	629.73	443.77	27.55	59.79	98.62
2009	402.01	269.54	25.05	32.20	75.22
2010	344.43	251.10	32.05	25.26	36.02
2011	325.00	232.66	20.97	35.89	35.48
2012	425.75	289.40	12.30	39.75	84.31
2013	353.55	196.33	30.84	53.35	73.03
2014	425.31	269.26	10.97	39.22	105.86
2015	360.21	202.37	47.48	31.69	78.67
2016	490.03	280.64	51.33	39.09	118.97
2017	285.06	183.79	34.41	31.96	34.90
2018	261.56	124.91	60.34	30.24	46.07
2019	572.11	303.76	58.37	72.35	137.63
2020	640.88	341.00	97.72	105.66	96.49
2021	675.31	377.45	103.49	95.02	99.35
2022	740.85	390.25	156.72	93.78	100.11

9-12 商品房竣工面积（按区域分）
TOTAL FLOOR SPACE OF COMMERCIAL HOUSES COMPLETED （GROUPED BY DISTRICT）

单位：万平方米 (10 000 sq.m)

年份 Year	竣工面积 Floor Space Completed	福田区 Futian	罗湖区 Luohu	盐田区 Yantian	南山区 Nanshan	大宝安区 Original Baoan	宝安区 Baoan	龙华区 Longhua	光明区 Guangming	大龙岗区 Original Longgang	龙岗区 Longgang	坪山区 Pingshan	大鹏新区 Dapeng	深汕特别合作区 Shenzhen-Shanwei Special Cooperation Zone
1997	327.04	109.89	81.31		68.72	30.75				36.37				
1998	463.31	137.29	105.53	2.67	103.33	58.96				55.53				
1999	502.15	159.44	100.38	5.09	75.99	46.81				114.44				
2000	632.05	161.53	142.36	13.09	113.69	96.68				104.70				
2001	727.97	225.65	215.53	2.61	152.54	42.44				89.20				
2002	892.24	208.95	186.66	21.10	234.61	117.81				123.11				
2003	1020.31	275.96	155.56	17.25	278.90	155.27				137.37				
2004	1012.39	258.59	106.41	21.20	343.98	173.98				108.23				
2005	945.78	203.91	149.96	37.16	157.39	213.12				184.24				
2006	848.89	176.37	91.89	27.36	159.17	228.39				165.71				
2007	636.02	110.74	15.15	26.01	126.68	245.68				111.76				
2008	629.73	32.97	59.61	8.51	214.86	179.03				134.75				
2009	402.01	58.69	0.57	26.98	93.58	100.63				121.56				
2010	344.43	20.12	0.24	9.87	70.60	120.97				122.63				
2011	325.00	24.12	65.63	16.00	21.76	57.36				140.13				
2012	425.75	50.32	8.28	6.41	73.97	151.25	72.29	78.97		135.52	121.16	14.36		
2013	353.55	53.21	68.79		35.39	98.08	67.56	30.52		98.08	66.98	27.90	3.20	
2014	425.31	14.47	24.65	35.91	73.03	161.65	25.03	109.16	27.46	115.60	110.29	5.31		
2015	360.21	80.07	24.73	19.02	47.81	120.36	14.36	106.00		68.22	52.60	1.00	14.62	
2016	490.03	141.19	3.03	11.41	113.32	151.61	89.15	38.17	24.29	69.48	69.48			
2017	285.06	44.29	19.48		55.43	114.15	114.15	0.18		51.52	51.52			
2018	261.56	43.71	2.90	14.89	44.43		31.26	26.29			92.78		5.31	
2019	572.11	76.79	24.95	6.76	160.73		78.95	49.95	66.21		83.85	23.92		
2020	640.88	8.56	15.54	17.33	84.20		89.41	59.48	59.83		186.02	73.51	47.01	
2021	675.31	132.65			107.45		139.63	90.67	57.93		87.33	38.89	9.82	10.94
2022	740.85		65.19	11.36	32.11		103.72	262.07	142.10		54.41	36.07		33.82

9-13 商品房销售面积（按用途分）
TOTAL FLOOR SPACE OF BUILDINGS SOLD (GROUPED BY USE)

单位：万平方米 (10 000 sq.m)

年份 Year	销售面积 Floor Space of Buildings Sold	住宅 Residential Building	办公楼 Office Buildings	商业用房 Houses For Business Use	其他 Others
1991	112.54	97.13	2.10	0.63	12.68
1992	151.46	96.00	9.00	10.00	36.46
1993	180.17	140.89	5.85	9.58	23.85
1994	246.93	183.28	13.29	17.14	33.22
1995	274.59	209.07	17.37	16.89	31.26
1996	324.92	261.13	32.33	21.23	10.23
1997	405.44	336.70	28.88	27.40	12.46
1998	432.22	372.38	22.06	19.85	17.93
1999	541.84	492.51	15.02	26.20	8.11
2000	611.37	556.82	12.19	26.32	16.04
2001	643.47	593.72	11.01	27.40	11.34
2002	791.70	724.41	17.94	46.36	2.99
2003	877.85	811.90	19.54	39.37	7.04
2004	908.62	802.58	26.90	58.09	21.05
2005	993.20	901.13	28.49	53.48	10.10
2006	797.66	704.89	37.64	46.89	8.24
2007	555.11	500.35	20.87	30.64	3.25
2008	466.71	413.65	5.59	33.58	13.89
2009	762.16	717.40	19.63	18.07	7.07
2010	465.59	413.80	15.00	21.88	14.91
2011	496.89	469.43	9.90	16.96	0.60
2012	525.83	488.44	5.98	21.00	10.41
2013	588.58	527.16	21.31	19.05	21.06
2014	532.57	474.81	23.17	23.59	11.00
2015	831.46	747.83	56.54	19.84	7.25
2016	736.19	660.08	50.57	23.49	2.05
2017	671.03	520.97	98.56	27.22	24.29
2018	722.01	572.99	96.60	24.13	28.29
2019	826.62	658.48	96.57	39.79	31.78
2020	929.16	772.53	108.36	27.81	20.46
2021	821.05	643.28	112.49	36.51	28.76
2022	694.15	505.02	122.80	43.38	22.95

9-14 商品房销售面积（按区域分）
TOTAL FLOOR SPACE OF BUILDINGS SOLD(GROUPED BY DISTRICT)

单位：万平方米 (10 000 sq.m)

年 份 Year	销售面积 Floor Space of Buildings Sold	福田区 Futian	罗湖区 Luohu	盐田区 Yantian	南山区 Nanshan	大宝安区 Original Baoan	宝安区 Baoan	龙华区 Longhua	光明区 Guangming	大龙岗区 Original Longgang	龙岗区 Longgang	坪山区 Pingshan	大鹏新区 Dapeng	深汕特别合作区 Shenzhen-Shanwei Special Cooperation Zone
1997	405.44	126.57	95.18		70.27	54.48				58.94				
1998	432.22	135.99	90.89	7.69	75.68	54.63				67.34				
1999	541.84	162.69	118.53	12.10	94.89	71.62				82.01				
2000	611.37	200.59	86.13	7.57	125.39	78.65				113.04				
2001	643.47	165.28	110.75	9.01	140.62	95.21				122.60				
2002	791.70	206.81	129.45	9.67	182.60	127.22				135.95				
2003	877.85	206.30	120.49	25.45	236.85	149.76				139.02				
2004	908.62	164.74	83.90	17.32	285.04	186.40				171.22				
2005	993.20	210.36	103.11	22.85	171.05	283.84				201.99				
2006	797.66	122.22	53.56	18.63	130.60	260.36				212.29				
2007	555.11	69.29	35.26	17.92	72.60	189.08				170.97				
2008	466.71	35.47	37.27	15.55	71.11	161.66				145.65				
2009	762.16	52.49	34.86	30.95	171.33	217.20				255.33				
2010	465.59	18.74	17.10	14.37	81.76	122.11				211.51				
2011	496.89	153.60	7.07	10.38	53.35	106.07				166.42				
2012	525.83	22.53	9.36	7.47	61.84	214.73	104.16	102.56	8.01	209.90	184.54	25.01	0.36	
2013	588.58	61.27	11.18	14.31	53.94	218.56	98.38	106.60	13.58	229.32	197.57	30.59	1.15	
2014	532.57	39.06	8.42	22.06	58.42	204.45	107.52	89.40	7.53	200.16	163.32	35.01	1.84	
2015	831.46	73.72	17.75	27.94	101.72	296.37	120.86	117.61	57.90	313.96	240.47	54.97	18.51	
2016	736.19	46.75	42.17	21.92	129.04	245.83	78.64	120.29	46.89	250.49	222.63	18.38	9.48	
2017	671.03	25.71	36.75	5.15	127.06	125.35	86.02	87.44	39.34	237.98	231.89	25.59	6.09	
2018	722.01	35.79	32.69	10.21	121.07		133.18	86.72	27.86		214.67	56.22	3.60	
2019	826.62	50.27	33.96	20.19	131.48		158.83	108.52	60.07		178.76	60.81	3.66	20.06
2020	929.16	32.92	36.67	26.44	146.46		163.53	124.00	89.56		214.79	63.94	10.49	20.36
2021	821.05	37.73	36.66	26.76	162.24		140.42	93.01	100.13		133.01	61.24	8.39	21.46
2022	694.15	33.60	39.93	28.11	131.56		106.87	93.13	83.25		133.79	25.46	3.42	15.04

9-15 商品住宅销售面积（按区域分）

TOTAL FLOOR SPACE OF RESIDENTIAL BUILDINGS SOLD (GROUPED BY DISTRICT)

单位：万平方米 (10 000 sq.m)

年份 Year	销售面积 Floor Space of Buildings Sold	福田区 Futian	罗湖区 Luohu	盐田区 Yantian	南山区 Nanshan	大宝安区 Original Baoan	宝安区 Baoan	龙华区 Longhua	光明区 Guangming	大龙岗区 Original Longgang	龙岗区 Longgang	坪山区 Pingshan	大鹏新区 Dapeng	深汕特别合作区 Shenzhen-Shanwei Special Cooperation Zone
1996	261.13	82.35	71.87		43.19	21.26				42.46				
1997	336.70	106.75	71.23		61.63	43.31				53.78				
1998	372.38	111.06	75.29	3.80	70.61	50.07				61.55				
1999	492.51	147.54	109.57	6.36	88.59	64.24				76.21				
2000	556.82	181.94	77.17	6.80	114.95	69.70				106.26				
2001	593.72	155.44	97.85	7.97	135.20	86.75				110.51				
2002	724.41	186.29	119.80	9.38	173.18	111.31				124.45				
2003	811.90	186.59	111.08	24.29	222.60	142.53				124.82				
2004	802.58	125.29	83.78	17.26	270.81	167.84				137.60				
2005	901.13	172.73	100.15	21.77	157.76	266.25				182.49				
2006	704.89	77.58	52.72	17.28	119.41	244.08				193.82				
2007	500.35	49.22	31.36	17.50	63.95	176.32				162.00				
2008	413.65	31.77	21.36	15.04	64.33	146.68				134.47				
2009	717.40	37.11	34.46	30.27	167.42	205.59				242.55				
2010	413.80	7.20	10.21	18.36	69.30	114.91				193.82				
2011	469.43	148.36	5.25	10.03	46.44	101.80				157.55				
2012	488.43	11.39	7.74	7.16	54.22	207.17	98.03	101.13	8.01	200.75	176.46	23.96	0.33	
2013	527.16	36.20	10.54	9.46	49.61	213.02	93.83	105.61	13.58	208.32	178.51	29.11	0.70	
2014	474.81	19.52	7.97	17.11	56.22	190.19	99.10	83.60	7.49	183.80	149.36	33.71	0.73	
2015	747.83	44.43	17.61	24.49	94.53	281.34	109.50	114.71	57.12	285.43	214.14	52.78	18.51	
2016	660.08	15.32	42.05	17.33	125.18	232.07	73.55	115.34	43.18	228.14	203.51	15.45	9.17	
2017	520.97	17.93	21.77	4.11	97.34	94.00	71.11	52.09	22.89	219.50	213.54	14.24	5.96	
2018	572.99	28.76	16.52	6.22	93.69		111.28	51.36	22.36		196.91	42.30	3.60	
2019	658.48	33.69	11.62	19.78	86.02		134.95	84.03	56.18		155.89	52.61	3.66	20.06
2020	772.53	20.96	16.89	21.68	79.78		144.06	112.99	82.95		200.96	61.82	10.17	20.26
2021	643.28	29.77	25.90	18.61	92.25		117.78	71.13	87.25		115.60	57.02	8.00	19.98
2022	505.02	26.67	16.15	18.79	81.10		75.54	79.36	77.13		88.28	23.81	3.15	15.04

9-16 办公楼销售面积（按区域分）

TOTAL FLOOR SPACE OF OFFICE BUILDINGS SOLD （GROUPED BY DISTRICT）

单位：万平方米 (10 000 sq.m)

年 份 Year	销售面积 Floor Space of Buildings Sold	福田区 Futian	罗湖区 Luohu	盐田区 Yantian	南山区 Nanshan	大宝安区 Original Baoan	宝安区 Baoan	龙华区 Longhua	光明区 Guangming	大龙岗区 Original Longgang	龙岗区 Longgang	坪山区 Pingshan	大鹏新区 Dapeng	深汕特别合作区 Shenzhen-Shanwei Special Cooperation Zone
1996	32.33	8.80	14.35		9.18									
1997	28.88	9.34	13.06		3.59	1.39				1.50				
1998	22.06	12.11	7.60	0.31	0.94					1.10				
1999	15.02	9.30	3.70	1.33	0.63	0.06								
2000	12.19	6.15	3.95	0.05	1.50	0.13				0.41				
2001	11.01	2.91	5.77	0.14	0.66	0.01				1.52				
2002	17.94	12.63	3.39	0.29	1.37	0.02				0.24				
2003	19.54	13.72	2.16		1.68	1.45				0.53				
2004	26.90	23.11		26.90	3.66	0.01				0.12				
2005	28.49	22.19			5.04	0.54				0.72				
2006	37.64	31.85	0.06		5.22					0.51				
2007	20.87	15.51	0.61		3.80	0.87				0.08				
2008	5.59	2.27			1.65	1.67								
2009	19.63	12.65			2.24	4.46				0.28				
2010	15.00	5.80	4.19		0.27	3.21				1.53				
2011	9.90	4.68	0.37		4.51	0.34								
2012	5.98	1.68			3.60	0.51	0.51			0.19	0.19			
2013	21.31	13.70	0.64	1.39	3.63	0.36		0.36		1.59	1.59			
2014	23.17	9.69	0.46	2.10	2.06	6.03	2.53	3.50		2.84	2.84			
2015	56.54	23.19	0.14	3.21	5.92	7.39	7.02	0.37		16.69	16.69			
2016	50.57	30.30		2.37	2.52	5.69	4.16	1.53		9.68	8.95	0.73		
2017	98.56	7.50	12.20	1.03	16.48	16.52	10.12	27.56	6.40	5.96	5.96	11.30		
2018	96.60	6.56	9.53	3.99	21.51		11.34	23.65	1.70		9.15	9.16		
2019	96.57	7.51	19.13	0.28	28.81		15.61	7.55	0.86		12.47	4.35		
2020	108.36	7.21	13.96	1.63	52.43		13.39	4.66	5.52		8.67	0.79		0.11
2021	112.49	4.36	7.36	2.64	52.89		15.12	14.62	4.33		9.55	0.15		1.48
2022	122.80	4.71	8.92	1.00	43.24		26.28	11.01	1.04		26.14	0.47		

9-17 商业用房销售面积（按区域分）
TOTAL FLOOR SPACE OF COMMERCIAL BUILDINGS SOLD （GROUPED BY DISTRICT）

单位：万平方米 (10 000 sq.m)

年份 Year	销售面积 Floor Space of Buildings Sold	福田区 Futian	罗湖区 Luohu	盐田区 Yantian	南山区 Nanshan	大宝安区 Original Baoan	宝安区 Baoan	龙华区 Longhua	光明区 Guangming	大龙岗区 Original Longgang	龙岗区 Longgang	坪山区 Pingshan	大鹏新区 Dapeng	深汕特别合作区 Shenzhen-Shanwei Special Cooperation Zone
1996	21.23	2.66	11.49		1.32	4.38				1.38				
1997	27.40	4.48	8.75		2.48	9.54				2.15				
1998	19.85	3.70	5.34	0.08	2.00	4.04				4.69				
1999	26.20	2.15	5.26	4.43	2.91	5.85				5.60				
2000	26.32	3.88	3.21	0.72	4.64	7.57				6.30				
2001	27.40	3.42	4.92	0.28	2.59	8.23				7.96				
2002	46.36	6.52	6.15		6.53	15.89				11.27				
2003	39.37	4.81	6.61	1.16	7.62	5.51				13.66				
2004	58.09	8.16	0.94	0.15	9.66	17.79				21.39				
2005	53.48	9.20	2.93	1.17	8.55	16.77				14.86				
2006	46.89	7.72	0.69	1.36	5.96	16.25				14.91				
2007	30.64	1.64	3.28	0.41	4.85	11.89				8.57				
2008	33.58	1.43	15.91	0.51	2.20	4.85				8.68				
2009	18.07	0.40	0.22	0.67	1.67	7.15				7.96				
2010	21.88	0.35	1.79	0.07	1.79	4.70				13.18				
2011	16.95	0.70	1.36	0.34	2.22	3.78				8.55				
2012	21.00	0.68	1.62	0.30	4.01	7.06	5.62	1.43		7.33	6.25	1.05	0.02	
2013	19.05	2.67		3.46	0.70	5.17	4.55	0.63		7.04	5.11	1.48	0.45	
2014	23.59	3.70		2.85	0.14	4.02	2.94	1.04	0.04	12.88	10.49	1.29	1.10	
2015	19.84	3.89		0.24	1.26	4.77	2.28	1.70	0.78	9.67	7.48	2.19		
2016	23.49	0.92	0.12	2.21	0.57	7.83	0.92	3.27	3.64	11.84	9.77	2.04	0.03	
2017	27.22	0.06	2.25	0.01	1.22	5.63	1.90	7.76	3.74	10.29	10.16		0.13	
2018	24.13	0.47	1.75		1.16		5.39	7.62	0.54		5.59	1.60		
2019	39.79	8.90	0.14	0.03	5.19		5.92	9.37	1.42		6.84	1.97		
2020	27.81	4.76	1.83	0.56	7.49		3.55	4.21	0.52		3.81	0.76	0.31	
2021	36.51	3.61	1.70	1.32	8.50		4.27	4.86	2.83		5.38	3.65	0.39	
2022	43.38	1.72	4.80	4.98	6.72		3.90	0.85	1.32		17.78	1.03	0.26	

9-18 商品房屋待售面积（按用途分）
TOTAL FLOOR SPACE OF COMMERCIALIZED BUILDINGS FOR SALE （GROUPED BY USE）

单位：万平方米 (10 000 sq.m)

年 份 Year	待售面积 Floor space of Commercialized Buildings	住 宅 Residential Buildings	办公楼 Office Buildings	商业用房 Houses For Business Use	其 他 Others
1996	328.68	191.94	40.31	55.20	41.23
1997	258.69	137.34	48.69	48.66	24.00
1998	296.94	158.88	55.96	56.73	25.37
1999	249.60	139.67	42.49	52.90	14.54
2000	272.62	170.92	47.17	48.49	6.04
2001	241.35	142.72	29.53	51.69	17.41
2002	311.03	206.50	23.03	59.99	21.51
2003	319.94	190.88	26.23	81.12	21.71
2004	251.53	138.15	21.62	68.45	23.31
2005	191.51	90.24	14.38	63.44	23.45
2006	185.41	69.63	23.98	66.41	25.39
2007	152.36	58.92	15.81	55.30	22.33
2008	231.58	121.17	15.02	69.22	26.17
2009	141.64	63.60	15.41	49.56	13.07
2010	134.36	53.15	9.00	51.82	20.39
2011	257.69	148.13	5.15	84.49	19.92
2012	310.05	188.94	16.89	80.14	24.09
2013	351.66	203.06	14.08	103.06	31.47
2014	319.85	191.95	16.09	96.27	15.54
2015	336.51	231.66	14.72	65.56	24.57
2016	272.98	140.17	29.86	77.44	25.52
2017	261.30	147.20	28.83	72.74	12.53
2018	277.29	158.30	36.18	65.30	17.51
2019	396.15	224.42	62.71	79.41	29.61
2020	353.82	151.59	87.66	74.85	39.71
2021	414.37	136.11	129.76	98.52	49.98
2022	478.16	170.08	170.52	100.17	37.39

9-19 商品房屋待售面积（按区域分）

TOTAL FLOOR SPACE OF VACANT BUILDINGS（GROUPED BY DISTRICT）

单位：万平方米 (10 000 sq.m)

年 份 Year	待售面积 Floor space of Commercialized Buildings	福田区 Futian	罗湖区 Luohu	盐田区 Yantian	南山区 Nanshan	大宝安区 Original Baoan	宝安区 Baoan	龙华区 Longhua	光明区 Guangming	大龙岗区 Original Longgang	龙岗区 Longgang	坪山区 Pingshan	大鹏新区 Dapeng	深汕特别合作区 Shenzhen-Shanwei Special Cooperation Zone
1996	328.68	92.03	105.18		55.88	49.30				26.29				
1997	258.69	55.41	78.56		59.13	37.47				28.12				
1998	296.94	74.08	82.92	2.59	76.22	39.61				21.52				
1999	249.60	60.46	82.32	4.03	45.21	25.51				32.07				
2000	272.62	61.38	98.36	2.82	50.22	29.99				29.85				
2001	241.35	72.12	81.50	1.81	34.59	24.00				27.33				
2002	311.03	89.77	75.29	9.04	69.26	30.38				37.29				
2003	319.94	103.76	74.54	8.20	67.50	34.87				31.07				
2004	251.53	81.49	61.37	12.38	38.04	22.46				35.79				
2005	191.51	56.42	46.46	11.26	21.81	30.27				25.29				
2006	185.41	57.02	48.47	7.40	26.31	12.79				33.42				
2007	152.36	42.48	32.39	3.50	21.38	16.29				36.32				
2008	231.58	36.14	33.45	6.88	43.75	46.79				64.57				
2009	141.64	34.65	28.45	3.57	29.30	19.38				26.29				
2010	134.36	31.51	23.00	8.75	16.51	33.34				21.25				
2011	257.69	37.28	22.64	13.67	10.72	106.12				67.26				
2012	310.05	45.64	20.36	16.51	18.02	93.40	56.75	36.33	0.33	116.12	114.21	0.63	1.28	
2013	351.66	34.72	37.87	18.44	40.92	104.67	50.04	54.31	0.33	115.05	100.16	6.16	8.73	
2014	319.85	18.49	27.68	25.48	45.92	98.76	49.01	42.87	6.87	103.52	84.76	10.63	8.12	
2015	336.51	22.26	31.32	15.26	33.23	138.06	57.42	69.32	11.32	96.38	69.93	8.14	18.31	
2016	272.98	12.87	14.78	15.90	65.51	96.29	49.95	35.29	11.06	67.63	52.25		15.38	
2017	261.30	15.22	16.13	11.59	56.50	68.58	66.49	30.56	2.09	55.61	46.31	7.11	9.30	
2018	277.29	13.58	18.01	19.91	50.18		80.02	29.65	3.30		50.95		11.70	
2019	396.15	15.72	27.96	38.23	55.62		74.56	51.40	12.43		80.89	28.21	11.14	
2020	353.82	8.79	28.16	25.56	52.49		64.24	35.76	37.22		46.23	43.76	9.98	1.64
2021	414.37	35.57	29.49	26.03	75.86		77.14	33.22	43.20		53.40	21.80	10.93	7.74
2022	478.16	32.08	31.22	31.03	96.07		92.54	35.83	44.15		67.03	21.59	10.44	16.18

9-20 商品房二级市场平均交易价格（按用途分）

AVERAGE SELLING PRICE OF COMMERCIAL HOUSES IN SECONDARY MARKET （GROUPED BY USE）

单位：元/平方米　　(yuan/ sq.m)

年 份 Year	商品房二级市场平均交易价格 Average Selling Price of Commercial Houses in Secondary Market	住 宅 Residential Buildings	办公楼 Office Buildings	商业用房 Houses For Business Use	其 他 Others
1999	5503	5004	10504	11195	3743
2000	5718	5275	10954	10306	3186
2001	5779	5517	13717	11916	4126
2002	6074	5641	8145	12175	5000
2003	6215	5879	8678	11624	2804
2004	6771	6419	9670	12764	5672
2005	7582	6996	12374	15083	6869
2006	10039	9190	15762	18257	9714
2007	14050	13370	23535	19103	10203
2008	12665	12823	19071	11469	8286
2009	15214	14858	23919	20826	12768
2010	20850	20297	24797	23346	24787
2011	20674	19038	39481	31654	28603
2012	20035	18848	37814	29859	27472
2013	23776	21808	36402	18059	28337
2014	25700	23955	32926	34911	30165
2015	35071	33406	46327	42552	26273
2016	52777	53455	52529	53090	43210
2017	54430	54455	49977	60365	35514
2018	54090	54120	55173	57382	36241
2019	55250	54741	58030	62802	34516
2020	54003	52808	55828	63430	38940
2021	60027	61273	57191	60839	29339
2022	60009	67730	56140	52092	25041

注：本表2017年及以前数据来源为深圳市规划和国土资源委员会，2018年及以后数据来源为深圳市住房和建设局。

Note: The data of this table are provided by Shenzhen Municipal Bureau of Planning and Land Resources before 2018,provided by Housing and Construction Bureau of ShenZhen Municipality from 2018.

9-21 商品房二级市场平均交易价格（按区域分）
AVERAGE SELLING PRICE OF COMMERCIAL HOUSES IN SECONDARY MARKET （GROUPED BY DISTRICT）

单位：元/平方米 (yuan/ sq.m)

年份 Year	商品房二级市场平均交易价格 Average Selling Price of Commercial Houses in Secondary Market	福田区 Futian	罗湖区 Luohu	盐田区 Yantian	南山区 Nanshan	宝安区 Baoan	龙岗区 Longgang	龙华区 Longhua	坪山区 Pingshan	光明区 Guangming	大鹏新区 Dapeng	深汕特别合作区 Shenzhen-Shanwei Special Cooperation Zone
1999	5503	6299	8763	3379	4472	3222	3226					
2000	5718	7048	8047	6437	4682	3452	3976					
2001	5779	7171	6272	4079	6007	3256	3537					
2002	6145	7981	7048	5360	5930	4302	3925					
2003	6215	7787	7444	6111	6041	3866	4046					
2004	6771	8324	7953	9003	6738	4989	5067					
2005	7582	9565	8548	7896	8929	5799	5889					
2006	10039	15485	10115	9793	12855	8626	6906					
2007	14050	20639	17834	14293	18196	12256	10785					
2008	12665	16946	14011	24748	17230	11425	9136					
2009	15214	24338	22674	25349	19751	13677	9822					
2010	20850	27691	26016	40780	31463	19752	14288					
2011	20674	39481	26118	20869	35936	18236	15010					
2012	20035	33852	29928	29924	34924	18288	14526					
2013	23776	42843	34715	25964	41636	21616	17621					
2014	25700	44171	40866	31358	41406	24221	18938					
2015	35071	55570	47518	34725	57700	34971	26728	33005	16764	19648	17051	
2016	52777	64750	58211	46220	76077	57369	39723	43853	30271	31289	27531	
2017	54430	84869	63937	55230	86411	57149	37520	53235	32310	32692	37639	
2018	54090	81199	59850	47717	87876	52204	41541	57914	27530	40020	37043	
2019	55250	86225	54605	45226	91001	52390	41430	55685	33740	44481	30151	10789
2020	54003	87705	55874	47300	90951	57774	42556	61092	37358	50320	30656	14055
2021	60027	96751	70726	48868	100379	62991	43047	58055	38737	48834	33791	12489
2022	60009	96310	62409	43513	102340	50947	39695	51668	36530	47880	32941	11557

注：本表2017年及以前数据来源为深圳市规划和国土资源委员会，2018年及以后数据来源为深圳市住房和建设局。

Note: The data of this table are provided by Shenzhen Municipal Bureau of Planning and Land Resources before 2018,provided by Housing and Construction Bureau of ShenZhen Municipality from 2018.

9-22 商品住宅二级市场平均交易价格（按区域分）

AVERAGE SELLING PRICE OF COMMERCIAL HOUSES IN SECONDARY MARKET（GROUPED BY DISTRICT）

单位：元/平方米　　　　(yuan/ sq.m)

年份 Year	住宅平均平均交易价格 Average Selling Price of Commercial Houses in Secondary Market	福田区 Futian	罗湖区 Luohu	盐田区 Yantian	南山区 Nanshan	宝安区 Baoan	龙岗区 Longgang	龙华区 Longhua	坪山区 Pingshan	光明新区 Guangming	大鹏新区 Dapeng	深汕特别合作区 Shenzhen-Shanwei Special Cooperation Zone
1999	5004	6027	7394	3194	4390	3074	3033					
2000	5275	6728	7200	4252	4540	3025	3718					
2001	5517	6465	6408	4139	5709	2851	3402					
2002	5641	7664	6496	5265	5639	3805	3522					
2003	5879	7640	6866	6076	5778	3640	3485					
2004	6419	7806	7789	9002	6499	4787	4447					
2005	6996	8627	8135	7698	8502	5353	5353					
2006	9190	13803	9988	9454	12119	8297	6423					
2007	13370	18441	16946	14178	18008	12212	10478					
2008	12823	16876	16891	24995	17050	11652	9112					
2009	14858	23216	22607	25366	19636	13726	9626					
2010	20297	29248	23470	40861	30840	19944	14166					
2011	19038	29866	24656	19392	35370	17805	14705					
2012	18848	29958	30319	23254	34401	18028	13942					
2013	21808	41439	36396	19485	42273	20947	17118					
2014	23955	42445	42480	28253	41259	23747	18755					
2015	33406	54461	48636	30498	56463	35841	27230	32835	16014	18791	17051	
2016	53455	83292	64330	44606	82142	58745	40859	41850	30837	33833	27531	
2017	54455	87377	75042	55230	101134	56960	37560	52737	32652	34774	37639	
2018	54120	93803	72910	47589	92095	54052	44610	57787	26806	45290	37043	
2019	54741	97256	69625	47300	95413	54605	44527	59862	35063	46014	30151	10789
2020	52808	111987	79661	49534	94423	62642	43467	63154	37758	51954	30656	14220
2021	61273	115312	89226	57231	107506	65478	44908	64195	40056	50883	33791	12594
2022	67730	109542	78030	53195	114433	61771	46882	65402	38177	48576	32941	11749

9-23 房地产开发企业主要财务指标（2016-2022年）
FINANCIAL INDICATORS OF REAL ESTATE COMPANIES（2016-2022）

类别	Item	2016	2017	2018	2019	2020	2021	2022
一. 年末资产负债（亿元）	**Total Assets and Liabilities at the year end (100 million yuan)**							
资产总计	Total Capital	16433.75	20196.64	25624.59	26666.46	32974.64	38247.44	43187.40
负债合计	Total liabilities	12405.27	15350.48	18341.80	19978.58	24375.71	27981.37	31531.18
所有者权益合计	Creditors'Equity	4028.48	4846.15	7282.79	6687.88	8598.93	10266.06	11656.22
二. 损益及分配（亿元）	**Profit,loss and distribution (100 million yuan)**							
1. 主营业务收入	Business Revenue	2406.26	2570.31	3235.17	3371.03	3562.43	4070.10	3156.68
#土地转让收入	Land Sales Revenue		0.80	0.56		0.33	6.00	
商品房屋销售收入	Sales Revenue of Commodity	2236.99	2407.45	3025.22	3190.13	3262.05	3766.99	2817.43
房屋出租收入	Revenue Leased	130.76	114.09	80.55	96.87	146.84	161.33	164.55
其他收入	Other Revenues	38.51	41.10	73.85	71.13	111.00	120.70	152.77
2. 主营业务成本、主营业务税金及附加	Business Cost,Taxes and Extra Charge	1525.90	1569.84	1982.30	2240.65	2379.44	2934.94	2323.40
主营业务成本	Business cost	1172.91	1207.13	1529.89	1712.27	1873.77	2459.55	1900.75
主营业务税金及附加	Business Taxes and Extra Charge	353.00	362.71	452.41	528.37	505.68	475.39	422.65
3. 费用合计	Total Expenses	249.28	297.31	331.53	383.38	448.55	491.92	440.43
销售费用	Sales Expenses	71.11	72.65	98.69	127.38	127.81	125.17	101.96
管理费用	Management Expenses	97.57	112.78	111.44	130.00	147.68	161.04	142.88
财务费用	Financial Expenses	80.61	111.88	121.41	126.00	173.06	205.71	195.59
4. 其他业务利润	Other Profits	4.25	1.79	1.61	4.97	2.11	4.08	-3.42
5. 投资收益	Investment Revenue	131.58	92.37	178.70	114.54	105.82	196.35	351.97
6. 营业外收入	Nonbusiness Revenue	10.81	6.89	13.94	8.31	27.66	19.09	21.74
7. 营业外支出	Nonbusiness Expenses	15.28	39.04	21.14	19.61	27.26	19.16	10.47
8. 利润总额	Total Profits	772.44	824.73	1082.63	890.86	801.27	853.20	767.29
三. 工资总额（亿元）	**Total Payable Salaries(100 million yuan)**	**47.49**	**52.91**	**77.26**	**89.81**	**84.68**	**91.95**	**89.25**
四. 从业人员年平均人数（人）	**Average Number of Employed Persons(person)**	**29143**	**30856**	**33632**	**33965**	**36528**	**36780**	**35851**
五. 企业数（个）	**Numberof Enterprises(unit)**	**566**	**599**	**645**	**686**	**752**	**825**	**881**

主要统计指标解释

房地产开发投资　指各种登记注册类型的房地产开发法人单位统一开发的住宅、饭店、宾馆、度假村、写字楼、办公楼等房屋建筑物,配套的服务设施，土地开发工程(如道路、给水、排水、供电、供热、通讯、平整场地等基础设施工程)和土地购置的投资；不包括单纯的土地开发和交易活动。

施工面积　指报告期内施工的全部房屋建筑面积。包括本期新开工的面积和上期开工跨入本期继续施工的房屋面积，以及上期已停建在本期恢复施工的房屋面积。本期竣工和本期施工后又停缓建的房屋，其建筑面积仍计入本期房屋施工面积中。

竣工面积　指在报告期内房屋建筑按照设计要求已经全部完工，达到住人和使用条件，经验收鉴定合格(或达到竣工验收标准),正式移交使用单位的各栋房屋建筑面积的总和。

Explanatory Notes on Main Statistical Indicators

Real estate development investment refers to the investment in residential buildings, restaurants, hotels, holiday villages, office buildings, supporting service facilities, land development projects (such as roads, water supply, water drainage,power supply, heating, communication, site leveling and other infrastructure projects) and land acquisition jointly developed by various registered types of real estate development legal entities; Excluding simple land development and trading activities.

Floor Space under Construction refers to total floor space of all buildings under construction during the reference period,including floor space of newly started buildings during the reference period,floor space of construction extended from the previous period to the current period , and floor space of construction suspended during the previous period and resumed in the current period.Floor space of construction completed in the current period,and floor space of construction started and then suspended in the current period are also included in the floor space underconstruction of the current year.

Floor Space of Building Completed refers to the floor space of all buildings completed in the reference period, which have been appraised and accepted (or come up to the designed standards)and have been transferred to the owners for use.

10 第十部分 商业和物价

COMMERCE AND PRICE

CHAPTER

10-1 社会消费品零售总额及指数

INDICES OF TOTAL RETAIL SALES OF CONSUMER GOODS

年 份 Year	社会消费品零售总额 (万元) Total Retail Sales of Consumer Goods (10 000 yuan)	社会消费品零售总额指数 Retail Sales Indices	
		以1979年为100 (1979=100)	以上年为100 (Preceding year=100)
1979	11259	100.0	
1980	19615	174.2	174.2
1981	34229	304.0	174.5
1982	54185	481.3	158.3
1983	123794	1099.5	228.5
1984	201107	1786.2	162.5
1985	265642	2359.4	132.1
1986	273712	2431.1	103.0
1987	324364	2880.9	118.5
1988	502430	4462.5	154.9
1989	545741	4847.2	108.6
1990	667580	5929.3	122.3
1991	828341	7357.1	124.1
1992	1939506	10204.3	138.7
1993	2761015	14526.5	142.4
1994	3779852	19886.9	136.9
1995	4664471	24545.0	123.4
1996	5296806	27872.4	113.6
1997	5910891	31103.8	111.6
1998	6545355	34442.4	110.7
1999	7369955	38781.6	112.6
2000	8547894	44980.0	116.0
2001	9740535	51255.9	114.0
2002	11104360	58432.5	114.0
2003	13044600	68642.2	117.5
2004	15106057	79489.9	115.8
2005	17578465	92500.0	116.4
2006	20553267	108153.7	116.9
2007	23510708	123716.1	114.4
2008	28049939	147602.1	119.3
2009	31718953	166908.9	113.1
2010	36468898	191903.7	115.0
2011	42592660	224127.6	116.8
2012	49140580	258583.6	115.4
2013	55344879	291231.3	112.6
2014	61416401	323180.4	111.0
2015	64197846	337816.7	104.5
2016	69997209	368333.6	109.0
2017	77881731	409822.9	111.3
2018	85195000	448306.2	109.4
2019	91444581	481192.3	107.3
2020	86648297	455953.6	94.8
2021	94981156	499802.1	109.6
2022	97082807	510861.3	102.2
年平均增长率(%) Average Annual Growth Rate (%)		**22.0**	

注：1992-2018年数据已根据全国第四次经济普查结果进行修订。

Note: The data from 1992 to 2018 have been revised by the fourth national economic census.

10-2 限额以上批发零售贸易业商品分类销售（2022年）

TOTAL SALES OF ENTERPRISES OVER LEVELS IN WHOLESALE AND RETAIL SALE TRADES GROUPED BY CATEGORY OF COMMODITIES（2022）

单位：万元 (10 000 yuan)

项 目	Item	批发额 Value in Wholesale Trade	零售额 Value in Retail Sale Trade
总　计	**Total**	**389498710**	**42409042**
食品、饮料、烟酒类	Food,Beverage,Tobacco and Liquor	32964173	6174929
针、纺织品类	Knitwear and Textiles	2695805	384015
服装、鞋帽类	Garments,Footwear and Headgear	2462421	2298288
化妆品类	Cosmetics	1031969	630625
日用品类	Articles for Daily Use	9412467	2494178
五金、电料类	Hardwares and Electric Appliances	7031205	23258
家用电器及音像器材类	Household Appliances and Video Appliances	9792368	1771062
电子出版类及音像制品类	E-journals and Video Products	28739	7700
体育、娱乐用品类	Sports and Recreational Articles	869341	292202
文化、办公用品类	Articles For Culture and Office Use	17080746	1631453
金银珠宝类	Gold,Silver and Jewelry	7012234	1623598
家具类	Furniture	1340840	358954
中西药品类	Traditional Chinese and Western Medicines	6180982	980858
书报杂志类	Newspapers and Magazines	162066	152172
通讯器材类	Communications Appliances	33837954	4230012
建筑材料类	Building Materials	7071063	185338
木材及制品类	Timber and Related Products	2253459	
化工材料及制品类	Chemical Materials and Products	22755454	
金属材料类	Metal Materials	69577085	
机电设备及零件类	Mechanical and Electrical Products and Accessories	61751701	87211
煤炭及制品类	Coal and Related Products	3729803	
石油及制品类	Petroleum and Related Products	11049794	2882272
种子饲料类	Seeds and Feedstuff	702866	
棉麻类	Cotton and Hemp	559989	
汽车类	Motor Vehicles	48402372	14928017
其他类	Others	21280040	501647

10-3 限额以上批发和零售业法人企业商品购销存综合表（2022年）

单位：万元

项目	Item	法人企业（个）Number of Corporate Enterprises (unit)
总　　计	**Total**	**13756**
一、批发业	**Wholesale Trade**	**11589**
1. 按批发行业分组	Grouped by Sector	
农畜产品批发	Wholesale of Farm and Livestock Products	148
食品、饮料及烟草制品批发	Wholesale of Foods,Beverages&Tobaccos	1162
纺织、服装及日用品批发	Wholesale of Textiles,Garments and Daily-use Products	1418
文化、体育用品及器材批发	Wholesale of Cultural and Sports Articles and Appliances	683
医药及医疗器材批发	Wholesale of Medicine and Medical Appliances	397
矿产品、建材及化工产品批发	Wholesale of Mineral Products,Building Material and Chemical Products	2520
机械设备、五金交电及电子产品批发	Wholesale of Mechanical Equipment,Hardware and Electronic Products	4886
贸易经纪与代理	Trade Broker and Agent	174
其他批发	Other Wholesales	201
2. 按登记注册类型分组	Grouped by Registration Status	
内资企业	Domestic-funded	10612
国有企业	State-owned	77
集体企业	Collective-owned	
股份合作企业	Share-holding Cooperative Enterprises	2
联营企业	Joint Ownership	
有限责任公司	Limited Liabilities Companies	1559
股份有限公司	Share-holding Limited Companies	140
私营企业	Private-owned	8834
港、澳、台商投资企业	Funded by Entrepreneur from Hong Kong,Macao and Taiwan	671
合资经营企业（港或澳、台资）	Joint-venture(Hong Kong,Macao and Taiwan)	60
合作经营企业（港或澳、台资）	Cooperative(Hong Kong,Macao and Taiwan)	2
港、澳、台商独资经营企业	Enterprises with Sole Funds(Hong Kong,Macao and Taiwan)	598
港、澳、台商投资股份有限公司	Share-holding Corporations Ltd(Hong Kong,Macao and Taiwan)	11
外商投资企业	Foreign-funded	278
中外合资经营企业	Jointly-owned	51
中外合作经营企业	Cooperatively-owned	1
外资企业	Exclusively Foreign-owned	219
外商投资股份有限公司	Foreign-funded Investment Companies Limited	7
3. 按控股情况分组	Grouped by Holding Condition	
国有控股	State-controlled	209
集体控股	Collective-controlled	46
私人控股	Private-controlled	10421
港澳台商控股	Controlled by Entrepreneur from Hong Kong,Macao and Taiwan	668
外商控股	Foreign-funded-controlled	242
其他	Others	

TOTAL PURCHASES SALES AND INVENTORY OF ENTERPRISES ABOVE THE DESIGNATED SIZE IN WHOLESALE AND RETAIL TRADE（2022）

(10 000 yuan)

从业人员期末人数（人）Number of Employees at the Year-end (person)	商品购进总额 Total Purchase	进口额 Imports	商品销售总额 Total Sales	批发额 Wholesales Trade	出口额 Exports	零售额 Retail Trade	年末商品库存总额 Inventory (Year-end)	年末零售营业面积（平方米）Retail Business Area at the Year-end (sq.m)
567059	**431558939**	**36061761**	**454406374**	**408441415**	**18438566**	**45688688**	**22239911**	**11789581**
366121	**386778295**	**35167036**	**403875860**	**399971964**	**18392031**	**3627633**	**17649259**	**1559495**
2854	4322363	251136	4420327	4406000	59125	12999	363595	3660
56808	40587705	5303994	42681988	42366867	592720	309773	2851087	102720
49749	18286323	569446	19879096	19130099	3644630	698282	1738304	409634
26186	10535407	171071	11152141	10680939	407668	416469	1790595	57534
24755	6994751	630839	8067334	7954542	227746	112468	668748	81230
47821	118271832	3015533	121307368	120441289	1087682	774193	2773763	327158
144836	165756055	15948000	173623881	172408163	10620775	1182856	6767488	561836
5864	20212978	9158917	20678601	20641555	1093973	8944	567937	1338
7248	1810882	118100	2065124	1942512	657713	111650	127741	14385
305309	350931384	30204155	365503395	362114782	3113929	15753460	15258098	1449474
5182	13268586	247421	14231454	14049959	181496	313183	621520	69625
24	7485		7961	7961			77	
54393	113938822	5338486	117756208	117169391	557560	2626606	3098799	103352
21580	21652751	732800	23836684	23700265	136420	667827	809425	185324
224130	202063740	23885448	209671088	207187206	2238454	12145843	10728278	1091173
35002	15147602	2171224	17206252	16860739	344626	860965	1295184	69602
4075	1260938	189840	1464487	1367677	96809	315352	146002	5425
79	592589		598916	598916			401	
30441	13180499	1974736	15007784	14759080	247816	536178	1135707	64177
407	113575	6648	135065	135065		9435	13075	
23444	18580451	2745107	18982690	18851293	130706	1590284	1004694	37849
7340	2928584	218000	3301078	3199660	101418	74951	100681	30582
141	12586		13763	13763			6750	
15396	15515509	2519213	15534862	15509797	24374	1479378	892453	4611
567	123772	7893	132987	128073	4914	35955	4811	2656
23179	57887909	2316210	60306617	60008738	297380	1481965	1888907	96048
1882	4269208	175222	4469662	4466392	3270	63039	76777	1400
287140	292318752	27766278	304798142	301533234	2993572	14590689	13480779	1384704
37600	16251353	2355112	18204176	17904641	298647	756374	1287408	70076
16320	16048496	2554214	16094414	16058959	34764	1499964	915388	7267

单位：万元

项 目	Item	法人企业（个）Number of Corporative Enterprises (unit)
4. 按经营形式分组	Grouped by Business Forms	
独立门店	Independent Stores	1598
连锁总店	General Chain Stores	36
连锁门店	Chain Stores	37
其他	Others	9918
二、零售业	**Retail Trade Sector**	**2167**
1. 按零售行业分组	Grouped by Sector	
综合零售	Integrated Retail	110
食品、饮料及烟草制品专门零售	Special Retail of Foods, Beverages&Tobaccos	155
纺织、服装及日用品专门零售	Special Retail of Textile, Garments and Daily-use Articles	251
文化、体育用品及器材专门零售	Special Retail of Cultural and Sports Goods and Appliances	104
医药及医疗器材专门零售	Special Retail of Medicine and Medical Appliances	53
汽车、摩托车、燃料及零配件专门零售	Special Retail of Automobiles, Motorcycles, Fuels and Related Accessories	715
家用电器及电子产品专门零售	Special Retail of Household Electrical Appliances and Electronic Products	250
五金、家具及室内装修材料专门零售	Special Retail of Hardware, Furniture and Indoor Decoration Materials	67
无店铺及其他零售	Retail without Shops and Other	462
2. 按登记注册类型分组	Grouped by Registration	
内资企业	Civil Funded	2022
国有企业	State-owned	16
集体企业	Collective-owned	1
股份合作企业	Share-holding Cooperative Enterprise	1
联营企业	Joint Ownership	5
有限责任公司	Limited Liabilities Companies	470
股份有限公司	Share-holding Limited Companies	30
私营企业	Private-owned	1499
港、澳、台商投资企业	Funded by Entrepreneur from Hong Kong, Macao and Taiwan	105
外商投资企业	Foreign-funded	40
3. 按控股情况分组	Grouped by Holding Condition	
国有控股	State-controlled	116
集体控股	Collective-controlled	28
私人控股	Private-controlled	1895
港澳台商控股	Controlled by Entrepreneur from Hong Kong,Macao and Taiwan	95
外商控股	Foreign-funded-controlled	32
其他	Others	
4. 按经营形式分组	Grouped by Business Forms	
独立门店	Independent Stores	930
连锁总店	General Chain Stores	102
连锁门店	Chain Stores	131
其他	Other	1004
5. 按零售业态分组	Grouped by Retail Format	
有店铺零售	Store-based Retailing	1380
无店铺零售	Non-Store Retailing	787

CONTINUED

(10 000 yuan)

从业人员期末人数（人） Number of Employees at the Year-end (person)	商品购进总额 Total Purchase	进口额 Imports	商品销售总额 Total Sales	批发额 Wholesales Trade	出口额 Exports	零售额 Retail Trade	年末商品库存总额 Inventory (Year-end)	年末零售营业面积（平方米） Retail Business Area at the Year-end (sq.m)
51318	582997221	12619498	605999670	598246244	6881087	10474767	21369997	165116
8326	318917122	143656	320670963	319635641	1034922	38047	1655736	84807
3826	5071773	2069	6656504	6080866	575638	229728	968781	178722
302651	2960796832	338905136	3105431464	3075756889	27784680	173177769	152498074	1130850
200938	**44780644**	**894725**	**50530514**	**8469451**	**46535**	**42061055**	**4590652**	**10230086**
37796	6369465	260	7092790	1713094		5379696	466836	3776045
18667	1896107	15071	2288885	493596	130	1795289	252980	149624
36152	2032574	21310	3343252	490450	4824	2852793	871881	1252650
12719	2281275	175	2796716	863458	255	1933257	261590	348697
14099	646478	2643	1075452	30483		1044970	103453	405065
42609	18541436	745732	19163820	1479833	11066	17683986	1536234	3445978
12421	3232003	51094	3372369	754714	13300	2617655	443551	296314
2847	289600	3239	393612	52516	7743	341096	49210	190004
23628	9491706	55202	11003619	2591306	9215	8412313	604918	365709
145852	34324623	613696	38430184	6442206	31987969	41348	3667708	5919741
1119	388252		301572	21836	279736		110135	29571
29	17154		12469		12469		4987	4005
18	9553		10601		10601		679	2190
211	38957		45409		45409		7746	66451
39030	8590774	203968	10057816	1321432	8736384	4790	1101587	1604754
12100	3881525	8875	4471299	1540293	2931006		247660	512499
93345	21398408	400854	23531018	3558645	19972365	36557	2194914	3700271
28271	5390325	223430	6484137	295916	6188221	2880	478092	2902649
26815	5065695	57599	5616193	1731328	3884865	2307	444853	1407696
24485	6267833	147694	6896615	2799067	4097547	1198	725686	1390011
7105	1118750	1126	1404650	99817	1304834	880	102036	205837
127988	29199546	465051	32762414	5117376	27645030	43935	3061030	4991087
25982	5383432	197456	6401965	362615	6039350	295	438278	2813449
15378	2811083	83399	3064871	90576	2974294	227	263622	829702
64249	16760656	616866	18185056	1313156	16871900	2635	1931846	3935658
47768	7548000	9658	8866873	2433516	6433357	227	778937	3463252
24027	3094755	1794	3598307	491854	3106444	810	394765	863741
64894	17377233	266407	19880278	4230925	15649354	42863	1485104	1967435
160402	31556640	789873	35135980	4879863	30256108	23169	3646488	9323404
40536	13224004	104851	15394535	3589588	11804947	23366	944164	906682

10-4 限额以上批发业法人单位主要财务状况综合表（2022年）

单位：万元

项目	Item	法人企业数（个）Number of Corporative Enterprises (unit)
批发业	**Wholesale Trade**	**11589**
按批发行业分组	**Grouped by Sector**	
农畜产品批发	Livestock Products Wholesale	148
食品、饮料及烟草制品批发	Wholesale of Foods, Beverages&Tobaccos	1162
纺织、服装及日用品批发	Wholesale of Textiles, Garments and Daily-use Products	1418
文化、体育用品及器材批发	Wholesale of Cultural and Sports Articles and Appliances	683
医药及医疗器材批发	Wholesale of Medicine and Medical Appliances	397
矿产品、建材及化工产品批发	Wholesale of Mineral Products, Building Material and Chemical Products	2520
机械设备、五金交电及电子产品批发	Wholesale of Mechanical Equipment,Hardware and Electronic Products	4886
贸易经纪与代理	Trade Broker and Agent	174
其他批发	Other Wholesales	201
按登记注册类型分组	**Grouped by Registration Status**	
内资企业	Domestic-funded	10612
国有企业	State-owned	77
集体企业	Collective-owned	
股份合作企业	Share-holding Cooperative Enterprises	2
联营企业	Joint Ownership	
有限责任公司	Limited Liabilities Companies	1559
股份有限公司	Share-holding Limited Companies	140
私营企业	Private-owned	8834
港、澳、台商投资企业	Funded by Entrepreneur from Hong Kong,Macao and Taiwan	671
合资经营企业（港或澳、台资）	Joint-venture(Hong Kong,Macao and Taiwan)	60
合作经营企业（港或澳、台资）	Cooperative(Hong Kong,Macao and Taiwan)	2
港、澳、台商独资经营企业	Enterprises with Sole Funds(Hong Kong,Macao and Taiwan)	598
港、澳、台商投资股份有限公司	Share-holding Corporations Ltd(Hong Kong,Macao and Taiwan)	11
外商投资企业	Foreign-funded	278
中外合资经营企业	Jointly-owned	51
中外合作经营企业	Cooperatively-owned	1
外资企业	Exclusively Foreign-owned	219
外商投资股份有限公司	Foreign-funded Investment Companies Limited	7
按控股情况分组	**Grouped by Holding Condition**	
国有控股	State-controlled	209
集体控股	Collective-controlled	46
私人控股	Private-controlled	10421
港澳台商控股	Controlled by Entrepreneur from Hong Kong,Macao and Taiwan	668
外商控股	Foreign-funded-controlled	242
其他	Others	3
按经营形式分组	**Grouped by Business Forms**	
独立门店	Independent Stores	1598
连锁总店	General Chain Stores	36
连锁门店	Chain Stores	37
其他	Others	9918

MAIN FINANCIAL INDICATORS OF WHOLESALE SALES ABOVE THE SET SCALE
（2022）

(10 000 yuan)

流动资产合计 Total Current Assets	应收账款 Accounts Payable	存货 Inventory	固定资产原价 Original Value of Fixed Assets	累计折旧 Accumulative Depreciation	本年折旧 Depreciation of the Year	资产总计 Total Assets	流动负债合计 Total Current Liabilities	应付账款 Accounts Payable
208421754	**52332578**	**18340229**	**6350679**	**2970757**	**415441**	**255318200**	**182303987**	**55323245**
1578493	270670	373441	73234	29050	3666	2244367	1528265	162048
21319134	4700044	2847162	868769	421388	66942	24389666	16532968	4632374
10869697	2620906	1834418	530605	228286	37728	14209415	9753211	2695448
7043985	1394255	1849043	162189	95674	13393	7648006	5951853	1206540
5637852	1218251	629315	292206	143958	18256	7585647	3818014	1163026
66164142	10918794	2980875	2470804	1144020	114139	91064459	59989350	8360795
83956803	27365134	7107890	1618678	777508	138371	93528210	74668742	33947105
10306459	3277168	540952	243508	87521	10523	12563347	9117453	2767659
1545190	567358	177133	90686	43353	12423	2085085	944130	388252
182296228	45583997	15896802	5186742	2375766	332526	222441440	162472325	49047869
5928053	966024	612623	521303	295463	24242	7045509	3528259	1043980
3319	2178	217	16	5	2	3331	2666	1205
54919055	13457591	3127305	929043	399186	65147	65902810	54689045	16406686
13991053	2436809	1038901	1390847	676606	58362	26972544	11447826	1821959
107454747	28721395	11117756	2345533	1004507	184773	122517246	92804529	29774039
13454903	2631402	1301520	509648	204946	28259	17432860	9435495	2509152
938110	300292	162192	76336	29317	3826	1047573	514635	196170
304906	27078	357	2504	1781	189	395109	297873	20904
12008505	2277441	1126960	429461	173125	24103	15770842	8579310	2266314
203381	26592	12011	1347	724	141	219335	43677	25764
12022635	3857527	1003324	641456	386711	53462	14734196	9888971	3579648
4628963	846621	93933	231980	144429	13684	5925934	3469948	629516
13670	3579	6966	585	369	-840	19939	3856	1958
7322441	2978743	896763	407104	241359	40410	8711700	6388104	2944162
57561	28584	5662	1786	554	208	76623	27063	4013
23384948	4091462	2009085	2008085	1043959	93468	38640795	18753189	4177919
2113459	669686	170691	38763	18786	2396	2689299	1942341	1061377
161634099	41963984	13962635	3370964	1448014	244763	187161782	145216658	44580850
13500006	2555929	1278779	515222	211463	33567	17623065	9596685	2518591
7788263	3050953	919007	417379	248333	41206	9202216	6795114	2984509
981	564	32	266	202	41	1044		
29014715	8538727	2287256	484372	255304	37385	30618990	26072477	12418233
14055777	5683461	158333	49450	26361	3913	14278412	13933403	8337254
753162	92738	102599	10567	7124	1050	782638	458350	109220
164598101	38017651	15792042	5806290	2681969	373093	209638160	141839757	34458539

10-4 续表1

单位：万元

项 目	Item	负债合计 Total Liabilities
批发业	**Wholesale Trade**	**196829440**
按批发行业分组	**Grouped by Sector**	
农畜产品批发	Livestock Products Wholesale	1580180
食品、饮料及烟草制品批发	Wholesale of Foods, Beverages&Tobaccos	17787684
纺织、服装及日用品批发	Wholesale of Textiles, Garments and Daily-use Products	10915023
文化、体育用品及器材批发	Wholesale of Cultural and Sports Articles and Appliances	6338312
医药及医疗器材批发	Wholesale of Medicine and Medical Appliances	4210681
矿产品、建材及化工产品批发	Wholesale of Mineral Products, Building Material and Chemical Products	67822651
机械设备、五金交电及电子产品批发	Wholesale of Mechanical Equipment,Hardware and Electronic Products	77378752
贸易经纪与代理	Trade Broker and Agent	9706521
其他批发	Other Wholesales	1089637
按登记注册类型分组	**Grouped by Registration Status**	
内资企业	Domestic-funded	175128435
国有企业	State-owned	3590780
集体企业	Collective-owned	
股份合作企业	Share-holding Cooperative Enterprises	2666
联营企业	Joint Ownership	
有限责任公司	Limited Liabilities Companies	56628796
股份有限公司	Share-holding Limited Companies	15190745
私营企业	Private-owned	99715447
港、澳、台商投资企业	Funded by Entrepreneur from Hong Kong,Macao and Taiwan	10911994
合资经营企业（港或澳、台资）	Joint-venture(Hong Kong,Macao and Taiwan)	529512
合作经营企业（港或澳、台资）	Cooperative(Hong Kong,Macao and Taiwan)	302370
港、澳、台商独资经营企业	Enterprises with Sole Funds(Hong Kong,Macao and Taiwan)	10031157
港、澳、台商投资股份有限公司	Share-holding Corporations Ltd(Hong Kong,Macao and Taiwan)	48956
外商投资企业	Foreign-funded	10273700
中外合资经营企业	Jointly-owned	3617470
中外合作经营企业	Cooperatively-owned	3856
外资企业	Exclusively Foreign-owned	6623976
外商投资股份有限公司	Foreign-funded Investment Companies Limited	28399
按控股情况分组	**Grouped by Holding Condition**	
国有控股	State-controlled	22715010
集体控股	Collective-controlled	2003303
私人控股	Private-controlled	153993360
港澳台商控股	Controlled by Entrepreneur from Hong Kong,Macao and Taiwan	11082743
外商控股	Foreign-funded-controlled	7034379
其他	Others	644
按经营形式分组	**Grouped by Business Forms**	
独立门店	Independent Stores	26941740
连锁总店	General Chain Stores	13979240
连锁门店	Chain Stores	549662
其他	Others	155358798

CONTINUED

(10 000 yuan)

所有者权益合计 Total Owner's Equities	实收资本 Paid-in Capital	主营业务收入 Prime Operating Revenues	营业成本 Operating Costs	税金及附加 Sales Taxes and Extra Charges
58285208	**48933068**	**361620138**	**346748877**	**632896**
664045	248979	4188596	4064201	2736
6599631	2165365	38957881	36890456	330539
3260166	2576820	18229156	16383111	21782
1284312	1126547	9917082	9288521	13576
3372253	817583	7282711	6011432	20382
23187319	32037446	108304253	105998230	95550
16128517	8762345	155241005	149356297	136439
2793598	999350	17557860	17069473	9122
995368	198634	1941595	1687156	2771
47143953	23905262	326361605	314741193	582525
3454729	1060171	12952397	12011975	293489
664	775	7281	6698	7
9256928	7084221	105258009	102862570	95525
11781082	2644379	19860950	18996248	36599
22650549	13115716	188282968	180863702	156906
6498319	22864015	15551472	13755201	29694
518061	159733	1391748	1177178	3320
92740	51200	537960	534453	338
5717138	22607028	13499759	11933845	25895
170380	46055	122005	109725	141
4448549	2130639	17734244	16528131	19542
2295403	1211161	3015428	2660597	6688
16083	1046	12494	9802	6
2088838	885058	14586810	13753132	12709
48224	33374	119512	104600	139
15925785	5241959	54375106	52174496	357734
685995	354013	3973430	3851430	5674
32986703	19496771	271682381	261761870	226829
6517775	22896367	16508908	14744119	29447
2168950	943957	15080314	14214595	13210
			2368	1
3669360	1994963	54038700	52051250	159262
296775	188903	28381810	27955546	21435
232975	246249	600680	517274	1614
54086098	46502953	278598948	266224808	450585

10-4 续表2

单位：万元

项 目	Item	其他业务利润 Profits from Other Business	销售费用 Sale Expenses
批发业	**Wholesale Trade**	**670897**	**6824342**
按批发行业分组	**Grouped by Sector**		
农畜产品批发	Livestock Products Wholesale	3266	55592
食品、饮料及烟草制品批发	Wholesale of Foods, Beverages&Tobaccos	267334	1124538
纺织、服装及日用品批发	Wholesale of Textiles, Garments and Daily-use Products	37128	1214929
文化、体育用品及器材批发	Wholesale of Cultural and Sports Articles and Appliances	3198	347556
医药及医疗器材批发	Wholesale of Medicine and Medical Appliances	45690	788919
矿产品、建材及化工产品批发	Wholesale of Mineral Products, Building Material and Chemical Products	63416	681212
机械设备、五金交电及电子产品批发	Wholesale of Mechanical Equipment,Hardware and Electronic Products	238906	2348946
贸易经纪与代理	Trade Broker and Agent	5464	134703
其他批发	Other Wholesales	6496	127947
按登记注册类型分组	**Grouped by Registration Status**		
内资企业	Domestic-funded	383697	4990359
国有企业	State-owned	15553	115732
集体企业	Collective-owned		
股份合作企业	Share-holding Cooperative Enterprises		136
联营企业	Joint Ownership		
有限责任公司	Limited Liabilities Companies	131454	1316566
股份有限公司	Share-holding Limited Companies	47859	319162
私营企业	Private-owned	188831	3238763
港、澳、台商投资企业	Funded by Entrepreneur from Hong Kong,Macao and Taiwan	60361	844403
合资经营企业（港或澳、台资）	Joint-venture(Hong Kong,Macao and Taiwan)	4870	101330
合作经营企业（港或澳、台资）	Cooperative(Hong Kong,Macao and Taiwan)		479
港、澳、台商独资经营企业	Enterprises with Sole Funds(Hong Kong,Macao and Taiwan)	51989	738779
港、澳、台商投资股份有限公司	Share-holding Corporations Ltd(Hong Kong,Macao and Taiwan)	3502	3815
外商投资企业	Foreign-funded	226273	769784
中外合资经营企业	Jointly-owned	59896	287473
中外合作经营企业	Cooperatively-owned	2199	1276
外资企业	Exclusively Foreign-owned	164152	470226
外商投资股份有限公司	Foreign-funded Investment Companies Limited	26	10810
按控股情况分组	**Grouped by Holding Condition**		
国有控股	State-controlled	47925	556595
集体控股	Collective-controlled	2955	27763
私人控股	Private-controlled	369277	4888683
港澳台商控股	Controlled by Entrepreneur from Hong Kong,Macao and Taiwan	86406	867028
外商控股	Foreign-funded-controlled	164336	484227
其他	Others		46
按经营形式分组	**Grouped by Business Forms**		
独立门店	Independent Stores	52457	1051123
连锁总店	General Chain Stores	51664	417014
连锁门店	Chain Stores	165	61388
其他	Others	566612	5294817

(10 000 yuan)

管理费用 Management Expenses	财务费用 Financial Expenses	利息费用 Interest Expense	营业利润 Operating profits	投资收益 Profits of Investment	营业外收入 Non-operating Income	利润总额 Total Profits	应交所得税 Total Payable Tax	应付职工薪酬 Total Wages Payable	本年应交增值税 Total Value-added Payable	从业人员期末人数（人） Average Employed Persons (person)
5939265	**1097661**	**1319579**	**5331626**	**3174008**	**254805**	**5410112**	**826889**	**5760394**	**1963378**	**366121**
55008	11236	10672	39048	16543	4578	43157	6508	39316	9728	2854
935087	42715	50503	1304070	748276	58877	1337335	188104	809815	298690	56808
725090	65972	73443	359652	382483	24382	360723	49750	690872	159285	49749
275587	43785	33316	50426	27411	16536	61257	22717	282648	65817	26186
328551	9711	31843	409206	239014	7865	405815	59491	438885	145592	24755
860015	464339	652861	1132544	932150	29213	1115026	185743	809677	466222	47821
2517105	329692	316219	1881065	809750	102561	1927382	283378	2460491	757254	144836
133915	150440	143752	122504	10378	6224	125187	24048	116019	46429	5864
108907	-20229	6971	33112	8002	4569	34230	7150	112673	14360	7248
4664707	1031768	1189639	3613526	1980580	201817	3672022	623824	4409876	1653639	305309
163584	-32315	17074	550322	133727	12569	551518	105097	203560	140538	5182
521			-81		7	-74	1	224	82	24
791198	292683	311500	409616	293921	41561	432880	103776	957987	348117	54393
289990	198913	321948	814502	690887	10888	815392	104935	480326	192884	21580
3419415	572487	539117	1839166	862046	136792	1872306	310016	2767780	972019	224130
621055	15996	96804	572565	139334	23787	581892	125254	694308	200383	35002
74110	-10443	2495	57328	2065	7166	62103	11526	70730	10321	4075
4677	4751	4762	-1117	1650	44	-1079	-1524	2983	133	79
535476	21407	89742	511631	134037	16269	515847	114241	614149	189328	30441
6793	282	194	4723	1582	308	5021	1011	6447	601	407
614771	45662	30283	1186973	1054886	27290	1196468	73374	611425	104626	23444
77142	-7808	18088	555927	494924	2483	549946	44516	179798	54399	7340
1079	3	10	-357	-20	199	-351		3452	-523	141
530345	54453	11639	632240	559927	24177	647558	28726	417331	49790	15396
6206	-986	547	-837	55	430	-686	132	10844	960	567
423781	225129	404988	1421937	736880	21621	1425351	236468	744093	385601	23179
39023	10280	3047	123443	86986	2376	125230	11370	32757	24883	1882
4347560	780100	793590	2592095	1655238	181995	2640603	421470	3802509	1290406	287140
585475	26770	100154	557320	134889	24245	566726	127266	750093	209941	37600
543228	55380	17800	636791	560015	24560	652154	30313	430943	52531	16320
197	2		41		9	49	2		15	
641140	63852	70421	271142	45160	29198	288067	67937	641514	222453	51318
75079	-19963	3496	-10150	3423	7649	-3512	4660	146173	66104	8326
54381	3379	2592	-7825	92	3312	-10056	77	40554	4405	3826
5168665	1050392	1243070	5078458	3125334	214646	5135613	754215	4932153	1670417	302651

10-5 限额以上零售业法人单位主要财务状况综合表（2022年）

单位：万元

项 目	Item	法人企业数（个）Number of Corporative Enterprises (unit)
零售业	**Retail Trade Sector**	**2167**
按零售行业小类分组	**Grouped by Sector**	
综合零售	Integrated Retail	110
食品、饮料及烟草制品专门零售	Special Retail of Foods, Beverages&Tobaccos	155
纺织、服装及日用品专门零售	Special Retail of Textile, Garments and Daily-use Articles	251
文化、体育用品及器材专门零售	Special Retail of Cultural and Sports Goods and Appliances	104
医药及医疗器材专门零售	Special Retail of Medicine and Medical Appliances	53
汽车、摩托车、燃料及零配件专门零售	Special Retail of Automobiles, Motorcycles, Fuels and Related Accessories	715
家用电器及电子产品专门零售	Special Retail of Household Electrical Appliances and Electronic Products	250
五金、家具及室内装修材料专门零售	Special Retail of Hardware, Furniture and Indoor Decoration Materials	67
无店铺及其他零售	Retail without Shops and Other	462
按登记注册类型分组	**Grouped by Registration**	
内资企业	Domestic funded	2022
国有企业	State-owned	16
集体企业	Collective-owned	1
股份合作企业	Share-holding Cooperative Enterprise	1
联营企业	Joint Ownership	5
有限责任公司	Limited Liabilities Companies	470
股份有限公司	Share-holding Limited Companies	30
私营企业	Private-owned	1499
港、澳、台商投资企业	Funded by Entrepreneur from Hong Kong, Macao and Taiwan	105
外商投资企业	Foreign-funded	40
按控股情况分组	**Grouped by Holding Condition**	
国有控股	State-controlled	116
集体控股	Collective-controlled	28
私人控股	Private-controlled	1895
港澳台商控股	Controlled by Entrepreneur from Hong Kong,Macao and Taiwan	95
外商控股	Foreign-funded-controlled	32
其他	Others	
按经营形式分组	**Grouped by Business Forms**	
独立门店	Independent Stores	930
连锁总店	General Chain Stores	102
连锁门店	Chain Stores	131
其他	Other	1004
按零售业态分组	**Grouped by Retail Format**	
有店铺零售	Store-based Retailing	1380
无店铺零售	Non-Store Retailing	787

MAIN FINANCIAL INDICATORS OF RETAIL SALES ABOVE THE SET SCALE （2022）

(10 000 yuan)

流动资产合计 Total Current Assets	应收账款 Accounts Payable	存货 Inventory	固定资产原价 Original Value of Fixed Assets	累计折旧 Accumulative Depreciation	本年折旧 Depreciation of the Year	资产总计 Total Assets	流动负债合计 Total Current Liabilities	应付账款 Accounts Payable
23485002	**3583897**	**4656752**	**2818421**	**1429292**	**221727**	**30782907**	**19163207**	**5027362**
5303686	162209	470359	835982	543410	47383	7972828	4065438	1107495
1526933	242538	278540	162661	96095	8957	1887772	877573	347415
2286526	285547	904825	145520	86942	15385	2819599	1542770	505229
1918080	433742	251041	270744	111402	13002	2711574	1366143	505821
643652	51974	279435	200108	17509	10049	823467	488036	196470
6788179	1109083	1331371	996225	469694	105005	8477371	6068567	833970
1785234	522765	533766	42261	24431	2509	1980102	1338650	515222
253312	34135	57344	58085	31951	3353	339160	222420	51638
2979401	741906	550071	106835	47857	16086	3771034	3193609	964103
17587854	3242926	3746540	1845595	849518	153911	21670664	14169324	3538689
288448	14261	105838	205210	77153	18212	719262	333470	81717
6717	65	4987	196	149	14	6778	6695	3601
1159		601	454	178		2442	267	16
26214	1003	6991	2931	1884	623	28101	10388	7231
4167948	828863	1059597	468069	258831	43091	5305506	3318898	895405
2049427	614695	251344	251917	139318	22701	2817218	1204861	416418
11047942	1784040	2317183	916817	372005	69270	12791357	9294744	2134300
2735078	187981	498305	369674	180982	32517	4738702	2439951	616860
3127296	148020	403326	575669	389967	29563	4318798	2520209	860689
3244464	321599	673728	920253	497407	68080	4939041	2225927	665048
457545	122552	97863	35900	25927	8722	598870	466768	214059
15591932	2857490	3168487	1229316	519479	98032	18525326	12640261	3137364
2607889	173794	464490	336530	174362	29453	4559500	2395028	593806
1583170	108462	252185	296422	212117	17441	2160170	1435223	417085
8014694	1012599	1753885	1084754	570678	81560	10337823	6064482	1335892
4934193	571296	956883	808477	387977	52035	7524621	3349931	1065702
2131579	295149	415612	314680	186799	20235	2861100	2294014	719590
8404536	1704853	1530373	610509	283839	67897	10059363	7454780	1906179
17871704	2038908	3733072	2436011	1276493	172313	23937451	13951513	3433975
5613298	1544989	923680	382410	152799	49414	6845456	5211694	1593388

10-5 续表1

单位：万元

项 目	Item	负债合计 Total Liabilities
零售业	**Retail Trade Sector**	**22871514**
按零售行业小类分组	**Grouped by Sector**	
综合零售	Integrated Retail	5957353
食品、饮料及烟草制品专门零售	Special Retail of Foods, Beverages&Tobaccos	962571
纺织、服装及日用品专门零售	Special Retail of Textile, Garments and Daily-use Articles	1781420
文化、体育用品及器材专门零售	Special Retail of Cultural and Sports Goods and Appliances	1496422
医药及医疗器材专门零售	Special Retail of Medicine and Medical Appliances	551701
汽车、摩托车、燃料及零配件专门零售	Special Retail of Automobiles, Motorcycles, Fuels and Related Accessories	6620801
家用电器及电子产品专门零售	Special Retail of Household Electrical Appliances and Electronic Products	1824635
五金、家具及室内装修材料专门零售	Special Retail of Hardware, Furniture and Indoor Decoration Materials	240987
无店铺及其他零售	Retail without Shops and Other	3435624
按登记注册类型分组	**Grouped by Registration**	
内资企业	Civil Funded	16118733
国有企业	State-owned	409875
集体企业	Collective-owned	6695
股份合作企业	Share-holding Cooperative Enterprise	1271
联营企业	Joint Ownership	12872
有限责任公司	Limited Liabilities Companies	3823119
股份有限公司	Share-holding Limited Companies	1328867
私营企业	Private-owned	10536033
港、澳、台商投资企业	Funded by Entrepreneur from Hong Kong, Macao and Taiwan	3323677
外商投资企业	Foreign-funded	3385134
按控股情况分组	**Grouped by Holding Condition**	
国有控股	State-controlled	2916526
集体控股	Collective-controlled	545507
私人控股	Private-controlled	14296008
港澳台商控股	Controlled by Entrepreneur from Hong Kong,Macao and Taiwan	3277064
外商控股	Foreign-funded-controlled	1836409
其他	Others	
按经营形式分组	**Grouped by Business Forms**	
独立门店	Independent Stores	7153541
连锁总店	General Chain Stores	5077586
连锁门店	Chain Stores	2701188
其他	Other	7939200
按零售业态分组	**Grouped by Retail Format**	
有店铺零售	Store-based Retailing	5608459
无店铺零售	Non-Store Retailing	17263056

CONTINUED

(10 000 yuan)

所有者权益合计 Total Owner's Equities	实收资本 Paid-in Capital	主营业务收入 Prime Operating Revenues	营业成本 Operating Costs	税金及附加 Sales Taxes and Extra Charges
7909023	**6066497**	**45581165**	**39705582**	**175972**
2021614	1658073	6319160	5535276	12944
919895	422942	2158203	1740439	5005
1038059	703146	2805159	1667156	11701
1219807	287840	2436514	1960904	31524
271665	50913	992734	628471	2559
1851304	1209111	17252454	16278685	69433
154977	353544	3014681	2762017	2987
97297	89087	328288	255249	1007
334405	1291840	10273973	8877386	38811
5549562	4338885	34739976	30509680	140982
309387	112640	305761	261412	1325
83	290	11035	10473	22
1171	100	9381	7796	32
15229	3707	41342	28108	103
1479772	1136889	9022448	7764036	38126
1488351	250148	3795577	3286928	26510
2255569	2835110	21554434	19150928	74865
1415026	763665	5585182	4706020	23673
933664	955131	5145259	4127642	11035
2017393	1303413	6253124	5592676	14908
53364	72430	1280748	1047196	2100
4232071	3711825	29769672	26013668	128417
1282436	701756	5524184	4702433	21299
323761	277073	2753438	2349611	9247
3180403	1411778	16517625	14766949	87015
2446830	1258711	7563456	6364436	15246
166035	554555	3281263	2806293	7385
2115755	2841453	18218822	15767905	66325
1240463	1968215	14250084	12294197	50016
6668560	4098282	31331082	27411385	125956

单位：万元

项 目	Item	其他业务利润 Profits from Other Business	销售费用 Sale Expenses
零售业	**Retail Trade Sector**	**386607**	**4715146**
按零售行业小类分组	**Grouped by Sector**		
综合零售	Integrated Retail	154653	883785
食品、饮料及烟草制品专门零售	Special Retail of Foods, Beverages&Tobaccos	32334	301967
纺织、服装及日用品专门零售	Special Retail of Textile, Garments and Daily-use Articles	10517	840926
文化、体育用品及器材专门零售	Special Retail of Cultural and Sports Goods and Appliances	15339	278744
医药及医疗器材专门零售	Special Retail of Medicine and Medical Appliances	2005	231865
汽车、摩托车、燃料及零配件专门零售	Special Retail of Automobiles, Motorcycles, Fuels and Related Accessorie	117150	778093
家用电器及电子产品专门零售	Special Retail of Household Electrical Appliances and Electronic Products	9067	208497
五金、家具及室内装修材料专门零售	Special Retail of Hardware, Furniture and Indoor Decoration Materials	7638	72232
无店铺及其他零售	Retail without Shops and Other	37905	1119037
按登记注册类型分组	**Grouped by Registration**		
内资企业	Civil Funded	225791	3291754
国有企业	State-owned	585	16223
集体企业	Collective-owned		466
股份合作企业	Share-holding Cooperative Enterprise		413
联营企业	Joint Ownership		1902
有限责任公司	Limited Liabilities Companies	52401	976686
股份有限公司	Share-holding Limited Companies	2134	364462
私营企业	Private-owned	170671	1931602
港、澳、台商投资企业	Funded by Entrepreneur from Hong Kong, Macao and Taiwan	58319	721268
外商投资企业	Foreign-funded	102498	644029
按控股情况分组	**Grouped by Holding Condition**		
国有控股	State-controlled	63959	500744
集体控股	Collective-controlled	6046	205159
私人控股	Private-controlled	210591	2919399
港澳台商控股	Controlled by Entrepreneur from Hong Kong,Macao and Taiwan	54154	667570
外商控股	Foreign-funded-controlled	51858	422274
其他	Others		
按经营形式分组	**Grouped by Business Forms**		
独立门店	Independent Stores	162634	1276880
连锁总店	General Chain Stores	104983	1095728
连锁门店	Chain Stores	24716	499569
其他	Other	94274	1842970
按零售业态分组	**Grouped by Retail Format**		
有店铺零售	Store-based Retailing	68118	1485375
无店铺零售	Non-Store Retailing	318489	3229771

CONTINUED

(10 000 yuan)

管理费用 Management Expenses	财务费用 Financial Expenses	利息费用 Interest Expense	营业利润 Operating profits	投资收益 Profits of Investment	营业外收入 Non-operating Income	利润总额 Total Profits	应交所得税 Total Payable Tax	应付职工薪酬 Total Wages Payable	本年应交增值税 Total Value-added Payable	从业人员期末人数（人） Average Employed Persons (person)
1689915	**205474**	**136105**	**447460**	**218386**	**116831**	**350008**	**210057**	**2384980**	**566459**	**200938**
252726	83871	55246	18040	49953	23624	22936	34631	433472	69718	37796
122541	3794	3722	21873	7616	7300	26737	11531	175338	31516	18667
241967	13063	7911	79564	44794	14696	85199	33069	405176	87487	36152
176419	1111	6188	78186	70066	4109	80978	10910	153401	40273	12719
35978	4684	2135	37528	41	2326	38363	20030	125216	18732	14099
450569	50750	36285	258946	27450	37352	113572	60652	559179	158572	42609
91633	22093	10861	-36007	4781	4350	-32895	5744	138943	33525	12421
34435	638	1721	-9303	77	6683	-3407	3290	33262	10612	2847
283646	25471	12037	-1368	13608	16391	18526	30202	360995	116024	23628
1192790	128420	89203	399760	129469	78058	279575	152377	1649784	425115	145852
27823	4083	6056	9835	12110	1929	11395	1858	23429	1695	1119
2			72			-243	18	260	195	29
12	53		1336		10	1339	336	204	251	18
3343	23		3834		24	3858	860	2111	696	211
300372	35223	27051	272316	5276	22185	109481	67127	470772	135876	39030
123437	5040	5837	134119	75830	1693	134070	18627	182399	49784	12100
737802	83999	50259	-21752	36253	52217	19675	63551	970609	236617	93345
291223	24205	7885	-28041	83856	24873	-13850	17788	410761	71416	28271
202567	51563	37720	94908	5061	13865	103512	40038	315021	67934	26815
195271	47772	46050	141007	33959	11301	149314	40181	356207	62495	24485
19822	7332	1747	183144	-81	3416	14804	21525	76899	15234	7105
1080310	110014	78394	99663	95250	72458	147711	105619	1395909	378480	127988
285105	23431	7332	-17021	82580	23730	-3180	18733	390650	67885	25982
109407	16925	2582	40667	6678	5927	41360	23999	165315	42365	15378
673724	70626	59325	308054	86703	37493	161519	79460	780820	184407	64249
279273	63610	34485	163263	82882	21777	166218	60530	552140	89179	47768
120083	20368	11076	-76296	23198	11773	-72681	-576	242508	50798	24027
616836	50871	31218	52438	25604	45789	94953	70644	809512	242075	64894
457944	30658	19892	10411	14902	31819	43328	43456	563683	190834	160402
1231971	174816	116212	437049	203484	85013	306680	166601	1821297	375625	40536

10-6 限额以上住宿业法人企业主要财务状况综合表（2022年）

单位：万元

项 目	Item	法人企业数（个）Number of Corporative Enterprises (unit)
住宿业	**Hotels**	**714**
按住宿行业分组	**Grouped by Sector**	
旅游饭店	Tour Restaurant	294
一般旅馆	General Restaurant	381
其他住宿服务	Other Hotel Services	39
按登记注册类型分组	**Grouped by Registration Status**	
内资企业	Domestic-funded	671
国有企业	State-owned	16
集体企业	Collective-owned	1
股份合作企业	Share-holding Cooperative Enterprise	
联营企业	Joint Ownership	1
有限责任公司	Limited Liabilities Companies	161
股份有限公司	Share-holding Limited Companies	10
私营企业	Private-owned	482
港、澳、台商投资企业	Funded by Entrepreneur from Hong Kong,Macao and Taiwan	30
合资经营企业（港或澳、台资）	Joint-venture(Hong Kong,Macao and Taiwan)	8
合作经营企业（港或澳、台资）	Cooperative(Hong Kong,Macao and Taiwan)	4
港、澳、台商独资经营企业	Enterprises with Sole Funds(Hong Kong,Macao and Taiwan)	18
港、澳、台商投资股份有限公司	Share-holding Corporations Ltd(Hong Kong,Macao and Taiwan)	
外商投资企业	Foreign-funded	13
中外合资经营企业	Jointly-owned	6
中外合作经营企业	Cooperatively-owned	2
外资企业	Exclusively Foreign-owned	5
外商投资股份有限公司	Foreign-funded Investment Companies Limited	
按控股情况分组	**Grouped by Holding Condition**	
国有控股	State-controlled	50
集体控股	Collective-controlled	14
私人控股	Private-controlled	611
港澳台商控股	Controlled by Entrepreneur from Hong Kong,Macao and Taiwan	28
外商控股	Foreign-funded-controlled	10
其他	Others	1
按经营形式分组	**Grouped by Business Forms**	
独立门店	Independent Stores	422
连锁总店	General Chain Stores	7
连锁门店	Chain Stores	170
其他	Other	115
按星级分组	**Grouped by Star Rating**	
五星	Five Star	22
四星	Four Star	67
三星	Three Star	51
二星	Two Star	7
一星	One Star	1
其他	Others	566

MAIN FINANCIAL INDICAFORS OF ENTERPRISE ABOVE DESIGNATED SIZE OF HOTELS SERVICES（2022）

(10 000 yuan)

流动资产合计 Total Current Assets	应收账款 Accounts Payable	存货 Inventory	固定资产原价 Original Value of Fixed Assets	累计折旧 Accumulative Depreciation	本年折旧 Depreciation of the Year	资产总计 Total Assets	流动负债合计 Total Current Liabilities	应付账款 Accounts Payable
4211077	**244713**	**21306**	**2285959**	**1241986**	**52995**	**6640797**	**4096339**	**295618**
2940869	127525	16988	2001891	1080395	33437	4922222	2800193	174972
960789	111583	3528	207155	132905	14290	1290321	902427	79881
309419	5605	790	76913	28686	5268	428253	393718	40765
3335197	206095	18435	1605358	834522	36951	5218128	3249478	225119
246541	8737	2678	176566	100025	-21306	451726	377090	46765
3187	122	20	9			3197	3343	2281
709	40		1384	1334		888	161	15
1816347	50229	4673	1094950	522709	40335	2902485	1625287	68425
22290	8615	524	16220	10741	576	61402	36027	2323
1246122	138352	10540	316230	199713	17345	1798431	1207571	105311
356114	18847	1928	526090	295292	11007	766172	459497	33360
65217	5092	424	156984	102200	1723	140270	109888	9217
88089	1434	765	147843	83067	3505	178791	78756	1230
202807	12321	739	221264	110025	5779	447112	270854	22913
519766	19771	944	154510	112172	5036	656497	387363	37138
96328	1477	497	40221	30421	993	112767	23258	3254
12594	1290	157	33768	26481	587	43169	13906	902
410844	17004	290	80522	55271	3456	500560	350199	32982
460796	26867	4565	508502	303184	-11283	1053979	570990	72029
63018	2592	193	56722	41008	1342	120837	19845	4498
2857500	177017	14163	1127663	562389	48487	4124119	2670437	151217
326992	18100	1804	502558	274206	10808	728045	450291	31520
492427	19351	511	90326	61104	3612	599065	382567	35859
10342	786	71	187	95	29	14752	2209	495
2362079	176542	17308	1619078	883558	50508	3928598	2264911	210589
810760	16217	395	136978	95890	6358	923089	712354	15110
673025	31638	1193	100056	47953	11104	915441	590327	37771
365213	20316	2412	429847	214585	-14974	873670	528747	32147
961722	27464	6871	691654	441943	15435	1537620	991086	40598
310842	23502	2378	232154	164948	-20328	499165	280168	24505
94414	9306	1926	72742	56715	1453	182416	80688	6342
2434	360	113	4638	1787	115	5420	2991	1246
293	195		129	57	9	365	301	254
2841371	183887	10018	1284642	576536	56312	4415812	2741106	222673

单位：万元

项 目	Item	负债合计 Total Liabilities
住宿业	**Hotels**	**6134819**
按住宿行业分组	**Grouped by Sector**	
旅游饭店	Tour Restaurant	4449420
一般旅馆	General Restaurant	1175424
其他住宿服务	Other Hotel Services	509975
按登记注册类型分组	**Grouped by Registration Status**	
内资企业	Domestic-funded	5038464
国有企业	State-owned	445302
集体企业	Collective-owned	3343
股份合作企业	Share-holding Cooperative Enterprise	
联营企业	Joint Ownership	161
有限责任公司	Limited Liabilities Companies	2609779
股份有限公司	Share-holding Limited Companies	57546
私营企业	Private-owned	1922334
港、澳、台商投资企业	Funded by Entrepreneur from Hong Kong,Macao and Taiwan	584651
合资经营企业（港或澳、台资）	Joint-venture(Hong Kong,Macao and Taiwan)	113888
合作经营企业（港或澳、台资）	Cooperative(Hong Kong,Macao and Taiwan)	80316
港、澳、台商独资经营企业	Enterprises with Sole Funds(Hong Kong,Macao and Taiwan)	390447
港、澳、台商投资股份有限公司	Share-holding Corporations Ltd(Hong Kong,Macao and Taiwan)	
外商投资企业	Foreign-funded	511704
中外合资经营企业	Jointly-owned	90047
中外合作经营企业	Cooperatively-owned	22990
外资企业	Exclusively Foreign-owned	398667
外商投资股份有限公司	Foreign-funded Investment Companies Limited	
按控股情况分组	**Grouped by Holding Condition**	
国有控股	State-controlled	773140
集体控股	Collective-controlled	137858
私人控股	Private-controlled	4150257
港澳台商控股	Controlled by Entrepreneur from Hong Kong,Macao and Taiwan	575281
外商控股	Foreign-funded-controlled	491909
其他	Others	6374
按经营形式分组	**Grouped by Business Forms**	
独立门店	Independent Stores	3534097
连锁总店	General Chain Stores	897592
连锁门店	Chain Stores	902800
其他	Other	800330
按星级分组	**Grouped by Star Rating**	
五星	Five Star	1364424
四星	Four Star	487784
三星	Three Star	92764
二星	Two Star	2994
一星	One Star	301
其他	Others	4186552

CONTINUED

(10 000 yuan)

所有者权益合计 Total Owner's Equities	实收资本 Paid-in Capital	主营业务收入 Prime Operating Revenues	主营业务成本 Operating Costs	主营业务税金及附加 Sales Taxes and Extra Charges
517818	**1540784**	**1303472**	**693463**	**10826**
481981	1251087	797523	424020	9054
117598	267264	443404	239599	1423
-81761	22433	62545	29843	349
189719	1186523	1096333	584364	8024
6424	109443	71175	38301	416
-147		2244	481	8
727	1387	246	219	1
292626	419030	365297	215966	4721
3856	17028	20791	11391	132
-113768	639636	636580	318006	2747
183306	215457	119980	68703	1818
26382	43530	21768	8972	180
98475	70480	27849	15097	200
58450	101447	70364	44635	1438
144793	138804	87158	40396	984
22720	11096	24770	12924	341
20180	31757	8516	1642	195
101893	95951	53873	25831	448
280840	302131	197546	123436	2248
-17020	11863	24290	10548	531
-16084	918621	889422	451587	5680
154548	206785	114912	67161	1733
107156	99384	74218	37692	632
8378	2000	3084	3039	1
404630	1104085	793768	391918	6891
25497	102863	72742	44223	401
14456	109960	190979	118297	882
73235	223877	245982	139025	2652
173196	563560	213180	109601	3016
13809	77678	142467	81926	1274
89718	183929	54974	27057	278
2427	2694	3554	2752	11
64	50	1990	692	3
238604	712873	887308	471436	6244

10-6 续表2

单位：万元

项 目	Item	其他业务利润 Profits from Other Business
住宿业	**Hotels**	**10715**
按住宿行业分组	**Grouped by Sector**	
旅游饭店	Tour Restaurant	7909
一般旅馆	General Restaurant	2762
其他住宿服务	Other Hotel Services	44
按登记注册类型分组	**Grouped by Registration Status**	
内资企业	Domestic-funded	7894
国有企业	State-owned	668
集体企业	Collective-owned	
股份合作企业	Share-holding Cooperative Enterprise	
联营企业	Joint Ownership	
有限责任公司	Limited Liabilities Companies	7226
股份有限公司	Share-holding Limited Companies	
私营企业	Private-owned	1411
港、澳、台商投资企业	Funded by Entrepreneur from Hong Kong,Macao and Taiwan	189
合资经营企业（港或澳、台资）	Joint-venture(Hong Kong,Macao and Taiwan)	
合作经营企业（港或澳、台资）	Cooperative(Hong Kong,Macao and Taiwan)	18
港、澳、台商独资经营企业	Enterprises with Sole Funds(Hong Kong,Macao and Taiwan)	172
港、澳、台商投资股份有限公司	Share-holding Corporations Ltd(Hong Kong,Macao and Taiwan)	
外商投资企业	Foreign-funded	1220
中外合资经营企业	Jointly-owned	
中外合作经营企业	Cooperatively-owned	1220
外资企业	Exclusively Foreign-owned	
外商投资股份有限公司	Foreign-funded Investment Companies Limited	
按控股情况分组	**Grouped by Holding Condition**	
国有控股	State-controlled	664
集体控股	Collective-controlled	
私人控股	Private-controlled	8642
港澳台商控股	Controlled by Entrepreneur from Hong Kong,Macao and Taiwan	189
外商控股	Foreign-funded-controlled	1220
其他	Others	
按经营形式分组	**Grouped by Business Forms**	
独立门店	Independent Stores	9840
连锁总店	General Chain Stores	
连锁门店	Chain Stores	329
其他	Other	547
按星级分组	**Grouped by Star Rating**	
五星	Five Star	151
四星	Four Star	6337
三星	Three Star	835
二星	Two Star	
一星	One Star	
其他	Others	3392

CONTINUED

(10 000 yuan)

销售费用 Sale Expenses	管理费用 Management Expenses	财务费用 Financial Expenses	利息费用 Interest Expense	营业利润 Operating profits	投资收益 Profits of Investment	营业外收入 Non-operating Income	利润总额 Total Profits	应交所得税 Total Payable Tax	应付职工薪酬 Total Wages Payable	从业人员期末人数（人） Average Employed Persons (person)
343911	**495765**	**94021**	**53295**	**-270589**	**4198**	**25827**	**-257728**	**-1273**	**439834**	**44049**
197639	304619	81592	43597	-164899	4275	20081	-156283	-1871	266790	26886
101946	136546	10164	2768	-37492	-95	5275	-33470	167	129970	14183
44327	54600	2265	6930	-68197	18	470	-67975	431	43074	2980
148990	216361	47602	36283	-173215	3148	15069	-169438	-1138	193343	17172
52581	66315	1658	2159	-74818	578	6363	-69209	-2284	66419	4050
1974		-7		-81		10	-71		334	40
	100	-1		-32		31	-1		229	29
90563	141252	45244	33642	-96043	2630	8528	-97944	1139	120128	12372
3872	8695	707	482	-2241	-60	137	-2214	6	6232	681
160033	211461	28408	9936	-74890	-607	7116	-68184	262	139333	18717
18592	37619	9420	6087	-12931	1745	1601	-11804	177	42357	3688
6851	12540	40	-11	-6642	5	470	-6182	-467	8767	922
3121	7653	-159		2172		194	2245	148	9923	776
8620	17426	9539	6098	-8461	1740	937	-7867	496	23668	1990
16296	30324	8591	989	-9552	-89	2040	-8303	-573	64802	4472
1951	7536	5094	151	-3070		1090	-2546	5	7576	823
2860	3273	206	200	403		43	433	300	3074	404
11485	19515	3292	639	-6886	-89	908	-6189	-879	54152	3245
80850	119131	7139	3019	-105986	3093	9246	-107073	-1479	125103	9087
6650	8282	6984	6921	-7688	-60	187	-7525	116	6157	738
225607	306196	63121	36267	-133185	-491	13757	-120816	949	207692	26887
17487	35050	9524	6087	-12799	1745	1345	-11911	99	39051	3420
13318	26458	7042	789	-10178	-89	1293	-9647	-884	60141	3836
	650	211	211	-754			-756	-73	1689	81
246128	336829	56216	25284	-198688	2135	14581	-195856	2008	282554	28258
18508	19778	7015	17248	-6235	58	1077	-5362	-938	54940	3447
27007	55419	17911	952	-26533	-5	4308	-22037	37	35039	5325
52269	83740	12879	9811	-39133	2010	5860	-34473	-2380	67302	7019
33173	82874	25024	7200	-36790	1661	3091	-34610	-678	68132	5933
34520	51114	5988	5540	-19036	2930	6326	-13265	400	48902	4970
19899	32052	513	140	-13070	-83	886	-21276	550	27123	2983
235	641	14		-116		58	-60		1134	174
	1032			263		31	294	12	191	52
256084	328052	62483	40415	-201840	-311	15434	-188811	-1557	294352	29937

10-7 限额以上餐饮业法人企业主要财务状况综合表（2022年）

单位：万元

项目	Item	法人企业数（个）Number of Corporative Enterprises (unit)
餐饮业	**Catering Services**	**1684**
按餐饮行业小类分组	**Grouped by Sector**	
正餐服务	Restaurant	1426
快餐服务	Fast Food	78
饮料及冷饮服务	Beverages and Cold Drinks	56
餐饮配送及外卖送餐服务	Catering Delivery and Food Delivery Service	70
其他餐饮服务	Others	54
按登记注册类型分组	**Grouped by Registration**	
内资企业	Domestic-funded	1568
国有企业	State-owned	3
集体企业	Collective-owned	1
股份合作企业	Share-holding Cooperative Enterprise	
联营企业	Joint Ownership	2
有限责任公司	Limited Liabilities Companies	299
股份有限公司	Share-holding Limited Companies	7
私营企业	Private-owned	1256
其他企业	Others	
港、澳、台商投资企业	Funded by Entrepreneur from Hong Kong,Macao and Taiwan	93
合资经营企业（港或澳、台资）	Joint-venture(Hong Kong,Macao and Taiwan)	17
合作经营企业（港或澳、台资）	Cooperative(Hong Kong,Macao and Taiwan)	2
港、澳、台商独资经营企业	Enterprises with Sole Funds(Hong Kong,Macao and Taiwan)	70
港、澳、台商投资股份有限公司	Share-holding Corporations Ltd(Hong Kong,Macao and Taiwan)	4
外商投资企业	Foreign-funded	18
中外合资经营企业	Jointly-owned	5
中外合作经营企业	Cooperatively-owned	
外资企业	Exclusively Foreign-owned	13
外商投资股份有限公司	Foreign-funded Investment Companies Limited	
按控股情况分组	**Grouped by Holding Condition**	
国有控股	State-controlled	15
集体控股	Collective-controlled	4
私人控股	Private-controlled	1551
港澳台商控股	Controlled by Entrepreneur from Hong Kong,Macao and Taiwan	92
外商控股	Foreign-funded-controlled	18
其他	Others	4
按经营形式分组	**Grouped by Business Forms**	
独立门店	Independent Stores	1053
连锁总店	General Chain Stores	101
连锁门店	Chain Stores	213
其他	Other	317

MAIN FINANCIAL INDICAFORS OF ENTERPRISE ABOVE DESIGNATED SIZE OF CATERING SERVICES（2022）

(10 000 yuan)

流动资产合计 Total Current Assets	应收账款 Accounts Payable	存货 Inventory	固定资产原价 Original Value of Fixed Assets	累计折旧 Accumulative Depreciation	本年折旧 Depreciation of the Year	资产总计 Total Assets	流动负债合计 Total Current Liabilities	应付账款 Accounts Payable
2477334	**256603**	**107701**	**727839**	**396884**	**58797**	**3759154**	**2630003**	**422049**
1467489	143430	78123	347864	206059	37365	2114491	1642370	281126
270730	31350	12116	278814	139388	11777	717546	434052	69681
470578	4715	8170	55381	26526	5683	581795	337782	17235
209595	69999	6193	29710	15232	2799	264076	157069	41265
58942	7110	3099	16071	9679	1173	81246	58730	12742
2093428	238195	89204	445648	236490	34404	2866745	2254072	352584
2822	194	93	2035	1172	51	24372	11634	3528
724	20			58	12	781		
4323	589	117	817	633	99	6741	3318	1007
428804	67486	16483	150194	68997	10434	727061	631089	78258
10022	4678	328	4953	2928	703	12649	10779	2375
1646733	165228	72183	287650	162703	23106	2095141	1597253	267416
299904	14107	11746	197090	115489	19947	614382	236335	32416
22660	4560	433	6840	3042	366	29626	17308	3159
15871	3649	860	5134	4061	225	21253	12513	3212
259570	5992	10448	184902	108187	19339	561686	205512	25802
1804	-94	5	214	200	18	1818	1003	244
83305	4284	6752	84803	44657	4428	277266	138355	37034
11601	179	468	2142	1672	247	25178	5551	1121
71704	4106	6283	82662	42986	4182	252088	132805	35913
104261	20606	1703	16644	11212	1511	149872	113271	26445
43097	847	51	1197	928	123	161575	154084	9618
1963006	222511	87760	433617	228680	33235	2589854	1995338	317618
280635	8281	10758	191190	110867	19584	587875	223147	29518
86335	4358	7429	85191	45198	4345	269978	144164	38851
879127	105307	41111	224213	136513	14895	1146353	855441	150061
644168	24274	31461	249362	121017	13914	1025973	614207	88928
478372	20218	17738	199318	112741	23687	895804	633991	82764
475667	106805	17391	54946	26613	6301	691024	526364	100298

10-7 续表1

单位：万元

项 目	Item	负债合计 Total Liabilities
餐饮业	**Catering Services**	**3217666**
按餐饮行业小类分组	**Grouped by Sector**	
正餐服务	Restaurant	1948843
快餐服务	Fast Food	619584
饮料及冷饮服务	Beverages and Cold Drinks	401982
餐饮配送及外卖送餐服务	Catering Delivery and Food Delivery Service	174877
其他餐饮服务	Others	72381
按登记注册类型分组	**Grouped by Registration**	
内资企业	Domestic-funded	2605262
国有企业	State-owned	23977
集体企业	Collective-owned	-7
股份合作企业	Share-holding Cooperative Enterprise	
联营企业	Joint Ownership	5200
有限责任公司	Limited Liabilities Companies	701953
股份有限公司	Share-holding Limited Companies	11030
私营企业	Private-owned	1863108
其他企业	Others	
港、澳、台商投资企业	Funded by Entrepreneur from Hong Kong,Macao and Taiwan	394202
合资经营企业（港或澳、台资）	Joint-venture(Hong Kong,Macao and Taiwan)	21082
合作经营企业（港或澳、台资）	Cooperative(Hong Kong,Macao and Taiwan)	14764
港、澳、台商独资经营企业	Enterprises with Sole Funds(Hong Kong,Macao and Taiwan)	357277
港、澳、台商投资股份有限公司	Share-holding Corporations Ltd(Hong Kong,Macao and Taiwan)	1079
外商投资企业	Foreign-funded	216929
中外合资经营企业	Jointly-owned	9140
中外合作经营企业	Cooperatively-owned	
外资企业	Exclusively Foreign-owned	207789
外商投资股份有限公司	Foreign-funded Investment Companies Limited	
按控股情况分组	**Grouped by Holding Condition**	
国有控股	State-controlled	131616
集体控股	Collective-controlled	154077
私人控股	Private-controlled	2330714
港澳台商控股	Controlled by Entrepreneur from Hong Kong,Macao and Taiwan	378481
外商控股	Foreign-funded-controlled	222778
其他	Others	
按经营形式分组	**Grouped by Business Forms**	
独立门店	Independent Stores	1018202
连锁总店	General Chain Stores	781789
连锁门店	Chain Stores	827719
其他	Other	589957

CONTINUED

(10 000 yuan)

所有者权益合计 Total Owner's Equities	实收资本 Paid-in Capital	主营业务收入 Prime Operating Revenues	主营业务成本 Operating Costs	主营业务税金及附加 Sales Taxes and Extra Charges
565489	**947806**	**4129920**	**2188125**	**6279**
177584	705872	2306375	1181585	4099
97961	131339	853690	446884	811
192290	30356	434991	187450	161
88834	58798	375850	294708	797
8820	21441	159014	77498	411
285981	727568	3111415	1729815	5114
395	2700	7397	6126	10
			549	1
1542	100	10629	9550	30
29761	172326	855296	516314	1322
1619	1947	21156	16995	86
252664	550495	2216937	1180281	3665
219905	128157	626346	237383	997
10130	4166	36754	16822	72
6489	4747	15027	14357	80
202783	118953	572249	205250	843
504	292	2317	954	2
60337	91980	388050	218837	166
16038	8233	21190	7194	4
44299	83747	366860	211644	162
18256	13211	194873	178338	468
6710	1400	39717	32903	314
284426	721349	2903697	1538664	4415
208897	121963	603819	219520	910
47200	89883	387814	218699	172
134019	452035	1126947	620244	2147
261989	171233	1005415	464681	1334
65413	126048	1123427	480390	605
104068	198490	874132	622810	2193

单位：万元

项 目	Item	其他业务利润 Profits from Other Business
餐饮业	**Catering Services**	**12153**
按餐饮行业小类分组	**Grouped by Sector**	
正餐服务	Restaurant	8318
快餐服务	Fast Food	2194
饮料及冷饮服务	Beverages and Cold Drinks	1007
餐饮配送及外卖送餐服务	Catering Delivery and Food Delivery Service	455
其他餐饮服务	Others	178
按登记注册类型分组	**Grouped by Registration**	
内资企业	Domestic-funded	8347
国有企业	State-owned	
集体企业	Collective-owned	
股份合作企业	Share-holding Cooperative Enterprise	
联营企业	Joint Ownership	
有限责任公司	Limited Liabilities Companies	2123
股份有限公司	Share-holding Limited Companies	
私营企业	Private-owned	6224
其他企业	Others	
港、澳、台商投资企业	Funded by Entrepreneur from Hong Kong,Macao and Taiwan	2942
合资经营企业（港或澳、台资）	Joint-venture(Hong Kong,Macao and Taiwan)	311
合作经营企业（港或澳、台资）	Cooperative(Hong Kong,Macao and Taiwan)	
港、澳、台商独资经营企业	Enterprises with Sole Funds(Hong Kong,Macao and Taiwan)	2631
港、澳、台商投资股份有限公司	Share-holding Corporations Ltd(Hong Kong,Macao and Taiwan)	
外商投资企业	Foreign-funded	863
中外合资经营企业	Jointly-owned	
中外合作经营企业	Cooperatively-owned	
外资企业	Exclusively Foreign-owned	863
外商投资股份有限公司	Foreign-funded Investment Companies Limited	
按控股情况分组	**Grouped by Holding Condition**	
国有控股	State-controlled	7
集体控股	Collective-controlled	
私人控股	Private-controlled	8477
港澳台商控股	Controlled by Entrepreneur from Hong Kong,Macao and Taiwan	2805
外商控股	Foreign-funded-controlled	863
其他	Others	
按经营形式分组	**Grouped by Business Forms**	
独立门店	Independent Stores	7438
连锁总店	General Chain Stores	2272
连锁门店	Chain Stores	2356
其他	Other	86

CONTINUED

(10 000 yuan)

销售费用 Sale Expenses	管理费用 Management Expenses	财务费用 Financial Expenses	利息费用 Interest Expense	营业利润 Operating profits	投资收益 Profits of Investment	营业外收入 Non-operating Income	利润总额 Total Profits	应交所得税 Total Payable Tax	应付职工薪酬 Total Wages Payable	从业人员期末人数（人） Average Employed Persons (person)
1654734	**601698**	**42695**	**20484**	**-279455**	**11992**	**38761**	**-266318**	**246**	**1138920**	**176619**
964851	390792	27746	14813	-199435	11748	25452	-182284	5562	629547	95243
342652	90903	15594	2517	-23905	-292	3244	-26948	428	268917	45409
239429	51103	-2634	2471	-40513	181	5640	-44165	-4877	109168	14649
40428	44825	1126	626	-3359	87	3019	-722	-566	87023	14189
67376	24075	863	57	-12242	267	1406	-12199	-302	44266	7129
1124198	501915	29818	18940	-225325	7562	29820	-214489	1164	805199	125726
3708	1731	616	642	-3697			-3739	-609	4419	426
65	200	1		-37			-37			115
71	1018	89		-57		16	-62	99	2971	390
253169	131946	7879	2719	-45483	111	7934	-42196	1957	212208	33507
2919	2485	103	107	-785		128	-657	126	9405	1118
864267	364535	21131	15471	-175265	7450	21741	-167798	-409	576197	90170
375431	57792	8462	1301	-41942	3549	6074	-38970	-1193	232153	30380
15653	6959	206	122	-1894	265	296	-1759	7	10376	1464
3072	2040	95		-5279		78	-5210	-1007	8453	779
355281	47918	8110	1179	-34410	3285	5677	-31664	-194	212555	27990
1425	875	51		-359		24	-337	1	770	147
154987	39914	4411	243	-12017	870	2831	-12722	275	100537	20382
13423	3001	-368	5	-2300	58	347	-2056		5508	768
141564	36913	4779	238	-9717	812	2484	-10666	275	95029	19614
12673	14801	645	753	-7959		1275	-6911	442	60990	6061
209	2318	-290		5142		29	4976	1245	3584	390
1118998	490924	29042	18171	-229149	7429	28853	-218913	-1545	752166	120517
368178	55065	8308	1262	-35811	3703	5895	-33038	-188	221767	29253
154677	38590	4992	298	-11678	860	2709	-12432	291	100414	20398
407749	243136	19711	12947	-134793	166	12143	-125471	581	331395	51575
526522	101713	5567	2478	-68246	7599	10580	-72176	-4593	285601	45162
569885	132228	13297	4079	-52084	4183	9326	-47742	689	319760	46074
150578	124620	4121	980	-24332	45	6711	-20928	3569	202165	33808

10-8 限额以上住宿业法人企业经营情况综合表（2022年）

单位：万元

项 目	Item	法人企业数（个）Number of Corporative Enterprises (unit)	从业人员期末人数（人）Average Employed Persons (Person)
住宿业	**Hotels**	**714**	**43626**
按住宿行业小类分组	**Grouped by sector**		
旅游饭店	Tour Restaurant	294	25839
一般旅馆	General Restaurant	381	14564
其他住宿服务	Other Hotel Services	39	3223
按登记注册类型分组	**Grouped by Registration**		
内资企业	Domestic-funded	671	35015
国有企业	State-owned	16	4043
集体企业	Collective-owned	1	40
股份合作企业	Share-holding Cooperative Enterprise		
联营企业	Joint Ownership	1	29
国有联营企业	State-owned Joint Ownership		
集体联营企业	Collective Joint Ownership		
国有与集体联营企业	State & Collective Joint Ownership	1	29
其他联营企业	Other Jonit Ownership		
有限责任公司	Limited Liabilities Companies	161	12110
国有独资公司	State-owned Companies Limited	14	2646
其他有限责任公司	Other Companies Limited	147	9464
股份有限公司	Share-holding Limited Companies	10	626
私营企业	Private-owned	482	18167
私营独资企业	Exclusively Private-owned Companies	18	505
私营合伙企业	Joint Private-owned Companies	3	60
私营有限责任公司	Private-owned Companies Limited	454	17008
私营股份有限公司	Share-holding Private-owned Companies	7	594
其他企业	Others		
港、澳、台商投资企业	Funded by Entrepreneur from Hong Kong,Macao and Taiwan	30	3613
合资经营企业（港或澳、台资）	Joint-venture(Hong Kong,Macao and Taiwan)	8	846
合作经营企业（港或澳、台资）	Cooperative(Hong Kong,Macao and Taiwan)	4	805
港、澳、台商独资经营企业	Enterprises with Sole Funds(Hong Kong,Macao and Taiwan)	18	1962
港、澳、台商投资股份有限公司	Share-holding Corporations Ltd(Hong Kong,Macao and Taiwan)		
外商投资企业	Foreign-funded	13	4998
中外合资经营企业	Jointly-owned	6	794
中外合作经营企业	Cooperatively-owned	2	383
外资企业	Exclusively Foreign-owned	5	3821
外商投资股份有限公司	Foreign-funded Investment Companies Limited		
按控股情况分组	**Grouped by Holding Condition**		
国有控股	State-controlled	50	8766
集体控股	Collective-controlled	14	712
私人控股	Private-controlled	611	26354
港澳台商控股	Controlled by Entrepreneur from Hong Kong,Macao and Taiwan	28	3358
外商控股	Foreign-funded-controlled	10	4381
其他	Others	1	55
按经营形式分组	**Grouped by Business Forms**		
独立门店	Independent Stores	422	27300
连锁总店	General Chain Stores	7	4118
连锁门店	Chain Stores	170	5312
其他	Other	115	6896
按星级分组	**Grouped by Star**		
五星	Five Star	22	5914
四星	Four Star	67	4818
三星	Three Star	51	2869
二星	Two Star	7	172
一星	One Star	1	51
其他	Other	566	29802

CONSOLIDATED TABLE OF ENTERPRISES ABOVE DESIGNATED SIZE OF HOTELS SERVICES （2022）

(10 000 yuan)

营业额 Business Revenue	客房收入 Revenue of Rooms	餐费收入 Total Revenue of Meals	商品销售收入 Total Sales of Commodities	其他收入 Others	客房间数（间）Number of Rooms (room)	床位数（张）Number of Beds (bed)	餐位数（位）Number of Dining-seats (seat)	年末餐饮营业面积（平方米）Operating Area Catering (sq.m)
1404433	**977669**	**231401**	**11580**	**183782**	**145012**	**198527**	**99439**	**3421966**
849943	516288	184627	10376	138652	68810	97033	70322	1478802
467060	391436	32477	973	42174	61950	83577	26939	1296166
87430	69946	14297	231	2956	14252	17917	2178	646998
1183916	868622	176284	7412	131597	125253	171392	83871	3207396
98886	60932	20848	921	16184	11244	14321	7393	592915
2345	422	1755		168	122	236	230	8000
305	261			44	107	180		5758
305	261			44	107	180		5758
388960	266883	69412	5262	47404	40571	56567	33988	783492
88345	53055	16831	556	17902	5951	9029	12048	113287
300615	213828	52580	4706	29502	34620	47538	21940	670205
23219	16217	2869	28	4106	2101	2997	1318	20623
670201	523908	81400	1201	63692	71108	97091	40942	1796608
26561	19714	2055	1	4791	2485	3299	841	82801
3659	3457	202			381	466	110	17189
626728	493450	75206	1200	56872	67161	91940	39133	1663581
13254	7288	3938		2029	1081	1386	858	33037
129189	66709	37353	3158	21969	7034	9959	10691	132397
23132	13857	7074	388	1814	2164	2992	2406	47782
29514	15770	10483	481	2780	1359	1878	2406	14503
76543	37082	19796	2290	17375	3511	5089	5879	70112
91329	42338	17763	1010	30217	12725	17176	4877	82173
26167	13081	10535	907	1644	1103	1558	1740	21390
9022	4078	2925		2019	465	611	1148	10407
56140	25180	4304	104	26553	11157	15007	1989	50376
231443	139526	44085	1532	46300	22261	30373	23026	808947
26298	14964	5187	17	6131	1950	2739	3286	51309
941122	718679	132359	7172	82911	101972	139722	59668	2355015
123997	63531	37239	2677	20550	6407	9045	10101	136307
78490	38461	12035	111	27883	12214	16405	3139	69076
3083	2509	496	71	8	208	243	219	1312
874148	587490	159133	5842	121683	85164	116999	72730	2418285
73220	36176	8583	4191	24270	12040	16166	1289	71396
201297	179315	8688	243	13050	26946	35273	5789	485488
255768	174688	54996	1305	24779	20862	30089	19631	446797
225504	110935	64231	3692	46646	8447	11678	12724	186753
152297	105197	28156	169	18774	12465	17773	15708	367008
59925	41582	8387	497	9458	7142	10161	5143	221418
3699	3417	23	27	232	1148	1595	60	35213
2109	1519	261		329	150	216	70	108
960899	715018	130342	7196	108344	115660	157104	65734	2611466

10-9 限额以上餐饮业法人企业经营情况综合表（2022年）

单位：万元

项 目	Item	法人企业数（个）Number of Corporative Enterprises (unit)	从业人员期末人数（人）Average Employed Persons (person)
餐饮业	**Catering Services**	**1684**	**172784**
按餐饮行业小类分组	**Grouped by sector**		
正餐服务	Restaurant	1426	93162
快餐服务	Fast Food	78	44878
饮料及冷饮服务	Beverages and Cold Drinrs	56	12540
餐饮配送及外卖送餐服务	Catering Delivery and Food Delivery Service	70	15015
其他餐饮服务	Others	54	7189
按登记注册类型分组	**Grouped by Registration**		
内资企业	Domestic-funded	1568	122498
国有企业	State-owned	3	472
集体企业	Collective-owned	1	
股份合作企业	Share-holding Cooperative Enterprise		
联营企业	Joint Ownership	2	364
国有联营企业	State-owned Joint Ownership	1	341
集体联营企业	Collective Joint Ownership		
国有与集体联营企业	State & Collective Joint Ownership		
其他联营企业	Other Jonit Ownership	1	23
有限责任公司	Limited Liabilities Companies	299	31402
国有独资公司	State-owned Companies Limited	3	707
其他有限责任公司	Other Companies Limited	296	30695
股份有限公司	Share-holding Limited Companies	7	1112
私营企业	Private-owned	1256	89148
私营独资企业	Exclusively Private-owned Companies	70	2583
私营合伙企业	Joint Private-owned Companies	13	140
私营有限责任公司	Private-owned Companies Limited	1156	85087
私营股份有限公司	Share-holding Private-owned Companies	17	1338
其他企业	Others		
港、澳、台商投资企业	Funded by Entrepreneur from Hong Kong,Macao and Taiwan	93	29536
合资经营企业（港或澳、台资）	Joint-venture(Hong Kong,Macao and Taiwan)	17	1138
合作经营企业（港或澳、台资）	Cooperative(Hong Kong,Macao and Taiwan)	2	755
港、澳、台商独资经营企业	Enterprises with Sole Funds(Hong Kong,Macao and Taiwan)	70	27529
港、澳、台商投资股份有限公司	Share-holding Corporations Ltd(Hong Kong,Macao and Taiwan)	4	114
外商投资企业	Foreign-funded	18	20619
中外合资经营企业	Jointly-owned	5	710
中外合作经营企业	Cooperatively-owned		
外资企业	Exclusively Foreign-owned	13	19909
外商投资股份有限公司	Foreign-funded Investment Companies Limited		
按控股情况分组	**Grouped by Holding Condition**		
国有控股	State-controlled	15	5958
集体控股	Collective-controlled	4	320
私人控股	Private-controlled	1551	117394
港澳台商控股	Controlled by Entrepreneur from Hong Kong,Macao and Taiwan	92	28471
外商控股	Foreign-funded-controlled	18	20641
其他	Others	4	
按经营形式分组	**Grouped by Business Forms**		
独立门店	Independent Stores	1053	50900
连锁总店	General Chain Stores	101	43407
连锁门店	Chain Stores	213	44180
其他	Other	317	34297

CONSOLIDATED TABLE OF ENTERPRISES ABOVE DESIGNATED SIZE OF CATERING SERVICES （2022）

(10 000 yuan)

营业额 Business Revenue	客房收入 Revenue of Rooms	餐费收入 Total Revenue of Meals	商品销售收入 Total Sales of Commodities	其他收入 Others	客房间数（间）Number of Rooms (room)	床位数（张）Number of Beds (bed)	餐位数（位）Number of Dining-seats (seat)	年末餐饮营业面积（平方米）Operating Area Catering (sq.m)
4351523	**26753**	**4061670**	**153593**	**109507**	**4201**	**6303**	**1081362**	**3047163**
2408585	26717	2291481	35437	54950	4198	6293	723605	2095607
912097	36	869030	13993	29039	3	10	223560	494859
460119		414428	40000	5691			40060	198883
398423		342688	40250	15485			51783	161053
172299		144042	23914	4343			42354	96761
3252646	26753	3054112	96838	74944	4201	6303	874044	2516341
8962	50	7852		1060	46	92	3439	14378
799	179	604		15				
10648		9294	1354				3807	12663
10310		8957	1354				3653	12310
338		338					154	353
868488	3202	826359	11817	27110	334	555	192282	514763
16959		11712	797	4451			2649	7144
851529	3202	814647	11020	22659	334	555	189633	507619
22329		15925	913	5491			1316	15198
2341420	23321	2194077	82754	41268	3821	5656	673200	1959339
54675	487	52505	1222	462	172	258	12316	63838
4269		4269					610	2165
2238908	20720	2112041	66425	39722	3649	5398	657872	1879936
43568	2115	25263	15107	1084			2402	13400
666217		612981	37554	15682			108951	314065
39559		38121	847	591			4971	13723
16398		13469	993	1936			880	3776
607337		558475	35714	13149			102652	293401
2923		2917		7			448	1163
428351		390268	19201	18882			97614	215126
21754		21754					32465	12934
406596		368513	19201	18882			65149	202192
209683	50	171694	9508	28432	46	92	53961	101797
7664	1971	5547	34	112	189	371	390	2729
3064136	24731	2901563	88947	48896	3966	5840	851053	2416884
641610		592529	35895	13186			106825	308779
428430		390338	19210	18882			69133	216974
1189073	19751	1122582	20091	26648	3483	5139	389690	1242086
1078793	36	1006954	47679	24125	3	10	195151	543065
1194147		1117699	49844	26604			204966	552081
889510	6965	814434	35979	32131	715	1154	291555	709931

10-10 居民消费价格总指数
CONSUMER PRICE INDICES

年 份 Year	以上年价格为100 Preceding Year=100			以1979年价格为100 1979=100		
	居民消费价格总指数 Consumer Price Index	# 食品类 Food	# 服务项目 Services	居民消费价格总指数 Consumer Price Index	# 食品类 Food	# 服务项目 Services
1979	100.0	100.0	100.0	100.0	100.0	100.0
1980	105.0	108.3	100.7	105.0	108.3	100.7
1981	110.7	117.9	101.6	116.2	127.7	102.3
1982	107.8	116.6	108.7	125.3	148.9	111.2
1983	102.0	105.9	100.9	127.8	157.7	112.2
1984	106.8	106.6	119.3	136.5	168.1	133.9
1985	122.5	128.5	117.2	167.2	216.0	156.9
1986	106.1	108.1	106.9	177.4	233.5	167.7
1987	114.4	118.7	107.4	203.0	277.1	180.1
1988	128.1	133.7	112.2	260.0	370.5	202.1
1989	125.4	126.6	125.7	326.0	469.1	254.1
1990	101.6	95.4	127.7	331.2	447.5	324.4
1991	103.0	99.2	115.4	341.2	443.9	374.4
1992	107.3	109.2	109.4	366.1	484.8	409.6
1993	120.1	122.6	120.9	439.7	594.3	495.2
1994	118.2	120.2	118.1	519.7	714.4	584.8
1995	112.4	116.7	118.1	584.1	833.7	690.6
1996	107.7	105.2	110.7	629.1	877.1	764.5
1997	103.3	100.2	118.2	649.9	878.9	903.6
1998	99.3	97.2	105.3	645.4	854.3	951.5
1999	99.3	94.5	107.7	640.9	807.3	1024.8
2000	102.8	100.2	114.0	658.8	808.9	1168.3
2001	97.8	97.5	99.3	644.3	788.7	1160.1
2002	101.2	100.5	106.5	652.0	792.6	1235.5
2003	100.7	101.2	101.6	656.6	802.1	1255.3
2004	101.3	106.1	99.7	665.1	851.0	1251.5
2005	101.6	104.5	100.8	675.7	889.3	1261.5
2006	102.2	104.2	101.4	690.6	926.7	1279.2
2007	104.1	108.6	103.4	718.9	1006.4	1322.7
2008	105.9	113.5	102.1	761.3	1142.3	1350.5
2009	98.7	98.5	99.5	751.4	1125.2	1343.7
2010	103.5	107.7	102.6	777.7	1211.8	1378.6
2011	105.4	111.9	103.0	819.7	1356.0	1420.0
2012	102.8	104.5	101.9	842.7	1417.0	1447.0
2013	102.7	102.9	105.2	865.5	1458.1	1522.2
2014	102.0	103.5	101.9	882.8	1509.1	1551.1
2015	102.2	103.2	103.8	902.2	1557.4	1610.0
2016	102.4	105.5	102.6	923.9	1643.1	1651.9
2017	101.4	98.4	101.9	936.8	1616.8	1683.3
2018	102.8	102.9	103.5	963.0	1663.7	1742.2
2019	103.4	109.0	102.8	995.7	1813.4	1791.0
2020	102.3	111.1	100.0	1018.6	2014.7	1791.0
2021	100.9	97.6	100.4	1027.8	1966.3	1798.2
2022	102.3	102.4	101.0	1051.4	2013.5	1816.2

10-11 居民消费价格指数（2022年）
CONSUMER PRICE INDEX（2022）

以上年价格为100 （preceding year=100）

项 目	Item	指 数 Index	项 目	Item	指 数 Index
居民消费价格总指数	**Consumer Price Index**	**102.3**	**三、居住**	**Residence**	**100.3**
一、食品烟酒	**Food,Tobacco and Liquor**	**103.4**	住房保养维修及管理	Housing Maintenance and Management	102.7
食品	Food	102.4	水电燃料	Hydropower Fuel	102.4
其中：(1)粮食	#Grain	99.1	自有住房	Own Housing	99.5
(2)薯类	Tubers	102.5	**四、生活用品及服务**	**Living Goods and Communications**	**101.3**
(3)豆类	Beans	106.5	家具及室内装饰品	Furniture and Interior Decorations	103.3
(4)食用油	Edible Oil	105.3	家用器具	Home Appliances	99.9
(5)菜及食用菌	Vegetable and Edible Mushroom	103.8	家用纺织品	Home Textiles	99.2
(6)畜肉类	Livestock Meat	95.0	家庭日用杂品	The Family Daily Sundry Goods	101.1
(7)禽肉类	Poultry	101.7	**五、交通通信**	**Transportation and Communications**	**105.5**
(8)水产品	Aquatic Products	106.2	交通	Transportation	107.2
(9)蛋类	Eggs	108.3	通信	Communications	99.9
(10)奶类	Dairy Products	98.9	**六、教育文化娱乐**	**Education,Culture and Recreation**	**102.6**
(11)干鲜瓜果类	Dried and Fresh Melons and Fruits	107.5	教育	Education,Culture and Recreation	102.8
(12)糖果糕点类	Confectionery,Cakes	101.9	文化娱乐	Culture and Recreation	102.2
(13)调味品	Flavoring	106.5	**七、医疗保健**	**Health Care**	**100.0**
(14)其他食品类	Other Foods	103.3	药品及医疗器具	Medicine and Medical Equipment	**100.0**
烟酒	Tabacco,Liquor	103.5	医疗服务	Medical Services	100.0
在外餐饮	Dining Out	104.5	**八、其他用品及服务**	**Other Aricles and Service**	**102.3**
二、衣着	**Clothing**	**100.9**	其他用品	Other Aricles	100.9
服装	Garments	101.8	其他服务	Other Service	103.1
鞋类	Shoes	96.9			

注： 2016年1月起，国家统计局根据五年一次基期轮换的制度，对CPI构成分类及相应权重进行了调整。

Note: From 2016,the classification and weight of CPI have been adjusted,according to five-year period of rotation system formulated by National Bureau of Statistics of China.

10-12 住宅销售价格指数（2022年）
SALES PRICES INDICES OF HOUSES（2022）

类别 Item		以上年同月为100											
		1月	2月	3月	4月	5月	6月	7月	8月	9月	10月	11月	12月
新建商品住宅	Newly-built Residential Buildings	103.5	103.8	104.5	103.9	103.9	103.6	103.0	101.6	100.9	100.5	100.0	99.8
90m^2及以下	90 square Meters and below	103.1	103.7	104.1	104.0	104.9	104.5	103.8	102.4	101.0	100.5	99.8	99.8
90-144m^2	90-144 square Meters	103.5	103.9	104.6	103.8	103.4	103.5	102.6	101.1	100.7	100.4	100.2	99.9
144m^2以上	Above 144 square Meters	104.1	103.8	104.7	104.2	104.0	102.7	102.6	101.6	101.3	100.6	99.6	99.5
二手住宅	Second-hand Housing	98.5	97.4	96.7	97.2	97.4	96.6	96.5	96.4	96.5	96.5	96.4	96.3
90m^2及以下	90 square Meters and below	98.1	97.1	96.5	97.4	97.3	95.9	96.3	96.2	96.5	96.8	96.4	96.4
90-144m^2	90-144 square Meters	99.0	97.9	96.6	96.6	97.3	97.4	96.8	96.6	96.8	96.2	96.3	96.1
144m^2以上	Above 144 square Meters	99.3	97.8	97.9	97.8	97.8	97.6	96.7	96.6	96.2	95.8	96.2	96.5

10-12 续表 CONTINUED

类别 Item		以上月为100											
		1月	2月	3月	4月	5月	6月	7月	8月	9月	10月	11月	12月
新建商品住宅	Newly-built Residential Buildings	100.5	100.4	100.8	99.9	100.5	100.2	99.8	99.6	99.5	99.3	99.5	99.7
90m^2及以下	90 square Meters and below	100.4	100.8	100.4	100.4	101.2	100.3	99.8	99.5	99.1	99.2	99.1	99.7
90-144m^2	90-144 square Meters	100.6	100.3	100.9	99.7	100.4	100.3	99.7	99.7	99.7	99.3	99.7	99.6
144m^2以上	Above 144 square Meters	100.4	100.1	100.9	99.9	100.0	100.0	100.1	99.5	99.7	99.6	99.4	99.9
二手住宅	Second-hand Housing	99.5	99.8	99.7	100.5	100.1	99.0	99.5	99.5	99.6	99.8	99.7	99.5
90m^2及以下	90 square Meters and below	99.6	99.9	99.5	100.7	99.8	98.6	99.8	99.5	99.8	100.0	99.5	99.8
90-144m^2	90-144 square Meters	99.5	99.9	99.5	100.3	100.4	99.6	99.3	99.6	99.5	99.3	100.0	99.1
144m^2以上	Above 144 square Meters	99.6	99.1	100.4	100.5	100.5	99.6	99.0	99.4	99.4	99.8	99.8	99.3

10-13 工业生产者出厂价格指数（2010-2022年）
INDUSTRIAL PRODUCER PRICE INDEX（2010-2022）

以上年价格为100 (Preceding year=100)

类别	Item	2010	2011	2012	2013	2014	2015	2016	2017	2018	2019	2020	2021	2022
全部工业品	General Index	101.6	101.8	99.9	98.0	99.1	97.6	99.3	101.8	100.2	100.0	99.0	101.9	101.7
按轻重工业分	Grouped by industries													
轻工业	Light Industry	101.4	102.9	99.2	98.4	98.2	98.6	100.8	101.4	99.3	100.5	100.7	104.2	101.0
重工业	Heavy Industry	101.9	101.4	100.1	97.9	99.4	97.3	98.8	102.0	100.5	99.9	98.4	101.3	101.9
按生产、生活资料分	Grouped by Means of Production and Consumer Goods													
生产资料	Means of Production	100.7	101.3	100.3	98.0	99.5	97.4	98.7	102.2	100.3	99.7	98.4	101.9	102.9
生活资料	Consumer Goods	104.5	103.5	98.7	98.1	97.7	98.4	100.8	100.9	99.7	100.9	100.6	101.8	99.4
按工业部门分	Grouped by Industrial Department													
冶金工业	Metallurgical Industry	108.4	106.7	100.7	100.2	98.6	98.0	102.1	115.5	107.4	100.3	102.9	122.8	102.5
电力工业	Power Industry	99.3	99.6	100.5	100.5	99.7	99.3	99.4	98.9	98.3	97.4	97.8	99.9	103.6
石油工业	Petroleum Industry	136.8	126.9	101.7	92.4	95.2	64.2	86.7	123.2	119.5	96.1	78.9	129.6	134.4
化学工业	Chemical Industry	101.2	102.3	101.2	99.4	100.0	99.2	98.9	102.5	95.8	100.6	97.4	96.9	109.7
机械工业	Engineering Industry	99.0	99.8	99.6	97.7	99.1	98.5	99.0	100.9	99.7	99.6	98.7	101.6	100.6
建筑材料工业	Building Materials Industry	104.2	101.1	93.9	102.5	102.9	98.8	99.7	101.8	104.4	107.1	100.0	96.4	97.5
森林工业	Timber Industry	107.4	106.0	102.8	103.6	100.6	100.4	99.3	98.2	97.9	100.4	100.1	99.0	99.6
食品工业	Food Industry	102.7	106.1	107.0	102.3	100.2	100.4	102.8	101.6	102.0	100.9	100.6	97.3	102.5
纺织工业	Textile Industry	100.3	106.1	101.2	99.6	101.6	100.4	100.2	100.3	100.1	100.5	99.0	98.0	96.6
缝纫工业	Needlework Industry	103.9	107.5	102.5	104.3	104.8	102.9	104.8	102.5	100.4	106.7	103.1	97.5	104.2
皮革工业	Leather Industry	102.2	107.4	104.9	103.1	103.0	100.9	100.4	100.1	99.2	101.8	102.1	99.2	100.1
造纸工业	Paper Industry	101.1	104.1	102.2	99.3	100.4	101.4	104.3	104.3	104.9	102.2	95.4		
文教艺术用品工业	Cultural, Educational & Handicrafts Articles	101.9	101.5	101.4	100.6	99.8	99.0	100.7	100.8	97.9	100.8	97.7	99.7	100.4
其他工业	Others	119.0	113.5	95.8	91.6	94.8	91.6	103.2	101.4	97.4	104.9	108.5	100.5	103.3

10-14 工业生产者购进价格指数（2012-2022年）
INDUSTRIAL PURCHASING PRICE INDEX（2012-2022）

以上年价格为100 (Preceding year=100)

类 别	Item	2012	2013	2014	2015	2016	2017	2018	2019	2020	2021	2022
总指数	General Index	100.0	98.3	99.6	96.5	98.3	103.4	102.4	99.4	98.8	103.0	102.6
燃料、动力类	Fuels and Power	102.5	95.1	99.1	92.8	97.2	101.7	102.4	97.6	97.1	111.9	116.6
黑色金属材料类	Ferrous Materials	95.1	95.4	96.4	95.7	99.7	111.5	105.9	97.9	99.2	114.4	96.6
其中：钢材	Steel	92.8	92.8	94.7	93.7	99.4	110.1	103.6	98.7	99.9	114.2	96.5
其他	Others	99.9	100.4	99.9	99.9	100.2	113.9	109.6	96.6	98.0	116.2	97.6
有色金属材料及电线类	Nonferrous Metal and Electric Wire	97.9	96.5	95.8	92.8	99.8	109.1	102.3	101.2	104.5	111.9	103.2
化工原料类	Chemical Raw Materials	97.5	99.2	99.0	95.6	98.7	104.1	104.2	97.9	94.0	104.7	100.5
木材及纸浆类	Wood and Paper Pulps	100.5	99.9	100.7	98.1	96.8	106.0	103.5	92.8	99.3	105.9	96.1
建筑材料及非金属类	Building Materials and Nonmetal Minerals	97.9	102.7	107.8	91.0	95.4	113.3	119.2	113.2	101.3	105.8	94.4
其他工业原材料及半成品类	Other Industrial Raw and Processed Materials	100.8	99.1	99.4	98.3	98.8	101.9	100.2	100.2	99.4	99.9	102.7
农副产品类	Farm and Sideline Products	100.5	103.4	103.7	99.1	94.9	100.5	100.9	97.4	99.1	97.9	114.7
纺织原料类	Textile Raw Material	100.4	99.3	100.8	102.5	100.3	101.3	103.1	100.6	100.1	103.1	101.1

主要统计指标解释

社会消费品零售总额　　指各种经济类型的批发零售业、住宿餐饮业和其他行业的企业(单位)或个体户，售予城乡居民用于生活消费和社会集团用于公共消费的商品金额的总和。

批发零售业商品购进总额　　指从本企业以外的单位和个人购进(包括从国外直接进口)作为转卖或加工后转卖的商品金额。本指标由"从生产者购进额"、"从批发零售业购进额"、"进口额"和"其他购进"组成。这个指标反映批发零售企从国内、国外市场上购进商品的总量 。

批发零售业商品销售总额　　指售予本企业以外的单位和个人的商品金额(包括对国(境)外直接出口及售给本单位消费用的商品)。本指标由"对生产经营单位批发额"、"对批发零售业批发额"、"出口额"和"对居民和社会集团商品零售"项目组成。这个指标反映批发零售业在国内市场上销售商品以及出口商品的总量。

批发　　指除零售以外的一切商品销售活动。包括对生产经营单位批发、对批发零售业批发和出口。

零售　　指出售城乡居民用于生活消费商品和社会集团直接用于公用消费商品的活动。

批发零售业年末库存总额　　指批发零售企业已取得所有权的全部商品。这个指标反映批发零售贸易企业的商品库存情况，对市场商品供应的保证程度。

批发零售业住宿餐饮业法人单位　　指各种经济类型独立核算法人批发零售企业、住宿餐饮企业的单位个数。法人单位应同时具备以下条件:1.依法成立，有自己的名称、组织机构和场所，能够独立承担民事责任；2.独立拥有和使用资产，承担负债，有权与其他单位签订合同；3.独立核算盈亏，并能够编制资产负债表。

批发业　　是指从工农业生产者或从商品流通企业单位和个体户购进商品，转卖给工业、农业、建筑业、运输邮电业 、住宿餐饮业 、服务业等生产经营单位作为生产经营用，以及将商品转卖给其他批发企业或零售企业的商品流通企业的商品流通企业(单位)和个体户。

零售业　　是指从工农业生产者、批发业或居民购进商品，转卖给城乡居民作为生活消费和售给社会集团作为公共消费的商品流通企业(单位)和个体户。

住宿业　　是指为顾客提供临时住宿服务的企业(单位)和个体户。

餐饮业　　是指从事食品的烹饪、调制并直接售给居民和社会集团的企业(单位)和个体户。

居民消费价格指数　　是度量消费商品及服务项目价格水平随着时间而变动的相对数，反映居民家庭购买的消费品及服务价格水平的变动情况。它是宏观经济分析、决策、调控和价格总水平监测以及国民经济核算的重重要指标。其按年度计算的变动率通常被用来作为反映通货膨胀(或紧缩)程度的指标。

工业生产者出厂价格指数　　反映工业企业产品第一次出售时的出厂价格的变化趋势和变动幅度。

工业生产者购进价格指数　　反映工业企业作为中间投入产品的购进价格的变化趋势和变动幅度。

新建商品住宅　　指新建的专供居住用的商品住房，本方案主要包括:90平方米及以下、90-144平方米、144平方米以上三个基础分类。不包括新建的国家政策性住房；不包括住宅楼中作为人防用、不住人的地下室、车库等，也不包括托儿所 、病房 、疗养院 、旅馆等具有专门用途的房屋。

二手住宅　　指进入房屋市场进行交易，第二次及以上进行产权登记的住宅，包括二手商品住宅 、允许上市交易的已售公房等。本方案主要包括90平方米及以下、90-144平方米、144平方米以上三个基础分类。

90平方米及以下住宅 指住宅中套型建筑面积不大于90平方米的住宅。套型建筑面积由套内使用面积和分摊的共有建筑面积组成，报表时以销售合同中实际测绘的建筑面积为准，若销售合同为套内使用面积则需折算成建筑面积。

90平方米—144平方米住宅 指套型建筑面积大于90平方米，不超过144平方米的住宅。

144平方米以上住宅 指套型建筑面积在144平方米以上的住宅。

Explanatory Noteson Mainstatistical Indicators

Total Retail Sales of Consumer Goods refer to the sum of retail sales of consumer goods sold byenterprises (establishments) or individuals in wholesale,retail trade,accommodations , catering services and other industries of various types of ownership to urban and rural households for living consumption and to social institutions for public cons mption.

Total Purchases of Commodities by Wholesale and Retail Trades refer to the purchases of commodities rom ot her establishments or individuals (including direct import from abroad) for the purpose of reselling, either with or without further processing of the commodities purchased This indicator includes the purchases from producers,the purchases from wholesale and retail trades, imports and other purchases.

It is used to show the total value ofpurchases of commodities by wholesale and retail establishments from domestic and overseas markets.

Total Sales of Commoditi by Wholesale and Retail Trades refer to the value of commodities sold to other establishments and individuals (including direct export and commodities sold to the sellers themselves for consumption) . This indicator includes the value of wholesale to production and operation units, the value of wholesale to wholesale and retail trades,exports and retail sales to urban and rural households and social institutions It is an indicator ofthe total value ofsales ofcommodities at domestic markets andexport.

wholesale refers to all selling activities ofcommodities except retail trade,including wholesale to production and operation units, wholesale to wholesale and retail trades and export.

Retail sale refers to the selling of commodities to urban and rural households for living consumption and to social institutions for direct public consumption.

Total Inventory of Wholesale and Retail Trades at the Year-end refers to the total commodities possessed by wholesaleand retail enterprises, which reflects the commodity stock level of various wholesale and retail enterpeoses and the potential for market supply.

Corporate Units in Wholesale and Retail Trades,Accommodations and Catering Services refer to the number of corporate enterprises of various types of ownership in the wholesale and retail trades,accommodations and catering services with independent accounting systems An enterprise can be called a corporate enterprise only when it simultaneously meets the following requirements: (1)It is established according to law, with its own name,organization and location for business operation, as well as the capability to independently assume civil responsibility (2)It owns and uses its assets independently , assumes liabilities and is entitledto sign contracts with other units (3)It has an independent accounting system and is able to compile balance sheets.

WholesaleTrade refers to the commodity circulation enterprises (establishments) and individuals which purchase commodities from producers in industry and agriculture or from commodity circulation enterprises and individuals for the purpose of reselling them to establishments in industry, agriculture, construction,transportation , postal and telecommunications services , accommodations andcatering services and other services for their production and operation as well as resel l ing them to other wholesale or retail enterproses.

RetailTrade refers to the commodity circulation enterprises (establishments) and individuals which purchase commodities from producers in industry and agriculture,wholesale trade or residents for the purpoe ofreselling them tourban and rural households for living consumption and to social institutions for public consumption.

Hotelservices refers to the enterprises (establishments) and individuals engaged in providing temporary accommodation to customers.

Cateringservices refer to the enterprises (establishments) and individuals engaged in food cooking, seasoning and sellingfood directly to households and social institutions.

Consumerprice Indices measure the relative change with time in prices of consumer goods and services , reflecting the rates of change in consumer goods and services purchased by households. It is an important indicator for macroeconomic analysis,analysisdecision-making,regularization and control,supervision of general price level and national economic accounting. The annualized rate of change are genrally considered as an indicator of inflation or deflation.

EX-factory Proce Indices of Industrial Producers reflect the trends and degree of changes in prices of industrial products to sell the first time.

Purechasing Price Indices of Industrial Producers reflect the trends and degree of changes in prices of industrial products to sell the first time.

Newly-built House refer to newly-built houses for residential use . The program includes：90 square meters andbelow,90-144 square meters ,144 square meters . Excluding new national policy-related houses , houses used as civil defense,basements,garages, nursery, wards, nursing homes, hotels and other houses used for special purposes.

Second-hand Houses refer to houses transacted for twice and above in the market, and the property registrations have beenchanged twice and above, including second-hand commercial houses and public houses been sold and allowed for second transaction. The program includes 90 square meters and below, 90 - 144 square meters , 144 square meters andabove.

90 Square Meters and Below Houses refer to houses with a residential dwelling size of not more than 90 square meters.Dwelling size of the building area is composed by private usable area and public shared construction area. The program subjects to the actual construction area recorded in sales contracts.

90 Square Meters - 144 Square Meters Houses refer to houses with the residential dwelling size of more than 90 square meters and no more than 144 square meters.

144 Square Meters Houses refer to houses with the residential dwelling size of more than 144 square meters.

11 第十一部分 财政收支

FISCAL REVENUE AND EXPENDITURE

CHAPTER

11-1 地方财政收支（2018-2022年）
LOCAL GOVERNMENT BUDGETARY REVENUE AND EXPENDITURE（2018-2022）

单位：万元 (10 000 yuan)

项目	Item	2018	2019	2020	2021	2022
一般公共预算收入	Local government General Budgetary Revenue	35384414	37733831	38574618	42576972	40124390
税收收入	Taxes	28996334	30678631	30874612	34504107	31144500
#增值税	Value-added Tax	10469728	11637876	10608212	11983026	10282133
营业税	Business Tax					
企业所得税	Corporate Income Tax	6806150	7478100	6751541	7792323	7218717
个人所得税	Individual Income Tax	3734303	2962675	3663798	4586423	5141419
非税收入	Non-Tax Revenue	6388080	7055200	7700006	8072865	8979890
#专项收入	Special Program Receipts	3891746	3417080	3234856	3751490	4334753
行政事业性收费收入	Charge of Administrative and Units	341452	374018	363407	429981	488580
罚没收入	Penalty Receipts	470714	402672	451560	369754	282413
政府性基金收入	Government Fund Revenue	9646428	10057208	12872367	13736834	10257607
一般公共预算支出	Local Government General Budgetary Expenditure	42825598	45527336	41784235	45702233	49973834
#教育	Expenditure for Education	5845062	7165514	8508040	9645583	9489438
科学技术	Expenditure for Science and Technology	5549818	5484249	3366343	3822518	4587417
文化体育与传媒	Expenditure for Culture, Sport and Media	659109	669909	1004070	768730	891549
社会保障与就业	Expenditure for Social Safety Net and Employment Effort	1977496	1769842	973564	3005230	2874976
医疗卫生	Expenditure for Medical and Health Care	2814988	3354865	4411035	5109252	6753510
节能环保	Expenditure for Energy Saving	2524860	3316349	2298299	1793954	2016771
城乡社区事务	Expenditure for Urban and Rural Community Affairs	8213591	10154044	5926794	6139652	6465434
农林水事务	Expenditure for Agriculture, Forestry and Water Conservancy	788779	833313	1345497	1280599	1193678
交通运输	Expenditure for Transportation	2266757	1285931	1773688	2106523	2118854
政府性基金支出	Expenditure for Government Funds	6374448	9709406	12245470	10873251	14967529

11-2 地方一般公共预算收支及指数
INDICES OF LOCAL GOVERNMENT GENERAL BUDGETARY REVENUE AND EXPENDITURE

年份 Year	收入 (万元) Financial Revenue (10 000 yuan)	指数 Index		支出 (万元) Expenditure (10 000 yuan)	指数 Index	
		以1979年为100 1979=100	以上年为100 Preceding Year=100		以1979年为100 1979=100	以上年为100 Preceding Year=100
1979	1721	100.0		2971	100.0	
1980	3043	176.8	176.8	4003	134.7	134.7
1981	8787	510.6	288.8	8411	283.1	210.1
1982	9163	532.6	104.3	8815	296.7	104.8
1983	15605	907.0	170.3	15025	505.7	170.4
1984	29435	1710.6	188.6	27954	940.9	186.0
1985	62894	3655.6	213.7	58651	1974.1	209.8
1986	74160	4310.0	117.9	68073	2291.2	116.1
1987	87521	5085.8	118.0	69688	2345.6	102.4
1988	146521	8513.6	167.4	110992	3735.8	159.3
1989	228668	13289.7	156.1	173007	5823.2	155.9
1990	217037	12611.9	94.9	198073	6666.9	114.5
1991	273291	15878.4	125.9	243012	8179.5	122.7
1992	429599	24960.8	157.2	420035	14137.8	172.8
1993	672507	39063.7	156.5	593327	19970.6	141.3
1994	743992	43204.5	110.6	746181	25115.5	125.8
1995	880174	51110.9	118.3	934041	31438.6	125.2
1996	1317490	76513.0	149.7	1380376	46461.7	147.8
1997	1420557	82481.0	107.8	1394181	46926.3	101.0
1998	1643884	95430.5	115.7	1767714	59499.0	126.8
1999	1842085	106977.6	112.1	2108978	70985.5	119.3
2000	2219184	128908.0	120.5	2250441	75746.9	106.7
2001	2624944	152498.2	118.3	2537019	85392.8	112.7
2002	2659287	154480.7	101.3	3077761	103593.4	121.3
2003	2908370	169001.9	109.4	3489526	117452.9	113.4
2004	3214680	186747.1	110.5	3775720	127085.8	108.2
2005	4123787	239596.5	128.3	5991560	201668.1	158.7
2006	5008827	291109.7	121.5	5714231	192333.6	95.4
2007	6580555	382518.1	131.4	7279677	245024.5	127.4
2008	8003603	465142.0	121.6	8898555	299513.8	122.2
2009	8808168	512121.3	110.1	10008394	336869.5	112.5
2010	11068166	643736.5	125.7	12660668	426141.6	126.5
2011	13395728	778921.2	121.0	15905599	535361.8	125.6
2012	14820800	861486.8	110.6	15690071	528107.4	98.6
2013	17312618	1006216.6	116.8	16908280	569110.7	107.8
2014	20827326	1210478.6	120.3	21661841	729109.4	128.1
2015	27268543	1584516.5	130.9	35216708	1185348.6	162.6
2016	31364923	1822194.0	115.0	42110429	1417382.3	119.6
2017	33321303	2006235.6	110.1	45938003	1546213.5	109.1
2018	35384414	2130622.2	106.2	42825598	1441454.0	93.2
2019	37733831	2271243.3	106.6	45527336	1532391.0	106.3
2020	38574618	2321210.7	102.2	41784235	1406403.1	91.8
2021	42576972	2562616.6	110.4	45702233	1538277.8	109.4
2022	40124390	2415001.0	94.2	49973834	1682054.3	109.3

注：一般公共预算收入2017年口径有调整，指数按可比口径计算。
Note: The caliber of Local Government General Budget in this table was adjusted and the index was calculated by comparable caliber in 2017.

11-3 地方财政收支分级情况（2018-2022年）
LOCAL BUDGETARY REVENUE AND EXPENDITURE BY LEVEL（2018-2022）

单位：万元 (10 000 yuan)

项目	Item	2018	2019	2020	2021	2022
一般公共预算收入合计	**Total General Budgetary Revenue**	**35384414**	**37733831**	**38574618**	**42576972**	**40124390**
市本级	City	21901333	23641468	23576703	26299625	24588428
福田区	Futian	1810367	1926971	1828964	2142921	1942706
罗湖区	Luohu	999621	928522	1370112	1072857	893960
盐田区	Yantian	296545	322846	339440	364446	329097
南山区	Nanshan	2682160	3087420	3166471	3610169	3616214
宝安区	Baoan	2600271	2671386	2747901	2959961	2991877
龙岗区	Longgang	2546531	2424033	2704319	2922237	2631786
龙华区	Longhua	1333745	1421554	1435666	1522145	1514784
坪山区	Pingshan	434494	465208	504640	640284	547788
光明区	Guangming	526702	586358	659596	788157	808022
大鹏新区	Dapeng	252645	232521	208936	208288	209940
深汕特别合作区	Shenzhen-Shanwei Special Cooperation Zone		25544	31870	45882	49788
一般公共预算支出合计	**Total General Budgetary Expenditure**	**42825598**	**45527336**	**41784235**	**45702233**	**49973834**
市本级	City	21155211	21184993	19578634	20540838	22106449
福田区	Futian	2422423	2955754	2286540	2962862	3104741
罗湖区	Luohu	2086359	2196954	1782709	1832454	2051693
盐田区	Yantian	545525	680640	597440	678298	702781
南山区	Nanshan	3344709	3581702	3262655	4024222	4342423
宝安区	Baoan	4368591	4642853	4206782	4521591	4763327
龙岗区	Longgang	3368749	3569107	3569147	3807104	4196759
龙华区	Longhua	2447267	2607847	2878579	2923105	3312098
坪山区	Pingshan	1195523	1502139	1361707	1578490	1752557
光明区	Guangming	1209627	1334102	1483752	1823743	1788652
大鹏新区	Dapeng	681614	648897	653508	692312	886729
深汕特别合作区	Shenzhen-Shanwei Special Cooperation Zone		622348	122782	317214	965625

主要统计指标解释

一般公共预算收入　指国家财政参与社会产品分配所取得的收入，是实现国家职能的财力保证。主要包括：

（1）各项税收：包括国内增值税、国内消费税、进口货物增值税和消费税、出口货物退增值税和消费税、营业税、企业所得税、个人所得税、资源税、城市维护建设税、房产税、印花税、城镇土地使用税、土地增值税、车船税、船舶吨税、车辆购置税、关税、耕地占用税、契税、烟叶税等。财政收入按现行分税制财政体制划分为中央本级收入和地方本级收入。

（2）非税收入：包括专项收入、行政事业性收费、罚没收入和其他收入。

一般公共预算支出　指国家财政将筹集起来的资金进行分配使用，以满足经济建设和各项事业的需要。主要包括：一般公共服务、外交、国防、公共安全、教育、科学技术、文化体育与传媒、社会保障和就业、医疗卫生与计划生育、节能环保、城乡社区、农林水、交通运输、资源勘探信息等、商业服务业等、金融、援助其他地区、国土海洋气象等、住房保障、粮油物资储备、政府债务付息等方面的支出。财政支出根据政府在经济和社会活动中的不同职权，划分为中央财政支出和地方财政支出。

Explanatory Notes on Main Statistical Indicators

General Publie Budgetary Revenue refers to income for the government finance through participating in the distribution of social products.It is the financial guarantee to ensure government functioning.The contents of government revenue include include the following main items:

（1）Various tax revenues, including domestic value added tax （VAT）,domestic consumption ax,VAT and consumption tax fromimports,VAT and consumption tax rebate for exports,business tax,corporate income tax, individual income ax,resource tax,city maintenance and construct tax,house property tax,stamp tax, urban land use tax, land appreciation tax, tax on vehicles and boat operation,ship tonnage tax, vehicle purchase tax, tariffs, farmland occupation tax, deed tax,and tobacco leaf tax, etc.

（2）Non-tax revenue,including special program receipts,charge of administrative and institutional units,penalty receipts and others and others non-tax receipts.

General Public Budgetary Expenditure refers to the distribution and use of the funds which the government finance has raised,so as to meet the needs of economic construction and various undertakings.It includes the following main items: expenditure for general public services,expenditure for foreign affairs,expenditure for national defence expenditure for public security,expenditure for education,expenditure for science and technology, expenditure for culture,sport and media, expenditure for social safety net and employment effort,expenditure for medical and health care and family planning, expenditure for energy conservation and environment protection,expenditure for urban and rural community af fairs,expenditure for agriculture, forestry and water conservancy,expenditure for transportation, expenditure for resource exploration and information,expenditure for affairs of commerce and services,expenditure for finance,aid to other regions,expenditure for land,ocean and weather,expenditure for housing security,expenditure for grain &oil reserves, interest payment for public debts.General public budget expenditure is divided into general public budget expenditure of central government and general public budget expenditure of local government according to the different functions of the governments played in economic and social activities.

12 第十二部分

金融保险业

FINANCE AND INSURANCE

CHAPTER

12-1 国内金融机构人民币存贷款（2018-2022年）

DEPOSITS AND LOANS IN RENMINBI OF DOMESTIC FINANCIAL INSTITUTIONS （2018-2022）

单位：亿元 （100 million yuan）

项目	Item	2018	2019	2020	2021	2022
各项存款	**Total Deposits**	**66890.51**	**77671.71**	**95096.94**	**105322.09**	**116577.32**
境内存款	Domestic Deposits	64583.40	75060.68	91548.32	101614.67	112304.32
其中：住户存款	Household Deposits	13441.61	15971.13	18674.43	20484.90	24544.92
#活期存款	Demand Deposits	8502.67	10228.81	11485.25	12834.86	14512.42
定期及其他存款	Time and Other Deposits	4938.94	5742.32	7189.18	7650.03	10032.50
非金融企业存款	Non-financial Corporations Deposits	31465.71	37246.29	45297.78	50416.35	56083.82
#活期存款	Current Deposits	7404.09	7791.63	8639.65	9102.43	9473.48
定期及其他存款	Time and Other Deposits	24061.62	29454.66	36658.13	41313.92	46610.34
广义政府存款	Generalized Government Deposits	9859.44	11229.32	12609.96	14203.42	14777.99
非银行业金融机构存款	Non-bank Financial Deposits	9816.64	10613.94	14966.16	16510.01	16897.58
境外存款	Overseas Deposits	2307.11	2611.03	3548.62	3707.42	4273.00
各项贷款	**Total Deposits**	**47024.58**	**54602.36**	**63091.82**	**72218.17**	**78704.75**
境内贷款	Domestic Loans	46596.85	54156.91	62604.99	71635.73	78003.04
其中：住户贷款	Household Loans	19828.00	22247.05	25270.85	27918.61	28745.18
# 短期贷款	Short-term Loans	2580.95	3200.27	3693.85	4020.04	4020.31
中长期贷款	Medium&Long-term Loans	17247.05	19046.78	21577.00	23898.57	24724.87
非金融企业及机关团体贷款	Non-financial Corporations, Government and Organizations Loans	26766.88	31909.84	37332.08	43709.33	49257.79
# 短期贷款	Short-term Loans	8964.88	9091.21	9918.96	10737.81	10444.82
中长期贷款	Medium&Long-term Loans	14816.81	18788.99	23777.88	27977.44	32849.78
票据融资	Bill Financing	1643.06	2489.32	1868.28	2865.36	3777.94
融资租赁	Finance Lease	1258.60	1480.17	1751.56	2051.88	2120.12
各项垫款	All Advances Money	83.53	60.15	15.40	76.84	65.12
非银行业金融机构贷款	Non-bank Financial Loans	1.96	0.03	2.06	7.79	0.07
境外贷款	Overseas Loans	427.73	445.45	486.83	582.44	701.71

注： 2015年起，人民银行调整了金融机构存贷款统计口径，2014年数据相应作了回溯调整，后同。

Note: From 2015, the statistical caliber of deposit and loan of financial institutions have been adjusted by the People's Bank of China, the date of 2014 have been adjusted by the same caliber, the same applied to the following tables.

12-2 金融机构（含外资）本外币信贷情况

SOURCES AND USES OF CREDIT FUNDS OF FINANCIAL INSTITUTIONS（INCLUDE FOREIGN FUNDS）

单位：亿元 （100 million yuan）

年 份 Year	各项存款余额 All Deposits	各项贷款余额 All Loans
1990	360.65	373.98
1991	517.95	491.44
1992	801.51	643.24
1993	977.06	820.13
1994	1413.81	1244.87
1995	1705.94	1501.84
1996	2144.28	1861.97
1997	2455.25	2275.51
1998	2881.83	2483.84
1999	3235.66	2621.85
2000	3974.12	2955.37
2001	4988.20	3543.11
2002	5941.29	4308.43
2003	7071.94	5411.96
2004	8136.21	6571.56
2005	9486.71	7596.75
2006	10616.01	8353.82
2007	12729.68	10121.37
2008	14260.94	11234.05
2009	18357.47	14783.39
2010	21937.89	16808.12
2011	25095.78	19244.68
2012	29662.40	21808.34
2013	33943.15	24680.07
2014	49969.99	28114.22
2015	57778.90	32449.04
2016	64407.81	40526.90
2017	69668.31	46329.33
2018	72550.36	52539.79
2019	83942.45	59461.39
2020	101897.31	68020.54
2021	112545.17	77240.78
2022	123400.52	83422.99

12-3 金融机构（含外资）本外币分类存贷款（2018-2022年）
SOURCES AND USES OF CREDIT FUNDS OF FINANCIAL INSTITUTIONS (INCLUDE FOREIGN FUNDS)（2018-2022）

单位：亿元 （100 million yuan）

项目	Item	2018	2019	2020	2021	2022
各项存款	**Total Deposits**	**72550.36**	**83942.45**	**101897.31**	**112545.17**	**123400.52**
境内存款	Domestic Deposits	68670.97	79043.44	95756.45	106353.08	117024.40
其中：住户存款	Household Deposits	13810.06	16327.05	19031.88	20834.08	24928.72
#活期存款	Demand Deposits	8736.64	10449.45	11725.92	13074.26	14760.83
定期及其他存款	Time and Other Deposits	5073.43	5877.60	7305.96	7759.82	10167.89
非金融企业存款	Non-financial Corporations Deposits	34898.69	40639.63	48828.94	54174.83	59970.79
#活期存款	Current Deposits	8247.79	8684.10	9690.93	10296.27	10638.60
定期及其他存款	Time and Other Deposits	26650.90	31955.54	39138.01	43878.56	49332.19
广义政府存款	Generalized Government Deposits	9862.24	11232.45	12612.04	14205.31	14780.18
非银行业金融机构存款	Non-bank Financial Deposits	10099.97	10844.30	15283.59	17138.86	17344.70
境外存款	Overseas Deposits	3879.39	4899.02	6140.86	6192.09	6376.12
各项贷款	**Total Deposits**	**52539.79**	**59461.39**	**68020.54**	**77240.78**	**83422.99**
境内贷款	Domestic Loans	49877.03	57014.34	65637.43	74854.10	80961.05
其中：住户贷款	Household Loans	19942.95	22408.81	25507.05	28228.16	29035.57
# 短期贷款	Short-term Loans	2585.92	3207.63	3705.62	4040.65	4040.61
中长期贷款	Medium&Long-term Loans	17357.03	19201.18	21801.43	24187.51	24994.96
非金融企业及机关团体贷款	Non-financial Corporations,Government and Organizations Loans	29916.02	34597.99	40115.31	46609.36	51922.40
# 短期贷款	Short-term Loans	10937.06	10659.95	11588.33	12507.06	12002.00
中长期贷款	Medium&Long-term Loans	15631.80	19653.14	24702.98	28867.85	33667.56
票据融资	Bill Financing	1820.06	2595.15	1917.35	2974.56	3937.77
融资租赁	Finance Lease	1419.11	1614.35	1879.75	2178.70	2245.59
各项垫款	All Advances Money	107.98	75.41	26.90	81.19	69.48
非银行业金融机构贷款	Non-bank Financial Loans	18.06	7.53	15.06	16.59	3.07
境外贷款	Overseas Loans	2662.75	2447.05	2383.11	2386.68	2461.94

12-4 深圳证券交易所投资者开户情况（2015-2022年）
ACCOUNT-OPENING BY INVESTORS IN SHENZHEN STOCK EXCHANGE（2015-2022）

单位：万户 (10 000 accounts)

指 标	Indicators	2015	2016	2017	2018	2019	2020	2021	2022
年末开户总数	**Total Accounts Year-end**	**16888.92**	**20897.12**	**24545.09**	**27685.32**	**22119.11**	**24823.01**	**27771.00**	**30055.51**
个人	Private	16839.71	20841.00	24482.57	27621.26	22060.45	24758.07	27697.97	29976.49
机构	Institution	49.22	56.12	62.52	64.06	58.66	64.94	73.03	79.02
A股合计	A Shares Accounts	16783.70	20791.27	24438.57	27578.60	22012.35	24716.09	27663.93	29948.42
个人	Private	16736.06	20736.72	24377.63	27516.13	21955.21	24652.65	27592.39	29870.85
机构	Institution	47.65	54.55	60.94	62.47	57.14	63.44	71.53	77.57
B股合计	B Shares Accounts	105.22	105.85	106.52	106.72	106.75	106.92	107.08	107.09
个人	Private	103.65	104.28	104.94	105.14	105.24	105.41	105.58	105.64
机构	Institution	1.57	1.57	1.58	1.58	1.52	1.51	1.50	1.45
新开户总数	**Newly Opened Accounts During the Year**	**4914.84**	**4018.31**	**3598.69**	**226.46**	**142.28**	**253.82**	**3046.15**	**2381.26**
个人	Private	4906.60	4010.15	3590.60	225.95	141.49	252.78	3034.75	2371.51
机构	Institution	8.24	8.16	8.09	0.51	0.79	1.04	11.40	9.75
A股合计	Newly Opened Accounts of A Shares	4910.29	4017.37	3597.71	226.43	142.22	253.74	3045.60	2380.90
个人	Private	4902.15	4009.29	3589.70	225.92	141.43	252.71	3034.24	2371.19
机构	Institution	8.14	8.08	8.01	0.51	0.79	1.04	11.36	9.71
B股合计	Newly Opened Accounts of B Shares	4.55	0.94	0.98	0.03	0.06	0.08	0.55	0.36
个人	Private	4.45	0.86	0.90	0.03	0.06	0.07	0.51	0.32
机构	Institution	0.10	0.08	0.08	0.01			0.04	0.04

12-5 深圳证券交易所有价证券成交总额（2013-2022年）
TOTAL VOLUME OF PRICE SECURITIES TRADING IN SHENZHEN（2013-2022）

单位：亿元 （100 million yuan）

指标	Indicators	2013	2014	2015	2016	2017	2018	2019	2020	2021	2022
合计	**Total**	**296671.46**	**444708.19**	**1361051.31**	**934425.86**	**814333.31**	**735738.87**	**1007862.50**	**1622196.78**	**1953794.37**	**1940355.00**
股票	Stocks	238462.58	366750.87	1224950.00	775979.90	616855.01	499774.39	730314.79	1228391.66	1439727.66	1282538.45
#A股证券	A Shares	237713.21	366228.12	1223606.57	775478.37	616433.07	499527.90	730108.22	1228161.56	896151.87	1282330.62
B股证券	B Shares	749.38	522.74	1343.43	501.53	421.94	246.49	206.57	230.10	272.61	207.84
基金	Funds	5796.68	9753.40	48884.71	22085.09	19882.32	31053.13	23089.80	28711.79	29828.22	43851.65
债券	Bonds	52412.20	68203.92	87216.59	136344.37	177595.98	204911.35	254445.90	364361.95	483473.10	613113.76
# 国债现货	State Treasury Bond	32.65									
优先股	Preferred Stocks							1.58	51.82	176.44	50.10
期权	Option							9.66	679.57	588.95	801.02

12-6 深证综合指数
SHENZHEN COMPOSITE INDEX

日历日期 Date	开市指数 Open	收市指数 Close	最高指数 High	交易日期 Exchange Date	最低指数 Low	交易日期 Exchange Date
2001-12-31	636.62	475.94	665.57	2001-06-14	438.00	2001-10-22
2002-12-31	475.14	388.76	523.38	2002-06-25	366.84	2002-01-23
2003-12-31	386.61	378.63	453.45	2003-04-16	349.86	2003-11-19
2004-12-31	377.93	315.81	472.18	2004-04-07	314.98	2004-09-13
2005-12-30	313.81	278.75	334.14	2005-03-09	235.64	2005-07-19
2006-12-29	541.07	550.59	552.93	2006-12-29	278.99	2006-01-04
2007-12-28	1455.60	1447.02	1567.74	2007-10-08	547.89	2007-01-05
2008-12-31	560.17	553.30	1576.50	2008-01-15	456.97	2008-11-04
2009-12-31	1193.32	1201.34	1234.17	2009-12-03	571.13	2009-01-05
2010-12-31	1262.19	1290.87	1412.64	2010-11-11	890.24	2010-07-02
2011-12-30	852.43	866.65	1316.19	2011-01-06	828.83	2011-12-28
2012-12-31	874.56	881.17	1020.29	2012-03-04	724.97	2012-12-04
2013-12-31	887.36	1057.67	1106.27	2013-10-22	815.89	2013-06-25
2014-12-31	1055.88	1415.19	1504.48	2014-12-16	1004.93	2014-04-29
2015-12-31	1419.44	2308.91	3156.96	2015-06-12	1408.99	2015-01-05
2016-12-31	2304.48	1969.11	2304.49	2016-01-04	1618.12	2016-01-27
2017-12-31	1972.55	1899.34	2054.02	2017-03-17	1753.53	2017-06-02
2018-12-31	1903.49	1267.87	1966.15	2018-01-25	1212.23	2018-10-19
2019-12-31	1270.50	1722.95	1783.01	2019-04-08	1231.83	2019-01-03
2020-12-31	1734.63	2329.37	2340.89	2020-11-09	1552.96	2020-02-04
2021-12-31	2335.16	2530.14	2571.27	2021-12-13	2130.09	2021-03-09
2022-12-30	2541.46	1975.61	2542.99	2022-01-04	1724.92	2022-04-27

12-7 保险费收入和赔款及给付
PREMIUMS INCOME,INDEMNITY EXPENDITURE AND PAYMENT

单位：亿元 (100 million yuan)

年 份 Year	保险费收入 Premium Income	赔款及给付支出 Indemnity Expenditure and Payment	赔款率 (%) Indemnity and Payment Ratio (%)
1997	34.64	9.44	27.25
1998	34.94	9.06	25.93
1999	35.79	9.96	27.83
2000	40.66	9.64	23.71
2001	54.22	14.26	26.30
2002	65.84	18.40	27.95
2003	78.75	23.86	30.30
2004	91.77	24.44	26.63
2005	106.39	28.63	26.91
2006	134.69	35.15	26.10
2007	183.70	56.87	30.96
2008	240.82	67.94	28.21
2009	271.59	73.34	27.00
2010	361.49	73.94	20.45
2011	359.90	85.77	23.83
2012	401.27	107.71	26.84
2013	468.76	125.19	26.71
2014	548.66	155.76	28.39
2015	647.55	176.74	27.29
2016	834.45	218.55	26.19
2017	1029.75	257.13	24.97
2018	1191.51	364.76	30.61
2019	1384.47	363.85	26.28
2020	1453.51	373.78	25.72
2021	1426.51	466.05	32.67
2022	1527.65	440.61	28.84

12-8 保险公司及保险中介机构
INSURANCE COMPANIES AND INSURANCE AGENTS

单位：个 (unit)

年 份 Year	保险公司（法人机构）Insurance Companies (Legal Institution)	中 资 Domestic-Funded	外 资 Foreign-Funded	保险中介法人机构 Legal Institution of Insurance Intermediary
2013	17	14	3	126
2014	20	18	2	126
2015	20	18	2	125
2016	22	20	2	127
2017	25	23	2	129
2018	28	26	2	130
2019	27	25	2	128
2020	27	25	2	128
2021	28	26	2	136
2022	28	26	2	138

12-9 保险公司主要业务指标（2022年）
MAIN BUSINESS OF INSURANCE COMPANIES（2022）

单位：亿元 (100 million yuan)

指标名称	Indicators	保险金额 Insurance Amount	累计新增保险金额 Accumulative total Insurance Amount	原保险保费收入 Original Premium Income	赔付支出 Indemnity Expenditure and payment
财产险公司合计	**Total Property Insurance**	**9059567.47**		**460.44**	**245.57**
机动车辆险	Motor Vehicles Insurance	126514.11		215.39	126.90
企业财产险	Enterprise Property Insurance	97443.60		32.41	14.71
家庭财产险	Household Property Insurance	309126.40		6.25	1.04
工程险	Engineering Insurance	9066.72		9.89	3.20
责任险	Liability Insurance	1803320.59		71.49	31.79
信用险	Credit Insurance	6297.22		26.23	8.52
保证险	Guarantee Insurance	856.35		11.37	14.74
船舶险	Shipping Insurance	3153.34		2.89	0.73
货运险	Freight Insurance	93641.07		15.15	8.43
特殊风险	Special Insurance	8859.10		14.25	3.60
农业险	Agricultural Insurance	15.36		0.89	0.48
健康险	Health Insurance	1403933.90		23.78	15.27
意外险	Accident Insurance	5177982.93		18.74	9.35
其他险	Others	19356.78		11.71	6.81
人寿保险	**Life Insurance**		**33841.05**	**690.62**	**76.18**
健康险	**Health Insurance**		**1455689.63**	**357.25**	**116.03**
人身意外伤害险	**Accident Injury Insurance**		**71592.15**	**19.34**	**2.84**

主要统计指标解释

存款　指企业、机关、团体或居民根据必须收回的原则，把货币资金存入银行或其他信用机构保管并取得一定利息的一种信用活动形式。根据存款对象的不同可划分为企业存款、财政存款、机关团体存款、基本建设存款、城镇居民储蓄、农村存款等科目。它是银行信贷资金的主要来源。

贷款　指银行或其他信用机构根据资金必须归还的原则，按一定利率，为企业、个人等提供资金的一种信用活动形式。我国银行贷款分流动资金贷款、固定资产贷款、城乡个体工商户贷款以及农业贷款等科目。

住户存款　个人客户在其他存款性公司开立账户并存入资金或货币，由其他存款性公司出具存款凭证，个人客户凭存款凭证可以支取本金或利息的存款。

保险金额　指保险人承担赔偿或者给付保险金责任的最高限额。

保费　指投保人为取得保险人在约定范围内所承担赔偿责任而支付给保险人的费用。

赔款　指保险人根据保险合同的规定，向被保险人支付的赔偿保险责任损失的金额。

给付　包括死伤医疗给付和满期给付。死伤医疗给付是指保险人根据人寿保险及长期健康保险合同的规定，因被保险人在保险期内发生保险责任范围内的保险事故支付给被保险人(或受益人)的金额。满期给付是指被给付是指被保险人生存期满，保险人按人寿保险合同规定支付给被保险人的满期保险金额。

Explanatory Notes on Main Statistical Indicators

Deposit is a form of credit by which enterprises,institutions,organizations or residents can put money into banks and other credit institutions for safekeeping and interest earning under the principle of free withdrawal.According to the different depositors,deposits are divided into enterprise deposits,treasury deposits,deposits of government agencies and organizations,capital construction deposits,urban savings deposits,rural deposits and other deposits.Deposits are major sources of the credit funds of banks.

Loan is a form of credit by which banks and other credit institutions provide funds at certain interest rates to enterprises and individuals in the light of the principle of unconditional repayment .Loans from Chinese banks include circulating capital loans,fixed assets loans,loans to urban and rural individuals engaged in industrial and commercial business and agricultural loans.

Savings Deposits refer to the capital which is deposited in the account opened in the reserve corporation by the individual with a deposit certificate as the proof,the principal and interest of which can be withdrew with the deposit certificate.

Amount Insured refers to the maximum that the insurantwill get for the claim of the case insured.

Premium is the fee paid by the insurant to the insurer to obtain the obligation of compensation from the insurance within the agreed terms.is the compensation paid by the insurer to the insurantin accordance with the insurance contract.

Settled Claim is the compensation paid by the insurer to the insurantin accordance with the insurance contract.

Payment includes payment for death,injury or medical treatment and payment at maturity.Payment for death, njury or medical treatment refers to the money paid to the insurant (or the beneficiary)in accordance with the life or health insurance contract when the insurant encounters accidents within the insured period covered in the contract. Payment at maturity refers to the payment to the insurantin accordance with the life insurance with the life insurance contract at the end of the insured period.

13 第十三部分

对外经济贸易和旅游

FOREIGN TRADE AND TOURISM

CHAPTER

13-1 对外经济主要指标（主要年份）

MAIN INDICATORS OF FOREIGN TRADE AND ECONOMIC COOPERATION （MAJOR YEAR）

项 目	Item	2000	2010	2018	2019	2020	2021	2022
进出口总额（亿美元）	**Total Value of Imports and Exports(USD 100 million)**	**639.40**	**3467.49**	**4537.29**	**4314.76**	**4408.07**	**5485.77**	**5498.24**
出口总额	Total Exports	345.63	2041.84	2460.41	2421.24	2453.11	2982.12	3279.18
进口总额	Total Imports	293.76	1425.66	2076.88	1893.52	1954.97	2503.65	2219.06
签订利用外商直接投资协议（合同）项目（个）	Number of Projects with Contracted Foreign Capital(unit)	1130	1929	14834	5867	4434	5788	4289
签订利用外商直接投资协议（合同）金额（亿美元）	Amount of Contracted Foreign Capital(USD 100 million)	17.38	56.52	282.45	205.34	235.28	262.64	208.74
实际利用外商直接投资额（亿美元）	Amount of Foreign Capital Actually Utilized(USD 100 million)	19.61	42.97	82.03	78.09	86.83	109.65	109.70
外商投资企业年底工商登记数（户）	Number of Registered Enterprises with Foreign Investment at the Year-end(unit)		29364	65282	67940	68622	71231	71518
投资总额（亿美元）	Total Investment (USD 100 million)		933.32	3914.74	4216.22	4748.97	5106.79	5286.37
注册资本（亿美元）	Registered Capital(USD 100 million)		546.62	3086.85	3248.68	3754.79	3946.64	4130.72
外商投资企业本期工商登记数（户）	Number of Registered Enterprises with Foreign Investment at the Year-end(unit)		2585	16010	6015	3210	6411	490
本期投资总额（亿美元）	Total Investment(USD 100 million)		27.25	210.46	181.54	409.94	104.61	30.14
本期注册资本（亿美元）	Registered Capital(USD 100 million)		17.49	191.27	136.35	393.89	50.73	30.73

13-2 利用外资签订协议（合同）项目

NUMBER OF THE SIGNED AGREEMENTS AND CONTRACTS FOR UTILIZATION OF FOREIGN CAPITAL

单位：项 (unit)

年 份 Year	总 计 Total	一、按投资方式分 Grouped by Investment Mode					
		对外借款 Foreign Loans	外商直接投资 Direct Foreign Investments	# 合资经营 Joint Ventures	# 合作经营 Cooperative Operation	# 外商独资 Soly-Funded Foreign Enterprises	外商其他投资 Other Foreign Investments
1979	169		37	7	30		132
1980	303		33	4	24	5	270
1981	578		70	13	39	18	508
1982	577		66	11	47	8	511
1983	878		253	92	149	12	625
1984	988	5	334	188	134	12	649
1985	1203	40	282	192	73	17	881
1986	454	31	224	152	64	8	199
1987	334	13	310	231	62	17	11
1988	694	4	591	443	93	55	99
1989	711	5	647	473	94	80	59
1990	796	6	757	434	100	223	33
1991	986	6	951	534	122	295	29
1992	1561	1	1553	822	227	504	7
1993	3257	2	3255	1735	358	1162	
1994	2223	2	2221	1049	208	964	
1995	1638	5	1633	764	109	760	
1996	999		999	491	38	470	
1997	1786		957	454	30	471	829
1998	1915		1391	513	31	844	524
1999	1558		797	321	15	461	761
2000	1835		1130	339	24	766	705
2001	1860		1501	396	18	1087	359
2002	2191		1917	361	8	1544	274
2003	2573		2254	333	6	1913	319
2004			2718	356	9	2352	236
2005			2797	308	12	2469	141
2006			3105	269	7	2827	62
2007			4200	215	8	3975	25
2008			3046	139	11	2896	6
2009			1498	114	1	1382	11
2010			1929	124	1	1800	
2011			2513	149	2	2360	
2012			2428	134		2289	
2013			2056	180	5	1870	
2014			2490	266		2222	
2015			3359	488	2	2861	8
2016			4132	877	6	3241	8
2017			6757	1261	2	5485	9
2018			14834	650	3	14173	8
2019			5867				
2020			4434				
2021			5788				
2022			4289				

注： 1. 根据《商务部、国家统计局关于印发〈外商投资统计制度〉的通知》从2004年开始外商投资统计制度发生变化：不再包括“对外借款”，且外商直接投资的统计口径缩小。

Notes: There are two changes among the newly statistical system of foreign investment in 2004:The index was not include Foreign Loans and statistical scope of Direct Foreign Investments was reduced.

2. 本表数据来源为深圳市商务局，为广东省商务厅统计口径。

Data in this table are provided by Commerce Bureau of Shenzhen Mumicipality,the statistical caliber of the Department of Commerce of Guangdong Province.

13-2 续表1 CONTINUED

单位：项 (unit)

年 份 Year	二、按国民经济行业分 Grouped by Sector					
	农、林、牧、渔业 Agriculture, Forestry, Animal Husbandry and Fishery	工 业 Industry	建筑业 Construction	批发和零售业、住宿和餐饮业 Wholesale and Retail Sales,Accommodation and Catering Services	交通运输、仓储和邮政业 Transportation, Storage,Postal and Telecommunications Services	信息传输、软件和信息技术服务业 Information Transmission, Software and Information Technology
1979	6	112		5	3	
1980	8	243		10	4	
1981	9	321		5	5	
1982	3	457		25	1	
1983	19	714		87	15	
1984	14	148		117	15	
1985	10	164		84	8	
1986	6	172	3	20	1	
1987	7	303		1		
1988	5	646	4	12	5	
1989	5	666		12	3	
1990	3	766	2	6	3	
1991	5	908	3	22	6	
1992	6	1464	2	20	8	
1993	10	2836	18	115	23	
1994	6	1815	20	168	16	
1995	5	1377	10	104	15	
1996	10	858	7	53	8	
1997	8	1526	4	89	13	
1998	5	1401	3	65	12	
1999	3	1351	3	28	7	
2000	4	1450	1	34	23	
2001	3	1397	1	43	22	
2002	3	1616	4	103	33	
2003		1660	2	100	48	
2004	2	1513	6	188	53	
2005	1	1344	9	357	38	
2006	1	896	11	1238	55	
2007	2	860	4	1828	127	
2008		350	5	1187	83	62
2009	1	388	3	737	28	30
2010	1	434	7	1000	29	35
2011		1030	6	924	23	54
2012	1	1027	6	865	26	37
2013	1	335	6	971	27	43
2014		181	7	1089	28	81
2015	7	163	16	1406	43	253
2016	7	110	17	1288	53	327
2017	6	202	41	3036	109	784
2018	8	316	113	8337	221	1785
2019	4	331	66	2713	78	943
2020	14	112	59	1683	79	779
2021	13	167	81	2173	101	991
2022	12	150	51	1603	85	702

13-2 续表2 CONTINUED

单位：项 (unit)

年 份 Year	二、按国民经济行业分 Grouped by Sector						
	金融业 Financial Intermediation	房地产业 Real Estate	租赁和商务服务业 Leasing and Business Services	科学研究和技术服务业 Scientific Research,and Technical	卫生和社会工作 Health and Social Work	教育、文化、体育和娱乐业 Education,Culture Sports and Entertainment	其他行业 Others
1979		3					40
1980		14					24
1981		28					210
1982		8					83
1983		21					22
1984		31					663
1985		15					922
1986	1	14		1	1	2	233
1987	7	10					6
1988	4	11					7
1989		10		4		4	7
1990		3		5	1		7
1991	6	30		2		2	2
1992	1	51		4		4	1
1993	1	205		5	6	1	33
1994	1	135		33	5	8	15
1995	1	59		31	19	4	13
1996	2	30		11	8	3	9
1997		138		7	1		
1998		286		138	1	1	3
1999		157		9			
2000		307		13	1	2	
2001		315		77		1	1
2002	5	394		26	1		5
2003	6	439		298	1	2	17
2004	2	57		178		4	715
2005	6	77		348	1	2	614
2006	5	101		373		7	418
2007	2	49		947	1	8	372
2008	2	4	215	1134		3	1
2009	3	15	191	95		6	1
2010	4	11	264	142		2	
2011	6	19	313	138			
2012	13	8	334	105	3	3	
2013	73	14	463	114		9	
2014	222	18	687	165		8	4
2015	405	25	808	209	2	20	2
2016	1144	32	809	295	2	46	2
2017	741	38	1108	623	4	63	2
2018	156	55	2211	1512	3	114	3
2019	67	65	921	599	2	75	3
2020	39	66	885	345	10	180	183
2021	56	93	1096	455	16	338	208
2022	45	67	849	359	11	212	143

单位：项 (unit)

年 份 Year	三、按国别(地区)分 Grouped by Country (Territory)							
	中国香港、澳门 HongKong China, Macao China	中国台湾 Taiwan China	新加坡 Singapore	韩 国 Korea Rep	日 本 Japan	泰 国 Thailand	澳大利亚 Australia	马来西亚 Malaysia
1990	699	45	5		12	2	2	1
1991	885	36	8	3	17	3	1	
1992	1330	88	20	5	16	8	6	3
1993	2834	154	24	8	27	15	14	5
1994	1885	124	29	8	25	8	7	3
1995	1288	100	26	14	36	11	9	6
1996	760	85	15	11	15	4	6	6
1997	1576	85	14	9	13	3	5	5
1998	1614	119	19	7	12	1	4	2
1999	1355	45	14	7	8		2	
2000	1474	67	19	12	9	1	7	2
2001	1288	179	28	22	25	3	10	6
2002	1498	239	34	25	35	3	13	11
2003	1852	260	25	35	33	3	14	6
2004	1959	122	44	42	51		14	10
2005	1974	144	51	43	45	3	9	6
2006	2233	152	48	42	38	2	28	17
2007	3427	165	48	50	46	6	19	10
2008	2582	82	27	34	41	2	10	15
2009	1142	85	17	25	24	4	9	11
2010	1472	112	23	24	34	3	5	15
2011	1985	125	29	37	27	2	10	12
2012	1988	76	25	40	25	3	10	12
2013	1611	110	29	38	22	2	12	11
2014	2011	119	41	55	21	2	9	12
2015	2673	164	48	91	16	2	17	26
2016	3365	186	43	66	12	7	17	44
2017	5717	234	54	59	27	6	26	53
2018	13703	297	60	65	35	9	38	65
2019	4622	280	84	88	41	13	30	65
2020	2985	311	67	79	23	7	27	30
2021	3654	460	102	135	40	9	28	44
2022	2730	359	75	69	29	4	31	31

单位：项 (unit)

年 份 Year	三、按国别(地区)分 Grouped by Country (Territory)							
	美 国 The United States	加拿大 Canada	德 国 Germany	法 国 France	英 国 The United Kingdom	瑞 士 Switzerland	荷 兰 Netherlands	其 他 Others
1990	16	2		1	2	3		6
1991	18	2	2	3	2	1	1	4
1992	57	8	1	2	5		1	11
1993	104	22	2	4	16	2	3	23
1994	74	10	5	3	19		1	22
1995	71	9	3	1	18	2	4	40
1996	42	7	3	4	14	1	2	24
1997	35	8	2	3	5	3		20
1998	58	4	5	1	4	1	3	61
1999	37	12	3		4		1	70
2000	52	17	4	1	3		2	165
2001	72	14	2	2	2	2	2	203
2002	77	12	4	3	9	1	7	220
2003	72	23	2	3	7		4	234
2004	84	22	12	5	15	1	6	331
2005	100	16	14	4	24	7	9	348
2006	110	19	11	5	21	5	7	367
2007	78	15	12	3	15	2	5	299
2008	62	13	4	3	9	6	3	153
2009	49	10	7	7	5	1		102
2010	46	7	7	9	6	2	3	161
2011	51	8	15	9	7	1	2	193
2012	30	11	7	5	6	3	1	186
2013	36	12	8	9	10	4	5	137
2014	38	13	5	3	14	2	6	139
2015	65	22	10	4	14	1	6	200
2016	80	29	14	11	25	4	4	225
2017	101	32	20	17	34	4	3	370
2018	117	50	19	15	36	3	9	313
2019	135	38	19	16	42	8	7	379
2020	114	58	24	13	28	6	12	650
2021	151	58	27	17	49	9	10	995
2022	102	63	17	14	35	5	4	721

13-3　协议利用外资额

AMOUNT OF FOREIGN CAPITAL TO BE UTILIZED IN THE SIGNED AGREEMENTS AND CONTRACTS

单位：万美元　　　　(USD 10 000)

年 份 Year	总 计 Total	一、按投资方式分 Grouped by Investment Mode					
		1.对外借款 Foreign Loans	2.外商直接投资 Direct Foreign Investments	# 合资经营 Joint Ventures	# 合作经营 Cooperative Operation	# 外商独资 Soly-Funded Foreign Enterprises	3.外商其他投资 Other Foreign Investments
1979	2984		1790	851	939		1194
1980	27122		23966	1021	13966	8979	3156
1981	86360		86360	442	72636	13282	
1982	18028		17546	643	14498	2405	482
1983	33451		29355	8052	17605	3698	4096
1984	64564	1962	53342	21240	31704	398	9260
1985	102647	19320	79323	18544	58046	2733	4004
1986	51360	22474	24396	9776	13189	1431	4490
1987	64893	7812	56675	10993	7370	38312	406
1988	48739	4500	43021	25163	9310	8548	1218
1989	48904	576	46945	25120	11501	10324	1383
1990	69344	1062	67899	18869	16099	32931	383
1991	115158	5038	108611	35419	23072	50120	1509
1992	251774	1188	249496	75010	65597	108889	1090
1993	497737	800	496937	211828	71588	213521	
1994	298649	15521	283128	92731	47632	142765	
1995	359654	13347	346307	125589	63561	157157	
1996	168000		168000	99879	26192	41929	
1997	176896		135387	63177	10224	59657	41509
1998	274571	42093	203475	78016	8484	115293	29003
1999	223018	64077	121017	16345	7242	96585	37924
2000	263996	43671	173813	28374	11926	128739	46512
2001	400393	50527	272318	43530	82902	145184	77548
2002	518626	38735	354400	61955	5952	202075	125491
2003	582896	55570	484687	124831	11157	335571	42639
2004			412131	103316	13546	281272	71913
2005			525097	68065	2375	437181	43755
2006			526410	93298	6117	412952	107288
2007			857155	63948	-3985	787701	15570
2008			728283	97963	2007	608434	4914
2009			355805	81851	-1622	257953	-4195
2010			565197	44503	271	508625	-6219
2011			763307	121168	11803	616702	-14417
2012			626184	83049	1284	519688	177
2013			670003	122240	911	541041	
2014			1089537	123337	840	950075	
2015			2559531	323952	-697	2189932	46344
2016			5219259	710746	4539	4303336	200638
2017			3683974	876256	30847	2505442	271429
2018			2824526	217822	99	2230654	375951
2019			2053445				
2020			2352762				
2021			2626403				
2022			2087445				

13-3 续表1 CONTINUED

单位：万美元 (USD 10 000)

年 份 Year	二、按国民经济行业分 Grouped by Sector					
	农、林、牧、渔业 Agriculture, Forestry, Animal Husbandry and Fishery	工 业 Industry	建筑业 Construction	批发和零售业、住宿和餐饮业 Wholesale and Retail Sales, Accommodation and Catering Services	交通运输、仓储和邮政业 Transportation,Storage,Postal and Telecommunications Services	信息传输、软件和信息技术服务业 Information Transmission, Software and Information
1979	119	1163		179	537	
1980	1085	10577		1628	4883	
1981	3454	33680		5182	15545	
1982	213	6269		1082	3245	
1983	1345	13145		2085	5978	
1984	214	16936		27152	1933	
1985	439	56558		13510	3935	
1986	187	12197	3849	3773	102	
1987	359	54644		13		
1988	273	36686	149	2403	899	
1989	120	37885		3499	643	
1990	99	55931	138	5197	378	
1991	888	77756	3839	5742	1665	
1992	2878	176536	1180	4724	8321	
1993	378	292842	3646	48641	37086	
1994	263	177967	1264	37774	1585	
1995	438	243725	4468	21903	21376	
1996	763	123973	11905	12443	1827	
1997	481	129826	2671	7977	4864	
1998	1417	184011	3678	11323	16008	
1999	89	207778	225	2359	-2439	
2000	94	216845	-913	7795	2990	
2001	-202	343834	445	5936	6299	
2002	98	357927	650	15303	29752	
2003	699	362144	466	18346	40517	
2004	1040	246824	525	12230	8923	
2005	184	227994	20041	42019	41960	
2006	84	215287	490	78194	39107	
2007	-561	250677	-24	197432	16890	
2008	-95	230858	3928	192763	13374	32517
2009	52	90645	682	64715	51452	2367
2010	314	105151	1162	155857	17878	17687
2011		262143	1222	144719	20028	16848
2012		243452	1183	89786	28754	17235
2013	524	122170	594	141389	2490	8517
2014	393	98963	396	185828	16413	45131
2015	1627	112971	6149	292058	36982	189865
2016	2582	344909	18605	413607	4232	68199
2017	72941	183512	8733	565083	42376	367195
2018	813	165335	10845	511004	382297	483569
2019	5126	153006	48408	384295	35728	297129
2020	4032	230284	18639	497225	9808	374361
2021	43469	308113	10392	219632	51770	810945
2022	1438	370388	66376	178739	47273	350062

单位：万美元 (USD 10 000)

年 份 Year	二、按国民经济行业分 Grouped by Sector						
	金融业 Financial Intermediation	房地产业 Real Estate	租赁和商务服务业 Leasing and Business Services	科学研究和技术服务业 Scientific Research,and Technical Services	卫生和社会工作 Health and Social Work	教育、文化、体育和娱乐业 Education,Culture Sports and Entertainment	其他行业 Others
1979		538					448
1980		4883					4066
1981		15675					12824
1982		3245					3974
1983		6042					4856
1984		6349					11980
1985		4928					23277
1986	129	4075		4	19	16	27009
1987	6000	2065					1812
1988	4500	3568					261
1989		4939		108		300	1410
1990		3802		123	2574		1102
1991	5038	17197		240		669	2124
1992	1188	51153		97		3239	2458
1993	2100	77660		94	991	2900	31106
1994	29	59615		1393	628	6552	11572
1995	2170	51630		1103	625	1250	2966
1996	2301	9200		487	2664	1750	687
1997		29839		426	161		651
1998	4911	44075		8043	1584	36	-515
1999		16108		579	-5037		3356
2000	27	36672		486	-460	158	302
2001	1000	38853		5886	120	793	-2571
2002	60980	43677		2396	707	38	7098
2003	13654	89112		21947	779	2071	28054
2004	144	29502		13697		1563	97683
2005	8813	61235		36825	993	1371	83662
2006	3085	80598		38188	-132	4288	67221
2007	1250	109325		115229	2190	371	164376
2008	594	70910	45135	135320		1351	1628
2009	38750	56192	32584	17549		783	34
2010	4004	130934	76480	52828		2902	
2011	-22595	95492	190892	52673		1866	19
2012	30563	47192	120366	29983	665	17005	
2013	160495	34874	167699	28016		3235	
2014	505875	17278	157885	59796	-20	185	1414
2015	1171149	286294	398707	66585	-187	-3589	920
2016	3337411	281796	580578	145886	227	21077	150
2017	1400925	106256	732402	197858	783	5862	48
2018	173872	78104	790989	214096	916	11803	883
2019	140596	74909	614077	263603	211	36211	146
2020	148092	318726	508278	151059	3535	16385	72338
2021	176863	223324	549113	163546	4870	28423	35943
2022	107415	54763	584362	259612	358	3154	63505

13-3 续表3 CONTINUED

单位：万美元 (USD10 000)

年 份 Year	三、按国别(地区)分 Grouped by Country (Territory)							
	中国香港、澳门 HongKong China, Macao China	中国台湾 Taiwan China	新加坡 Singapore	韩 国 Korea Rep.	日 本 Japan	泰 国 Thailand	澳大利亚 Australia	马来西亚 Malaysia
1987	16431		427		10336	112	85	
1988	33363	1407	1735		6762			41
1989	40214	986	328		1131	2585	48	
1990	54729	4839	3134		1058	1092	550	17
1991	54729	4839	3134		1058	1092	550	17
1992	206231	10814	2151	1174	5843	416	3198	1679
1993	411673	21908	2132	665	7491	5284	7934	392
1994	260535	12075	6996	384	2692	1421	184	114
1995	274815	7344	7940	1926	20914	978	227	2024
1996	80115	3376	1847	50895	1120	347	340	210
1997	98839	4951	1874		2517	59		293
1998	153002	6375	10002	343	15184	1030		
1999	111587	2965	6569	7	15842		32	-154
2000	141259	3976	5359	628	1677	7	511	300
2001	180030	19328	6371	888	8379	115	920	56
2002	205225	26226	5879	1543	1998	-939	2381	1570
2003	340288	18290	9916	2608	10027	1165	340	96
2004	198695	9276	6479	4506	6025	400	745	3838
2005	265109	1802	13508	861	8802	171	-139	-237
2006	362411	3883	8107	486	8866	26	1822	3568
2007	667020	4837	5989	2407	4110	242	-1190	133
2008	618340	-1030	1618	804	4138	17	-585	678
2009	323420	245	4974	239	-3251	198	-283	672
2010	449569	980	8180	316	3730	61	24	517
2011	536353	9961	22437	23771	15026	8	-67	-771
2012	508831	6997	2666	939	23173	164	-308	1001
2013	497375	771	24819	3763	7022	179	194	-2534
2014	961581	4044	9940	1016	11468	28	2741	1757
2015	2287102	26580	5846	3320	6322	84	710	850
2016	4871076	17212	279	12945	6512	560	765	11696
2017	3250763	21323	128550	3896	490	516	1539	5044
2018	2088660	25923	-2020	2599	8606	1653	1758	3799
2019	1874802	18305	19681	6975	14075	381	1236	3551
2020	2026628	36531	39867	4007	26821	6342	2333	1404
2021	2444886	19048	45830	58318	7799	748	940	808
2022	1547964	11277	16069	11619	-829	7294	2145	1128

13-3 续表4 CONTINUED

单位：万美元 （USD 10 000）

年 份 Year	三、按国别(地区)分 Grouped by Country (Territory)							
	美 国 The United States	加拿大 Canada	德 国 Germany	法 国 France	英 国 The United Kingdom	瑞 士 Switzerland	荷 兰 Netherlands	其 他 Others
1987	779			300	23			36400
1988	3441	100	1162	22	603			103
1989	2290	63	48	249			562	400
1990	1253	115		8	772	809		968
1991	981	34	210	392	1700	83	819	320
1992	4764	4067	31	111	5373		5	5917
1993	18289	7245	368	534	7352	500	175	5795
1994	8010	921	222	78	2421		25	2571
1995	17020	426	1995	3900	3641	6	6315	10183
1996	3876	368	357	227	2493	15	2659	19755
1997	2177	553	1365	182		128	1061	62897
1998	10759	215	3077	21270	7489		4142	41683
1999	22954	144	2367	23561	8543	-17	2853	25765
2000	11611	987	3214	26698	11894		1388	54487
2001	5239	997	1224	33920	5987	683	-1383	137639
2002	79346	-32	492	24533	65794	1565	-199	103244
2003	17082	907	399	3753	10540	83	7219	160183
2004	14007	434	2379	2317	11263	140	7154	144473
2005	5532	121	1857	177	3710	537	3264	220022
2006	4974	196	911	482	1748	299	7136	121495
2007	7946	572	612	751	2267	439	3772	157248
2008	11773	2385	1357	4445	636	922	756	82029
2009	4223	198	152	-946	2398	381	401	22784
2010	12622	-2011	-262	2040	-1162	-35	-1158	91786
2011	34899	204	782	31436		-9	-70	89347
2012	1600	-120	-355	-86	69	451	-5078	86240
2013	3849	-185	317	77	1830	84	1843	130599
2014	9196	199	85	-1121	1143	-7	390	87077
2015	-803	6820	1055	79	2664	227	1745	216930
2016	7804	17471	2912	223	93199	7829	1265	263845
2017	1495	2645	1638	1060	12278	213	5261	247263
2018	10587	3962	2826	28018	1081	4012	-9251	652313
2019	8156	4166	-674	790	6599	7192	440	87770
2020	30176	6952	1230	141	2106	2111	-890	167003
2021	8002	6788	2561	268	-67230	349	9458	87830
2022	103297	3385	2499	344	18229	2308	36964	323752

13-4 实际利用外资额

AMOUNT OF FOREIGN CAPITAL ACTUALLY USED

单位：万美元 (USD 10 000)

年 份 Year	总 计 Total	一、按投资方式分 Grouped by Investment Mode					
		对外借款 Foreign Loans	外商直接投资 Direct Foreign Investments	# 合资经营 Joint Ventures	# 合作经营 Cooperative Operation	# 外商独资 Soly-Funded Foreign Enterprises	外商其他投资 Other Foreign Investments
1979	1537		548	192	356		989
1980	3264		2755	252	1891	612	509
1981	11282		8618	1073	5427	2118	2664
1982	7379		5771	1114	3823	834	1608
1983	14394		11316	1906	6077	3333	3078
1984	23013	1962	18640	8008	5990	4642	2411
1985	32925	13585	17989	6993	10316	680	1351
1986	48933	10860	36450	5124	30241	1085	1623
1987	40449	12436	27379	8489	17826	1064	634
1988	44429	14430	28716	9644	10085	8987	1283
1989	45809	15563	29252	16852	7182	5218	994
1990	51857	12360	38994	26849	4917	7228	503
1991	57988	17184	39875	27330	5185	7360	929
1992	71539	25808	44879	20554	8716	15609	852
1993	143217	43762	98900	48165	15097	35638	555
1994	172959	47367	125046	49312	21388	54346	546
1995	173545	42556	130989	33120	28003	69866	
1996	242242	37177	205065	89228	26776	89061	
1997	287168	57095	166112	53271	20771	92070	63961
1998	255222	55717	166357	73762	22354	67561	33148
1999	275422	64077	177839	74848	18954	82556	33506
2000	296839	43671	196145	71789	19102	103061	57023
2001	360277	44527	259080	59076	56621	139157	56670
2002	490220	49511	319101	79480	39550	149642	121608
2003	504213	57928	362344	115245	20850	193915	83941
2004			234994	48868	6281	169650	126232
2005			296872	50807	8299	230996	104841
2006			326852	56623	2609	252313	158419
2007			366220	64843	1334	295550	99277
2008			403018	43441	2038	354971	75827
2009			416001	54993	551	342234	12242
2010			429724	63281	1292	341964	17218
2011			459921	48409	1367	397391	23696
2012			522944	81675	3949	418054	2768
2013			546789	79900	1340	461585	403
2014			580469	80834	163	484416	
2015			649733	57037	1719	581450	9527
2016			673227	92018	115	574622	6472
2017			740126	194084		501601	44441
2018			820301	152982		608331	35874
2019			780944				
2020			868257				
2021			1096468				
2022			1096968				

注： 本表数据来源为深圳市商务局，为广东省商务厅统计口径。

Note: Data in this table are provided by Commerce Bureau of Shenzhen Mumicipality,the statistical caliber of the Department of Commerce of Guangdong Province.

13-4 续表1 CONTINUED

单位：万美元 (USD 10 000)

年 份 Year	二、按国民经济行业分 Grouped by Sector 农、林、牧、渔业 Agriculture, Forestry, Animal Husbandry and Fishery	工 业 Industry	建筑业 Construction	批发和零售业、住宿和餐饮业 Wholesale and Retail Sales, Accommodation and Catering Services	交通运输、仓储和邮政业 Transportation,Storage, postal and Telecommunications Services	信息传输、软件和信息技术服务业 Information Transmission, Software and Information Technology
1979	30	645		200	31	
1980	65	1371		424	65	
1981	226	4738		1467	226	
1982	148	3099		959	148	
1983	216	6013		1809	273	
1984	57	8235		5251	881	
1985	73	6549		1221	1457	
1986	138	31874	13	974	416	
1987	232	25216	239	387	432	
1988	383	28645	45	1069	917	
1989	200	27406	53	1530	1071	
1990	28	32306	6	858	440	
1991	143	34869	12	831	894	
1992	55	44056	122	807	300	
1993	94	74851	54	3216	18514	
1994	626	113192		6798	18900	
1995	433	121125		2305	17195	
1996		193141	30	11852	6944	
1997	64	222822	3195	3318	26095	
1998	428	156925	7906	7715	35333	
1999	1049	195450	412	8794	10182	
2000	145	222702	5384	5587	12129	
2001	294	293765	776	9283	9476	
2002	27	336943	657	13115	18696	
2003	824	315730	1102	29410	45608	
2004	169	145123	2223	11407	12313	
2005	146	181804	134	14497	21139	
2006	146	189097	12690	15423	23308	
2007	113	181439	7073	53884	19723	
2008	207	152987	27	80362	30071	15161
2009	111	158939	427	127000	8567	9134
2010		164623	2	89554	5947	23705
2011	172	164480	469	90304	30673	25697
2012	150	181153	810	121492	32239	5135
2013	65	187485	3224	66716	14732	7258
2014	392	124187	494	104299	6233	22184
2015		82354	159	65391	10398	30007
2016		50294	170	55407	12274	35793
2017	5	95539	1525	110070	11041	19727
2018	3	174025	811	89923	48859	41542
2019		90477	916	94028	35943	89325
2020		43060	11022	52856	58477	103061
2021		101158	2625	97973	3408	307055
2022	25958	98612	163	122364	15637	320692

13-4 续表2 CONTINUED

单位：万美元 (USD 10 000)

年 份 Year	二、按国民经济行业分 Grouped by Sector						
	金融业 Financial Intermediation	房地产业 Real Estate	租赁和商务服务业 Leasing and Business Services	科学研究和技术服务业 Scientific Research,and Technical Services	卫生和社会工作 Health and Social Work	教育、文化、体育和娱乐业 Education,Culture Sports and Entertainment	其他行业 Others
1979		553					78
1980		1175					164
1981		4061					564
1982		2656					369
1983		5124					959
1984		4412					4177
1985		7976					15649
1986	8948	2965				6	3599
1987	10247	454			6	39	3197
1988	4168	4652		20	161	30	4339
1989	10666	4744				33	106
1990	5913	5576				34	6696
1991	9837	10835			35		532
1992	14008	9503			13	17	2658
1993	254	31664			500		14070
1994	5751	14220		132	234	1445	11661
1995	4327	15982			10921	625	632
1996	9339	16970		550	1236	68	2112
1997	6638	14372		17	1750	470	8427
1998	12021	31208		234	831	548	2073
1999		48992		3383	4659	441	2060
2000	1579	40473		379	1600	377	6484
2001	1000	44137		501	758	18	269
2002	58734	51018		2846	1514	63	6607
2003	18587	64587		2809	220	626	19586
2004	1285	18694		6384	100		37196
2005	20	19457		9366	120	346	49843
2006	7266	21097		12841		597	44387
2007	1566	32405		22843	439	334	46401
2008		42717	52587	27852	372	675	
2009		25249	26634	57935		2005	
2010	1591	56872	49597	37460		373	
2011	7072	45815	54331	39164		1678	66
2012	1338	55414	76601	39668	186	8758	
2013	19972	71830	130122	39518		5867	
2014	67505	80317	138504	34870	556	928	
2015	71649	225873	136267	25079		2395	161
2016	106958	191914	209606	10810		1	
2017	88726	204094	160434	48787	121	13	44
2018	77900	164843	204015	17066		832	482
2019	15222	107292	288321	58105	353	962	
2020	67513	30065	384759	98311	79	18622	432
2021	24080	104127	314591	96434	633	551	43833
2022	31283	114498	267029	95965	719	2561	1487

13-4 续表3 CONTINUED

单位：万美元　　　　　　　　　　　　　　　　　　　　　　　　　　(USD 10 000)

年 份 Year	三、按国别(地区)分 Grouped by Country (Territory)							
	中国香港、澳门 HongKong China, Macao China	中国台湾 Taiwan China	新加坡 Singapore	韩 国 Korea Rep	日 本 Japan	泰 国 Thailand	澳大利亚 Australia	马来西亚 Malaysia
1987	25632		247		9291	32	29	
1988	28198	316	146		14567		10	
1989	28729	1006	1177		10004		166	
1990	26291	371	897		17257		723	
1991	32375	216	339	125	14265		700	
1992	46134	475	475		15806	914	323	117
1993	92455	4532	1197	170	20822	1577	155	
1994	125890	10671	1270		18740	102	645	
1995	105172	6954	845		32067		520	
1996	150126	13665	7525	7094	29860	3381	340	2024
1997	203035	6732	2502	309	17616	1133	19	750
1998	182956	3479	1089	352	8959	257	56	45
1999	144214	3842	9855	11133	18666	1047	145	64
2000	184531	3940	6023	8136	5113		219	1724
2001	194212	12518	7521	162	8183	6	365	263
2002	216516	28876	8449	541	10498	1307	687	245
2003	318337	28479	10471	4489	12154	69	172	348
2004	125379	4002	4576	411	3215	200	345	1394
2005	157487	5328	5368	1507	6590	148	848	888
2006	167338	3044	11352	484	4660	31	422	587
2007	223877	3278	7348	322	4319	261	1643	253
2008	256893	4565	4280	1339	2887	35	264	540
2009	275819	2186	6297	489	3942	13	54	1127
2010	310221	1737	9393	472	2774	136	148	398
2011	326079	1852	11395	4674	10745	65	180	94
2012	379918	4484	6112	19729	5235	51	46	1320
2013	418654	3541	9285	451	7167	88	17	28
2014	438748	5635	7143	3708	7027	43	25	123
2015	561412	797	8304	496	4330	10	167	88
2016	599055	761	4004	427	7070	30	12	168
2017	657404	494	4714	29317	1483	6		
2018	602497	801	8152	7373	8908	98		214
2019	604627	1291	42851	1125	9352	1421	362	192
2020	767118	2476	26163	1116	1951	43	242	72
2021	965934	1265	18057	25972	10794	55	10	21
2022	1015953	828	3198	685	1112	91	28	39

13-4 续表4 CONTINUED

单位：万美元 （USD 10 000）

年 份 Year	三、按国别(地区)分 Grouped by Country (Territory)							
	美 国 The United States	加拿大 Canada	德 国 Germany	法 国 France	英 国 The United Kingdom	瑞 士 Switzerland	荷 兰 Netherlands	其 他 Others
1987	3101	899	18	1194	6			
1988	294	150	201	501	5			41
1989	1143	16		3399	112			57
1990	4011		35	1112	235	500	337	88
1991	6963	5		1668	457		819	56
1992	2029			3225	1109	84	633	155
1993	14531	450		3153	64	510	3511	90
1994	3371	628	130	2206	6662		2520	124
1995	14145	194	250	8963	1099	2623		713
1996	10576	162	911	2985	1820	794	125	10854
1997	24306	215	1365	182	3888	6		25110
1998	4326	364	505	24610	9002	188	1601	17433
1999	688	22111	650	23933	9291	170	5721	23892
2000	11498	739	3477	26613	11498	1080	3677	28571
2001	5929	668	1339	27912	8238	1551	497	90913
2002	63310	632	1811	24814	49112	1142	2783	79506
2003	10540	907	289	3759	9417	1006	1686	102090
2004	8189	436	517	23	3014	200	2266	80827
2005	9066	594	347	1449	8517	21	3251	95463
2006	7129	189	2274	186	1536	253	2164	125203
2007	4052	181	1437	931	1555	137	6227	110399
2008	7613	244	142	870	923	30	3037	119356
2009	5071	263	626	1721	1328	202	1282	115581
2010	8960	91	381	4	1065	558	1805	91581
2011	8188	196	890	1109	116	133	12	94193
2012	28437	145	395	550	84	16	669	75753
2013	4705	70	842	22026	995		1077	77843
2014	2875	82	168	9365	44	440	1462	103581
2015	1108	21	34		213	3	12	72738
2016	1424	34	37	8		6334	391	53472
2017	1238	257	1313	283	121		620	42876
2018	806	1130	71898	27228	114		538	90544
2019	551	233	144	82	828	11	1319	116555
2020	1690	141	157	365	596	1571	20	64536
2021	9833	395	429	172	968	6299	1915	54349
2022	1569	56	1087	3	1790	2053	8105	60371

13-5 实际外商直接投资
DIRECT FOREIGN INVESTMENTS ACTUALLY USED

单位：亿美元 (USD 100 million)

年 份 Year	实际利用外资金额 Direct Foreign Investments Actually Used	指 数 Indices 以1979年为100 1979=100	以上年为100 Preceding Year=100
1979	0.05	100.0	
1980	0.28	502.7	502.7
1981	0.86	1572.6	312.8
1982	0.58	1053.1	67.0
1983	1.13	2065.0	196.1
1984	1.86	3401.5	164.7
1985	1.80	3282.7	96.5
1986	3.65	6651.5	202.6
1987	2.74	4996.2	75.1
1988	2.87	5240.1	104.9
1989	2.93	5338.0	101.9
1990	3.90	7115.7	133.3
1991	3.99	7276.5	102.3
1992	4.49	8189.6	112.5
1993	9.89	18047.4	220.4
1994	12.50	22818.6	126.4
1995	13.10	23903.1	104.8
1996	20.51	37420.6	156.6
1997	16.61	30312.4	81.0
1998	16.64	30357.1	100.1
1999	17.78	32452.4	106.9
2000	19.61	35792.9	110.3
2001	25.91	47277.4	132.1
2002	31.91	58230.1	123.2
2003	36.23	66121.2	113.6
2004	23.50	72997.8	110.4
2005	29.69	92196.2	126.3
2006	32.69	101508.0	110.1
2007	36.62	113689.0	112.0
2008	40.30	125171.6	110.1
2009	41.60	129177.1	103.2
2010	42.97	133439.9	103.3
2011	45.99	142780.7	107.0
2012	52.29	162341.7	113.7
2013	54.68	169809.4	104.6
2014	58.05	180337.6	106.2
2015	64.97	201797.8	111.9
2016	67.32	209062.5	103.6
2017	74.01	229759.7	109.9
2018	82.03	254573.7	110.8
2019	78.09	242354.2	95.2
2020	86.83	269497.9	111.2
2021	109.65	340375.8	126.3
2022	109.70	340546.0	100.1
年平均增长率（%） Average Annual Growth Rate(%)		**20.8**	

注： 1. 本表指数按可比口径计算。
Notes: Data in this table are calculated at comparable scope.
2. 本表数据由深圳市商务局提供，为广东省商务厅统计口径。
Data in this table are provided by Commerce Bureau of Shenzhen Mumicipality,the statistical caliber of the Department of Commerce of Guangdong Province.

13-6 外商投资企业工商登记情况（按企业类别分）（2022年末）

BUSINESS REGISTRATION OF FOREIGN INVESTED ENTERPRISES AT YEAR-END （GROUPED BY REGISTRATION STATUS）（End of 2022）

单位：万美元 (USD 10 000)

项目	Item	期末实有 Final Actual Amount			
		户数（户） Enterprises (Unit)	投资总额 Total Investment	注册资本（认缴出资金额） Registered Capital（Subscribed Capital Contribution）	
				小计 Subtotal	#外方 Foreign Side
合计	**Total**	**71518**	**52863694**	**41307245**	**29895102**
中外合资	Sino-foreign Joint Ventures	5508	14658959	11502619	2720072
中外合作（法人）	Sino-foreign Cooperative Enterprises (Juridical Person)	225	718852	293263	140406
中外合作（非法人）	Sino-foreign Cooperative Enterprises (Unincorporated)	71			
外资企业	Foreign-funded Enterprises	53554	34594359	25798122	25798122
外商投资股份有限公司	Companies Limited by Shares with Foreign Investment	228	2883900	2789450	689445
其他外商投资企业	Other Foreign-invested Enterprises				
合伙企业	Partnership Enterprises	1062		916179	546856
普通合伙	General Partnership Enterprises	21		2127	998
#特殊的普通合伙	Special General Partnership Enterprises	4			
有限合伙	Limited Partnership Enterprises	1041		914052	545858
其他企业	Other Enterprises	10	7624	7612	199
外商投资企业分支机构	Foreign-invested Enterprises Branches	10860			

注： 本表数据由深圳市市场监督管理局提供。

Note: Data in this table are provided by Market Supervision and Regulation Bureau of Shenzhen Municipality.

13-6 续表1 CONTINUED

单位：万美元 (USD 10 000)

项目	Item	本期登记 Registration of the Current Period 户数（户） Enterprises (Unit)	投资总额 Total Investment	注册资本（认缴出资金额） Registered Capital（Subscribed Capital Contribution） 小计 Subtotal	#外方 Foreign Side
合计	**Total**	**490**	**301383**	**307282**	**271137**
中外合资	Sino-foreign Joint Ventures	30	100788	100716	70392
中外合作（法人）	Sino-foreign Cooperative Enterprises (Juridical Person)				
中外合作（非法人）	Sino-foreign Cooperative Enterprises (Unincorporated)				
外资企业	Foreign-funded Enterprises	273	150595	150512	150512
外商投资股份有限公司	Companies Limited by Shares with Foreign Investment	1	50000	50000	49500
其他外商投资企业	Other Foreign-invested Enterprises				
合伙企业	Partnership Enterprises	24		6054	733
普通合伙	General Partnership Enterprises				
#特殊的普通合伙	Special General Partnership Enterprises				
有限合伙	Limited Partnership Enterprises	24		6054	733
其他企业	Other Enterprises				
外商投资企业分支机构	Foreign-invested Enterprises Branches	162			

13-6 续表2 CONTINUED

项目 Item		注销（户）Logouted Enterprises(unit)		吊销（户）Revoked Enterprises(unit)	
		本期注销 Logouted Enterprises of the current period	累计注销 Total Number of Logouted Enterprises	本期吊销 Revoked Enterprises of the current period	累计吊销 Total Number of Revoked Enterprises
合计	**Total**	**416**	**27279**		**29208**
中外合资	Sino-foreign Joint Ventures	22	2229		1582
中外合作（法人）	Sino-foreign Cooperative Enterprises (Juridical Person)	2	221		1179
中外合作（非法人）	Sino-foreign Cooperative Enterprises (Unincorporated)	7	334		360
外资企业	Foreign-funded Enterprises	264	14147		22526
外商投资股份有限公司	Companies Limited by Shares with Foreign Investment		14		40
其他外商投资企业	Other Foreign-invested Enterprises				
合伙企业	Partnership Enterprises	10	141		23
普通合伙	General Partnership Enterprises		6		1
#特殊的普通合伙	Special General Partnership Enterprises				
有限合伙	Limited Partnership Enterprises	10	135		22
其他企业	Other Enterprises		2		
外商投资企业分支机构	Foreign-invested Enterprises Branches	111	10191		3498

13-7 外商投资企业工商登记情况（按行业类别分）（2022年末）

BUSINESS REGISTRATION OF FOREIGN INVESTED ENTERPRISES AT YEAR-END (GROUPED BY SECTOR) (End of 2022)

单位：万美元　　　　(USD 10 000)

项目 Item		期末实有 Final Actual Amount			
		户数（户）Enterprises (Unit)	投资总额 Total Investment	注册资本（认缴出资金额）Registered Capital（Subscribed Capital Contribution)	
				小计 Subtotal	#外方 Foreign Side
合计	**Total**	**71518**	**52863694**	**41307245**	**29895102**
农、林、牧、渔业	Agriculture,Forestry,Animal Husbandry and Fishery	106	164709	101964	94051
农、林、牧、渔服务业	Agriculture,Forestry,Animal Husbandry and Fishery Services	32	130258	68912	63637
采矿业	Mining	9	26313	20076	4982
开采辅助活动	Mining Auxiliary Activities	1	140	100	100
制造业	Manufacturing	8833	8928335	5984602	3321230
金属制品、机械和设备修理业	Metal Products Machinery and Equipment Repair Services	68	63154	41958	40802
电力、热力、燃气及水生产和供应业	Production and Supply of Electric,Power,Gas and Water	151	2324107	1330576	472734
建筑业	Construction	711	697492	458623	415173
批发和零售业	Wholesale and Retail Trade	27212	4896607	4172666	3178644
交通运输、仓储和邮政业	Transport,Storage and Postal Services	1750	1533257	836184	644268
住宿和餐饮业	Hotels and Catering Services	3140	190311	129659	105829
信息传输、软件和信息技术服务业	Information Transmission,Computer Services and Software	7672	7460049	5029023	4825512
金融业	Financial Intermediation	2451	8646120	8823277	5286348
房地产业	Real Estate	1827	5210293	3597565	3392202
租赁和商务服务业	Leasing and Business Services	10018	8572454	7532853	5734849
科学研究和技术服务业	Scientific Research and Technical Services	4209	3111809	2409151	1650960
水利、环境和公共设施管理业	Management of Water Conservancy, Environment and Public facilities	94	164176	151755	140725
居民服务、修理和其他服务业	Resident Services,Repair and Other Services	1997	581077	504151	420555
教育	Education	232	21911	20175	13633
卫生和社会工作	Health Care and Social Work	60	34022	17801	13459
文化、体育和娱乐业	Culture,Sports and Recreation	1032	300243	186762	179569
其他	Others	14	407	381	380

注：本表数据由深圳市市场监督管理局提供。

Note: Data in this table are provided by Market Supervision and Regulation Bureau of Shenzhen Municipality.

13-7 续表1 CONTINUED

单位：万美元 （USD 10 000）

项目 Item		本期登记 Registration of the Current Period			
		户数（户） Enterprises (Unit)	投资总额 Total Investment	注册资本（认缴出资金额） Registered Capital（Subscribed Capital Contribution)	
				小计 Subtotal	#外方 Foreign Side
合计	**Total**	**490**	**301383**	**307282**	**271137**
农、林、牧、渔业	Agriculture,Forestry,Animal Husbandry and Fishery				
农、林、牧、渔服务业	Agriculture,Forestry,Animal Husbandry and Fishery Services				
采矿业	Mining	1		4705	235
开采辅助活动	Mining Auxiliary Activities				
制造业	Manufacturing	11	499	499	499
金属制品、机械和设备修理业	Metal Products Machinery and Equipment Repair Services				
电力、热力、燃气及水生产和供应业	Production and Supply of Electric,Power,Gas and Water	1	2	2	2
建筑业	Construction	6	97	97	97
批发和零售业	Wholesale and Retail Trade	177	14695	14624	14524
交通运输、仓储和邮政业	Transport,Storage and Postal Services	9	308	308	308
住宿和餐饮业	Hotels and Catering Services	47	119	119	115
信息传输、软件和信息技术服务业	Information Transmission,Computer Services and Software	60	1785	1951	1677
金融业	Financial Intermediation	3	202	202	202
房地产业	Real Estate	4	80	80	80
租赁和商务服务业	Leasing and Business Services	123	199269	200365	169151
科学研究和技术服务业	Scientific Research and Technical Services	28	84165	84167	84099
水利、环境和公共设施管理业	Management of Water Conservancy, Environment and Public facilities	1	16	16	16
居民服务、修理和其他服务业	Resident Services,Repair and Other Services	7	57	57	53
教育	Education	3	5	5	5
卫生和社会工作	Health Care and Social Work				
文化、体育和娱乐业	Culture,Sports and Recreation	9	85	85	76
其他	Others				

13-7 续表2 CONTINUED

项目 Item		注销（户） Logouted Enterprises(unit)		吊销（户） Revoked Enterprises(unit)	
		本期注销 Logouted Enterprises of the current period	累计注销 Total Number of Logouted Enterprises	本期吊销 Revoked Enterprises of the current period	累计吊销 Total Number of Revoked Enterprises
合计	**Total**	**416**	**27279**		**29208**
农、林、牧、渔业	Agriculture,Forestry,Animal Husbandry and Fishery		31		98
农、林、牧、渔服务业	Agriculture,Forestry,Animal Husbandry and Fishery Services		8		10
采矿业	Mining		11		55
开采辅助活动	Mining Auxiliary Activities				2
制造业	Manufacturing	73	5977		18138
金属制品、机械和设备修理业	Metal Products Machinery and Equipment Repair Services		17		7
电力、热力、燃气及水生产和供应业	Production and Supply of Electric,Power,Gas and Water	1	140		11
建筑业	Construction	3	202		122
批发和零售业	Wholesale and Retail Trade	152	8502		3361
交通运输、仓储和邮政业	Transport,Storage and Postal Services	7	563		262
住宿和餐饮业	Hotels and Catering Services	23	1559		459
信息传输、软件和信息技术服务业	Information Transmission,Computer Services and Software	31	1987		1034
金融业	Financial Intermediation	12	593		177
房地产业	Real Estate	5	1013		306
租赁和商务服务业	Leasing and Business Services	75	3800		2646
科学研究和技术服务业	Scientific Research and Technical Services	20	1110		854
水利、环境和公共设施管理业	Management of Water Conservancy, Environment and Public facilities		25		30
居民服务、修理和其他服务业	Resident Services,Repair and Other Services	6	617		262
教育	Education	2	55		19
卫生和社会工作	Health Care and Social Work		10		13
文化、体育和娱乐业	Culture,Sports and Recreation	6	180		119
其他	Others		904		1242

13-8 外商投资企业工商登记情况(按国别、地区分)（2022年末）

BUSINESS REGISTRATION OF FOREIGN INVESTED ENTERPRISES AT YEAR-END (GROUPED BY COUNTRIES AND REGIONS) (End of 2022)

单位：万美元 （USD 10 000）

项目	Item	期末实有 Final Actual Amount			
		户数（户） Enterprises (Unit)	投资总额 Total Investment	注册资本（认缴出资金额） Registered Capital (Subscribed Capital Contribution)	
				小计 Subtotal	#外方 Foreign Side
合 计	**Total**	**59515**	**52856070**	**40383453**	**29348046**
一、亚洲	**Asia**	**44599**	**42954923**	**32848632**	**23874473**
日本	Japan	385	366581	185838	167368
韩国	Korea	493	40953	26976	21658
中国香港	Hongkong China	30056	22640322	16483889	12382946
中国澳门	Macao China	248	133201	126956	118893
中国台湾	Taiwan China	1834	183861	164194	147550
亚洲其他国家（地区）	Other Asian Countries(Regions)	11583	19590005	15860779	11036058
二、非洲	**Africa**	**395**	**76901**	**51502**	**48184**
埃及	Egypt	19	654	654	654
南非	South Africa	22	969	961	956
毛里求斯	Mauritius	67	57193	34461	31602
塞舌尔	Seychelles	102	13424	10814	10366
非洲其他国家（地区）	Other African Countries(Regions)	185	4661	4611	4606
三、欧洲	**Europe**	**1250**	**405312**	**197096**	**140353**
英国	Britain	197	177319	67718	29658
德国	Germany	158	31298	21128	19649
法国	France	105	33656	14694	14117
俄罗斯联邦	Russian Federation	218	17960	17557	9578
欧洲其他国家（地区）	Other European Countries(Regions)	572	145079	76000	67350
四、拉丁美洲	**Latin America**	**919**	**2460901**	**1487197**	**1281627**
巴西	Brazil	33	2331	2331	1700
开曼群岛	Cayman Islands	93	694683	362151	278456
英属维尔京群岛	British Virgin Islands	691	1735360	1102099	986226
拉丁美洲其他国家（地区）	Other Latin American Countries(Regions)	100	28527	20616	15244
五、北美洲	**North America**	**930**	**389236**	**293703**	**246655**
加拿大	Canada	223	45788	39591	30978
美国	America	696	290673	207667	171485
百慕大群岛	Bermuda	11	52774	46444	44192
北美洲其他国家（地区）	Other North American Countries(Regions)				
六、大洋洲	**Oceania**	**530**	**373038**	**186007**	**177124**
澳大利亚	Australia	180	24306	18421	14886
新西兰	New Zealand	26	2798	2798	1989
萨摩亚	Samoa	50	16417	12583	12436
大洋洲其他国家（地区）	Other Oceanian Countries(Regions)	274	329518	152205	147813
七、其他	**Others**	**10892**	**6195759**	**5319318**	**3579631**

注：本表数据由深圳市市场监督管理局提供。
Note: Data in this table are provided by Market Supervision and Regulation Bureau of Shenzhen Municipality.

13-8 续表1 CONTINUED

单位：万美元　　　　(USD 10 000)

项目	Item	本期登记 Registration of the Current Period			
		户数（户）Enterprises (Unit)	投资总额 Total Investment	注册资本（认缴出资金额）Registered Capital（Subscribed Capital Contribution）	
				小计 Subtotal	#外方 Foreign Side
合　计	**Total**	**304**	**301383**	**301228**	**270404**
一、亚洲	**Asia**	**285**	**300860**	**300706**	**269891**
日本	Japan	1	2	2	2
韩国	Korea	4	30	24	23
中国香港	Hongkong China	119	160413	160413	130413
中国澳门	Macao China	3	337	337	337
中国台湾	Taiwan China	16	397	396	396
亚洲其他国家（地区）	Other Asian Countries(Regions)	142	139682	139535	138720
二、非洲	**Africa**				
埃及	Egypt				
南非	South Africa				
毛里求斯	Mauritius				
塞舌尔	Seychelles				
非洲其他国家（地区）	Other African Countries(Regions)				
三、欧洲	**Europe**	**9**	**238**	**238**	**238**
英国	Britain	1	16	16	16
德国	Germany	1	8	8	8
法国	France	1	3	3	3
俄罗斯联邦	Russian Federation	2	24	24	24
欧洲其他国家（地区）	Other European Countries(Regions)	4	188	188	188
四、拉丁美洲	**Latin America**	**4**	**165**	**165**	**165**
巴西	Brazil				
开曼群岛	Cayman Islands				
英属维尔京群岛	British Virgin Islands	2	88	88	88
拉丁美洲其他国家（地区）	Other Latin American Countries(Regions)	2	77	77	77
五、北美洲	**North America**	**3**	**88**	**88**	**88**
加拿大	Canada	2	86	86	86
美国	America	1	2	2	2
百慕大群岛	Bermuda				
北美洲其他国家（地区）	Other North American Countries(Regions)				
六、大洋洲	**Oceania**	**3**	**31**	**31**	**22**
澳大利亚	Australia	3	31	31	22
新西兰	New Zealand				
萨摩亚	Samoa				
大洋洲其他国家（地区）	Other Oceanian Countries(Regions)				
七、其他	**Others**				

13-8 续表2 CONTINUED

项目	Item	注销（户）Logouted Enterprises(unit)		吊销（户）Revoked Enterprises(unit)	
		本期注销 Logouted Enterprises of the current	累计注销 Total Number of Logouted Enterprises	本期吊销 Revoked Enterprises of the current period	累计吊销 Total Number of Revoked Enterprises
合 计	**Total**	**288**	**16611**		**25327**
一、亚洲	**Asia**	**248**	**13648**		**22850**
日本	Japan	0	156		196
韩国	Korea	7	217		317
中国香港	Hongkong China	176	10048		19777
中国澳门	Macao China	1	56		118
中国台湾	Taiwan China	12	713		1335
亚洲其他国家（地区）	Other Asian Countries(Regions)	52	2458		1107
二、非洲	**Africa**	**3**	**121**		**84**
埃及	Egypt	1	2		12
南非	South Africa		1		5
毛里求斯	Mauritius	1	44		21
塞舌尔	Seychelles		57		15
非洲其他国家（地区）	Other African Countries(Regions)	1	17		31
三、欧洲	**Europe**	**8**	**326**		**313**
英国	Britain	3	69		85
德国	Germany		38		44
法国	France	1	29		32
俄罗斯联邦	Russian Federation		25		27
欧洲其他国家（地区）	Other European Countries(Regions)	4	165		125
四、拉丁美洲	**Latin America**	**3**	**493**		**552**
巴西	Brazil		6		8
开曼群岛	Cayman Islands		53		32
英属维尔京群岛	British Virgin Islands	2	402		465
拉丁美洲其他国家（地区）	Other Latin American Countries(Regions)	1	32		47
五、北美洲	**North America**	**6**	**452**		**899**
加拿大	Canada	1	70		136
美国	America	5	379		760
百慕大群岛	Bermuda		3		3
北美洲其他国家（地区）	Other North American Countries(Regions)				
六、大洋洲	**Oceania**	**1**	**302**		**264**
澳大利亚	Australia	1	54		116
新西兰	New Zealand		9		10
萨摩亚	Samoa		27		22
大洋洲其他国家（地区）	Other Oceanian Countries(Regions)		212		116
七、其他	**Others**	**19**	**1269**		**365**

13-9 进出口总额
TOTAL IMPORTS AND EXPORTS

单位：万美元 （USD 10 000）

年 份 Year	进出口总额 Total Imports and Exports	出口总额 Total Exports	进口总额 Total Imports	进出口差额 Balance
1979	1676	930	746	184
1980	1751	1124	627	497
1981	2807	1745	1062	683
1982	2534	1597	937	660
1983	78642	6230	72412	-66182
1984	107247	26539	80708	-54169
1985	130632	56340	74292	-17952
1986	184696	72552	112144	-39592
1987	255784	141354	114430	26924
1988	344277	184949	159328	25621
1989	375259	217428	157831	59597
1990	1570136	815165	754971	60194
1991	1947635	986240	961395	24845
1992	2357562	1200019	1157543	42476
1993	2820392	1421776	1398616	23160
1994	3498281	1830921	1667360	163561
1995	3876960	2052736	1824224	228512
1996	3905342	2120781	1784561	336220
1997	4500921	2561844	1939077	622767
1998	4527417	2639611	1887806	751805
1999	5042750	2820811	2221939	598872
2000	6393982	3456333	2937649	518684
2001	6861055	3747955	3113100	634855
2002	8723148	4655704	4067444	588260
2003	11739941	6296208	5443733	852475
2004	14728302	7784632	6943670	840962
2005	18281689	10151829	8129860	2021969
2006	23738573	13609556	10129017	3480539
2007	28753345	16849299	11904046	4945253
2008	29995499	17971995	12023504	5948491
2009	27016306	16197825	10818481	5379344
2010	34674930	20418355	14256575	6161780
2011	41409312	24551760	16857552	7694208
2012	46683020	27136163	19546857	7589306
2013	53747437	30570191	23177246	7392945
2014	48774049	28436157	20337892	8098265
2015	44245863	26403895	17841968	8561927
2016	39843893	23754674	16089218	7665456
2017	41414596	24435790	16978806	7456984
2018	45372921	24604111	20768810	3835301
2019	43147567	24212399	18935168	5277232
2020	44080709	24531052	19549657	4981394
2021	54857734	29821230	25036505	4784725
2022	54982386	32791826	22190560	10601266

注： 本表1992年以前为深圳市贸工局口径数；1993年以后为深圳海关口径数，按现行统计方法计算。

Note:The figures adopted from Shenzhen Bureau of Trade and Industry before 1992 and calculated from Shenzhen CIQ after 1993 by current statistical method.

13-10 进出口总额指数

INDICES OF TOTAL IMPORTS AND EXPORTS

年份 Year	以上年为100 Preceding Year=100			以1979年为100 1979=100		
	进出口总额 Total Imports and Exports	出口总额 Total Exports	进口总额 Total Imports	进出口总额 Total Imports and Exports	出口总额 Total Exports	进口总额 Total Imports
1980	104.5	120.9	84.0	104.5	120.9	84.0
1981	160.3	155.2	169.4	167.5	187.6	142.4
1982	90.3	91.5	88.2	151.2	171.7	125.6
1983	3103.5	390.1	7728.1	4692.2	669.9	9706.7
1984	136.4	426.0	111.5	6399.0	2853.7	10818.8
1985	121.8	212.3	92.1	7794.3	6058.1	9958.7
1986	141.4	128.8	151.0	11020.0	7801.3	15032.7
1987	138.5	194.8	102.0	15261.6	15199.4	15339.1
1988	134.6	130.8	139.2	20541.6	19887.0	21357.6
1989	109.0	117.6	99.1	22390.2	23379.4	21157.0
1990	145.8	137.8	156.8	32643.8	32213.0	33180.8
1991	124.0	121.0	127.3	40478.3	38977.7	42239.2
1992	121.0	121.7	120.4	48978.8	47435.9	50856.0
1993	119.6	118.5	120.8	58578.6	56211.5	61434.0
1994	124.0	128.8	119.2	72637.5	72400.5	73229.3
1995	110.8	112.1	109.4	80482.3	81160.9	80112.9
1996	100.7	103.3	97.8	81045.7	83839.2	78350.4
1997	115.3	120.8	108.7	93445.7	101277.8	85166.9
1998	100.6	103.0	97.4	94006.4	104316.1	82952.6
1999	111.4	106.9	117.7	104706.7	111477.0	97634.8
2000	126.8	122.5	132.2	132763.4	136592.5	129084.0
2001	107.3	108.4	106.0	142455.1	148066.3	136829.0
2002	127.1	124.2	130.7	181060.4	183898.3	178835.5
2003	134.6	135.2	133.8	243707.3	248630.5	239281.9
2004	125.5	123.6	127.6	305852.7	307307.3	305323.7
2005	124.1	130.4	117.1	379563.2	400728.7	357534.1
2006	129.8	134.1	124.6	493052.6	537377.2	445487.5
2007	121.1	123.8	117.5	597086.7	665273.0	523447.8
2008	104.3	106.6	101.0	622761.4	709181.0	528682.3
2009	89.6	89.4	89.9	557994.2	634007.8	475285.4
2010	128.4	126.1	131.8	716464.6	799483.8	626426.2
2011	119.4	120.2	118.2	855458.7	960979.5	740435.8
2012	112.7	110.5	115.9	964102.0	1061882.3	858165.1
2013	115.1	112.7	118.5	1109681.4	1196741.4	1016925.6
2014	90.7	93.0	87.7	1006480.9	1112969.5	891843.8
2015	90.7	92.9	87.7	912878.2	1033948.7	782147.0
2016	90.1	90.0	90.2	822503.3	930553.8	705496.6
2017	103.9	102.9	105.5	854580.9	957539.9	744298.9
2018	109.6	100.8	122.3	936620.7	965200.2	910277.6
2019	95.1	98.3	91.2	890726.3	950722.2	830173.2
2020	102.2	101.3	103.2	910322.3	963081.6	856738.7
2021	124.4	121.6	128.0	1132440.9	1171107.2	1096625.5
2022	100.2	110.0	88.6	1135013.8	1287764.7	971969.9
年平均增长率（%） Average Annual Growth Rate(%)				**24.3**	**24.6**	**23.8**

13-11　进出口总额分类（2018-2022年）
TOTAL IMPORTS AND EXPORTS（2018-2022）

单位：万美元　　　　(USD 10 000)

项 目	Item	2018	2019	2020	2021	2022
进出口总额	**Total Imports and Exports**	**45372921**	**43147567**	**44080709**	**54857734**	**54982386**
一、出口总额	**Total Exports**	**24604111**	**24212399**	**24531052**	**29821230**	**32791826**
1. 按隶属关系分类:	Grouped by Administrative Relationship					
①国有企业	State-owned Enterprises	1869957	1891550	1902526	2475666	2732527
②民营、集体和其他企业	Collective-owned and Others	12337624	13197979	13584452	17007212	19857309
③“三资”企业	Foreign Investment Enterprises	10396530	9122870	9044073	10338352	10201990
2. 按贸易方式分类:	Grouped by Form of Trade					
①一般贸易	Original Trade	10891269	10995668	11733080	13768401	16410510
②补偿贸易	Compensation Trade					
③来料加工贸易	Processing and Assembly Trade	124441	52899	26469	37388	20982
④进料加工贸易	Processing Trade for Imported Material	9503043	8156766	7257653	8953910	8686199
⑤出料加工贸易	Processing Trade for Exported Material	1233	1668	1273	964	923
⑥易货贸易	Barter Trade	4				
⑦其他	Others	4084121	5005398	5512576	7060567	7673212
二、进口总额	**Total Imports**	**20768810**	**18935168**	**19549657**	**25036505**	**22190560**
1. 按隶属关系分类:	Grouped by Administrative Relationship					
①国有企业	State-owned Enterprises	623417	666660	725748	755527	956540
②民营、集体和其他企业	Collective-owned and Others	12074838	11753010	12647108	16412850	14322915
③“三资”企业	Foreign Investment Enterprises	8070555	6515498	6176802	7868127	6911105
2. 按贸易方式分类:	Grouped by Form of Trade					
①一般贸易	Original Trade	10159335	9523115	9864531	13335567	10907896
②补偿贸易	Compensation Trade					
③来料加工贸易	Processing and Assembly Trade	135627	67748	23154	32811	27021
④进料加工贸易	Processing Trade for Imported Material	6340726	4954472	4658853	5625110	5340055
⑤以工缴费补偿期进口的设备	Imported Equipment by Processing Fee during Compensation Period					
⑥租赁贸易	Leasing Trade	7783	5289	4270	5779	9550
⑦外商投资企业作为投资进口的设备	Imported Equipment and Materials as Investment of Foreign Investment	13432	6285	12987	3526	4047
⑧外商投资企业进口供加工内销产品的料、件	Imported Materials and Parts of Foreign Investment Enterprises for					
⑨易货贸易	Barter Trade					
⑩其　他	Others	4111907	4378259	4985862	6033712	5901991

13-12　深圳市与主要国家（地区）进出口总额（2020-2022年）
SHENZHEN'S FOREIGN TRADE WITH MAIN RELATED COUNTRIES AND TERRITORIES（2020-2022）

单位：万美元　　　　　　　　　　　　　　　　　　　　　　　　　　　　　　（USD 10 000）

国家（地区）Country (territory)		2020			2021			2022		
		合计 Total Imports and Exports	出口总额 Exports	进口总额 Imports	合计 Total Imports and Exports	出口总额 Exports	进口总额 Imports	合计 Total Imports and Exports	出口总额 Exports	进口总额 Imports
中国香港	Hongkong China	8856029	8744397	111632	11191317	10957831	233487	9694247	9568745	125502
日　本	Japan	2169889	798148	1371741	2486168	855051	1631117	2507934	1023003	1484932
美　国	The United States	4437143	3959997	477146	4971553	4409681	561872	5726307	5180195	546111
法　国	France	503889	324227	179661	586066	334176	251890	594962	380555	214407
德　国	Germany	1021018	651143	369875	1205107	806654	398453	1294092	918190	375901
泰　国	Thailand	1155790	387493	768297	1308931	451318	857613	1506305	546068	960237
新加坡	Singapore	838892	482670	356222	878094	465752	412342	883279	569977	313302
韩　国	Korea Rep	2251175	417310	1833865	2862985	526209	2336776	2921928	684702	2237225
中国台湾	Taiwan China	4302603	281621	4020981	5547995	381578	5166417	5739481	565488	5173994
澳大利亚	Australia	532736	351363	181372	777931	401334	376597	807121	603041	204080
印度尼西亚	Indonesia	351296	255513	95784	484594	348903	135692	539221	422839	116382
马来西亚	Malaysia	1771135	270225	1500911	2237623	451343	1786281	2180232	642010	1538223
英　国	The United Kingdom	704372	623153	81220	723768	606883	116885	885285	788899	96386
意大利	Italy	364761	273721	91040	470809	320675	150134	495360	401661	93699
巴　西	Brazil	411613	265211	146403	525000	377222	147778	521582	362291	159291
加拿大	Canada	400866	346691	54175	532514	408581	123933	496928	438299	58629
其　他	Others	14007501	6098169	7909332	18067278	7718039	10349239	18188122	9695863	8492259

13-13 进口主要商品金额（2018-2022年）
TOTAL VALUE OF FOREIGN IMPORTS OF MAJOR COMMODITIES（2018-2022）

单位：万美元 （USD 10 000）

项 目	Item	2018	2019	2020	2021	2022
集成电路	Semiconductor Integrated Circuit	7506229	7482869	8228877	10930432	10523796
自动数据处理设备及其部件	Automatic Data Processing Equipment and Parts	1064769	1405137	1471321	1774762	1622285
液晶显示板	LCD Monitor	458349	334213	285393	310303	
农产品	Farm Produce	864942	983241	1216381	1414992	1456541
钢材	Steel	52040	40359	34889	52377	41322
纺织纱线、织物及制品	Spinning,Textile and Related Products	87815	74395	63794	61701	51797
成品油	Oil	10861	10804	5574	7122	3391
电线和电缆	Wire and Cable	81911	66274	70128	79926	69482
粮食	Food	79790	55176	64348	88727	88519

13-14 出口主要商品金额（2018-2022年）
TOTAL VALUE OF FOREIGN EXPORTS OF MAJOR COMMODITIES（2018-2022）

单位：万美元 （USD 10 000）

项 目	Item	2018	2019	2020	2021	2022
自动数据处理设备及其部件	Automatic Data Processing Equipment and Parts	2452114	2287442	2494555	3408162	3621728
服装及衣着附件	Clothing and Dresses	594248	569076	503832	565348	738708
打印机(包括多功能一体机)	Printer(include MFP)	271214	263808	209495	191555	186700
鞋类	Shoes	308658	292493	192551	229303	326602
家具及其零件	Furniture and Dresses	390054	374512	325072	368924	374779
纺织纱线、织物及制品	Spinning, Textile and Related Products	277466	308449	1371238	412277	388593
塑料制品	Plastic Products	391205	578383	522243	628739	831697
液晶显示板	LCD Monitor	273871	266047	331591	504519	

13-15 旅游业基本情况
BASIC CONDITIONS OF TOURISM

年 份 Year	过夜入境游客 (万人) Overnight International Tourists (10 000 persons)	外国人 Foreigners	华 侨 Overseas Chinese	港澳同胞 Compatriots from Hongkong and Macao	台 胞 Compatriots Form Taiwan
1994	186.39	31.07	2.58	139.75	12.99
1995	185.37	35.32	1.10	131.41	17.54
1996	151.47	30.91	1.37	101.48	17.71
1997	140.41	32.00	0.75	89.49	18.17
1998	148.47	30.83	0.72	97.52	19.41
1999	158.08	35.49	1.45	101.03	20.11
2000	397.34	61.09		287.62	48.63
2001	423.87	67.95		307.33	48.59
2002	449.35	80.59		319.87	48.89
2003	435.13	69.89		331.45	33.79
2004	559.79	105.19		406.99	47.61
2005	616.45	120.24		445.31	50.90
2006	712.74	139.16		520.40	53.18
2007	831.30	161.64		615.24	54.42
2008	869.57	151.42		671.98	46.17
2009	896.36	146.38		706.15	43.83
2010	1020.61	167.58		806.57	46.45
2011	1104.55	171.20		886.87	46.48
2012	1206.43	169.10		991.81	45.52
2013	1214.89	166.82		1004.88	43.19
2014	1182.18	161.12		979.37	41.69
2015	1218.70	164.65		1011.74	42.31
2016	1171.18	168.32		963.20	39.66
2017	1207.01	177.56		988.20	41.25
2018	1220.21	172.96		1009.39	37.86
2019	1216.95	167.60		1012.18	37.17
2020	120.06	16.91		94.62	8.53
2021	131.49	13.88		109.42	8.19
2022	55.13	9.09		42.03	4.01

注： 1. 1990-1999年过夜国际游客为宾馆、酒店部分，2000年后为旅游全口径，包括：宾馆、酒店、饭店、招待所、居民家住等各种住宿设施所接待的国际游客。
Notes: The figures of overnight international tourists from 1990 to 1999 have been collected from hotels and guesthouses, and from 2000, it include hotels,guesthouses, public houses and residential houses.
2. 本表数据来源为深圳市文化广电旅游体育局。
Data in this table are provided by Culture，Radio，Television，Tourism and Sports Bureau of Shenzhen Municipality.

13-15 续表 CONTINUED

年 份 Year	过夜国内游客 (万人) Overnight Domestic Tourists (10 000 persons)	旅游外汇收入 (万美元) Total Foreign Exchange Earnings from International Tourism (USD 10 000)			宾馆、酒店、度假村开房率 (%) Room Occupancy Rate of Hotels and Holiday Countries (%)
			商品性收入 Commodity Income	劳务性收入 Service Income	
1994	373.32	48821	17483	31338	63.0
1995	357.27	63633	20574	43059	58.9
1996	360.55	58384	21489	36895	56.3
1997	341.11	53225	17176	36049	57.6
1998	340.33	59025	18413	40612	55.5
1999	346.81	62186	19743	42443	57.9
2000	927.71	141100			62.5
2001	1031.70	151054	95037	56017	64.3
2002	1073.54	172342	98904	73438	64.1
2003	1013.69	130097	77703	52394	55.2
2004	1383.14	178723	111496	67227	60.6
2005	1526.38	200900	129334	71519	61.9
2006	1604.54	226515	147496	79019	62.5
2007	1728.98	262330	172187	90143	62.7
2008	1789.73	270865	174835	96030	61.5
2009	1943.95	276029	179629	96400	59.3
2010	2264.71	317976	204895	113081	62.4
2011	2627.98	374563	241845	132718	64.9
2012	2941.29	432879	288947	143932	63.0
2013	3351.91	453114	289833	163281	64.1
2014	3808.88	456568	309473	147095	67.2
2015	4156.50	496830	331928	164902	68.2
2016	4524.56	477100	320700	156400	67.6
2017	4814.98	498420	335400	163020	69.44
2018	5187.71	511801	348900	162901	69.33
2019	5501.08	500300	328500	171800	64.43
2020	4878.75	94300			44.98
2021	6232.84	101600			51.27
2022	4840.90	48000			44.27

13-16 按国别分的外国旅游者人数（过夜）（1998-2022年）
NUMBER OF FOREIGN TOURISTS BY COUNTRY（Over night）（1998-2022）

单位：人 (person)

国别	Country	1998	1999	2000	2001	2002	2003	2004	2005	2006	2007	2008	2009
合　计	**Total**	**308279**	**354911**	**610900**	**679464**	**805937**	**698867**	**1051896**	**1202373**	**1391612**	**1616415**	**1514186**	**1463809**
日本	Japan	74275	93172	150479	197853	245265	221780	319817	315128	355401	393176	352516	345864
菲律宾	Philippines	4266	5042	9158	12461	15204	7161	7913	10640	12272	12783	10422	15455
新加坡	Singapore	24264	29337	42264	53788	59668	37391	66303	76569	81658	90997	79829	83411
泰国	Thailand	4536	4613	6531	18344	29367	24451	66857	87239	99970	93170	65665	45988
印度尼西亚	Indonesia	5779	6217	29010	33909	40714	33322	49781	53026	72637	79389	68286	58338
英国	The United Kingdom	10007	12242	17728	20916	23925	23915	32959	33137	40595	49637	47898	45590
法国	France	6524	6765	10529	15722	15331	13316	19333	23542	27305	36301	37191	39099
德国	Germany	6549	7842	9015	11337	13848	14859	21495	26092	30658	35706	33822	34714
意大利	Italy	3043	3636	3627	4108	6722	7133	12264	16411	18359	22968	21010	22512
美国	The United States	39490	49130	64083	75328	104130	92608	131996	146939	176378	226468	212532	197168
加拿大	Canada	8476	9217	11431	14092	16356	14183	21293	26325	30440	36893	36391	34547
澳大利亚	Australia	6851	10124	10985	12796	15219	14413	19783	25534	29249	40326	41853	40949
新西兰	New Zealand	1397	1642	1702	2292	2937	2888	4342	4682	4445	5743	6066	6425
俄罗斯	Russia	874	893	2102	4018	3514	3539	4090	6911	8051	10358	11048	13585
韩国	Korea Rep	18696	20133	27612	45172	65443	69068	90640	108688	116976	152234	134340	108389
马来西亚	Malaysia	43931	50554	50537	42186	50516	32075	46536	61256	68624	81513	88265	84052
其他	Others	49321	44352	164107	115142	97778	86765	136494	180234	218594	248753	267052	287723

注：　本表数据来源为深圳市文化广电旅游体育局。

Note：Data in this table are provided by Culture，Radio，Television，Tourism and Sports Bureau of Shenzhen Municipality.

13-16 续表 CONTINUED

单位：人 (person)

国别 Country		2010	2011	2012	2013	2014	2015	2016	2017	2018	2019	2020	2021	2022
合 计	**Total**	**1675798**	**1712016**	**1691045**	**1668230**	**1611200**	**1646515**	**1683168**	**1775639**	**1729624**	**1676024**	**169190**	**138838**	**90964**
日 本	Japan	372023	366266	371557	316669	302349	296431	274232	272360	308374	267783	39522	25576	32301
菲律宾	Philippines	13447	15741	15570	21063	25515	12662	13213	14576	17090	17565	1933	171	136
新加坡	Singapore	89400	95785	92840	87256	80735	86402	85421	89383	80054	79073	4263	5089	2751
泰 国	Thailand	40338	35623	37507	38065	24843	30361	30474	36439	37789	36435	1185	306	161
印度尼西亚	Indonesia	70727	94257	89292	70707	39286	31369	39497	46316	42707	46171	1227	292	126
英 国	The United Kingdom	47749	44486	45172	44752	45530	43303	46974	55415	48835	56475	5870	3528	967
法 国	France	40338	40607	38493	43265	43150	42039	43523	43618	38931	37096	2402	1257	801
德 国	Germany	41430	41993	40197	40401	42133	41775	41748	46856	40251	46069	7533	4253	728
意大利	Italy	22298	23238	20958	21269	21357	22994	24270	24530	21704	24093	770	979	304
美 国	The United States	246880	242128	252622	248450	261736	305909	302872	311866	254889	247239	22355	15273	7208
加拿大	Canada	39184	38306	36651	35841	35398	39517	43332	41221	39935	40091	4362	3665	1799
澳大利亚	Australia	46871	46667	42795	41405	36606	38117	40202	41596	40150	43089	2821	1954	930
新西兰	New Zealand	6291	6128	6271	6864	6198	6934	7070	9496	9407	8860	1869	665	189
俄罗斯	Russia	17449	20772	19379	20168	17558	14426	15895	21550	21051	24631	2649	951	942
韩 国	Korea Rep	142505	141365	141952	173537	160301	169690	218886	225018	221274	186550	9348	12757	5015
马来西亚	Malaysia	105664	112675	106889	95042	78475	73094	78121	85345	86643	81160	4039	2009	778
其他	Others	333204	345979	332900	363476	390030	391492	377438	410054	420540	433644	57042	60113	35828

13-17 旅游部门主要财务指标（2022年）
MAIN FINANCIAL INDICATORS OF TOURISM（2022）

单位：万元　　　　(10 000 yuan)

指 标	Item	合 计 Total	宾馆、酒店 Hotels	旅行社 Travel Agencies	景 点 Scenic Spots
营业收入	Business Revenue	1993377	478296	1208404	306677
营业成本	Business Cost	1560534	199066	1180479	180990
营业费用	Business Expenses	206858	110495	82640	13724
营业税金及附加	Business Taxes and Extra Charges	12607	4169	885	7553
经营利润(主营业务利润)	Operating Profits（Main Business Profits）	421521	275062	28325	118134
管理费用	Management Expenses	484113	164486	234859	84768
财务费用	Financial Expenses	49575	25337	7640	16598
营业利润	Business Profits	-434894	-87192	-332500	-15201
投资收益	Earnings of Investment	11300	10167	570	563
营业外收支差	Non-operating Net Revenue or Expenditure	56414	9589	45466	1359
利润总额	Total Profits	-363950	-77603	-284734	-1613
年末固定资产原值	Original Value of Fixed Assets(year-end)	3311187	1258483	32919	2019785
年末固定资产净值	Net Value of Fixed Assets (year-end)	1951131	570871	16321	1363939
年末职工人数(人)	Number of Staff and Workers (year-end)(person)	28642	9219	10055	9368

13-18 星级酒店基本情况（2022年末）
STATISTICS ON STAR-RATED HOTELS AT YEAR-END（End of 2022）

单位：家 (unit)

地区	District	合计 Total	五星 Five-star	四星 Four-star	三星 Three-star	二星 Two-star	一星 One-star	出租率（%）Room Occupancy Rate	平均房价（元/间天）Average Price (yuan/pre room)
合计	**Total**	**61**	**20**	**16**	**22**	**3**		**46.38**	**515.24**
福田区	Futian	11	5	1	4	1		60.43	576.48
罗湖区	Luohu	24	5	3	14	2		42.63	399
盐田区	Yantian	3	1	2				52.21	845.47
南山区	Nanshan	8	2	4	2			42.57	576.84
宝安区	Baoan	6	1	3	2			43.19	330.87
龙岗区	Longgang	6	4	2				46.65	439.51
龙华区	Longhua	2	2					48.38	724.39
坪山区	Pingshan	1		1				61.76	384.93
光明区	Guangming								
大鹏新区	Dapeng								

注：本表数据来源为深圳市文化广电旅游体育局。
Note: Data in this table are provided by Culture,Radio,Television,Tourism and Sports Bureau of Shenzhen Municipality.

13-19 星级酒店客房基本情况（2022年末）
STATISTICS OF STAR-RATED HOTELS AT YEAR-END（End of 2022）

单位：间　　　　　　　　　　　　　　　　　　　　　　　　　　　　（Unit）

地区	District	合计 Total	五星 Five-star	四星 Four-star	三星 Three-star	二星 Two-star	一星 One-star
合计	**Total**	**16143**	**7774**	**4524**	**3509**	**336**	
福田区	Futian	2847	1942	262	535	108	
罗湖区	Luohu	5872	2088	1037	2519	228	
盐田区	Yantian	890	432	458			
南山区	Nanshan	2499	895	1344	260		
宝安区	Baoan	1306	502	609	195		
龙岗区	Longgang	1995	1462	533			
龙华区	Longhua	453	453				
坪山区	Pingshan	281		281			
光明区	Guangming						
大鹏新区	Dapeng						

注：　本表数据来源为深圳市文化广电旅游体育局。

Note：Data in this table are provided by Culture,Radio,Television,Tourism and Sports Bureau of Shenzhen Municipality.

13-20　星级酒店床位基本情况（2022年末）

FACILITIES OF STAR-RATED HOTELS AT YEAR-END（End of 2022）

单位：张　　　　　　　　　　　　　　　　　　　　　　　　　　　　（Unit）

地区 District		合计 Total	五星 Five-star	四星 Four-star	三星 Three-star	二星 Two-star	一星 One-star
合计	**Total**	**23054**	**10755**	**6454**	**5343**	**502**	
福田区	Futian	3937	2494	326	839	158	
罗湖区	luohu	8639	2825	1519	3830	344	
盐田区	Yantian	1519	655	864			
南山区	Nanshan	3379	1188	1792	399		
宝安区	Baoan	1765	650	840	275		
龙岗区	Longgang	2957	2249	708			
龙华区	Longhua	694	694				
坪山区	Pingshan	405		405			
光明区	Guangming						
大鹏新区	Dapeng						

注：　本表数据来源为深圳市文化广电旅游体育局。

Note：Data in this table are provided by Culture,Radio,Television,Tourism and Sports Bureau of Shenzhen Municipality.

主要统计指标解释

进出口总额　指实际进出我国国境的货物(包括贸易和非贸易)的价值总和。主要包括对外贸易实际进出口货物，来料加工装配、补偿贸易、进料加工进出口货物，国家间及国际组织无偿援助物资和赠送品，华侨、港澳台同胞和外籍华人捐赠品，租赁期满归承租人所有的租赁货物，边境地方贸易及边境地区小额贸易进出口货物(边民互市贸易除外)，中外合资、合作经营企业、外商独资经营企业进出口货物和公用物品，到、离岸价格在规定限额以上的进出口货样和广告品(无商业价值、无使用价值和免费提供出口的除外)，从保税仓库提取在中国境内销售的进出口货物，以及其他进出口货物。进出口总额反映一个国家在对外经济贸易方面实际进出口货物的总规模。

利用外资　指我国政府、部门、企业和其他经济组织通过对外借款、吸收外商直接投资以及向境外发行债券、股票等方式筹借的境外资金。

外资的形式可以是现汇、实物、工业产权或专有技术等有形资本和无形资本。

我国自有外汇和中国银行自有外汇资金发放的外汇贷款购置国外设备和材料，华侨、港澳同胞的捐赠，联合国或其他国际组织的无偿赠送资金、无偿援建的项目均不属于外资范围。

利用外资的方式有：对外借款，外国(或港澳地区)企业和经济组织或个人在我国境内开办独资企业、与我国境内的企业或组织共同开办合资企业、合作经营(企业)项目或合作开发资源，以及补偿贸易、国际租赁等。

对外借款　指我国政府、部门、企业和中国银行等单位向国际金融组织、外国政府、企业等借用的长期、短期资本，到期需还本付息。借款按不同渠道划分为：①外国政府贷款；②国际金融组织贷款；③外国银行贷款；④出口信贷；⑤发行债券。

外商直接投资　指外国企业和经济组织或个人(包括华侨、港澳同胞以及我在境外注册的企业)按我国有关政策、法规，在我国境内开办外商独资企业，与我国境内的企业或经济组织共同举办中外合资企业、合作经营企业或合作开发资源的投资，以及外商从企业得到收益的再投资。2002年起“外商直接投资”统计口径调整，“企业投资总额内的境外借款”只包括“企业投资总额内直接投资者对企业的贷款，即外方股东贷款”，不包括“直接投资者提供担保的第三方对企业的贷款即外方股东担保贷款”和“其他方式的企业境外借款即其他境外借款。

旅游人数　(1)入境旅游人数：指报告期内来我国观光、度假、探亲访友、就医疗养、购物、参加会议或从事经济、文化、体育、宗教活动的外国人、港澳台同胞等入境游客。统计时，外国人、港澳台同胞每入境一次统计1人次。

(2)出境人数：指中国(大陆)居民因公或因私出境前往其他国家、中国香港特别行政区、澳门特别行政区和台湾省观光、度假、探亲访友、就医疗养、购物、参加会议或从事经济、文化、体育、宗教活动的人数，即出境游客。统计时，按每出境一次统计1人次。

(3)国内旅游人数：指在报告期内在中国(大陆)观光游览、度假、探亲访友、就医疗养、购物、参加会议或从事经济、文化、体育、宗教活动的中国(大陆)居民人数，其出游的目的不是通过所从事的活动谋取报酬。统计时，国内游客按每出游一次统计1人次。

国际旅游(外汇)收入　指入境游客在中国(大陆)境内旅行、游览过程中用于交通、参观游览、住宿、餐饮、购物、娱乐等全部花费。

Explanatory Notes on Main Statistical Indicators

Total Imports and Exports refer to the real value of commodities (both trade and non-trade)imported and exported across the border ofChina.They mainly include actual imports and exports through foreign trade,imported and exported goods in the categories ofprocessing and assembling ofcustomer's materials,compensation trade,and processing of import materials,supplies and gifts as aid given gratis between governments and by international organizations, donations by overseas Chinese,compatriots in Hong Kong,Macao and Taiwan and Chinese with foreign citizenship,leasing commodities owned by tenants at the expiration of leasing period,local trade and Small-amount trade in border areas(excluding exchange trade between border residents),imported and exported commodities and articles for public use of Sino-foreign joint ventures, cooperative enterprises and ventures with sole foreign investment.Also included are import or export of samples and advertising articles above designated CIF or FOB prices (excluding goods of no trading or use value and free commodities for export),import and export goods sold in China from bonded warehouse and other import and export goods.Total imports and exports is an indicator ofthe total size ofactual imported and exported goods ofa country in foreign trade and economic cooperation.

Utilization of Foreign Capital refers to funds financed from abroad by means ofloans,foreign direct investment, and issuing bonds and shares undertaken by the Chinese governments at all levels,various departments,enterprises and other economic units.

The types of foreign capital include tangible capital and intangible capital,such as remittance,goods,industrial property rights and know-how

Those excluded are the purchases of foreign equipment and materials with loans from state-owned foreign exchange and foreign exchange owned by the Bank of China,donations by overseas Chinese,compatriots in Hong Kong and Macao,and funds and projects as aid given gratis by the United Nations and other international organizations.

Utilization of foreign capital takes the forms of loans from abroad,sole investment in enterprises in the boundary of China by foreign(or Hong Kong and Macao)enterprises,economic organizations or individuals,investment in Sino-foreign joint ventures,cooperative projects(enterprises),cooperative exploitation of natural resources with enterprises or organizations in China,compensation trade and international lease,etc.

Foreign Loans refer to long-term capita and short-term capital borrowed from international financial organizations, foreign governments and enterprises by the Chinese governments at all levels,by various departments, enterprises and the Bank of China,etc,and repaid with interest at maturity.Foreign loans can be divided according to channels into:①loans from foreign governments;②loans from international financial organizations;③loans from foreign banks; ④export credit; ⑤bonds and shares issued abroad.

Foreign Direct Investment refers to investment inside China by foreign enterprises and economic organizations or individuals (including overseas Chinese,compatriots from Hong Kong and Macao,and Chinese enterprises registered abroad),following the relevant policies and laws of China,for the establishment of foreign sole investment enterprises, Sino-foreign joint ventures and cooperative enterprises or for cooperative exploitation of resources with enterprises or economic organizations in China,and re-investment of foreign entrepreneurs with the profits gained from such enterprises and corporations.Starting from 2002,the foreign direct investment statistic has been adjusted such that the overseas borrowings in total investment ofenterprises only include loans to the enterprises by direct investors or,in other terms,loans by foreign shareholders,but exclude loans from the third party guaranteed by the direct investors or,in other terms, loans guaranteed by the foreign shareholders,and overseas borrowings by enterprises in other manners or,in other terms,other overseas borrowings.

Number of Tourists (1)Visitor arrivals refer to the number of foreigners,Chinese compatriots from Hong Kong, Macao and Taiwan Chinese(mainland)who come to China(mainland)for sight-seeing,vacation,visiting relatives, medical treatment,shopping,attending conference,or to engage in economic,cultural,sports and religious activities.In compiling statistics,each time of entering China is counted as one person-time.

(2)Number of Chinese residents going abroad refer to the number of Chinese(mainland)residents going to other countries,Hong Kong Special Administrative region,Macao Special Administrative region and Taiwan for on official or private purposes,for sight-seeing,vacation,visiting relatives,medical treatment,shopping,attending conference,or to engage in economic,cultural,sports and religious activities.In compiling statistics,each time of leaving is counted as one person-time

(3)Number of domestic tourists refers to the number of Chinese(mainland)residents who travel within China (mainland)for sight-seeing,vacation,visiting relatives,medical treatment,shopping,attending conference,or to engage in economic,cultural,sports and religious activities.In compiling statistics,each time of travelling is counted as one person-time.

Foreign Exchange Earnings from International Tourism refer to the total expenditure of foreigners,overseas Chinese,Chinese compatriots from Hong Kong,Macao and Taiwan during their stay in the mainland of China on transportation,sighting,accommodation,food,shopping and entertainment.

14 第十四部分

劳动工资

LABOR FORCE AND WAGE

CHAPTER

14-1 城镇单位在岗职工人数、工资总额及平均工资

NUMBER,TOTAL WAGE BILL AND AVERAGE WAGE OF FULLY EMPLOYED STAFF AND WORKERS IN URBAN UNITS

年 份 Year	年末在岗职工人数 (万人) Number of Fully Employed Staff and Workers (Year-end) (10 000 persons)	工资总额 (万元) Total Wage Bill (10 000 yuan)	年平均工资 (元) Average Wage (yuan)
1979	4.02	2952	769
1980	4.86	4366	979
1981	5.31	5930	1132
1982	8.28	10000	1366
1983	12.57	16142	1545
1984	18.33	35306	2179
1985	22.66	51912	2418
1986	25.88	59773	2452
1987	32.29	80013	2677
1988	41.74	134218	3388
1989	48.24	179042	3858
1990	55.41	227392	4304
1991	64.89	307950	5016
1992	71.10	403790	5931
1993	78.11	619647	8145
1994	82.29	852332	10572
1995	88.75	1076083	12276
1996	89.13	1284558	14507
1997	91.18	1479515	16531
1998	91.93	1674771	18381
1999	92.52	1890338	20714
2000	93.36	2113366	23039
2001	94.88	2441713	25941
2002	101.76	2832799	28218
2003	108.20	3259896	30611
2004	135.88	4192834	31928
2005	165.38	5167453	32476
2006	184.25	6296568	35107
2007	193.04	7335805	38798
2008	198.35	8674142	43454
2009	220.16	10029764	46723
2010	251.09	12338778	50456
2011	261.43	14384948	55143
2012	277.90	16421777	59010
2013	445.84	28135080	62619
2014	448.93	32879754	72651
2015	447.41	36627244	81034
2016	442.55	39940453	89757
2017	447.32	44697603	100173
2018	466.91	52364784	111709
2019	475.04	61109638	127757
2020	488.66	68054574	139436
2021	499.17	77523407	155563
2022	497.33	82856217	164754

注：根据国家劳动统计报表制度的统一规定，从2013年年报起，原属于乡镇企业且符合城镇非私营单位条件的“四上”企业纳入城镇非私营单位就业人员及工资统计范围。后同。

Note: According to the provision of national labor statistics reporting form system, since the year reporting of 2013, the scope of statistics on employed persons in urban corporate unit excluding private units and labor wage covers four above designated size enterprises (refers to industrial enterprises above designated size, construction enterprises by qualification criteria, enterprises above designated size of wholesale trade, retail trade, hotels and catering services), which originally has been included township enterprises and in accordance with the condition of urban corporate unit excluding private units. The same applies to the following tables.

14-2　城镇单位在岗职工工资总额指数和年平均工资指数

RELATED INDICES OF TOTAL WAGE BILL AND AVERAGE WAGE OF FULLY EMPLOYED STAFF AND WORKERS IN URBAN UNITS

以上年为100　　(preceding year=100)

年 份 Year	工资总额指数 Related Indices Bill of Total Wage Bill	在岗职工年平均 货币工资指数 Related Indices of Average Money Wage	在岗职工年平均 实际工资指数 Related Indices of Average Real Wage
1980	147.9	127.3	121.2
1981	135.8	115.6	104.4
1982	168.6	120.8	112.1
1983	161.4	113.1	110.9
1984	218.7	141.0	132.0
1985	147.0	111.0	90.6
1986	115.1	101.4	95.6
1987	133.9	109.2	95.5
1988	167.7	126.6	98.8
1989	133.4	113.9	90.8
1990	127.0	111.6	109.8
1991	135.4	116.5	113.1
1992	131.1	118.2	110.2
1993	153.5	137.3	114.3
1994	137.6	129.8	109.8
1995	126.3	116.1	103.3
1996	119.4	118.2	109.7
1997	115.2	114.0	110.3
1998	113.8	110.2	111.0
1999	112.9	112.7	113.5
2000	111.8	111.2	108.2
2001	115.5	112.6	115.1
2002	116.0	108.8	107.5
2003	115.1	108.5	107.7
2004	120.7	105.6	104.2
2005	123.2	101.7	100.1
2006	121.9	108.1	105.8
2007	116.5	110.5	106.2
2008	118.2	112.0	105.8
2009	115.6	107.5	108.9
2010	123.0	108.0	104.3
2011	116.6	109.3	103.7
2012	114.2	107.0	104.1
2013	171.3	106.1	103.3
2014	116.9	116.0	113.7
2015	111.4	111.5	109.1
2016	109.0	110.8	108.2
2017	111.9	111.6	110.1
2018	117.2	111.5	108.5
2019	116.7	114.4	110.6
2020	111.4	109.1	106.6
2021	113.9	111.6	110.6
2022	106.9	105.9	103.5

14-3 城镇单位在岗职工工资总额指数和年平均工资指数

RELATED INDICES OF TOTAL WAGE BILL AND AVERAGE WAGE OF FULLY EMPLOYED STAFF AND WORKERS IN URBAN UNITS

以1979年为100 (1979=100)

年 份 Year	工资总额指数 Related Indices Bill of Total Wage Bill	在岗职工年平均货币工资指数 Related Indices of Average Money Wage	在岗职工年平均实际工资指数 Related Indices of Average Real Wage
1980	147.9	127.3	121.2
1981	200.9	147.2	126.5
1982	338.8	177.6	141.8
1983	546.8	200.9	157.3
1984	1196.0	283.4	207.6
1985	1758.5	314.4	188.1
1986	2024.8	318.9	179.8
1987	2710.5	348.1	171.7
1988	4546.7	440.6	169.6
1989	6065.1	501.7	154.0
1990	7703.0	559.7	169.1
1991	10431.9	652.3	191.3
1992	13678.5	771.3	210.8
1993	20990.8	1059.2	240.9
1994	28873.0	1374.8	264.5
1995	36452.7	1596.4	273.2
1996	43514.8	1886.5	299.7
1997	50119.1	2149.7	330.6
1998	57035.5	2369.0	367.0
1999	64393.1	2669.9	416.5
2000	71991.5	2968.9	450.7
2001	83150.2	3343.0	518.8
2002	96454.2	3637.2	557.7
2003	111018.8	3946.4	600.6
2004	133999.7	4167.4	625.8
2005	165087.6	4238.2	626.4
2006	201241.8	4581.5	662.7
2007	234446.7	5062.6	703.8
2008	277116.0	5670.1	743.9
2009	320346.1	6095.4	810.1
2010	394025.7	6583.0	844.9
2011	459039.9	7195.2	876.2
2012	524223.6	7698.9	912.1
2013	897995.0	8168.5	942.2
2014	1049756.2	9475.5	1071.3
2015	1169428.4	10565.2	1168.8
2016	1274677.0	11706.2	1264.6
2017	1426363.6	13064.1	1392.3
2018	1671698.1	14566.5	1510.6
2019	1950871.7	16664.1	1670.7
2020	2173271.1	18180.5	1781.0
2021	2475355.8	20289.4	1969.8
2022	2646155.4	21486.5	2038.7
年平均增长率(%) Average Annual Growth Rate(%)	**26.7**	**13.3**	**7.3**

14-4 分行业城镇单位就业人员和在岗职工人数（2022年末）

NUMBER OF EMPLOYED PERSONS AND FULLY EMPLOYED STAFF AND WORKERS BY SECTOR IN URBAN UNITS AT YEAR-END（End of 2022）

项 目	Item	单位就业人员年末人数（人）Number of Employed Persons (Year-end)	# 女 性 Female	# 在岗职工年末人数 Number of Fully Employed Staff and Workers (Year-end)
总 计	**Total**	**5112380**	**1989879**	**4973250**
按国民经济行业分	Grouped by Sector			
1. 农、林、牧、渔业	Agriculture, Forestry, Animal Husbandry and Fishery	229	38	229
2. 采矿业	Mining	4559	636	4552
3. 制造业	Manufacturing	2016708	743257	2009719
4. 电力、热力、燃气及水生产和供应业	Production and Distribution of Electricity,Heat,Gas and Water	39385	8604	39338
5. 建筑业	Construction	284896	35087	256400
6. 批发和零售业	Wholesale and Retail Trades	301907	153361	294960
7. 交通运输、仓储和邮政业	Transportation, Storage and Post Services	219305	64017	218264
8. 住宿和餐饮业	Hotels and Catering Services	119229	63665	94698
9. 信息传输、软件和信息技术服务业	Information Transmission,Computer Services and Software	399463	149553	397558
10. 金融业	Financial Intermediation	235398	124403	202098
11. 房地产业	Real Estate	317503	115843	314850
12. 租赁和商务服务业	Leasing and Business Services	339662	115723	326698
13. 科学研究和技术服务业	Scientific Research and Technical Services	148791	51957	146629
14. 水利、环境和公共设施管理业	Management of Water Conservancy,Environment and Public Facilities	43820	15748	40749
15. 居民服务、修理和其他服务业	Services to Households and Other Services	39972	22607	38592
16. 教育	Education	198011	136795	191128
17. 卫生和社会工作	Health and Social Work	139002	97829	134583
18. 文化、体育和娱乐业	Culture,sports and Entertainment	25173	12609	24481
19. 公共管理、社会保障和社会组织	Public Management,Securities and Social Organization	239368	78149	237725

14-5 分行业城镇单位就业人员工资总额、平均人数和年平均工资 （2022年）

TOTAL WAGE BILL,AVERAGE NUMBER AND AVERAGE WAGE OF EMPLOYED PERSONS BY SECTOR IN URBAN UNITS（2022）

项 目	Item	单位就业人员工资总额（万元）Total Wage Bill of Employed Persons (10 000 yuan)	单位就业人员年平均人数（人）Average Number of Employed Persons (Person)	年平均工资（元）Average Wage (yuan)
总　　计	**Total**	**84182198**	**5174712**	**162680**
按国民经济行业分	Grouped by Sector			
1. 农、林、牧、渔业	Agriculture, Forestry, Animal Husbandry and Fishery	2761	234	117901
2. 采矿业	Mining	162322	4425	366857
3. 制造业	Manufacturing	27082735	2059373	131510
4. 电力、热力、燃气及水生产和供应业	Production and Distribution of Electricity,Heat,Gas and Water	1249381	39337	317612
5. 建筑业	Construction	2664416	271219	98239
6. 批发和零售业	Wholesale and Retail Trades	4228240	311578	135704
7. 交通运输、仓储和邮政业	Transportation, Storage and Post Services	3336466	222761	149778
8. 住宿和餐饮业	Hotels and Catering Services	758889	123562	61417
9. 信息传输、软件和信息技术服务业	Information Transmission,Computer Services and Software	10966588	406136	270023
10. 金融业	Financial Intermediation	8889209	238479	372745
11. 房地产业	Real Estate	3279733	319899	102524
12. 租赁和商务服务业	Leasing and Business Services	4426043	345426	128133
13. 科学研究和技术服务业	Scientific Research and Technical Services	3043682	151202	201299
14. 水利、环境和公共设施管理业	Management of Water Conservancy,Environment and Public Facilities	398301	42152	94492
15. 居民服务、修理和其他服务业	Services to Households and Other Services	291642	40404	72181
16. 教育	Education	4162755	197295	210992
17. 卫生和社会工作	Health and Social Work	4049231	136376	296916
18. 文化、体育和娱乐业	Culture,sports and Entertainment	367285	26954	136263
19. 公共管理、社会保障和社会组织	Public Management,Securities and Social Organization	4822516	237899	202713

14-6 分行业城镇单位在岗职工工资总额、平均人数和年平均工资（2022年）
TOTAL WAGE BILL，AVERAGE NUMBER AND AVERAGE WAGE OF FULLY EMPLOYED STAFF AND WORKERS BY SECTOR IN URBAN UNITS（2022）

项 目	Item	在岗职工工资总额(万元) Total Wage Bill of Fully Employed Staff and Workers (10 000 yuan)	在岗职工年平均人数(人) Average Number of Fully Employed Staff and Workers (person)	年平均工资(元) Average Wage (yuan)
总　计	**Total**	**82856217**	**5029075**	**164754**
按国民经济行业分	Grouped by Sector			
1. 农、林、牧、渔业	Agriculture, Forestry, Animal Husbandry and Fishery	2716	224	121210
2. 采矿业	Mining	162263	4418	367303
3. 制造业	Manufacturing	26959788	2050849	131457
4. 电力、热力、燃气及水生产和供应业	Production and Distribution of Electricity,Heat,Gas and Water	1248882	39285	317903
5. 建筑业	Construction	2487675	245464	101346
6. 批发和零售业	Wholesale and Retail Trades	4163499	302937	137438
7. 交通运输、仓储和邮政业	Transportation, Storage and Post Services	3323613	221572	150001
8. 住宿和餐饮业	Hotels and Catering Services	720494	99357	72516
9. 信息传输、软件和信息技术服务业	Information Transmission,Computer Services and Software	10936187	404062	270656
10. 金融业	Financial Intermediation	8463291	200159	422828
11. 房地产业	Real Estate	3254589	317215	102599
12. 租赁和商务服务业	Leasing and Business Services	4285873	332168	129027
13. 科学研究和技术服务业	Scientific Research and Technical Services	3016854	149227	202166
14. 水利、环境和公共设施管理业	Management of Water Conservancy,Environment and Public Facilities	392176	38652	101463
15. 居民服务、修理和其他服务业	Services to Households and Other Services	286850	39442	72727
16. 教育	Education	3996003	190358	209920
17. 卫生和社会工作	Health and Social Work	3985003	132094	301680
18. 文化、体育和娱乐业	Culture,sports and Entertainment	363495	25302	143665
19. 公共管理、社会保障和社会组织	Public Management,Securities and Social Organization	4806968	236289	203436

主要统计指标解释

就业人员　指在16周岁及以上，从事一定社会劳动并取得劳动报酬或经营收入的人员。这一指标反映了一定时期内全部劳动力资源的实际利用情况，是研究我国基本国情国力的重要指标。

单位就业人员　指报告期最后一日在本单位工作，并取得工资或其他形式劳动报酬的人员数。该指标为时点指标，不包括最后一日当天及以前已经与单位解除劳动合同关系的人员，是在岗职工、劳务派遣人员及其他就业人员之和。就业人员不包括：

(1)离开本单位仍保留劳动关系，并定期领取生活费的人员；

(2)在本单位实习的各类在校学生；

(3)本单位因劳务外包而使用的人员，如建筑业整建制使用的人员。

在岗职工　指在本单位工作且与本单位签订劳动合同，并由单位支付各项工资和社会保险、住房公积金的人员，以及上述人员中由于学习、病伤、产假等原因暂未工作仍由单位支付工资的人员。在岗职工还包括：

(1)应订立劳动合同而未订立劳动合同人员；

(2)处于试用期人员；

(3)编制外招用的人员，如临时人员；

(4)派往外单位工作，但工资或其他形式劳动报酬仍由本单位发放的人员(如挂职锻炼、外派工作等情况)。

工资总额　本单位在报告期内(季度或年度)直接支付给本单位全部就业人员的劳动报酬总额。包括计时工资、计件工资、奖金、津贴和补贴、加班加点工资、特殊情况下支付的工资，是在岗职工工资总额、劳务派遣人员工资总额和其他就业人员工资总额之和。

工资总额是税前工资，包括单位从个人工资中直接为其代扣或代缴的个人所得税、社会保险基金和住房公积金等个人缴纳部分，以及房费、水电费等。

工资总额不论是计入成本的还是不计入成本的，不论是以货币形式支付的还是以实物形式支付的，均应列入工资总额的计算范围。

平均工资　是指在报告期内单位发放工资的人均水平。计算公式为：

$$平均工资=\frac{报告期工资总额}{报告期平均人数}$$

Explanatory Noteson Main Statistical Indicators

Employed Persons refer to persons aged 16 and over who are engaged in gainful employment and thus receive remuneration payment or earn business income.This indicator reflects the actual utilization of total labour force during a certain period of time and is often used for the research on China's economic situation and national power.

Persons Employed in Various Units refer to the total number of employees who work at his unit and obtain wages or other forms of payment at the end of the reporting period.This indicator is a kind of time point index and it equals to the sun of the number of employed staff and workers,labor dispatch personnel and other employed persons.Employed persons do not include:

1）persons who have left their working units while keeping their labour contract (employment relation) unchanged and receiving regular alimony;

2）all kinds of enrolled students who do internship in various units;

3）persons employed due to labor outsourcing,for example,persons employed in the organizational system of construction industry;

Fully Employed Staff and Workers refer to persons who signed labor contracts with working units and working units would pay wages,social insurance and housing funds for them.Persons who have their work posts but are temporarily absent from work for reasons of study or on sick,injury or maternal leave and still receive wages from their working units are also included.Employed staff and workers also include:

1）Persons who should have signed the labor contracts but not ;

2）Employees on probation;

3）Employees beyond the staffing quota,for example,temporary employees;

4（Employees who are sent to other working units but still obtain wages from their original units (situations like on-the-job placement,expatriated assignment,etc.）

Total Wage Bill refer to the total remuneration payment to all employed persons in various units during the reporting period(by quarter or by year),including hourly-paid wages,piece-rate wages,bonuses,allowance and subsidies, overtime wages and wages paid under special circumstances.It equals to the sum of total wages of employed staff and workers,dispatch labors and other employed persons.

Total wage bill is pre-tax wages,including the personal payment of personal income tax,social insurance and housing fund,room charges,utility bills,paid or withheld by employee's units.

Total wage bill,whether or not included in cost,whether or not paid in money or in kind,shall be included in the workers,dispatch labors and other employed total wage.

Average Wage refers to the average per capita wage in money terms during a certain period of time for employed persons.It shows the general level of wage income of staff and worker during a certain period of time,one major indicator to reflect the wage level.It is calculated as follows:

$$\text{Average Wage} = \frac{\text{Total Wage Bill of Emplyed Persons at Reference Time}}{\text{Average Number of Persons Employed at Reference Time}}$$

15 第十五部分

科学技术

SCIENCE AND TECHNOLOGY

CHAPTER

15-1 高新技术产品进出口情况
TOTAL IMPORTS AND EXPORTS OF HIGH TECHNOLOGY INDUSTRY

单位：万美元 (USD 10 000)

年份 Year	高新技术产品进出口总额 Total Imports and Exports of High Technology Industry	进口 Imports	出口 Exports
2001	2335757	1198796	1136961
2002	3344119	1775195	1568924
2003	5158146	2643846	2514300
2004	6928262	3422565	3505697
2005	8868653	4159435	4709218
2006	11536580	5401421	6135159
2007	13463800	6209300	7254500
2008	14099495	6162273	7937222
2009	15345520	6843409	8502111
2010	19770075	8897407	10872668
2011	22416000	9936000	12480000
2012	25206532	11084532	14122000
2013	30784842	13884285	16900557
2014	24762288	11088208	13674080
2015	25424844	11391071	14033773
2016	22764476	10610185	12154291
2017	22775570	11355379	11420191
2018	26875307	14414570	12460737
2019	24986736	13270494	11716242
2020	26234472	12211208	14023264
2021	33004245	17569093	15435152
2022	30490175	15081612	15408563

15-2 科技活动及专利情况
SCIENCE AND TECHNOLOGY ACTIVITIES AND PATENTS

年份 Year	研究与试验发展（R&D）人员折合全时当量（人年） Full-time Equivalent of R&D Professionals (person-year)	研究与试验发展（R&D）经费内部支出（万元） Internal R&D Expenditures (10 000 yuan)	专利授权总量（件） Number of Patents Certified（unit）	#发明专利 Invention Patent	PCT国际专利申请量（件） Number of PCT International Patent Applications（unit）
2009	123651	2797112	25894	8132	3800
2010	157429	3333102	34951	9615	5584
2011	158023	4161363	39363	11826	7933
2012	192584	4883738	48662	13068	8024
2013	181321	5846115	49756	10987	10049
2014	163689	6400662	53687	12040	11639
2015	173764	7323851	72120	16957	13308
2016	176040	8429693	75043	17666	19648
2017	196398	9769377	94250	18926	20457
2018	298412	11635386	140202	21309	18081
2019	306467	13282829	166609	26051	17459
2020	345780	15108088	222412	31138	20209
2021	339816	16821512	279177	45202	17443
2022	364040	18804887	275774	52172	15892

15-3 研究与试验发展（R&D）人员情况（2021-2022年）

项目 Item		研究与试验发展（R&D）人员（人）R&D Personnel (person)		#研究人员 Research Personnel	
		2021	2022	2021	2022
合计	**Total**	**443644**	**466248**	**169397**	**180460**
按执行部门分	**By Executive Department**				
科研机构	Scientific Research Institutions	14916	13084	10493	9249
高等院校	Institutions of Higher Education	7064	8237	5933	6683
企业	Enterprises	420383	443840	152426	164086
#规模以上工业企业	Industrial Enterprises Above Designated Size	355819	380604	121080	135184
#规模以上非工业企业	Non-industrial Enterprises Above Designated Size	64564	63236	31346	28902
其他	Others	1281	1087	545	442
按行业门类分	**By Sector**				
#规模以上制造业	Manufacturing Above Designated Size	354381	377749	120354	133902
#规模以上信息传输、软件和信息技术服务业	Information Transmission, Software and Information Technology Services Above Designated Size	42557	37269	21575	18101

STATISTICS FOR RESEARCH AND EXPERIMENTAL DEVELOPMENT PERSONNEL
（2021-2022）

研究与试验发展（R&D）人员折合全时当量（人年）Full-time Equivalent of R&D Professionals (person-year)		基础研究 Basic Research		应用研究 Applied Research		试验发展 Experimental Development	
2021	2022	2021	2022	2021	2022	2021	2022
339816	**364040**	**20357**	**9812**	**33534**	**39015**	**285924**	**315213**
10971	10606	4824	4255	4139	4154	2008	2197
3651	4552	2277	2269	1338	2044	36	240
324338	348177	13220	3267	27741	32631	283376	312278
275641	300898	12801	3082	25465	30816	237375	267000
48697	47278	419	186	2276	1815	46001	45277
856	705	36	21	316	187	504	498
274532	298905	12801	3043	25462	30812	236269	265050
32682	28959	135	5	1455	592	31092	28362

15-4　研究与试验发展（R&D）经费情况（2021-2022年）

项目	Item	研究与试验发展（R&D）经费内部支出（万元）Internal R&D Expenditures (10 000 yuan)		按活动类型分 基础研究 Basic Research	
		2021	2022	2021	2022
合计	**Total**	16821512	18804887	1220687	808953
按执行部门分	**By Executive Department**				
科研机构	Scientific Research Institutions	619783	554080	180453	229501
高等院校	Institutions of Higher Education	351998	371581	231697	161727
企业	Enterprises	15824369	17851823	798376	407277
#规模以上工业企业	Industrial Enterprises Above Designated Size	12606613	14913810	659873	332678
#规模以上非工业企业	Non-industrial Enterprises Above Designated Size	2910670	2782198	138503	74599
其他	Others	25363	27403	10161	10448
按行业门类分	**By Sector**				
#规模以上制造业	Manufacturing Above Designated Size	12537767	14789290	659873	332291
#规模以上信息传输、软件和信息技术服务业	Information Transmission, Software and Information Technology Services Above Designated Size	2141750	1882874	128227	66008

RESEARCH AND EXPERIMENTAL DEVELOPMENT FUNDS（2021-2022）

Group by Type of Activity				按支出用途分 Group by Purpose of Payment			
应用研究 Applied Research		试验发展 Experimental Development		日常性支出 Routine Expenses		#人员劳务费 Labor Cost	
2021	2022	2021	2022	2021	2022	2021	2022
1531242	1806622	14069583	16189311	16095144	18138645	9448839	10356857
325650	205574	113680	119005	470430	444432	256820	249551
116987	196060	3314	13794	237777	284433	90564	136855
1080850	1396981	13945142	16047564	15364615	17387765	9092983	9960015
946843	1280029	10999897	13301103	12209603	14564286	6750819	7931743
134007	116952	2638160	2590647	2836938	2676874	2165326	1971281
7755	8007	7447	8948	22322	22015	8473	10436
946750	1279136	10931144	13177863	12150587	14447704	6722652	7872808
80995	52821	1932528	1764044	2113927	1814131	1712660	1431600

15-4 续表

项目 Item		研究与实验发展（R&D）经费内部支出（万元） 按支出用途分 Group by Purpose of 资产性支出 Expenditures for Assets 2021	2022	#仪器和设备 Instruments and Equipment 2021	2022
合计	**Total**	726369	666242	660440	601337
按执行部门分	**By Executive Department**				
科研机构	Scientific Research Institutions	149353	109648	123494	93047
高等院校	Institutions of Higher Education	114221	87147	89746	79573
企业	Enterprises	459753	464058	444629	425244
#规模以上工业企业	Industrial Enterprises Above Designated Size	397010	349525	384465	312222
#规模以上非工业企业	Non-industrial Enterprises Above Designated Size	53732	105323	51448	104054
其他	Others	3041	5389	2572	3474
按行业门类分	**By Sector**				
#规模以上制造业	Manufacturing Above Designated Size	387180	341586	375503	304881
#规模以上信息传输、软件和信息技术服务业	Information Transmission, Software and Information Technology Services Above Designated Size	27824	68743	27149	67920

CONTINUED

Internal（R&D）Expenditures（10 000yuan）							
按资金来源分 Group by Fund Source							
政府资金 Governmental Funds		企业资金 Enterprise Funds		境外资金 Foreign Funds		其他资金 Others	
2021	2022	2021	2022	2021	2022	2021	2022
1352369	1262101	15358699	17413443	26290	29601	84154	99742
497509	439769	52911	37329	206		69157	76982
281361	291417	57324	59022	86	86	13228	21056
561990	516847	15234611	17303764	25998	29513	1770	1698
477378	434311	12123524	14471720	4864	6848	847	932
84612	82536	2804002	2676230	21134	22665	922	766
11510	14068	13853	13328		2		5
474420	432558	12057636	14348994	4864	6848	847	890
33051	24375	2091129	1835261	16679	22665	892	573

15-5 规模以上工业企业研究与试验发展（R&D）及相关活动情况（2022年）

项目 Item		有研究与试验发展（R&D）活动企业数（个） Enterprises with R&D Activities (unit)	研究与试验发展（R&D）人员（人） R&D Personnel (person)	研究与试验发展（R&D）人员折合全时当量（人年） Full-time Equivalent of R&D Personnel	研究与试验发展（R&D）经费内部支出（万元） Internal R&D Expenditures (10 000 yuan)
合计	**Total**	**5727**	**380604**	**300898**	**14913810**
按企业规模分	**By Size of Enterprises**				
大型	Large Enterprises	237	229333	192176	10760056
中型	Medium-sized Enterprises	795	68482	49241	2044933
小型	Small Enterprises	4510	81906	58834	2077440
微型	Micro Enterprises	185	883	648	31382
按隶属关系分	**By Affiliation**				
中央	Central	25	2914	2221	91706
地方	Local	74	5874	4862	381150
其他	Others	5628	371816	293815	14440955
按登记注册类型分	**By Registration Type**				
内资企业	Domestically-invested Enterprises	5036	295879	235069	12270699
港、澳、台商投资企业	Hong Kong, Macao and Taiwan-invested Enterprises	468	59465	47886	1695641
外商投资企业	Foreign-invested Enterprises	223	25260	17943	947470

BASIC INFORMATION ON RESEARCH AND EXPERIMENTAL DEVELOPMENT ACTIVITIES OF INDUSTRIAL ENTERPRISES ABOVE DESIGNATED SIZE (2022)

按活动类型分 Group by Type of Activity			按支出用途分 Group by Purpose of Payment				按资金来源分 Group by Fund Source				新产品销售收入(万元) Sales Income of New Products (10 000 yuan)
基础研究 Basic Research	应用研究 Applied Research	试验发展 Experimental Developme	日常性支出 Routine Expenses	#人员劳务费 Labor Cost	资产性支出 Expenditures for Assets	#仪器和设备 Instruments and Equipment	政府资金 Governmental Funds	企业资金 Enterprise Funds	境外资金 Foreign Funds	其他资金 Others	
332678	**1280029**	**13301103**	**14564286**	**7931743**	**349525**	**312222**	**434311**	**14471720**	**6848**	**932**	**154008252**
330843	1222618	9206595	10536502	5945556	223554	191087	305639	10448386	5829	202	98520851
1129	38277	2005527	1983398	1033896	61535	58588	92480	1951503	636	314	24786287
706	18236	2058498	2013494	944107	63946	62067	36096	2040545	383	415	30135975
	899	30483	30892	8183	490	480	97	31285			565139
502	632	90571	83461	42416	8245	7667	3688	88018			986853
10297	6981	363872	378639	183255	2511	2468	1242	379908			9838911
321880	1272416	12846660	14102185	7706072	338769	302086	429382	14003793	6848	932	143182489
298003	1205463	10767233	12056704	6655632	213995	180181	402327	11866103	1488	781	91382417
229	15935	1679478	1661234	872348	34408	33228	8796	1681567	5128	150	42366861
34447	58631	854392	846348	403763	101123	98813	23189	924050	232		20258975

15-6 规模以上工业企业研究与试验发展（R&D）及相关活动情况（按行业分）（2022年）

项目	Item	有研究与试验发展（R&D）活动企业数（个）Enterprises with R&D Activities (unit)
采矿业	Total	4
石油和天然气开采业	Mining and Quarrying	1
开采专业及辅助性活动	Extraction of Petroleum and Natural Gas	3
制造业	Manufacturing	5696
农副食品加工业	Processing of Food from Agriculture Products	7
食品制造业	Manufacture of Foods	8
酒、饮料和精制茶制造业	Manufacture of Wine, Beverage and Refined Tea	4
烟草制品业	Manufacture of Cigarettes and Tobacco	15
纺织业	Manufacture of Textile	18
纺织服装、服饰业	Manufacture of Textile Wearing Apparel and Ornament	30
皮革、毛皮、羽毛及其制品和制鞋业	Manufacture of Leather, Fur, Feather and Its Products, and Footwear	9
木材加工和木、竹、藤、棕、草制品业	Processing of Timbers, Manufacture of Wood, Bamboo, Rattan, Palm, and Straw Products	5
家具制造业	Manufacture of Furniture	11
造纸和纸制品业	Manufacture of Paper and Paper Products	23
印刷和记录媒介复制业	Printing, Reproduction of Recording Media	52
文教、工美、体育和娱乐用品制造业	Manufacture of Articles for Culture,Education, Artwork, Sport and Entertainment Activities	64
石油、煤炭及其他燃料加工业	Processing of Petroleum, Coal and Other Fuels Nuclear Fuel	3
化学原料和化学制品制造业	Manufacture of Raw Chemical Materials and Chemical Products	117
医药制造业	Manufacture of Medicines	77
化学纤维制造业	Manufacture of Chemical Fibers	
橡胶和塑料制品业	Manufacture of Rubber and Plastics Products	310
非金属矿物制品业	Manufacture of Non-Metallic Mineral Products	58
黑色金属冶炼和压延加工业	Smelting and Pressing of Ferrous Metals	4
有色金属冶炼和压延加工业	Smelting and Pressing of Non-Ferrous Metals	27
金属制品业	Manufacture of Fabricated Metal Products	220
通用设备制造业	Manufacture of General-Purpose Machinery	436
专用设备制造业	Manufacture of Special-Purpose Machinery	680
汽车制造业	Manufacture of Motor Vehicles	48
铁路、船舶、航空航天和其他运输设备制造业	Manufacture of Railway Locomotives, Building of Ships and Boats, Manufacture of Air and Spacecrafts and Other Transportation Equipment	48
电气机械和器材制造业	Manufacture of Electrical Machinery and Equipment	908
计算机、通信和其他电子设备制造业	Manufacture of Computers, Communication Equipment and Other Electronic Equipment	2147
仪器仪表制造业	Manufacture of Measuring Instruments and Meters	302
其他制造业	Other Manufacturing	57
废弃资源综合利用业	Recycling and Disposal of Waste	3
金属制品、机械和设备修理业	Repair of Fabricated Metal Products, Machinery and Equipment	5
电力、热力、燃气及水生产和供应业	Production and Distribution of Electricity,Heating Power, Gas and Water	27
电力、热力生产和供应业	Production and Distribution of Electricity and Heating Power	12
燃气生产和供应业	Production and Distribution of Gas	2
水的生产和供应业	Production and Distribution of Water	13

STATISTICS FOR RESEARCH AND EXPERIMENTAL DEVELOPMENT AND RELATED ACTIVITIES OF INDUSTRIAL ENTERPRISES ABOVE DESIGNATED SIZE (BY SECTOR) (2022)

研究与试验发展（R&D）人员（人）R&D Personnel (person)	研究与试验发展（R&D）人员折合全时当量（人年）Full-time Equivalent of R&D Personnel (person-year)	研究与试验发展（R&D）经费内部支出（万元）Internal R&D Expenditures (10 000 yuan)	按活动类型分 Group by Type of Activity		
			基础研究 Basic Research	应用研究 Applied Research	试验发展 Experimental Development
681	334	49085	387		48698
410	155	41811			41811
271	179	7273	387		6886
377749	298905	14789290	332291	1279136	13177863
161	110	5702			5702
247	132	3886			3886
206	103	5244			5244
325	171	10068	101		9968
493	366	11265			11265
1648	1281	36738			36738
1200	831	11683			11683
110	64	4383			4383
217	185	3182			3182
514	291	7361			7361
1905	1515	49968		5627	44341
2351	1649	32924		40	32884
28	21	885			885
2677	1988	74842	367	1361	73114
3843	2988	252476	115	2749	249612
7427	5790	143978		615	143363
2190	1685	55407	54	135	55218
134	96	3197			3197
516	406	21170			21170
5675	4200	145982		2387	143594
17425	13334	402422	4524	2107	395790
28292	19483	808365		42063	766302
27427	24329	693225			693225
1334	830	28182			28182
30485	22409	868283	274	17864	850145
228017	185229	10795504	323011	1195398	9277095
11112	8262	260613	3845	7579	249188
1642	1078	39831		674	39157
59	35	10999		535	10464
89	44	1528			1528
2174	1659	75436		893	74542
1154	823	34984		893	34091
656	577	31700			31700
364	258	8752			8752

项目	Item	按支出用途分 日常性支出 Routine Expenses
采矿业	Total	47990
石油和天然气开采业	Mining and Quarrying	40907
开采专业及辅助性活动	Extraction of Petroleum and Natural Gas	7082
制造业	Manufacturing	14447704
农副食品加工业	Processing of Food from Agriculture Products	5691
食品制造业	Manufacture of Foods	3877
酒、饮料和精制茶制造业	Manufacture of Wine, Beverage and Refined Tea	4477
烟草制品业	Manufacture of Cigarettes and Tobacco	9859
纺织业	Manufacture of Textile	11090
纺织服装、服饰业	Manufacture of Textile Wearing Apparel and Ornament	36696
皮革、毛皮、羽毛及其制品和制鞋业	Manufacture of Leather, Fur, Feather and Its Products, and Footwear	11676
木材加工和木、竹、藤、棕、草制品业	Processing of Timbers, Manufacture of Wood, Bamboo, Rattan, Palm, and Straw Products	4383
家具制造业	Manufacture of Furniture	3140
造纸和纸制品业	Manufacture of Paper and Paper Products	7296
印刷和记录媒介复制业	Printing, Reproduction of Recording Media	48413
文教、工美、体育和娱乐用品制造业	Manufacture of Articles for Culture,Education, Artwork, Sport and Entertainment Activities	32217
石油、煤炭及其他燃料加工业	Processing of Petroleum, Coal and Other Fuels Nuclear Fuel	885
化学原料和化学制品制造业	Manufacture of Raw Chemical Materials and Chemical Products	72370
医药制造业	Manufacture of Medicines	239731
化学纤维制造业	Manufacture of Chemical Fibers	
橡胶和塑料制品业	Manufacture of Rubber and Plastics Products	139107
非金属矿物制品业	Manufacture of Non-Metallic Mineral Products	53996
黑色金属冶炼和压延加工业	Smelting and Pressing of Ferrous Metals	3142
有色金属冶炼和压延加工业	Smelting and Pressing of Non-Ferrous Metals	21027
金属制品业	Manufacture of Fabricated Metal Products	138949
通用设备制造业	Manufacture of General-Purpose Machinery	391084
专用设备制造业	Manufacture of Special-Purpose Machinery	780228
汽车制造业	Manufacture of Motor Vehicles	690543
铁路、船舶、航空航天和其他运输设备制造业	Manufacture of Railway Locomotives, Building of Ships and Boats, Manufacture of Air and Spacecrafts and Other Transportation Equipment	26090
电气机械和器材制造业	Manufacture of Electrical Machinery and Equipment	842459
计算机、通信和其他电子设备制造业	Manufacture of Computers, Communication Equipment and Other Electronic Equipment	10563873
仪器仪表制造业	Manufacture of Measuring Instruments and Meters	255555
其他制造业	Other Manufacturing	39386
废弃资源综合利用业	Recycling and Disposal of Waste	8941
金属制品、机械和设备修理业	Repair of Fabricated Metal Products, Machinery and Equipment	1528
电力、热力、燃气及水生产和供应业	Production and Distribution of Electricity,Heating Power, Gas and Water	68592
电力、热力生产和供应业	Production and Distribution of Electricity and Heating Power	29266
燃气生产和供应业	Production and Distribution of Gas	31065
水的生产和供应业	Production and Distribution of Water	8261

CONTINUED

研究与实验发展（R&D）经费内部支出（万元） Internal（R&D）Expenditures（10 000 yuan）							新产品销售收入（万元） Sales Income of New Products (10 000 yuan)
Group by Purpose of Payment			按资金来源分 Group by Fund Source				
#人员劳务费 Labor Cost	资产性支出 Expenditures for Assets	#仪器和设备 Instruments and Equipment	政府资金 Governmental Funds	企业资金 Enterprise Funds	境外资金 Foreign Funds	其他资金 Others	
21711	1095	899	978	48106			
19802	904	899		41811			
1909	191		978	6295			
7872808	341586	304881	432558	14348994	6848	890	152759859
1356	11	10		5702			44357
1302	9	9	350	3536			60392
2474	767	767		5244			37564
3697	210	195		10068			258670
7175	176	174	70	11195			454661
19291	41	40		36714		23	928102
6458	7	5		11683			250261
1057			112	4271			70779
1550	42	42	74	3108			237064
3438	66	36		7361			186239
22853	1556	1547	180	49789			957186
21010	707	679	210	32714			1136397
328				885			66374
31631	2472	2377	3245	71590		8	1658773
60775	12745	12346	9108	243108		260	1536160
64391	4871	4743	451	143527			2290510
27350	1411	1140	2791	52616			1223031
1982	33	53		3197			132649
4877	143	141	161	21009			596168
51910	7033	6823	3630	142267		85	2382604
238595	11337	10992	17561	384223	637		4219202
423916	28137	27424	15045	793320			9345473
410638	2682	2575	2292	690933			15320479
12071	2092	2084	1416	26746		20	783638
437867	25824	23717	8790	854696	4638	160	15515118
5835702	231631	199879	364397	10429283	1488	336	90260453
161143	5057	4686	2365	258162	85		1990072
16831	445	342	311	39520			757592
518	2058	2057		10999			45548
622				1528			14345
37224	6844	6442	774	74620		41	1248393
13791	5719	5335	342	34601		41	343255
19731	635	618		31700			885220
3702	490	489	433	8319			19918

15-7 规模以上高技术制造业研究与试验发展（R&D）及相关活动情况（2022年）

项目 Item		有研究与试验发展（R&D）活动企业数（个） Enterprises with R&D Activities (unit)
合计	**Total**	**2935**
医药制造业	Manufacture of Medicines	77
#化学药品制造	Manufacture of Chemical Medicine	21
#生物药品制品制造	Manufacture of Biological Medicine and Biochemical Chemical Products	29
航空、航天器及设备制造业	Manufacture of Aircrafts and Spacecrafts	7
电子及通信设备制造业	Manufacture of Electronic Equipment and Communication Equipment	2033
#通信设备制造、雷达及配套设备制造	Manufacture of Communication Equipment，Radar and Matching Equipment	276
#电子器件制造	Manufacture of Electronic Appliances	545
#电子元件及电子专用设备制造	Manufacture of Electronic Components	457
计算机及办公设备制造业	Manufacture of Computers and Office Equipments	372
医疗仪器设备及仪器仪表制造业	Manufacture of Medical Equipments and Meters	446
#医疗仪器设备及器械制造	Manufacture of Medical Equipment and Appliances	170
#通用仪器仪表制造	Manufacture of Measuring Instrument and Meter	166
信息化学品制造业	Manufacture of Information Chemicals	

STATISTICS FOR RESEARCH AND EXPERIMENTAL DEVELOPMENT AND RELATED ACTIVITIES OF HIGH-TECH MANUFACTURING ABOVE DESIGNATED SIZE(2022)

研究与试验发展（R&D）人员（人） R&D Personnel (person)	研究与试验发展（R&D）人员折合全时当量（人年） Full-time Equivalent of R&D Personnel (person-year)	研究与试验发展（R&D）经费内部支出（万元） Internal R&D Expenditures (10 000 yuan)	新产品开发经费（万元） Expenditure on New Products Development (10 000 yuan)	新产品销售收入（万元） Sales Income of New Products (10 000 yuan)	专利申请数（件） Number of Patent Applications (piece)	#发明专利 Invention Patent	有效发明专利数（件） Number of Effective Inventions (piece)
263439	**211296**	**11943206**	**19097990**	**103807761**	**95500**	**57341**	**261674**
3843	2988	252476	302612	1536160	937	544	2003
1658	1273	81067	100097	428133	350	306	554
1236	933	115684	134352	352048	253	154	592
167	100	6154	11964	15567	43	18	443
220900	179760	10418095	16740996	88837378	78638	51516	238725
146126	125635	8051952	12733545	49345520	42700	37689	191582
22504	16087	923921	1533518	10731729	10352	5283	27191
20466	15325	533695	809421	9242833	6245	2164	5750
16781	12713	610701	931001	7958944	6907	1707	10891
21748	15735	655781	1111419	5459712	8975	3556	9612
11200	7865	404462	708257	3666453	5212	2385	6026
6742	5082	155339	249747	1242545	2291	721	2365

主要统计指标解释

研究与试验发展(R&D)　指为增加知识存量(也包括有关人类、文化和社会的知识)以及设计已有知识的新应用而进行的创造性、系统性工作，包括基础研究、应用研究和试验发展三种类型。国际上通常采用R&D活动的规模和强度指标反映一国的科技实力和核心竞争力。

基础研究　指一种不预设任何特定应用或使用目的的实验性或理论性工作，其主要目的是为获得(已发生)现象和可观察事实的基本原理、规律和新知识。其成果通常表现为提出一般原理、理论或规律，并以论文、著作、研究报告等形式为主。

应用研究　指为获取新知识，达到某一特定的实际目的或目标而开展的初始性研究。应用研究是为了确定基础研究成果的可能用途，或确定实现特定和预定目标的新方法。其研究成果以论文、著作、研究报告、原理性模型或发明专利等形式为主。

试验发展　指利用从科学研究、实际经验中获取的知识和研究过程中产生的其他知识，开发新的产品、工艺或改进现有产品、工艺而进行的系统性研究。其研究成果以专利、专有技术，以及具有新颖性的产品原型、原始样机及装置等形式为主。

R&D人员　指报告期R&D活动单位中从事基础研究、应用研究和试验发展活动的人员。包括直接参加上述三类R&D活动的人员，以及与上述三类R&D活动相关的管理人员和直接服务人员，即直接为R&D活动提供资料文献、材料供应、设备维护等服务的人员。不包括为R&D活动提供间接服务的人员，如餐饮服务、安保人员等。

R&D人员全时当量　指报告期R&D人员按实际从事R&D活动时间计算的工作量，以“人年”为计量单位。为国际上比较科技人力投入而制定的可比指标。

R&D经费支出　指报告期调查单位内部为实施R&D活动而实际发生的全部经费，按支出性质分为日常性支出和资产性支出。不包括调查单位委托其他单位或与其他单位合作开展R&D活动而转拨给其他单位的全部经费。

R&D经费支出中政府资金　指R&D经费支出中来自于各级政府财政的各类资金，包括财政科学技术支出和财政其他功能支出的资金用于R&D活动的实际支出。

R&D经费支出中企业资金　指R&D经费支出中来自于企业的各类资金。对企业而言，企业资金指企业自有资金、接受其他企业委托开展R&D活动而获得的资金，以及从金融机构贷款获得的开展R&D活动的资金；对科研院所、高校等事业单位而言，企业资金是指因接受从企业委托开展R&D活动而获得的各类资金。

新产品销售收入　指报告期企业销售新产品实现的销售收入。新产品是指采用新技术原理、新设计构思研制、生产的全新产品，或在结构、材质、工艺等某一方面比原有产品有明显改进，从而显著提高了产品性能或扩大了使用功能的产品。既包括经政府有关部门认定并在有效期内的新产品，也包括企业自行研制开发，未经政府有关部门认定，从投产之日起一年之内的新产品。

专利　是专利权的简称，是对发明人的发明创造经审查合格后，由国家知识产权局依据专利法授予发明人和设计人对该项发明创造享有的专有 权。包括发明、实用新型和外观设计。反映拥有自主知识产权的科技和设计成果情况。

发明(专利)　指对产品、方法或者其改进所提出的新的技术方案。是国际通行的反映拥有自主知识产权技术的核心指标。

Explanatory Notes on Main Statistical Indicators

Research and Experimental Development (R&D) refers to creative and systematic work undertaken in order to increase the stock ofknowledge (including knowledge ofhumankind,cultureand society)and to devise new applications of available knowledge.R&D includes 3 categories of activities:basic research,applied research and experimental development.The scale and intensity ofR&D are widely used internationally to reflect the strength of S&T and the core competitiveness of a country in the world.

Basic Research refers toexperimental or theoretical work undertaken primarily to acquire new knowledge of the underlying foundations of phenomena and observable facts,without any particular application or use in view.Basic research usually formulates hypotheses,theories or laws,and its results are mainly released or disseminated in the form of scientific papers or monographs or research reports.

Applied Research refers to original investigation undertaken in order to acquire new knowledge.It is directed primarily towards a specific, practical aim or objective.Purpose of the applied research is to identify the possible uses of results from basic research, or to explore new (fundamental)methods or new approaches.Results of applied research are expressed in the form of scientific papers, monographs, fundamental models or invention patents.

Experimental Development refers to systematic work,drawing on knowledge gained from research and practical experience and producing additional knowledge,which is directed to producing new products or processes or to improving existing products or processes.Results of experimental development activities are embodied in patents, exclusive technology, andmonotype ofnew products or equipment.

R&D Personnel refer to persons of R&D activities units engaged in basic research,applied research,and experimental development at the reference period, including persons ofdirectly participating in the three activities above, as well as management and direct service staffrelated to R&D activities,such as literature provision,material supply, equipment maintenance staff, it excludes persons providing indirect support and ancillary services, such as canteen and security staff.

Full-time Equivalent of R&D Personnel refers to the ratio of working hours actually spent on R&D during a specific reference period (usually a calendar year)divided by the total number of hours conventionally worked in the same period by an individual or by a group.The measurement unit of the ratio is"man-years".This is an internationally comparable indicator of S&T manpower input.

Expenditure on R&D refers to the real expenditure of surveyed units on their own R&D activities in reporting period.It is divided into current expenditures and gross fixed capital expenditures for R&D according to the nature of expenditure.It doesn't include the fees transferred to cooperated or entrusted agencies on R&D activities.

Expenditure on R&D from Government Funds refers to th expenditure of funds on R&D activities from government agencies at different levels,including appropriate funds on science and technology from financial departments,and the real expenditure of other fiscal functional funds on R&D activities from government agencies.

Expenditureon R&D from Enterprises Funds refers to the expenditure of all kinds of funds on R&D activities from enterprises.In terms of enterprises,it refers to the expenditure of self-raised funds of enterprises,funds from other

Enterprises through entrustment,loans from financial institutions on R&D activities.In terms of public institutions, such as institution of scientific research and universities,it refers to the expenditure of funds from enterprises through entrustment.

Sales Income of New Products refers to the sales income of new products of the enterprises at the reference period. New products refer to products developed and produced with new technologies and designs or improved in structure, material, process or other aspects so that their performance are improved or their functions expanded.New products include those affirmed by government authorities in their validity period and also those developed by enterprises without the affirmation of government authorities within one year after they are put into production.

Patent is an abbreviation for the patent right and refers to the exclusive right of ownership by the inventors or designers for the creation or inventions,given from the China National Intellectual Property Administration after due process of assessment and approval in accordance with the Patent Law.Patents are granted for inventions,utility models and designs.This indicator reflects the achievements of S&T and design with independent intellectual property.

Patented Inventions refer to new technical proposals to the products or methods or their modifications.This is universal core indicator reflecting the technologies with independent intellectual property.

16 第十六部分

文化和教育

CULTURE AND EDUCATION

CHAPTER

16-1　各级各类学校数
NUMBER OF SCHOOL BY LEVEL AND TYPE

单位：所 (unit)

年 份 Year	普通高等学校 Institutions of Higher Education	中等职业学校 Vocational Secondary Schools	普通中学 Regular Secondary Schools	小 学 Primary Schools	幼儿园 Kindergartens
1979			24	226	90
1980			24	238	52
1981			26	244	32
1982			28	246	50
1983	1		30	248	69
1984	2		35	260	87
1985	2		38	258	79
1986	2		40	257	273
1987	2		43	255	187
1988	2		47	257	195
1989	2		47	264	207
1990	2		49	263	228
1991	2		51	260	257
1992	2		53	261	282
1993	3		51	267	281
1994	3		56	269	333
1995	2		62	274	349
1996	2		71	274	380
1997	2		73	275	446
1998	2		78	286	488
1999	2		83	325	560
2000	2		94	353	562
2001	3		107	377	588
2002	9		132	395	634
2003	9	25	179	376	656
2004	9	16	216	378	699
2005	9	16	245	358	744
2006	9	13	260	357	758
2007	8	13	273	347	819
2008	8	13	277	342	865
2009	8	13	285	346	974
2010	8	13	295	340	1040
2011	9	13	299	334	1093
2012	10	15	302	333	1186
2013	10	15	314	335	1313
2014	10	16	325	331	1402
2015	12	15	335	334	1489
2016	12	15	352	337	1579
2017	12	15	368	342	1683
2018	13	15	390	344	1771
2019	13	15	417	340	1836
2020	14	15	435	347	1881
2021	14	15	475	343	1896
2022	14	16	521	353	1935

注：根据教育部的统一要求及深圳实际，将普通中专、成人中专和职业高中合并统称为中等职业教育。该指标由于深圳市布局调整的原因产生了波动。

Note: According to unified requirements of the Ministry of Education and the actual situation of Shenzhen,the index,vocational secondary educa-tion was mergered by technical secondary school, specialized secondary schools for adults and vocational senior secondary schools. This index was fluctuated by layout adjusting in shenzhen.

16-2 各级各类学校教职工数

STAFF AND WORKERS BY LEVEL AND TYPE OF SCHOOL

单位：人 (person)

年 份 Year	普通高等学校 Institutions of Higher Education	中等职业学校 Vocational Secondary Schools	普通中学 Regular Secondary Schools	小 学 Primary Schools	幼儿园 Kindergartens
1986	816		2871	3632	
1987	972		3182	3959	1616
1988	1034		3455	4302	1558
1989	1393		3758	4596	1969
1990	1348		3920	5061	2267
1991	1381		4308	5388	2716
1992	1405		4650	5768	3113
1993	1536		5106	6337	4154
1994	2753		5589	7129	5294
1995	1187		6063	7666	5929
1996	1331		6669	8702	6817
1997	1430		7079	9148	8328
1998	1649		7369	9786	9761
1999	1819		7886	11449	11605
2000	1902		8739	14697	12787
2001	2165		9763	17370	14515
2002	3369		11662	20621	16483
2003	3820	2029	13379	23382	17778
2004	4421	1758	15401	25460	19345
2005	5025	1733	18713	30194	21376
2006	4995	1712	20500	31748	23167
2007	5458	1711	23191	33985	25711
2008	5796	1791	26044	35816	28483
2009	6149	1868	27577	36203	33156
2010	6042	2077	28874	37167	38693
2011	6260	2184	45293	23624	42837
2012	6823	2739	47733	24805	46617
2013	7603	2790	50332	25476	52400
2014	8057	3023	53254	26792	57021
2015	9061	3136	57146	28157	62813
2016	9741	3296	62164	29842	68017
2017	11242	3447	67423	31098	74366
2018	13948	3505	74992	32665	78890
2019	14875	3584	81855	33069	82647
2020	17276	3767	87758	33573	86711
2021	20850	3985	97258	33642	91756
2022	21668	4282	104037	34916	93976

注： 根据全国教育事业统计口径，2014年起九年一贯制学校教职工纳入初中阶段学校统计；十二年一贯制学校、完全中学学校教职工纳入普通高中阶段学校统计。

Note:According to the statistical scope of national education, from 2014, the numbers of 9-Year Schools'educational personnel is included in senior secondary education; the numbers of 12-Year Schools and their educational personnel are included in senior secondary education.

16-3 各级各类学校专任教师数

FULL-TIME TEACHERS BY LEVEL AND TYPE OF SCHOOL

单位：人 (person)

年 份 Year	普通高等学校 Institutions of Higher Education	中等职业学校 Vocational Secondary Schools	普通中学 Regular Secondary Schools	小 学 Primary Schools	幼儿园 Kindergartens
1979			752	1588	
1980			625	1763	159
1981			676	1948	141
1982			860	1954	259
1983	80		1044	2025	365
1984	162		1372	2282	575
1985	288		1902	2749	483
1986	406		2138	2977	573
1987	468		2376	3265	1005
1988	524		2603	3571	937
1989	533		2771	3810	1193
1990	484		2915	4221	1317
1991	533		3255	4514	1451
1992	493		3533	4832	1698
1993	535		3892	5342	2288
1994	978		4290	6015	2745
1995	629		4675	6429	3202
1996	747		5004	7046	3665
1997	793		5276	7567	4613
1998	865		5502	7940	5257
1999	1049		5935	8914	6092
2000	1170		6596	11550	7234
2001	1295		7224	13254	7690
2002	2080		8643	15763	8893
2003	2341	1392	9989	17920	9539
2004	2572	1215	11625	19660	10670
2005	2796	1216	14196	23866	11973
2006	2905	1234	15678	25203	12815
2007	3139	1251	17846	27209	14381
2008	3293	1282	20091	28540	15761
2009	3592	1330	21335	28906	18133
2010	3550	1534	22417	29769	20786
2011	3528	1638	23897	31186	21627
2012	3889	1948	25807	33496	24154
2013	4184	2070	27048	35546	26803
2014	4462	2279	28320	39115	28782
2015	4826	2395	29252	42630	31704
2016	5092	2511	30674	46975	33746
2017	5572	2636	32590	50805	36904
2018	6644	2694	35544	55160	38431
2019	6999	2747	38361	58511	39912
2020	8047	2888	41554	60900	40348
2021	8426	2886	45870	63640	42408
2022	8840	2962	50408	66513	43597

注：根据全国教育事业统计口径，2013年开始小学专任教师含九年一贯制学校、十二年一贯制学校小学部的专任教师；初中专任教师含九年一贯制学校、十二年一贯制学校初中部专任教师；高中专任教师含十二年一贯制学校、完全中学学校高中部专任教师。

Note: According to the statistical scope of national education, from 2013, the numbers of fulltime teachers from primary department of 9-Year Schools and 12-Year Schools is included in the number of Primary Schools' fulltime teachers; the numbers of fulltime teachers from junior secondary department of 9-Year Schools and 12-Year Schools is included in the number of Junior Secondary schools' fulltime teachers; the numbers of fulltime teachers from senior secondary department of 12-Year Schools and Secondary Schools(From Grade7-12) is included in the number of Senior Secondary schools' fulltime teachers.

16-4 各级各类学校在校学生数
STUDENTS ENROLLMENT BY LEVEL AND TYPE OF SCHOOL

单位：人 (person)

年 份 Year	普通高等学校 Institutions of Higher Education	中等职业学校 Vocational Secondary Schools	普通中学 Regular Secondary Schools	小 学 Primary Schools	幼儿园 Kindergartens
1979		80	13686	47022	4587
1980		142	12296	49168	3377
1981		133	13088	51560	5074
1982		262	17080	54538	7723
1983	216	466	20982	56319	9252
1984	1236	2009	27636	62021	12140
1985	3206	3766	35334	70277	14338
1986	3478	5225	40208	77884	22703
1987	4330	7257	44910	84601	26072
1988	4710	9696	43267	96474	27106
1989	4419	10252	45056	104041	34781
1990	3964	11478	46473	111711	36041
1991	3779	10654	50625	118460	43877
1992	3653	11766	55857	127978	49985
1993	3680	12353	60337	139272	56024
1994	4227	12954	66073	147186	63316
1995	5291	13393	71540	157210	62571
1996	6493	13999	76949	170983	68769
1997	7601	14790	82155	190192	71378
1998	8497	14386	86009	215652	77623
1999	10568	20385	91260	256060	88322
2000	14123	18764	106996	313852	93164
2001	18743	18013	126190	363657	103083
2002	26778	17047	150654	415097	110390
2003	32106	17010	179628	469684	123856
2004	41251	18833	211224	526419	135019
2005	45314	21598	240508	566278	147672
2006	51220	24779	256630	564891	152330
2007	58910	25978	279180	575160	169496
2008	64675	27706	298939	585852	191222
2009	66952	28604	316024	589481	221182
2010	67324	29731	334752	618459	260873
2011	70004	29336	346942	651307	285146
2012	75570	32067	359643	683058	316929
2013	82401	33618	371735	730232	368937
2014	87674	36870	378690	793178	399014
2015	90511	38145	385221	864841	438498
2016	91883	39665	396455	910974	463319
2017	96702	39234	417641	964510	504955
2018	103829	38922	448004	1027969	524193
2019	113214	39442	477390	1068992	545032
2020	136184	39134	517630	1091179	559674
2021	145181	40186	563174	1133041	597569
2022	155264	41829	616320	1166852	591691

16-5 各级各类学校招生数

NEW STUDENTS ENROLLMENT BY LEVEL AND TYPE OF SCHOOL

单位：人 (person)

年 份 Year	普通高等学校 Institutions of Higher Education	中等职业学校 Vocational Secondary Schools	普通中学 Regular Secondary Schools	小 学 Primary Schools	幼儿园 Kindergartens
1979			5612	8978	
1980			5344	9064	
1981			5046	9978	
1982			7401	9561	
1983	216		8142	8936	
1984	473		10053	9700	8734
1985	1482		12954	11876	10148
1986	1173		12826	14269	10932
1987	1573		15121	15191	9344
1988	1378		12583	17235	8369
1989	1228		16654	18525	15273
1990	1041		17034	19122	17494
1991	1126		17956	19634	28493
1992	1070		21242	22129	32847
1993	1309		22417	26333	37035
1994	1664		24286	27860	26213
1995	2134		26463	31198	35630
1996	2470		27752	33692	37869
1997	2580		29773	37306	33906
1998	3078		31286	41824	32822
1999	4211		34380	55876	39019
2000	6522		41980	64265	39392
2001	7239		48533	72220	50354
2002	10210		58847	81107	40523
2003	11915	6108	69711	88203	51989
2004	14455	7430	79359	96554	54735
2005	15044	8913	92305	101274	58658
2006	17916	9071	94866	95359	57007
2007	19396	8439	102093	98106	63442
2008	20578	10198	111454	98525	71062
2009	20488	10051	113516	103166	87747
2010	20330	9610	120335	118028	110977
2011	22914	10223	123382	128091	118843
2012	25794	12233	127983	137276	122138
2013	27613	12076	131160	147097	143792
2014	28062	13628	130769	162498	174195
2015	27653	13691	135326	172097	159728
2016	28523	13964	143681	173804	173978
2017	31390	13005	152395	181516	202474
2018	33662	12875	164088	206327	193675
2019	38045	13835	174054	203957	179844
2020	52394	12504	193241	190742	187135
2021	43171	14144	208778	204514	192791
2022	45551	15507	226576	204997	175744

16-6 各级各类学校毕业生数
GRADUATES BY LEVEL AND TYPE OF SCHOOL

单位：人 (person)

年 份 Year	普通高等学校 Institutions of Higher Education	中等职业学校 Vocational Secondary Schools	普通中学 Regular Secondary Schools	小 学 Primary Schools	幼儿园 Kindergartens
1984			4677	8505	6710
1985			7468	10669	7824
1986			9169	11481	9892
1987	1028		11401	14411	7529
1988	828		14305	8821	7741
1989	1491		13388	12947	13090
1990	1334		13914	13363	13848
1991	1191		11885	14428	23140
1992	1187		14035	16555	27126
1993	1203		14739	17685	30000
1994	1064		15345	19010	17749
1995	1143		17617	20876	33187
1996	1210		18891	21030	25889
1997	1474		20215	22095	32459
1998	2126		23651	23871	26560
1999	2146		23179	27040	35545
2000	2382		24874	33219	39917
2001	2779		28424	38987	44157
2002	3927		32503	47025	43912
2003	4740	5141	40200	55017	48797
2004	6282	5680	48061	62032	49575
2005	9007	5429	58363	75517	54204
2006	12413	5325	66047	81554	58421
2007	13568	6836	71162	84734	59134
2008	13635	8227	80616	88805	65231
2009	17230	8659	85599	91176	72451
2010	18003	8083	92053	91909	76909
2011	18311	9075	100845	92979	78547
2012	18327	9519	105384	99359	100648
2013	18618	8937	109616	98650	118688
2014	21187	9593	112233	97928	131220
2015	23397	11413	118481	100181	149862
2016	25473	11449	121304	111008	154655
2017	25279	12205	119643	119948	168600
2018	27935	12743	124106	130388	189124
2019	25926	12861	132870	139895	185842
2020	28033	12057	141955	150726	192007
2021	28512	12519	151558	155758	192965
2022	33847	13448	163312	161004	199375

16-7　文化事业（2012-2022年）
CULTURAL INSTITUTIONS（2012-2022）

	项 目 Item	2012	2013	2014	2015	2016	2017	2018	2019	2020	2021	2022
群众艺术、文化馆(座)	Art and Cultural Centers(unit)	8	8	8	8	8	8	8	8	10	10	10
公共图书馆(座)	Public Libraries (unit)	641	633	625	620	623	638	650	674	710	733	779
公共图书馆总藏量（万册）	Collection of Public Libraries(10 000 books)	2696	2854	3063	3282	3604	4075	4296	4576	4923	5708	6052
博物馆、纪念馆(座)	Museums (unit)	28	37	41	41	46	47	50	52	55	57	61
广播电台(座)	Broadcasting Stations (unit)	1	1	1	1	1	1	1	1	1	1	1
电视台(座)	Television Stations (unit)	2	2	2	2	2	2	2	2	2	2	2
广播人口覆盖率(%)	Listener Rating(%)	100	100	100	100	100	100	100	100	100	100	100
电视人口覆盖率(%)	Viewer Rating(%)	100	100	100	100	100	100	100	100	100	100	100

主要统计指标解释

普通高等学校 指按照国家规定的设置标准和审批程序批准举办，通过全国普通高等教育统一招生考试，招收高中毕业生为主要培养对象，实施高等学历教育的全日制大学、独立设置的学院和高等专科学校、高等职业学校和其他机构。

中等职业教育学校 指按国家规定的设置标准和审批程序批准成立的实施中等职业教育的学校（机构），包括原属普通中等专业学校、成人中等专业学校、职业高中及技工院校。

图书馆总藏量 指已编目的古籍、图书、期刊和报纸的合订本、小册子、手稿以及缩微 制品、录像带、录音带、光盘等视听文献资料数量之和。

Explanatory Notes on Main Statistical Indicators

Reguiar Institutions of Higher Education refer to educational establishments set up according to government standards and evaluation and approval procedures, mainly enrolling graduates from senior secondary schools through uniform national matriculation examinations and providing higher education. such institutions include full-time universities, independent colleges, technical colleges, professional colleges ,and other institutions.

Vocational Secondary Schools refer to schools (institutions) approved for the implementation of secondary vocational education in accordance with the national standards and approval procedures, including ordinary secondary vocational schools,adult secondary vocational schools, vocational high schools, and technical colleges.

Collection of Public Libraries refer to the sum of the compiled volumes,pamphlets,manuscripts,as well as audio-visual materials such as microfilms, videotapes, audio tapes, CDs, etc. Of ancient books, books, journals, and newspapers that have been cataloged.

17 第十七部分

卫生、社会保障和社会福利业

PUBLIC HEALTH,SOCIAL SECURITY AND SOCIAL WELFARE

CHAPTER

17-1 卫生事业

PUBLIC HEALTH

年 份 Year	一、医疗卫生机构数合计（个） Health Care Institutions (unit)	1.医院合计 Total Hospitals	#综合医院 General Hospitals	2. 疗养院 Sanatoriums	3.门诊部、私人诊所、企事业内部医务室 Outpatient Departments, Private Clinic and Clinic in Enterprises	4.专科疾病防治院 Specialized Prevention & Treatment Stations	5.疾病预防控制中心（卫生防疫站） Disease Prevention and Control Centers (Antiepidemic Stations)
1979	62	25	25		31	1	1
1980	74	24	24		44	1	1
1981	77	24	24		47	1	1
1982	121	26	26		87	1	2
1983	128	30	28		91	1	2
1984	150	29	26		109	2	6
1985	215	31	27		169	2	6
1986	297	32	28	1	243	2	7
1987	311	34	30	1	253	2	7
1988	308	35	30	1	249	4	6
1989	332	35	29	1	271	5	6
1990	354	38	32	1	291	4	6
1991	360	41	35	1	293	4	6
1992	397	45	37	1	326	4	6
1993	400	45	37	1	324	3	8
1994	496	48	38	1	416	3	8
1995	506	63	53	1	407	6	8
1996	1422	65	54	1	1314	7	8
1997	1126	72	59	1	1011	7	8
1998	899	72	59	1	784	7	8
1999	687	71	58	1	574	7	7
2000	683	72	59	1	568	4	7
2001	723	75	62	1	600	4	7
2002	761	77	62	1	638	5	7
2003	893	85	68	1	759	5	7
2004	856	87	71	1	706	6	7
2005	1063	97	78	1	902	7	7
2006	1692	99	80	1	1529	7	7
2007	1781	101	81	1	1615	7	7
2008	1806	100	79	1	1638	7	7
2009	1963	101	79	1	1794	7	7
2010	1827	107	79	1	1651	7	7
2011	1854	110	78	1	1676	7	8
2012	2008	115	80	1	1823	7	9
2013	2228	117	79	1	2038	8	10
2014	2532	122	80	1	2338	8	11
2015	2946	123	77	1	2751	8	11
2016	3339	134	78	1	3114	8	11
2017	3492	135	77	1	3238	8	10
2018	3806	139	78	1	3544	8	10
2019	4459	144	76	1	4123	8	10
2020	4686	144	76	1	4316	7	10
2021	5241	145	78		4849	7	11
2022	5201	151	80		4776	7	11

注：自2002年开始计划生育指导中心、药检所等不记入卫生事业机构中；医生仅统计执业医师与执业助理医师，护士仅统计注册护士，未取得执业证的医师和未注册的护士计入其他卫生技术人员，不得从事医护工作。

Note: The number of health care institutions since 2002 does not include the number of birth-control centers and medicines and chemical reagent test labs. The number of doctors just include licensed doctors and licensed assistant doctors, the number of nurses include registered nurses only.

17-1 续表1 CONTINUED

年 份 Year	一、医疗卫生机构合计(个) Health Care Institutions (unit)			二、床位数(张) Beds (bed)				
	6. 妇幼保健院 Women and Children Care Agencies	7. 医学科学研究机构 Institutions of Medical Science	8. 其他卫生机构 Other Health Care Institutions		1.医院病床 Hospital Beds	(1)综合医院 General Hospitals	(2)专科医院 Specialized Hospitals	2.其他医疗卫生机构 Other Health Care Institutions
1979	1		3	597	597	597		
1980	1		3	643	643	643		
1981	1		3	790	790	790		
1982	1		4	717	717	717		
1983	1		3	1023	1023	965	58	
1984	1		3	1634	1634	1455	179	
1985	1	1	5	1885	1885	1600	285	
1986	5	1	6	2112	2028	1749	279	84
1987	6	2	6	2309	2225	1941	284	84
1988	5	2	6	2580	2496	2086	410	84
1989	5	2	7	2922	2838	2305	533	84
1990	5	2	7	3192	3108	2560	548	84
1991	6	2	7	3582	3498	2847	651	84
1992	6	2	7	4550	4466	3483	983	84
1993	7	4	8	5252	5168	4146	1022	84
1994	7	4	9	6124	6040	4844	1196	84
1995	7	4	10	6724	6640	5351	1289	84
1996	7	4	16	7455	7105	5777	1328	350
1997	7	4	16	8288	7813	6224	1589	475
1998	7	4	16	8899	8353	6760	1593	546
1999	7	4	16	9332	8720	7120	1600	612
2000	7	4	20	10294	9616	7983	1633	678
2001	7	4	25	11159	10542	8919	1623	617
2002	7	3	23	12404	11808	10019	1789	596
2003	7	3	26	13588	12607	10818	1789	981
2004	7	3	39	15069	14186	12125	2061	883
2005	7	3	39	16824	15577	13332	2245	1247
2006	7	3	39	17553	16193	13946	2247	1360
2007	7	3	40	18086	16766	14325	2441	1320
2008	7	3	43	19913	18435	15482	2953	1478
2009	7	3	43	21399	19872	16517	3355	1527
2010	7	3	44	22842	21166	17474	3692	1676
2011	7	3	42	24079	22322	18202	4120	1757
2012	7	3	43	27984	26124	21294	4830	1860
2013	9	3	42	29261	27079	22096	4983	2182
2014	10	3	39	31042	28853	23061	5792	2189
2015	10	3	39	33771	31425	24361	7064	2346
2016	10	3	58	41512	38124	28815	9309	3388
2017	10	2	88	43868	39899	29449	10450	3969
2018	10	1	93	47551	43569	32216	11353	3982
2019	10	1	162	51318	47366	34219	13147	3952
2020	10	1	197	62904	57642	39517	18125	5262
2021	11		218	63990	58795	40029	11983	5159
2022	11		245	65720	60643	41422	12283	5077

年份 Year	三、卫生工作人员数（人） Medical Personnel (person)	1. 卫生技术人员 Medical Technical Personnel	(1)执业医师 Licensed Doctors	#执业中医师 Licensed Doctors of Chinese Medicine	(2)执业助理医师 Licensed Assistant Doctors	#中医执业助理医师 Licensed Assistant Doctors of Traditional Chinese Medicine
1979	1214	988	364	96		
1980	1335	1088	438	88		
1981	1514	1270	518	98		
1982	1967	1609	708	116		
1983	2910	2343	1073	141		
1984	3869	3064	1484	171		
1985	4861	3857	1862	243		
1986	5800	4657	2217	304		
1987	6354	5117	2408	341		
1988	7115	5715	2754	374		
1989	7923	6451	3103	433		
1990	8619	6996	3426	463		
1991	9405	7618	3737	503		
1992	10643	8571	4247	579		
1993	12261	9888	4798	650		
1994	13853	11034	5347	739		
1995	15591	12449	6050	823		
1996	17925	14652	7266	1292		
1997	18553	14932	7400	1122		
1998	18707	14975	7191	928		
1999	18841	15143	7062	879		
2000	19691	15720	7418	919		
2001	21362	17135	8097	958		
2002	23100	18615	7853	865	407	28
2003	26178	21234	8909	939	530	41
2004	28593	22895	9846	1015	521	42
2005	31577	25681	10961	1134	658	45
2006	53441	43266	16238	1548	1347	110
2007	59170	46877	17450	1625	1335	121
2008	63488	50608	18807	1873	1366	93
2009	67028	53778	19963	2017	1425	155
2010	67678	54081	20122	2151	1109	85
2011	71969	58059	21517	2230	1140	89
2012	76684	61961	22831	2649	1111	124
2013	82105	65782	24221	2911	1137	284
2014	86535	69936	25728	3069	1130	103
2015	92682	74884	27834	3452	1173	119
2016	96955	78826	29300	3616	1259	115
2017	104363	85282	31838	4079	1460	148
2018	114882	93660	34747	4630	1574	172
2019	125096	102788	38519	5277	1796	212
2020	130324	106261	40757	5657	1819	219
2021	139781	113284	43728	6326	1894	243
2022	145248	118273	45260	6467	1974	235

17-1　续表3　CONTINUED

年 份 Year	三、卫生工作人员数（人）Medical Technical Persomnel （person）				
	1. 卫生技术人员 Medical Personnel				2.其他技术人员 Other Technical Personnel
	(3)注册护士 Registered Nurses	(4) 药剂人员 Pharmacists	(5) 检验人员 Laboratory Technicians	(6) 其他 Others	
1979	138	22	32	432	
1980	186	31	41	392	13
1981	237	46	48	421	15
1982	323	76	60	442	5
1983	551	121	91	507	21
1984	716	173	125	566	41
1985	997	222	158	618	29
1986	1246	260	211	723	44
1987	1450	292	257	710	48
1988	1734	409	283	535	86
1989	1971	431	321	625	85
1990	2145	475	355	595	118
1991	2372	539	365	605	156
1992	2705	630	375	614	183
1993	3225	744	464	657	169
1994	3625	823	538	701	318
1995	4034	906	612	847	386
1996	4654	1005	664	1063	427
1997	4828	1063	708	933	519
1998	5025	1111	760	888	502
1999	5230	1108	812	931	614
2000	5425	1130	847	900	689
2001	5945	1194	871	1028	605
2002	6635	1292	965	1463	800
2003	7321	1499	1085	1890	1056
2004	7975	1569	1219	1765	1243
2005	8981	1710	1362	2009	1191
2006	16583	2796	2340	3962	2117
2007	17869	2876	2190	5157	1974
2008	19339	2979	2382	5735	2072
2009	21008	3046	2578	5758	2171
2010	21866	2896	2486	5602	2213
2011	23987	3021	2615	5779	2232
2012	25931	3143	2652	6293	2192
2013	28035	3343	3022	6024	2592
2014	29723	3469	3086	6800	2779
2015	31717	3607	3216	7337	2933
2016	34065	3644	3364	7194	3998
2017	36389	3842	3517	8236	4514
2018	40309	4029	3739	9262	5569
2019	44273	4210	3934	10056	6335
2020	46202	4316	4117	9050	8456
2021	49597	4543	4264	9258	9692
2022	51569	4641	4676	10153	9663

年 份 Year	三、卫生工作人员数（人） Medical Technical Persomnel（person） 3.管理人员 Managerial Personnel	4.工勤人员 Logistics Workers	四、医疗机构总诊疗人次 (万人次) Total Patients Treated (10 000 persons)	五、入院人次 (万人次) Total Inpatients (10 000 persons)	六、病床使用率 (%) Utilization Rate of Beds (%)	七、病床周转次数 (次) Turnover of Beds (time)
1979	123	103				
1980	112	122				
1981	120	109	148	1.41		
1982	168	185	169	1.97		
1983	193	353	212	3.44		
1984	221	543	280	4.11		
1985	354	621	345	4.88		
1986	394	705	389	4.68	66.2	24.4
1987	411	778	461	5.84	73.6	22.2
1988	465	849	563	6.97	75.6	28.8
1989	517	870	607	7.87	78.4	29.0
1990	463	1042	729	8.73	81.4	29.0
1991	514	1117	840	10.08	85.2	30.3
1992	645	1244	976	11.40	81.9	28.0
1993	965	1239	1050	12.59	80.3	26.6
1994	1108	1393	1057	12.81	70.8	23.2
1995	1195	1561	1202	13.07	65.0	20.8
1996	1252	1594	1168	14.63	64.3	21.5
1997	1426	1676	1231	16.15	67.4	21.9
1998	1381	1849	1386	19.05	68.6	24.1
1999	1386	1698	1520	21.12	69.3	24.5
2000	1479	1803	1699	26.61	75.4	28.3
2001	1729	1893	1912	30.23	77.3	29.4
2002	1753	1932	2062	35.74	80.0	30.6
2003	1807	2081	3052	41.57	84.0	33.5
2004	2100	2355	3514	49.00	82.4	34.9
2005	2367	2338	4055	54.68	79.9	34.6
2006	3058	5000	5170	59.24	81.6	35.6
2007	3450	6869	5954	68.09	87.5	38.6
2008	3867	6941	6842	75.34	89.1	37.9
2009	3925	7154	7549	79.70	86.1	38.4
2010	4060	7324	8127	89.10	89.2	40.1
2011	3638	8040	8878	96.20	90.5	41.4
2012	3557	8974	8638	105.4	85.8	40.1
2013	3620	10111	9112	109.4	84.2	38.4
2014	3590	10230	8853	119.4	85.5	39.4
2015	4092	10773	8901	124.1	84.0	38.1
2016	4182	9949	9598	138.4	85.2	39.0
2017	4447	10120	9960	150.8	84.8	39.3
2018	5182	10471	9986	162.0	84.0	39.6
2019	5890	10083	10812	182.2	82.5	40.1
2020	6171	9436	9002	150.8	66.6	31.2
2021	6312	10493	11423	183.9	75.4	36.8
2022	6484	10828	10367	186.9	71.6	36.0

注：根据最新国家卫生统计调查制度，从2012年开始总诊疗人次变更统计口径，不包括健康体检和计划免疫人次。

Note: According to the latest national health system，from 2012，the statistics range of Total Patients Treated has changed,not including health examination and planned immunization personnel.

17-2 卫生机构诊疗情况（2016-2022年）
OUPATIENT AND HOSPITALIZATION SERVIEC OF HEALTH INSTITUTIONS (2016-2022)

项目	Item	2016	2017	2018	2019	2020	2021	2022
总诊疗人次（万人次）	Total Patients Treated（10 000 person-times)	9598.3	9959.8	9985.9	10811.7	9001.8	11422.6	10367.2
#门诊人次（万人次）	#Outpatient Visits（10 000 person-times)	8417.0	8815.4	8982.9	9720.8	8040.7	10247.0	9547.8
急诊人次（万人次）	Emergency Visits（10 000 person-times)	789.1	749.9	673.8	764.0	640.4	823.2	617.7
出院人次（万人次）	Number of Discharged Patients(10 000 person-times)	138.2	150.3	161.9	181.7	151.1	184.1	187.0
出院病人平均住院日（日）	Average Stay Days in Hospital(day)	7.8	7.7	7.6	7.4	7.7	7.4	7.1
门诊病人次均医疗费用（元）	The Average Medical Expenses Of Outpatient Every Time(yuan)	230.4	246.9	278.5	293.2	325.0	337.5	348.6
住院病人次均医疗费用（元）	The Average Medical Expenses Of Discharged Patients Every Time(yuan)	9547.0	10124.1	11367.8	12138.8	14164.5	14478.6	14365.1

17-3　体育事业（2017-2022年）
BASIC STATISTICS ON SPORTS（2017-2022）

项目	Item	2017	2018	2019	2020	2021	2022
二级运动员发展人数（人）	New Number of Athletes of Grade II(person)	477	522	449	374	463	271
二级裁判员发展人数（人）	New Number of Referees of Grade II(person)	413	425	435	439	445	
举办单项比赛次数（次）	Number of Individual Sports Activities(times)	299	342	43	3	135	631
全民健身活动情况	Nationwide Body-building Activities						
#举办1000人以上的群体健身活动次数(次)	Number of Nationwide Body-building Activities more than 1000 persons(times)	160	150	167	34	19	25
参加活动人数（万人）	Number of Persons Taking Part in(10 000 persons)	251	230	262	144	133	128
国民体质测试（受测人数）（人）	National Physical Fitness Test (number of subjects) (person)	64305	70641	54610	45780	50820	65800
国民体质合格以上率（%）	Pass Rate of National Physical Fitness Test(%)	92.0	89.7	90.6	91.4	92	92

注：2015年开始，国民体质测试（受测人数）不含学生测试人数。
Note: From 2015, the national physical test (the number of people subjects) does not contain the number of students tested.

17-4 建立最低生活保障制度以来历年低保情况
LIST OF MINIMUM STANDARD OF LIVING SECURITY

年 份 Year	户 数 （户） Households (Household)	人数 （人） Persons (Person)	最低生活保障金 （万元） Minimum Subsistence Allowance (10 000 yuan)	人均最低生活保障标准 （元/月） Minimum Standard of Living per person （yuan/month）
1998	771	2014	212	
1999	1150	3145	375	
2000	1372	3783	559	
2001	1796	4978	730	
2002	2783	8478	1288	
2003	3718	11203	1972	
2004	4467	13364	2427	
2005	4887	14602	3523	344
2006	5103	15026	3700	361
2007	5105	14833	4049	361
2008	4962	14214	4513	415
2009	4885	13601	5522	415
2010	4470	12220	4122	450
2011	4009	10716	4752	510
2012	3320	8598	5358	560
2013	2866	7095	3658	560
2014	2787	6729	3688	620
2015	2653	6309	4715	800
2016	2550	5916	4301	800
2017	2280	5126	4464	900
2018	1861	4013	4052	1070
2019	1495	3055	3373	1160
2020	1715	3505	3649	1250
2021	1506	2988	4118	1300
2022	1584	3221	4136	1365

17-5 社会养老机构、救助管理站基本情况

BASIC STATISTICS ON SOCIAL PENSION INSTITUTIONS AND RELIEF MANAGEMENT STATIONS

年 份 Year	提供住宿的社会养老机构 Social Pension Institutions that Provide Accommodation			编办登记生活无着人员救助管理站 Relief Management Stations for registering unaccompanied persons		
	单位（个） Units（unit）	床位数（张） Beds（bed）	年末收养人数（人） Year-end Population Housed（person）	单位（个） Units（unit）	床位数（张） Beds（bed）	年度累计救助人数（人次） Number of Rescued Persons
2003	26	2919		3	700	1322
2004	26	2919		3	700	12075
2005	26	2919	2340	3	700	15948
2006	27	3419	2457	3	700	19440
2007	27	2288	1316	3	700	26980
2008	29	2797	1530	3	700	38976
2009	30	3597	1760	3	740	35292
2010	30	3597	1742	3	810	51375
2011	30	4597	1869	3	830	21721
2012	31	5194	2063	3	830	23815
2013	31	4908	2554	3	820	25109
2014	31	5996	2448	3	820	23024
2015	31	6662	2745	3	850	22116
2016	34	7116	3213	3	600	25238
2017	35	8247	3384	3	600	30322
2018	45	9497	3719	3	624	20179
2019	47	10209	4303	3	804	10063
2020	44	10562	3835	3	484	8094
2021	71	12386	4552	3	381	10202
2022	76	12818	3771	3	371	8067

注： 救助管理站2003年人数为2003年8月至2003年12月期间人数。

Note: Number of relief management stations in 2003 is from Aug 2003 to Dec 2003.

17-6 社会保险基本情况（2018-2022年）
BASIC STATISTICS OF SOCIAL INSURANCE（2018-2022）

单位：万人 (10 000 persons)

项目	Item	2018	2019	2020	2021	2022
基本养老保险年末参保人数	Basic Pension Insurance Participants at Year-end	1157.77	1214.71	1269.69	1338.93	1381.38
城镇职工基本养老保险年末参保人数	Urban Employees Basic pension Insurance Participants at Year-end	1157.00	1213.69	1268.55	1337.76	1380.13
城乡居民基本养老保险年末参保人数	Basic pension Insurance for Urban and Rural Residents Participants at Year-end	0.78	1.02	1.13	1.18	1.25
基本医疗保险年末参保人数	Basic Medical Care Insurance Participants at Year-end	1466.92	1536.60	1608.56	1659.62	1671.25
城镇职工基本医疗保险年末参保人数	Urban Employees Basic Medical Care Insurance Participants at Year-end	1195.25	1239.57	1302.93	1334.68	1337.62
城乡居民基本养老保险年末参保人数	Basic pension Insurance for Urban and Rural Residents Participants at Year-end	271.67	297.02	305.63	324.94	333.62
失业保险年末参保人数	Unemployment Insurance Participants at Year-end	1127.36	1166.64	1222.44	1249.26	1234.79
工伤保险年末参保人数	Work Injury Insurance Participants at Year-end	1140.38	1186.15	1241.74	1284.47	1276.20
生育保险年末参保人数	Maternity Insurance Participants at Year-end	1202.62	1246.71	1304.79	1330.31	1321.61

主要统计指标解释

卫生技术人员　指从事卫生技术工作并在卫生事业机构领取劳动报酬的专业人员。包括中医师、西医师、中西医结合高级医师、护师、中药师、西药师、检验师、其他技师、中医士、西医士、护士、助产士、中药剂士、西药剂士、检验士、其他技士、其他中医、护理员、中药剂员、西药剂员、检验员以及其他初级卫生技术人员。

执业医师　指具有《医师执业证》及其“级别”为“执业医师”且实际从事医疗、预防保健工作的人员，不包括实际从事管理工作的执业医师。执业医师类别分为临床、中医、口腔和公共卫生。

执业助理医师　指具有《医师执业证》及其“级别”为“执业助理医师”且实际从事医疗、预防保健工作的人员，不包括实际从事管理工作的执业助理医师。执业助理医师类别同样分为临床、中医、口腔和公共卫生四类。

Explanatory Notes on Main Statistical Indicators

Medical Technical Personnel refer to all permanent and contract medical staff and workers employed by medical institutions,including doctors of Chinese and Western medicine, senior doctors who integrate traditional Chinese therapeutics with Western therapeutics in practice,senior nurses,pharmacists of Chinese and Western medicine, laboratory specialists,other specialists,paramedics of Chinese and Western medicine,nurses,midwives,druggists in Chinese and Western medicine, laboratory technicians,other technicians,other practitioners of Chinese medicine, nursing attendants,pharmacological workers of Chinese and Western medicine,laboratory workers,and other primary medical personnel.

Licensed Doctors refer to the medical workers who have obtained the licenses of qualified doctors and are employed in medical treatment,disease prevention or healthcare institutions,excluding the licensed doctors engaged in management job. The classification of licensed doctors is clinician,Chinese medicine,dentist and public health.

Licensed Assistant Doctors refer to the medical workers who have obtained the licenses of qualified assistant doctors and are employed in medical treatment,disease prevention or healthcare institutions,excluding the licensed assistant doctors engaged in management job.The classification of licensed assistant doctors is clinician,Chinese medicine, dentist and public health.

18 第十八部分 城市建设和环境保护

URBAN CONSTRUCTIO N AND ENVIRONMEN TAL PROTECTION

CHAPTER

18-1 城市建设及公用设施（2017-2022年）
URBAN CONSTRUCTIONS AND PUBLIC UTILITY（2017-2022）

指标名称	Indicators	2017	2018	2019	2020	2021	2022
一、城市园林绿化	**Parks,Gardens and Green Areas in Urban Districts**						
绿化覆盖面积（公顷）	Coverage Area of Afforestation (hectare)	101860	101842	101822	101267	100872	101386
其中：建成区（公顷）	Developed Areas(hectare)	41726	41738	41685	41457	41112	41458
建成区绿化覆盖率（%）	Green Coverage Rate in Developed Areas(%)	45	45	43	43	43	43
绿地面积（公顷）	Area of Green Areas(hectare)	97889	97901	97709	97175	96868	97361
其中：建成区（公顷）	Developed Areas(hectare)	36267	35912	35902	35704	35443	35704
建成区绿地率（%）	Rate of Green Areas in Developed Areas(%)	39.2	38.7	37.4	37.4	37. 1	37.1
公园绿地面积（公顷）	Public Green Areas(hectare)	19980	19992	20077	20160	21990	22219
公园数（个）	Number of Parks(unit)	942	973	1090	1206	1238	1260
公园面积（公顷）	Area of Parks(hectare)	21968	30980	31085	31466	38094	38210
二、市政及环卫设施	**Public Facilities and Environmental Sanitation in urban Districts**						
实有铺装道路总长度（公里）	Total Length of Actual Paved Roads(1000 m)	6668	6443	6124	6521	6520	6611
实有城市道路面积（万平方米）	Area of Actual Urban Roads(10 000 sq.m)	12151	11849	11374	12235	14765	14862
城市排水管道总长度（公里）	Total Length of Sewer Pipelines(1000 m)	13815	15992	15201	16852	19003	19257
污水处理厂设计规模（万吨/日）	Design Scale of Sewage Disposal(10 000 tons/day)	520	580	625	625	650	692
道路照明灯（万盏）	Number of Street Lights(10 000 unit)	40.66	43.30	47.94	52.06	55.44	60.43
生活垃圾转运站座数（座）	Waste Transfer Stations(set)	965	962	961	944	883	864
公共厕所数量（座）	Public Toilets(set)	3343	3343	3446	3557	4072	4506
市容环卫专用车辆设备（辆）	Special Vehicle for Municipal Sanitation(set)	2825	3348	3713	4257	4203	5322

18-2 城市环境
URBAN ENVIRONMENT

年 份 Year	水资源总量（亿立方米） Water Resources (100 million m^3)	森林面积（公顷） Area of Woods (hectare)	森林覆盖率（%） Forest coverage (%)	空气中二氧化硫年均值（微克/立方米） Yearly Average Concentration of SO_2 in the Air (ug/m^3)	空气中二氧化氮年均值（微克/立方米） Yearly Average Concentration of NO_2 in the Air (ug/m^3)	空气中可吸入颗粒物年均值（微克/立方米） Yearly Average Concentration of PM_{10} in the Air (ug/m^3)
2001	25.5			27	58	63
2002	15.68			18	50	61
2003	16.29			20	57	70
2004	13.84			24	72	76
2005	19.93	72619	38.9	21	39	64
2006	20.34	72053	38.9	30	53	64
2007	17.57	72224	39.0	23	54	64
2008	27.09	72263	39.2	16	47	63
2009	18.86	73202	39.7	13	42	57
2010	18.70	73200	39.7	11	45	57
2011	14.48	80227	41.1	11	48	57
2012	19.56	80968	41.5	10	40	54
2013	25.20	82866	41.5	11	40	62
2014	21.51	82868	41.5	9	35	53
2015	18.49	82915	41.5	8	33	49
2016	30.40	80840	40.9	8	33	42
2017	19.58	79339	40.0	8	30	45
2018	22.64	78543	39.8	7	29	44
2019	20.62	78816	39.8	5	25	42
2020	17.17	78054	39.4	6	23	35
2021	12.94	77473	39.1	6	24	37
2022	22.04	77700	39.2	5	20	31

注： 1. 从2017年开始，生活垃圾清运量、无害化处理量和处理率口径均有调整。
Notes: From 2017,the statistical caliber of Consumption Wastes Collected and Transported, Consumption Wastes Harmless Disposal and Treatment Rate have been adjusted.
2. 最新一年工业污染类指标为上报国家版数据，最终数据以国家定库为准。
The data of industrial pollution indicators are submitted to the national version, and the final data shall be subject to the national database in the lastest year.

18-2 续表1 CONTINUED

年 份 Year	空气质量优良（二级）天数（天） Days of Air Quality Equal to or Above Grade Ⅱ（day）	灰霾日（天） Days of Haze（day）	城市饮用水源水质达标率（%） Rate of Urban Drinking Water Quality Reaching Standard（%）	生活垃圾清运量（万吨） Consumption Wastes Collected and Transported (10 000 tons)	生活垃圾无害化处理率（%） Treatment Rate of Consumption Wastes（%）
2001	364	95	93.45	122	100
2002	363	104	96.11	129	100
2003	349	147	97.13	325	69.2
2004	344	187	96.71	325	81.0
2005	360	161	98.11	333	90.0
2006	359	147	98.07	360	93.7
2007	361	153	98.86	407	94.1
2008	364	154	99.87	441	94.2
2009	364	115	100	476	94.3
2010	356	115	100	479	94.6
2011	362	112	100	482	95.0
2012	365	77	100	490	95.1
2013	324	98	100	522	98.4
2014	348	68	100	541	100
2015	340	35	100	575	100
2016	354	27	100	572	100
2017	343	22	100	619	100
2018	345	20	100	702	100
2019	332	9	100	760	100
2020	355	3	100	716	100
2021	351	2	100	826	100
2022	336	3	100	846	100

18-2 续表2 CONTINUED

年 份 Year	工业废气排放量 （亿立方米） Volume of Industrial Waste Gas Emission (100 million cubic meters)	工业二氧化硫排放总量 （万吨） Volume of Industrial Sulphur Dioxide Emission (10 000 tons)	工业氮氧化物排放总量 （万吨） Volume of Industrial Nitrogen Oxide Emission (10 000 tons)	一般工业固体废物产生量 （万吨） General Industrial Solid Wastes Produced (10 000 tons)	城市区域环境噪声均值 （分贝） Average Noise Value of Urban Environment (dB)	城市道路交通噪声均值 （分贝） Average Noise Value of Urban Road Traffic (dB)
2001	4683.98	3.93		49.97	56.1	68.3
2002	7313.37	4.09		49.64	56.0	68.2
2003	820.64	4.55		68.67	56.0	68.5
2004	1082.42	4.36		95.49	56.1	69.2
2005	1389.74	4.35		104.07	56.2	69.4
2006	1264.02	4.24	3.60	132.02	56.5	69.6
2007	1917.96	3.83	7.23	193.55	56.5	69.4
2008	1631.61	3.12	5.01	175.42	56.5	69.2
2009	1740.67	3.23	4.28	173.11	56.8	69.5
2010	1683.53	3.30	2.57	184.82	56.7	69.2
2011	1871.46	0.95	3.30	169.52	56.7	69.0
2012	2136.96	0.98	2.99	152.82	56.9	68.9
2013	2181.63	0.57	1.84	123.84	56.8	68.9
2014	2214.89	0.53	1.43	141.42	56.8	68.8
2015	2312.25	0.41	1.07	124.63	56.8	69.3
2016	2779.52	0.47	1.14	142.13	56.9	69.6
2017	3005.02	0.13	0.66	165.21	57.5	70.0
2018	3322.77	0.01	0.56	116.49	57.2	69.0
2019	3624.81	0.12	0.50	228.96	57.1	69.7
2020	4168.54	0.08	0.41	241.34	56.2	68.9
2021	5194.02	0.16	0.50	309.86	56.2	70.0
2022	5410.76	0.18	0.51	343.95	55.4	69.4

18-3 用电量、供水量
ELECTRICITY CONSUMPTION AND TAP WATER SUPPLY

年 份 Year	用电总量 (万千瓦小时) Total Electricity Consumption (10 000 kWh)	农、林、牧、渔业 Farming, Forestry Animal Husbandry and Fishery	工 业 Industry	建筑业 Construction	交通运输、仓储、邮政业 Transportation, Storage and Post Services	信息传输、软件和信息技术服务业 Information Transmission, Software and Information Technology
1994	879100	11609	503780	26502	14229	
1995	913600	11258	499757	27081	15877	
1996	1014427	13041	547085	26138	22364	
1997	1125781	14558	617016	23974	20571	
1998	1294332	16225	644973	25805	21982	
1999	1498759	22045	749834	36735	28215	
2000	1903494	34659	1018794	42482	24329	
2001	2122871	48247	1168146	50425	28584	
2002	2599161	114324	1472361	60653	36477	
2003	3234299	172253	1793262	57644	37904	
2004	3903060	228808	2234774	62493	41722	
2005	4402089	252793	2462690	81148		
2006	4872038	245405	2790275	85968	41541	91925
2007	5678193	241447	3331541	94212	54364	94400
2008	5837586	225570	3462946	96540	58013	102807
2009	5856808	113898	3237528	75192	84721	114674
2010	6635475	29049	4161345	63880	108383	59286
2011	6960198	24658	4186359	62642	151177	70315
2012	7221044	22116	4232405	62331	176093	83141
2013	7297680	22003	4393588	72041	182803	84425
2014	7886841	24325	4731235	90222	208186	87900
2015	8155442	24601	4795635	96380	226320	103032
2016	8510789	25184	4839234	104212	265857	119802
2017	8844861	25787	4872227	112545	349749	151986
2018	9172307	14862	4909845	101710	396421	149589
2019	9839910	16421	5038785	131577	431291	197358
2020	9833430	16858	4915970	163926	399639	244280
2021	11034025	17178	5299478	193560	426493	300316
2022	10738177	8131	5058080	196386	589699	312204

18-3 续表 CONTINUED

年 份 Year	用电总量（万千瓦小时） Total Electricity Consumption(10 000 kWh)				公共供水综合生产能力(万立方米/日) Comprehensive production capacity of public water supply (10 000 m^3/day)	公共供水总量(万立方米) Volume of Tap Water Supply (10 000 m^3)
	批发和零售业、住宿和餐饮业 Wholesale and Retail Trades,Hotels and Catering Services	金融、房地产、租赁和商务服务业 Banking,Real Estate Trade, Leasing and Business Services	公共事业及管理组织 Public Service and Management Organizations	城乡居民生活用电 Residential Electricity Consumption		
1994	102166		125292	95447	244	52308
1995	105512		128134	125834	268	57408
1996	121650		132108	151795	328	64743
1997	150755		124155	174576	328	70194
1998	168155		150517	266520	339	79596
1999	176589		195198	289927	364	86560
2000	218196		231113	333585	380	92068
2001	226547		248025	352722	390	97334
2002	347290		245553	322334	412	108070
2003	374271		389140	409616	442	122795
2004	428738		445363	460985	508	135026
2005	380550		687479	537429	534	139487
2006	400936	472581	149949	583485	591	145227
2007	430487	529424	182882	717521	638	154230
2008	431764	558283	197898	702181	670	156956
2009	466208	717667	254082	791322	670	150094
2010	475271	706670	263752	766538	692	156470
2011	501705	774252	293417	894161	692	161480
2012	526599	758050	315756	1043007	692	160360
2013	588761	680041	317648	1039391	674	159139
2014	521487	682603	335878	1203653	675	164132
2015	559474	755442	368900	1248873	674	169698
2016	579285	830797	402706	1343218	709	199342
2017	600755	891335	429257	1409230	709	174887
2018	617224	927099	671644	1383914	700	179498
2019	680971	1111117	765990	1466400	697	182216
2020	728862	1101311	717332	1545252	725	177537
2021	898945	1351194	837144	1709717	720	191560
2022	710336	1312163	806830	1744349	749	184315

18-4 公共交通
PUBLIC TRANSPORTATION

年 份 Year	年末实有公共汽车 (辆) Number of Buses (year-end)	出租小汽车 (辆) Taxi (unit)	年末公共汽车营运线路条数 (条) Number of Operating Bus Lines (year-end)	公共汽车客运总人数 (万人次) Number of Passengers Carried of Bus Lines (10 000 person -times)	轨道交通线路长度 (公里) Length of Operation Lines (km)	轨道交通客运总量 (万人次) Volume of Passenger Traffic of Operation Lines (10 000 person-times)	轨道交通线路条数 (条) Number of Operation Lines (line)
1979	12	10	2				
1980	38	160	3				
1981	44	199	6				
1982	52	233	7				
1983	88	860	9	1399			
1984	132	1226	19	2974			
1985	153	1700	27	5184			
1986	171	1794	29	5827			
1987	205	1896	32	9068			
1988	248	2305	37	16399			
1989	305	2365	38	16747			
1990	403	2394	42	21947			
1991	501	3152	51	19821			
1992	507	6083	55	27248			
1993	851	6212	61	30600			
1994	1144	7400	68	31020			
1995	1468	8255	80	35390			
1996	1784	8505	89	35495			
1997	2128	8505	125	36202			
1998	2461	8505	137	37250			
1999	2772	8505	145	40600			
2000	2920	8505	131	42800			
2001	3495	8505	138	47072			
2002	3495	9705	138	51714			
2003	4885	10255	185	50719			
2004	5376	10305	208	100820			
2005	6091	10305	227	101621	22	5766	2
2006	7305	10305	277	123084	23	8990	2
2007	8188	11205	316	135668	24	11765	2
2008	8396	12991	340	145701	25	13550	2
2009	11928	13411	578	213603	25	13823	2
2010	12456	14340	758	228058	64	16271	4
2011	15365	14735	825	223735	177	45985	5
2012	14546	15300	854	228305	177	78129	5
2013	14617	15973	881	220178	177	91715	5
2014	15074	16275	886	225739	177	103675	5
2015	15120	16596	903	206892	177	112188	5
2016	15483	17842	976	186799	285	129713	8
2017	17430	18379	992	165425	297	165545	9
2018	17177	21551	981	162882	297	188651	9
2019	17110	21498	933	158973	316	203216	9
2020	17004	21358	907	105377	423	163022	12
2021	16222	21127	924	108975	431	218554	13
2022	15931	19602	941	73891	559	175547	17

注： 由于指标调整，本表中指标口径2009年以前为“公共大巴”口径，2009年及以后为“公共汽车”口径，包括原大巴、中巴、小巴。

Note: After the adjustment in 2009,the statistical scope of Buses include Large-sized buses,medium-sized buses and small-sized buses,while it just refers to large-sized buses before.

18-5 气象情况
CLIMATE

年 份 Year	平均气温 (摄氏度) Mean Air Temperature (℃)	降水量 (毫米) Precipitation (mm)	日照时数(小时) Sunshine Duration (hour)	平均相对湿度 (%) Mean Relative Humidity (%)
1990	23.0	1396.9	1842.1	76
1995	22.5	2309.8	1858.2	74
2000	23.4	2533.6	1939.5	75
2001	23.6	2747.3	1811.3	74
2002	23.7	1608.1	1975.0	72
2003	23.9	1833.4	1655.3	74
2004	23.6	1299.4	1921.5	71
2005	23.2	2143.6	1574.3	70
2006	23.4	1936.5	1624.3	73
2007	23.5	1581.5	1937.1	70
2008	22.8	2710.0	1907.6	69
2009	23.2	1611.0	1987.3	70
2010	23.0	1634.0	1775.6	73
2011	22.6	1269.7	2054.4	71
2012	23.1	1554.8	1781.5	79
2013	23.1	2203.6	1906.6	75
2014	23.2	1725.5	2034.6	73
2015	23.9	1500.8	1964.3	72
2016	23.2	2490.6	1759.3	79
2017	23.6	1967.1	1919.1	77
2018	23.4	1957.2	1905.5	76
2019	24.0	1880.1	1868.7	78
2020	23.8	1581.8	1954.0	76
2021	24.0	1822.5	2100.7	74
2022	23.2	1935.0	1826.6	76

主要统计指标解释

资源总量水　指当地降水形成的地表和地下产水总量，即地表径流量与降水入渗补给量之和。

工业固体废物产生量　指工业企业在生产过程中产生的固体状、半固体状和高浓度液体状废弃物的总量，包括冶炼废渣、粉煤灰、炉渣、煤矸石、化工废渣、尾矿、放射性废渣和其他废渣等；不包括矿山开采的剥剥离废石和掘进废石(煤矸石和呈酸性或碱性的废石除外)。酸性或碱性废石是指采掘的废石其流经水、雨淋水PH值小于4或PH值大于10.5者。

生活垃圾清运量　指报告期收集和运送到各生活垃圾处理厂(场)和生活垃圾最终消纳点的生活垃圾数量。生活垃圾指城市日常生活或为城市日常生活提供服务的活动中产生的固体废物以及法律行政规定的视为城市生活垃圾的固体废物。

生活垃圾无害化处理率　指报告期生活垃圾无害化处理量与生活垃圾产生量的比率。在统计上，由于生活垃圾产生量不易取得，可用清运量代替。

$$\text{生活垃圾无害化处理率} = \frac{\text{生活垃圾无害化处理量}}{\text{生活垃圾产量}} \times 100\%$$

平均气温　气温指空气的温度，我国一般以摄氏度为单位表示。气象观测的温度表是放在离地面约1.5米处通风良好的百叶箱里测量的，因此，通常说的气温指的是离地面1.5米处百叶箱中的温度。计算方法：月平均气温是将全月各日的平均气温相加，除以该月的天数而得。年平均气温是将12个月的月平均气温累加后除以12而得。

平均相对湿度　指空气中实际水气压与当时气温下的饱和水气压之比。其统计方法与气温相同。

降水量　指从天空降落到地面的液态或固态（经融化后)水，未经蒸发、渗透、流失而在地面上积聚的深度。通常以毫米为单位计量。计算方法：月降水量是将全月各日的降水量累加而得。年降水量是将12个月的月降水量累加而得。

日照时数　指太阳实际照射地面的时数，通常以小时为单位表示。其统计方法与降水量相同。

Explanatory Notes on Main Statistical Indicators

Total Water Resources refers to total volume of surface water and groundwater and is measured as run-off for surface water and replenishment of groundwater with rainfall in local area.

Volume of Industrial Solid Wastes Produced refers to the total volume of solid , semisolid or high concentration liquid residues produced by industrial enterprises in their production process, including residues from melting, slag,powdered coal ash, gangue, chemical residues, tailings, radioactive residues and other residues, but excluding stripped or dug stones in mining (except gangue and acid or alkali waste stones, which are waste stones washed or soaked by water with a PH value smaller than 4 or larger than 10.5).

Consumption Wastes Transported refers to volume of consumption wastes collected and transported to disposal factories or sites during the reference period. Consumption wastes are solid wastes produced from urban households or from service activities for urban households, and solid wastes regarded bylaws and regulations as urban consumption wastes.

Ratio of Consumption Wastes Treated refers to consumption wastes treated over that produced. In practical statistics, as it is difficult to estimate, the volume of consumption wastes produced is replaced with that transported. It is calculated as:

$$\text{Ratio of consumption wastes treated} = \frac{\text{consumption wastes treated}}{\text{consumption wastes produced}} \times 100\%$$

19 第十九部分

人民生活

PEOPLE'S LIVELIHOOD

CHAPTER

19-1 居民家庭生活基本情况
BASIC CONDITIONS OF PERMANENT HOUSEHOLDS

年 份 Year	户均常住人口 (人) Average Number of per Permanent Household (person)	户均常住从业人口 (人) Average Number of Employed Persons per Household (person)	平均每一从业人口负担人数 (人) Persons Supported by Each Employee (person)	平均每人每月可支配收入 (元) Per Capita Monthly Disposable Income (yuan)	平均每人每月消费性支出 (元) Per Capita Monthly Consumption Expenditures (yuan)
1988	3.90	2.17	1.80	214.10	195.45
1989	3.92	2.16	1.82	304.71	256.59
1990	3.81	2.16	1.76	343.95	305.92
1991	3.78	2.21	1.71	380.31	347.98
1992	3.73	2.23	1.67	481.94	419.54
1993	3.59	2.14	1.68	644.72	515.97
1994	3.60	2.10	1.72	875.27	789.43
1995	3.61	2.06	1.75	1064.22	919.86
1996	3.50	2.06	1.70	1357.97	1087.00
1997	3.46	2.03	1.70	1548.23	1217.53
1998	3.48	1.96	1.78	1601.16	1230.35
1999	3.41	1.89	1.80	1626.70	1169.48
2000	3.42	1.86	1.84	1742.14	1358.89
2001	3.43	1.82	1.88	1896.66	1418.73
2002	3.32	1.86	1.79	2078.39	1577.16
2003	3.38	1.80	1.88	2161.32	1663.36
2004	3.34	1.68	1.99	2299.70	1630.80
2005	3.35	1.73	1.94	1791.20	1325.99
2006	3.33	1.80	1.85	1880.59	1385.68
2007	3.29	1.83	1.80	2025.12	1539.54
2008	3.25	1.59	2.04	2227.44	1648.26
2009	3.24	1.66	1.95	2437.04	1793.84
2010	3.22	1.68	1.92	2698.41	1900.55
2011	3.15	1.67	1.89	3042.09	2006.67
2012	3.21	1.70	1.89	3395.16	2227.31
2013	3.19	1.68	1.90	3721.09	2401.04
2014	2.20	1.40	1.57	3412.33	2404.40
2015	2.24	1.39	1.61	3719.44	2696.60
2016	2.26	1.40	1.61	4057.92	3040.05
2017	2.31	1.43	1.62	4411.50	3193.34
2018	2.46	1.53	1.61	4795.30	3377.92
2019	2.55	1.54	1.66	5210.20	3592.72
2020	2.63	1.51	1.74	5406.48	3381.75
2021	2.64	1.54	1.71	5903.94	3857.14
2022	2.65	1.50	1.77	6059.85	3732.74

注：　从2014年起，国家统计局开展了城乡一体化住户收支与生活状况调查，19-2至19-6表数据来源于此调查样本，与2013年及之前住户调查的调查范围、调查方法、指标口径有所不同。

Note: The NBS started an integrated household income and expenditure survey in 2014, including both urban and rural households. The data shown in Tables 19-2 to 19-6 are compiled on the basis of the survey. The coverage, methodology and definitions used in the survey are different from those used for the separate urban and rural household surveys prior to 2014.

19-2 居民人均可支配收入（2021-2022年）
PER CAPITA DISPOSABLE INCOME OF PERMANENT HOUSEHOLDS（2021-2022）

单位：元 （yuan）

指标名称	Item	2021	2022
可支配收入	**Per Capita Disposable Income**	**70847.32**	**72718.23**
一、工资性收入	**Income from Wages and Salaries**	**59094.83**	**61156.78**
(一)工资	Wages	54885.70	56818.86
(二)实物福利	Welfare	1230.85	1235.08
(三)其他	Others	2978.28	3102.84
二、经营净收入	**Net Business Income**	**7238.45**	**6989.48**
(一)第一产业净收入	Net Income of Primary Industry		
(二)第二产业净收入	Net Income of Secondary Industry	742.63	880.69
(三)第三产业净收入	Net Income of Tertiary Industry	6495.82	6108.79
三、财产净收入	**Net Income from Properties**	**6747.46**	**6761.43**
四、转移净收入	**Net Income from Transfer**	**-2233.42**	**-2189.47**
(一)转移性收入	Income from Transfer	4432.00	5300.40
(二)转移性支出	Expenses on Transfer	6665.42	7489.87

19-3 居民人均消费支出（2021-2022年）
PER CAPITA CONSUMPTION EXPENDITURE OF PERMANENT HOUSEHOLDS （2021-2022）

单位：元 (yuan)

指标名称	Item	2021	2022
居民生活消费支出	**Consumption Expenditure**	**46285.67**	**44792.89**
一、食品烟酒	**Food,Tobacco and Liquor**	**13704.79**	**13304.43**
(一)食品	Food	7371.56	7634.78
(二)烟酒	Tobaccoand Liquor	794.33	761.29
(三)饮料	Drink	409.49	416.51
(四)饮食服务	Catering	5129.42	4491.86
二、衣着	**Clothing**	**2176.54**	**1809.75**
(一)衣类	Clothes	1808.04	1498.26
(二)鞋类	Shoes	368.50	311.49
三、居住	**Residence**	**12433.58**	**12296.48**
四、生活用品及服务	**Household Facilities, Articles and Services**	**2516.02**	**2346.10**
(一)家具及室内装饰品	Furniture and Interior Decoration	354.03	368.39
(二)家用器具	Household Appliances	521.34	470.76
(三)家用纺织品	Home Textiles	187.56	182.84
(四)家庭日用杂品	Family Daily Groceries	508.94	494.08
(五)个人用品	personal Belongings	699.81	591.16
(六)家庭服务	Domestic Service	244.34	238.86
五、交通通信	**Transport and Communications**	**6353.03**	**6734.76**
(一)交通	Transport	4866.58	5295.89
(二)通信	Communications	1486.45	1438.87
六、教育文化娱乐	**Education,Cultural and Recreation**	**5217.06**	**4366.63**
(一)教育	Education	3964.43	3154.15
(二)文化娱乐	Cultural and Recreation	1252.63	1212.48
七、医疗保健	**Health Care and Medical Services**	**2367.23**	**2006.63**
(一)医疗器具及药品	Medical Apparatus and Medicine	546.22	541.23
(二)医疗服务	Medical Services	1821.01	1465.41
八、其他用品及服务	**Miscellaneous Goods and Services**	**1517.42**	**1928.10**
(一)其他用品	Miscellaneous Goods	667.60	590.88
(二)其他服务	Miscellaneous Services	849.82	1337.22

主要统计指标解释

可支配收入　指调查户在调查期内获得的、可用于最终消费支出和储蓄的总和，即调查户可以用来自由支配的收入。可支配收入既包括现金，也包括实物收入。按照收入的来源，可支配收入包含四项，分别为：工资性收入、经营净收入、财产净收入和转移净收入。计算公式为：

可支配收入 = 工资性收入 + 经营净收入 + 财产净收入 + 转移净收入

其中：经营净收入 = 经营收入 − 经营费用 − 生产性固定资产折旧 − 生产税

财产净收入 = 财产性收入 − 财产性支出

转移净收入 = 转移性收入 − 转移性支出

消费支出　指住户用于满足家庭日常生活消费需要的全部支出，包括用于消费品的支出和用于服务性消费的支出。根据用途不同，消费支出可划分为食品烟酒、衣着、居住、生活用品及服务、交通通信、教育文化娱乐、医疗保健、其他用品及服务八大类。根据来源不同，消费支出可划分为现金消费支出、实物消费支出（含自产自用、来自单位、来自政府和其他社会组织）。

Explanatory Notes on Main Statistical Indicators

Disposable Income of Households Disposable Income of Households refers to the income of households for purpose of final expenditure and savings. It includes income both in cash and in kind. By sources of income, disposable income includes four categories: income from wages and salaries, net business income, net income from properties and net income from transfer.

Consumption Expenditure of Households Consumption Expenditure ofHouseholds refers to all expenditure ofhouseholds for living expenditure to satisfy family daily living. It includes expenditure in cash and in kind. It includes eight categories: food, tobacco and liquor; clothing; residence; household facilities, articles and services; transport and communications; education, cultural and recreational activities; healthcare and medical services, and miscellaneous goods and services.